宋史研究丛书·第四辑

宋代历史文献研究

汪圣铎 著

河北大学出版社·保定

出 版 人：朱文富
责任编辑：王红梅　李　达
装帧设计：王占梅
责任校对：姚萌萌
责任印制：常　凯

SONGDAI LISHI WENXIAN YANJIU

图书在版编目（CIP）数据

宋代历史文献研究 / 汪圣铎著. -- 保定：河北大学出版社，2016.12（2023.8重印）

ISBN 978-7-5666-1071-3

Ⅰ. ①宋… Ⅱ. ①汪… Ⅲ. ①中国历史－文献资料－研究－宋代 Ⅳ. ①K244.07

中国版本图书馆CIP数据核字(2016)第248507号

出版发行：河北大学出版社

地址：河北省保定市七一东路2666号　邮编：071000

电话：0312-5073003　0312-5073029

网址：www.hbdxcbs.com

邮箱：hbdxcbs818@163.com

经　　销：全国新华书店

印　　刷：保定市北方胶印有限公司

幅面尺寸：148 mm × 210 mm

字　　数：370 千字

印　　张：15

版　　次：2016 年 12 月第 1 版

印　　次：2023 年 8 月第 2 次印刷

书　　号：ISBN 978-7-5666-1071-3

定　　价：38.00 元

如发现印装质量问题，影响阅读，请与本社联系。

电话：0312-5073023

本书由教育部省属高校人文社科重点研究基地河北大学宋史研究中心基地建设经费、河北省人文社科重点研究基地建设经费、河北大学历史学强势特色学科建设经费、河北大学中国史学科“双一流”建设经费资助出版。

前　言

我原本是学文献专业的，后来却以历史做了主业。在从事史学研究的过程中，不免又受文献专业的影响，留意历史文献，所以，考据成了我的长项。我到河北大学后，受命参与历史文献专业硕士点的创建，从而不得不关心历史文献专业。此后又申请到了全国高校古委会的项目，真正亲手做起了古籍整理的事，涉足这一专业的时间就多起来。时间久了，自然就积累了一些成果。现在把它们汇集起来，拟给同行们及感兴趣者作参考。

我的研究成果，大抵分四部分：一是我研究一些历史文献的论文，包括研究一些较大型的古籍，如《宋史全文》；研究一些古代重要文章，如《读两陈谏议遗墨》；研究某些文献的一部分，如《宋史》中的《职官志·奉禄制》，《文献通考》中的《钱币考》；研究古文献流传过程中存在的某种现象等写下的论文。二是我研究宋代一些文献形式写下的论文。我在从事宋史研究的过程中，遇到了许多种文献形式，如历、旁、钞、头子、宣、引等，由于时代久远，今人对它们颇有陌生感，常常因此发生误解。我由于原来是学文献的，所以对文献的形式特别感兴趣，做了较多的研究。可惜时常被打断，且受到条件的限制，所以未能实现系统研究的愿望。但现有成果也曾引起同行的兴趣，所以汇集于此，或可献芹。三是我在使用经别人整理过的古籍时，不免会发现一些可供商榷之处，陆续发表了一些这方面的文章，这些成果或许可对这些古籍的整理工作进一步完善提供参考。四是其他有关宋代历史文献的研究成果，包括一些考据性文章。例如我给宋代歌咏楮币的诗所作的注释等，希望它们也能给古籍整理的同行提供某些方便。

光阴荏苒，不觉已近古稀之年，感叹世短意长多的同时，不能不抓紧做些收结性的事，或者自己未能做好的事，能给年轻者做点铺垫，如果此愿望能实现，足慰平生。这些成果凝聚了我的大半生心血，是辛苦劳动之所得，但是，我投入精力最多的是宋史研究，文献研究毕竟是第二位的。而且我的能力有限，条件有限，这些成果所包含的不足、失误肯定是不少的，希望能得到同行的批评指正。

目　　录

前　言 ………………………………………………………（ 1 ）
试论《宋史全文》（理宗部分）的史料价值 …………（ 1 ）
《宋史・职官志・奉禄制》臆札 ……………………（ 15 ）
《宋史全文》点校本前言 ……………………………（ 32 ）
《宋史全文》插引史论文献研究 ……………………（ 50 ）
读《通考・钱币考》 ……………………………………（ 94 ）
洪遵《泉志》及其作者 …………………………………（109）
《四库全书》编纂中删削宋集青词疏文等考辩 ……（124）
读《读两陈谏议遗墨》 …………………………………（141）
宋代头子、宣头考略 ……………………………………（165）
旁：宋代的一种官文书 …………………………………（190）
宋代不是纸币的关子和会子 …………………………（220）
税钞、粮草钞和盐钞 ……………………………………（257）
《宋史》标点本举正 ……………………………………（275）
《宋史》人名补校 ………………………………………（299）
《宋史全文》（理宗部分）点校商榷 …………………（336）
《大冶赋》注释商榷 ……………………………………（355）

《类编皇朝大事记讲义　类编皇朝中兴大事记讲义》点校商榷 …………………………………………………………… (367)
《续编两朝纲目备要》点校议瑕 ……………………………… (403)
南宋楮币诗十首释读 ………………………………………… (421)
读书札记二篇 ………………………………………………… (432)
文献杂考 ……………………………………………………… (440)
后　记 ………………………………………………………… (467)

试论《宋史全文》（理宗部分）的史料价值

《宋史全文》或称《宋史全文续资治通鉴》，作者不明，是成书年代较早的一部编年体贯通北南两宋的史书。由于它的北宋部分与李焘《续资治通鉴长编》记载的时间范围重合，南宋高宗、孝宗部分与佚名《皇宋中兴两朝圣政》和李心传《建炎以来系年要录》记载的时间范围重合，南宋光宗、宁宗部分则与佚名《续编两朝纲目备要》和李心传《建炎以来朝野杂记》记载的时间范围重合，而南宋理宗部分与佚名《宋季三朝政要》及《宋史·理宗本纪》记载的时间范围重合，所以，人们往往不甚重视此书。实际上，此书是有重要史料价值的，本文拟特别强调的是此书理宗部分的史料价值，这同本书其他部分相比，更具特殊的意义。

一、《全文》非《本纪》初稿

笔者用了数月时间，将《宋史全文》理宗部分（以下简称《全文》）同《宋史·理宗本纪》（以下简称《本纪》）进行了逐字逐句的比读，顺带考察了《宋史》有关志传及《宋季三朝政要》

等书的相关记载，有如下的体会。

（一）《全文》比《本纪》粗糙

笔者将《全文》与《本纪》进行比读，最初的体会是：《全文》比《本纪》粗糙。

首先，《全文》的文字较为粗糙，时时可见不甚规范的用语或令人费解的词语。最能体现其粗糙的是，《全文》系月阙误严重。据笔者初步考察，《全文》中漏书、重出的“月”有：卷三一宝庆元年条失书“八月”；绍定二年条失书“三月”“四月”“十一月”；绍定三年条失书“闰二月”“三月”“五月”。卷三二绍定四年条失书“十月”；绍定六年条失书“十二月”；端平元年条重出“二月”“四月”，其中一个“四月”在“三月”之前，失书“六月”；端平二年条失书“三月”。卷三三淳祐三年条失书“五月”。卷三四淳祐五年条失书“二月”“三月”；淳祐六年条失书“十月”“十一月”，重书“十二月”；淳祐七年条重书“二月”“四月”，失书三月；淳祐八年条重书“二月”“八月”，失书“六月”“七月”；淳祐九年条失书“十月”“十一月”；淳祐十年条失书“三月”“十一月”；淳祐十一年条重书“三月”；淳祐十二年条失书“三月”“四月”“九月”；宝祐元年条失书“六月”。卷三六开庆元年条失书“九月”；景定二年条失书“十月”；景定三年条失书“八月”。大约还有不少失书“月”的，须进一步细致考察才能一一查实。这种情况在《本纪》中，未有查见。

其次，《本纪》的文字精练，在同量文字中包含信息量相对较大。能抓住要点，对于一些例行公事性的、常规性的事一般不予记载。这些方面，《全文》做得相对较差。

再次，《全文》《本纪》所载重大历史事件相同的较多，但各有遗漏，相比较而言，《本纪》遗漏稍少，《全文》遗漏稍多。以下列举一些《本纪》记载而《全文》失载的重要史事：

《宋史》卷四一：嘉定十七年十一月戊子条，载葛洪为端明殿学士、同签书枢密院事。

宝庆三年年末，蒙元兵破关外诸隘，四川制置郑损弃三关。

绍定三年五月，宋授李全官爵。

绍定四年八月，蒙元兵破武休，入兴元，攻仙人关事。

绍定五年末，金主奔蔡，及蒙元与宋谋合攻金事。

端平元年正月，赵范、史嵩之等任命及金朝灭亡事。

卷四二：端平三年三月，襄阳宋军降蒙事。十月淮西宋军数万叛变事。成都失陷事。

卷四三：淳祐九年闰二月，史宅之同知枢密院事。

淳祐十年正月，应繇乞归与祠禄。

淳祐十一年二月，游似致仕。

卷四四：开庆元年八月，蒙帝死于军中。九月，合州围解，王坚升兴元都统制。

卷四五：景定五年九月，谢枋得发策言奸臣误国赵氏必亡事。

《全文》的粗糙是不争的事实，但是否就能说明它的史料价值不高呢？笔者的体会是相反的，因为《全文》的粗糙是与它成书较早直接相关的。

（二）《全文》成书早于《本纪》

《全文》成书早于《宋史》，这是笔者将《全文》与《本纪》比读后的一个体会。这一点可以通过如下的分析得到证明。

首先，《全文》称蒙元军队多为“鞑”“虏”，或称“北哨”“北骑”，有时称“蒙古”（较少，一般在外交场合）。如：《全文》卷三二端平元年五月丁未，“金灭鞑兴”（四库本漏未改）；七月辛亥，“鞑人委河南于不争”。端平二年十一月甲戌，“虏犯蜀境”。

卷三三嘉熙元年四月甲申，“议者乃谓鞑兵之难当……”卷三三淳祐三年四月“前江东路钤李秀实卷三五宝祐……遇虏战死”。卷三五宝祐二年七月丁未，“上谕辅臣：‘昨观云南备鞑……’”宝祐三年九月，“云南果有鞑兵”。宝祐五年九月戊辰，“蒲择之奏鞑侵罗氏鬼国”。卷三六开庆元年正月乙巳，“虏犯忠涪”；同年月庚申，“鞑虏犯邕管”；同年月丁卯，“虏主倾国举起兵南伐”。四库本将“鞑”“虏”分别改为“蒙古”“敌”等。

《本纪》则均称“大元”。这说明《全文》的作者对蒙元当局尚无臣服的观念，而《本纪》的作者已具此种观念。

其次，《全文》保留了较多的宋代官修史书的痕迹，而《本纪》相对较少。如《全文》中载有大量君臣对话，显然直接源于官修《日注》《实录》《时政记》等，《本纪》中很少采录，有的则改写为非对话形式。二书收录的宋理宗诏敕不同，《全文》收录诏敕数量明显地比《本纪》多，且保留了较多原始风貌，有时引录多达数百字，很可能即是诏敕原貌。《本纪》只收录了那些较有针对性的，且对其内容也作了加工、改写和删简。《全文》中保留了较多的对宋理宗歌功颂德的文字，特别是在细文中尤多，《本纪》中相对要少。

《全文》既比《宋史》成书早，则它相对《宋史》稍多的粗糙和疏漏就容易得到解释，因为较迟撰成的书通常都比较早撰成的书要有所改进。《宋史》在修撰过程中甚至可能参考过《全文》。当然也必须指出，如曾参考，则并不认真细致，这一点将在下文予以说明。

（三）《全文》不是《本纪》的初稿

过去学术界存在一种未形成文字的猜测，即认为《全文》是为修《本纪》而撰写的，认为前者是后者的初稿，这种认识似未得到足够的证据支持。此次笔者进行比读，更感觉此种推断与实际不符。

首先，《全文》虽比《本纪》粗糙且多错漏，但有些《全文》中记载的重要史事《本纪》却失载。例如：

《全文》卷三一：绍定二年十二月，郑清之签书枢密院事。

卷三二：端平元年十二（一?）月，宰相兼制国用、参政同知。

端平二年九月，履亩征会。

卷三三：嘉熙三年十月，执政大臣许应龙、林略被罢。

淳祐四年正月，罢免参知政事李鸣复、同知枢密院事杜范；十月，任范钟为参知政事、刘伯正为签书枢密院事。执政大臣金渊被劾罢。

卷三四：淳祐五年正月，执政大臣刘伯正被罢免；十一月，任命陈韡为同签书枢密院事，同知枢密院事李性传被罢免。

卷三六：景定五年八月，临安学生叶李、萧圭上书指贾似道害民误国，姚希得兼权参知政事。

其次，二书大事多同，小事多异，特别是在史事取弃上，二书差异颇大，有些月份二书所记事竟无一对应者，如绍定三年正月、七月，绍定四年十二月；淳祐五年五月；等等。另有不少年份、月份其不对应记事超过半数。

再次，二书对同一史事（包括重大史事）的记述，其内容取舍、文字、风格也颇多差异。如二书景定二年正月癸亥朔条同载治理贪赃的诏书，《全文》所载诏书内容为："朕于赃吏无所贷，以其惟威惟虐，大为吾民仇。民吾赤子，而仇之是与寇贼奸宄同科，而何以为天子之命吏。古人喻贪以狼以硕鼠，目以物类之恶者，盖不得复言人矣。惟彼贪夫，憯莫之惩，侵牟矫虔，罔知厌极。朕夙兴夜寐，忧苦万民，封培本根，每惧弗葴。郡国之吏乃淫纵其欲，以蠹厥生。间闻田里凄然人情恻怛，甚至自愧。朕惟民生寡遂，由于贪官之肆诛求。贪官充斥，由于监司之不按察。率以外台耳目，不当蔽塞失察之罪。兹当岁首，咸与维新。”另载：“上曰：我朝以仁厚立国，圣圣相承，惟以爱养元元培植根本为第一义。今中外之吏，贪黩成风，甚失祖宗初意。”（卷三六）《本纪》所载诏书内容却为：“监司率半岁具劾去赃吏之数来上，视多寡为殿最，行赏罚。守臣助监司所不及，以一岁为殿最，定赏罚。本路、州无所劾，而台谏论列，则监司守臣皆以殿定罚。有治状廉声者，摭实以闻。”（《宋史》卷四五）二书所载要点虽都是反贪，但具体内容却少有相同之处，除文字繁简相差较大外，一是重在说理，一是重在实施办法。这甚至使人怀疑二书于此事记述的材料来源可能也是不同的。

如果《全文》是《本纪》的初稿，类似情况就令人难以理解。在通常的情况下，修改者对于底稿中可改可不改的内容，多采取保留的处置办法，上述情况表明，《全文》不大像《本纪》的初稿，当然，由于找不到直接记载，这里只能是推论。

二、《全文》明显优于《宋史》等书的几个方面

讲《全文》具有特殊的史料价值，首先是因为《宋会要辑稿》《文献通考》等全无宋理宗在位时期的情况记载。而将此部分《全文》同记述此时期历史的其他史书（包括《宋史・理宗本纪》《宋季三朝政要》《钱塘遗事》等）进行比读，感到《全文》有几方面的记载比《宋史・理宗本纪》《宋季三朝政要》等书明显更优。

(一)《全文》保留了较多的历史文献及其原始风貌

如前所述,《全文》保留了比《本纪》更多的诏敕、御笔和其他一些历史文献。有些诏敕《全文》与《宋史》等同有载录,但《宋史》的《本纪》依照修《本纪》应简练的原则,文字被大大简化,而在《宋史》的其他部分又没有载录这些诏敕的详细内容,这使得《全文》所载录的这些诏敕文字更珍贵,当《宋史》对诏敕删简失当时,其史料价值就更为突出。

例如,《全文》卷三四载:“[淳祐十一年]十二月丙辰朔,辅臣谢方叔等谢新命,上降御笔曰:‘朕观比年以来,朝纲浸弛,时事日乖,所以并命二相,夹辅王室。正赖开明公道,振起治功,肃纪纲以尊朝廷,用正人以强国势,通楮币以纾邦计,却哨骑以固边陲,清吏道使无贪黩之风,淑士类使无嚣浮之习,军马当足则饬戒阃帅以去虚挂之籍,人心当结则嘉予守令以行宽恤之恩。此皆今日切要之务。昨来并命,往往各分朋党,互持己见,交相摆阖,阴肆倾排,是以猜忌成风,众弊胶辖。今朕用搢绅之公言,从中外之人望,登庸硕辅,参运化权,继自今勿牵人情,勿徇私意,以玄龄、如晦为法,以赵鼎、张浚为戒,务为正大之规,以副倚毗之意。’上又曰:‘自来并命二相,本欲协济,缘各任已见,且因宾客交斗,遂成党与,不可不戒。卿等宜同心辅政,深矫前人之失。’”《宋史》卷四三《理宗纪》于同年月仅载:“戊辰,诏以八事训饬在廷,曰肃纪纲、用正人、救楮币、固边陲、清吏道、淑士气、定军制、结人心。”显然,《全文》的记载要比《本纪》详细得多,不但提供了降御笔的背景资料,而且引录的御笔文字比《本纪》要完整得多。而《宋史》除《本纪》外,其他处又找不到关于此事的记载,所以,当我们想了解谢方叔入相之初的情况时,《全文》的上引记载就显得十分重要。

又例如,《全文》卷三六载有关于处置所谓吴潜、丁大全党人的“御笔”和诏书各一(原文过长,不便引录),从御笔中可知:

吴潜的遭遇同宋理宗有直接关系，因为御笔是直接出自宋理宗的，这份御笔详列了吴潜的“罪状”。以往人们从《宋史》中得出一种认识，即吴潜的被罢免、受迫害都是贾似道一手策划的，同宋理宗没有多少联系。此御笔使此种认识得到纠正。通过上述诏书，我们又可了解到所谓吴潜党人的大致构成，这对于研究晚宋政治显然十分重要。这两份文献《宋史》等书均不载，其史料价值自不待言。

除诏敕外，《全文》还引录了其他一些历史文献，如，宋理宗的《敬天法祖事亲齐家四十八条》《缉熙殿榜》《纪梦昌陵》诗，《训廉铭》《谨刑铭》《字民训》等，《宋史》等对这些文献，或仅记标题，或全不言及。这些文献对于研究宋理宗时期历史及宋理宗这一历史人物无疑都是很有助益的。

（二）《全文》收录了大量君臣对话

《全文》保留了宋代《实录》等书的较多痕迹，因而收录了数量可观的君臣对话。这些对话内容多样，涉及治国、军事、理财、理学等方面，有些语言生动体现了当时君臣的心态，对于了解当时史情颇具重要性，《宋史》很少收载，故《全文》收录的这些对话就很珍贵。

例如，《全文》卷三二绍定六年十一（二?）月条，用六百多字的篇幅，记述了宋理宗与赵范、赵葵兄弟二人的一番对话。赵氏兄弟在南宋后期军事史上颇有建树，从上述对话中，我们可以了解当时有关军事的许多情况，如赵范对理宗讲话中言及：“国家之兵，聚则不少，散则不多，若能散能聚，可守可战，使江淮表里皆有可恃之势，则戎马侵突足以御之矣。”这实际上批评了当时宋理宗消极防御、处处布防的军事方略。消极防御、处处布防，使宋朝兵力分散，尽管朝廷努力增加军队人数，仍然远远不能满足需要，其根源就在于统治者惧怕兵权的相对集中。对话中虽然理宗表示对赵氏兄弟完全信任，但赵葵仍然不无顾忌地讲：“昨奉圣旨，许臣缓急便宜行事。东淮去天密迩，事无大小，皆合禀听庙谟，微臣不敢专擅。”寥寥数语，刻画出一位统兵者在宋代“事为之防”体制下唯恐犯忌的神态。从对话中，我们还可体察出宋理宗始终对议和心存幻想等情况。

又如，《全文》卷三三载：“［淳祐二年］六月甲寅，仓部郎官李鏻进对，乞广求备御之方。上曰：‘秋风已近，去岁蜀事大坏，今当如何为策?’鏻奏：‘陈隆之因成都城故基增筑，未为非是，第功力苟且，识者逆知其难守。臣尝问其方略，但云誓与城存亡而已，未几为田世显所卖，城门夜开，隆之衄焉。’上颦蹙久之。”这段对话透露出四川制置使陈隆之兵败被杀的背景及经过，《宋史·忠义传》陈隆之的小传仅150字，此引记载可以补充《宋史》记载之阙。

再如，蒙军进入云南后，宋朝处于三面受敌的险境，宋朝君臣将蒙军自西南迂回进攻江浙腹心地带的图谋称为“斡腹”，《全文》有七处记载了宋朝君臣关于“斡腹”的对话，说明了对此事的忧虑，也提供了宋、蒙双方军事举措的一些细节，对于了解当时军事形势很有帮助。

另外，《全文》记述了不少君臣间关于理学的议论，在当时社会矛盾尖锐、军事形势危急的情况下，君臣间奢谈心性，这使人颇觉滑稽，《本纪》很少载录自然不无道理。但是，从另外某些角度来看，例如要论证南宋理学怎样误国，这些却是极好的实证。

(三)《全文》记载的此时期货币发行情况详细而准确

《全文》对此时期货币发行特别是纸币发行的记载特别详细，其中包括此时期君臣对货币问题的关注及采取的各种措施，总字数达六七千字。《宋史·本纪》对此较少记载。这可以理解，在纪传体史书中，这类内容是可以放入《食货志》的，但其中绝大部分内容《食货志》也没有收录。例如，《全文》卷三二载：

［端平二年］九月己巳，都省言："两界会子数多，监司郡守奉行秤提不虔，欲下诸路州县，令有官之家簪缨之后及寺观僧道，并按版籍每亩输十六界会子一贯，愿纳十七界者并从。各州截角类解，赴封桩库交纳。其将相勋贵之家、御前寺观曾被受指挥特免科役去处，毋得寅缘规免，仍不许敷及佃户。违，许越诉。"从之。

此段文字较详细地记载了宋朝为挽救会子的另一次重要努力，即所谓"履亩征会"事件，此事在宋人文集中可以找到不少时人的相关奏疏，如袁甫、吴潜、魏了翁等都曾对此事发表议论。但是，在《本纪》中，却全然不载此事，尽管《袁甫传》中言及此事，也是一笔带过，连确切时间也没有提供。所以，上引《全文》的文字，是关于此事最权威、最详细的记载。再如，《全文》卷三三又载：

［嘉熙四年九月］丙戌，都省言"比奉御笔'楮币折阅虽自于民，奸幸多生于守令'。今措置十八界会子收换十六界，将十七界以五准十八界一券行用。如民间辄行减落，或官司自有违戾，许经台省越诉，必置于罚"。上从之。

引文记载了发行第十八界会子兑收第十六界会子的情况，记载了官方关于第十七、十八两界会子比价的规定，因而具有重要价值。但《宋史》对此却未加记载。《宋季三朝政要》卷二虽有载，但文字过简，且有重要错讹，即记"史嵩之以五折二"，其"二"当为"一"之讹。

此处应特别指出，《宋史》关于理宗朝货币问题记述的阙疏（对许多于国计民生关系甚大的史事不予记载），可能同撰史者货币方面的学识不够有关。除了记载疏漏外，还可见到其他因撰史者缺乏对货币问题深入了解造成的失误(撰史者因对货币问题学识不够而致误。在历代正史《食货志》中屡见不鲜)。如《本纪》多次把“十七界会”“十八界会”表述为“缗钱”,即属此类(参见宝祐二年二月、开庆元年二月、景定元年二月、景定五年四月等条)。有人可能会为撰史者辩解说,南宋后期已大量使用楮币,把“楮币”记为“缗钱”反映了人们观念的变化。然而实际情况是,当时二界会子并行,不同界的会子价值是不同的(有时相差悬殊)。同时,尽管楮币已成为主要交换媒介,但铜钱也仍旧被广泛应用,当时人在议论货币时,将不同界“会子”“楮币”同“缗钱”(“见钱”)区分得很清楚。这种失误倒是同元代纸币发行不再分界的情况有关。

(四)《全文》详细记载了此时期科举情况

《全文》记载此时期历次科举考试的情况也相当详细。从任命知贡举、殿试官,到每次宋理宗关于如何选录所发表的议论、诏令,再到录取情况,录取后宋理宗检阅被录取者等均有记载。而《本纪》一般只记载各次正式录取的人数,非正式录取即特奏名人数《全文》几乎是每次都载的,而《本纪》则不予记载。如《全文》卷三三载:

> [淳祐四年二月]丙寅,以吏部尚书兼给事中金渊知贡举,吏部侍郎兼中书舍人濮斗南、礼部侍郎兼直学士院郑起潜同知,侍御史刘晋之监试。二月壬申朔,御笔:“朕妙简儒英,俾司文柄,冀得髦俊,以亮天工学术,必究其渊源,毋以涉猎为能,词章必主于典实,毋以浮靡为尚,毋滋蹈袭,毋取雷同。昔人典贡,多能以程文占器识,卿等其精意考校,以副朕侧席之意。”付金渊以下。

引文表明,此时期又恢复了“监试”的设置,这是《宋史》失载的。又所引御笔中，宋理宗对科举录取原则做了指令。这对于研究科举史无疑都是有重要意义的。

（五）《全文》详细记载了此时期反贪赃情况

《全文》较详细地记载了宋理宗在反贪赃方面的各种举措，这些举措不甚得力，效果不佳，《本纪》只录载其中很小一部分，这是可以理解的。但是，宋理宗时期，官方在此方面做了很大的努力，采取了不少措施，却是事实。《全文》的有关记载也多达五六千字。在我们今天研究古代反贪史、总结正反两方面的经验教训时，《全文》有载而《宋史》不载的内容就显示出其宝贵。

（六）《全文》详细记载了宋理宗的“畏天”

《全文》较详细地记载了宋理宗历次遇到天变后的举措，据这些记述，每次遇到天变后，宋理宗往往要避正殿、减常膳，下诏自责并征求直言，有时则进行重大人事调整。其中一些举措在各次天变中是雷同的。《本纪》中虽也有关于应对天变的记载，但比《全文》要少得多、简略得多。《全文》中关于释系囚的记载相当多，多数同天变联系，有时则另有政治需要，这些记载在《本纪》中大抵很少见到。与天变、恩赦相联系，《全文》中有相当多的关于蠲免“赃赏钱”的记载，共出现29次。《全文》详载了历次天变后官方的种种应对，这在今人看来，颇为絮烦，但人们恰好可以从这近乎絮烦的记述中，了解到宋朝“畏天”的祖宗家法在现实政治生活中怎样发挥作用，也可以透过这些记载追寻一些重大政治斗争的线索（须知不少政治权利争斗都是在“畏天”的烟雾中进行的）。

三、《全文》的其他特殊史料价值

除了上述几个特殊方面以外，《全文》还有一些方面的史料价值应当予以关注。

（一）《全文》可补《宋史》疏漏的内容是多方面的

前文已列举了《全文》可补《宋史》疏漏的不少方面，事实上，《全文》可补《宋史》疏漏的远不止此。如《全文》中关于宋理宗时期刑法方面的一些举措，也少见于《宋史》，它们对研究此时期刑法有重要参考价值。又如，《全文》关于宋蒙战争的许多记载，也是《宋史》失载的，将二书关于宋蒙战争的记载综合起来，就能使我们对此时期战争史的了解大进一步。这里尤应强调的是，《全文》中有些看来烦琐冗赘的记述，甚至可能是被撰史者有意扬弃的一些内容，在今天看来，或许另有其不可替代的史料价值。如《全文》相当详细地记载了历次明堂大礼的筹备情况，这从政治史的角度看无疑意义不大，但如果从研究古代礼制的角度看，却有重要的史料价值。再如，《全文》记载了理宗时期拖欠小官俸禄的情况，这在当时社会矛盾尖锐、军事形势紧张的背景下，实属小事，但这一小事却生动真切地反映出当时财政拮据的窘状。

（二）《全文》有些内容可修正《宋史》记载中的失误

如《本纪》误记淳祐八年任命徐鹿卿为枢密使兼参知政事，这一误记即可通过考察《全文》的记载得到纠正。又如《本纪》记载一些人的官名，把“大使”的“大”字删去。如《全文》载，宝祐三年吴渊任京湖制置大使，宝祐五年正月赵葵任京湖宣抚大使，二月贾似道任两淮安抚大使，宝祐六年贾似道任两淮宣抚大使，闰十一月吕文德任江西、湖北安抚大使等，《本纪》在相应处一概无“大”字，这也是不妥的。《宋史》的此种失误也可通过《全文》得到修正。

（三）《全文》的某些内容有助于对《宋史》的理解

《全文》的某些内容对于理解《本纪》也有帮助。如《本纪》载：“［宝庆元年十月］甲寅，诏：会稽櫕宫所在，税赋尽免折科，山阴县权免三年。”（《宋史》卷四一）文字很令人费解。查《全文》对应处文字为：“知绍兴府汪纲奏：会稽櫕宫所在，税赋尽免折科。山阴同应办之劳，乞照会稽除免。诏权免三年。”再读上引《本纪》，乃豁然明朗。

现存的《宋会要辑稿》中没有宋理宗时期的内容，有些学者因此认为宋理宗在位时期仅修过前朝（宋宁宗时期及此前各皇帝在位时期）的会要，没有修过本朝（宋理宗一朝）的会要。《宋史·理宗本纪》于淳祐十一年二月、宝祐五年闰四月、景定二年三月，都有关于宰相进献修成的《会要》的记载，但记载简略，我们无法断定进献的是哪一时期的《会要》。如果考察《全文》中这三个时间的记载，就会发现各有比《宋史》更详细的记载，而且明确说明，所进献的《会要》是“今上皇帝”的《会要》，前述问题就迎刃而解了。

《本纪》记载执政大臣和一些重要官员任命时，多将原官、帖职省略，而《全文》多保留，这对于了解《宋史》记载的政治和人事变动情况无疑是有益的。

总之，《全文》（理宗部分）是研究南宋晚期历史的最重要的文献之一，具有重要的、不容忽视的史料价值。

（原载《文献》2005 年第 4 期）

《宋史·职官志·奉禄制》臆札

《宋史·职官志·奉禄制》分上下两篇，是专门记述宋代官员俸禄制度的。《宋史》篇帙浩大，仓促成书，问题颇多，而其《职官志·奉禄制》又是其中编撰失误处较多的部分。笔者近年因涉猎宋代官员俸禄制度研究，反复阅读此两篇文字，似有所得，胪列几点，望能就正于大家。

一、小标题、篇章结构与史料来源

阅读《宋史·职官志·奉禄制》，首先接触到的是小标题。上篇小题为：奉禄匹帛、职钱、禄粟、傔人衣粮、厨料、薪炭诸物，另有一实际存在而未揭诸篇首的小标题，即武臣奉给（中华书局新标点本，以下凡注页码均指此，第 4117 页）；下篇小题为：增给、公用钱、给券、职田。这很容易给人造成错觉：《奉禄制》上下两篇完全是依照官员俸禄（含变相俸禄）所包含的项目分述的，实则大谬。首先，上篇奉禄匹帛、职钱、禄粟等小标题下的记述都是不完整的，或者说，它们所记述的大都只是北宋的情况，而关于南宋有关情况的记述，都附在下篇增给一题的文字末尾：关于南宋料钱衣赐之制的记述在第 4134—4138 页，关于南宋职钱之制的记述在第 4138—4141 页，其中还包括关于帖职钱的记述，关于南宋禄粟、随身、傔人、厨料等制的记述在第 4142 页。其次，在上篇职钱一题下，有一大段文字并不是记述职钱制，而是概述五代至北宋末年整个俸禄制度的沿革演化，其中奉钱折支占了很大比重，还记述了官员奉钱增减等事。再次，上篇的武臣奉给一题下，实际记述的并不是全体武臣的奉给（例如不含诸路总管、钤辖等官奉给），也不是记述武臣依本官、寄禄官所得奉钱、衣赐，而主要是记录了北宋政和年以前统兵武臣的差遣奉给，或称差遣添支。下篇增给一题下恰好缺少统兵武臣的差遣添支，似此小题下的内容可合并入下篇增给一题项下。上述小标题与题下文字的不符，大大增加了阅读的困难，往往导致查找和使用史料者的失误。

小标题与题下文字的不符，在一定程度上反映了撰写者思路的混乱。然而仔细阅读《宋史》文，又可体察到撰《宋史》者在安排篇章结构上还是费了一番心思的。撰《宋史》者力图既照顾到俸禄的各组成部分的划分，又照顾到俸禄制度在时间上的前后变化。故而他们把元丰改制前的奉钱衣赐之制放在最先，元丰改制后的奉钱衣赐、职钱之制随之于后。武臣奉给之制大体政和改制以前仍在沿用，故又置元丰新制之后。禄粟、元随、傔人等制因其重要性远不如奉钱衣赐，虽制定于元丰改制以前，但改制后未废除部分及新增补部分都在发挥效力，故又置于武臣奉给之后。官员增给之制，撰《宋史》者将元丰改制以前旧制与改制以后新制合并记述（这种合并有诸多弊病，详见下文），故置于下篇之首，撰《宋史》者未把南宋俸禄制的记述置于下篇末尾，而是置于公用钱、给券、职田之前，这是基于如下一种认识，即认为公用钱、给券、职田都不属于严格意义上的俸禄，当然这种认识是否完全正确另当别论。尽管如此，撰《宋史》者虽有兼顾俸禄结构和时间顺序的意图，但在实际撰写中又时时违背这一意图，例如概述俸禄制度沿革一节，置于职钱一节之后，无论从哪个角度看，都是不恰当的，而将南宋俸禄制度集中记述，又违背了按俸禄结构分述的初旨。小标题的拟定，则使上述失当变得更加突出。

小标题与篇章结构方面存在的问题，与《奉禄制》撰写中拼凑史料的倾向有关。将《奉禄制》上下两篇的文字，与现存其他史籍的文字对照，即可发现，此两篇文字中有不少是移录早于它的现成文献的，有些则是将现成文献仅经过简单加工修改，就移植入《宋史》文的，刀劈斧砍痕迹清晰可见。《奉禄制》篇的史料来源主要如下所示：

（一）元丰改制以前的奉钱衣赐之制（第 4101—4112 页）、禄粟之制（第 4119—4121 页）、元随傔人衣粮、茶酒厨料薪炭之给（第 4122—4125 页）与《宋会要辑稿》职官五七之一至八所载大同小异，后者当为前者主要撰写依据，或则前者系对后者进行加工修补的产物。

（二）关于南宋俸禄之制的记述（第 4134—4143 页），与《通考》卷六五《职官考·禄秩》的文字差异很少，前者似仅为对后者进行简单加工的产物。

（三）下篇增给题下文字（第 4129—4134 页），似撰《宋史》者将《宋会要辑稿》职官五七之八至一三所载与《通考》卷六五《职官考·禄秩》有关内容归纳合并而成，其意图在于想以此概括两宋增给（添支）制度的全貌。

（四）概述禄制沿革一段文字（第 4114—4117 页）前大半部多取材于《宋会要辑稿》职官五七所载，后小半部自“自乾兴以后”至本段末大体系移录《通考·职官考·禄秩》文字。《通考》似又据《山堂群书考索》后集卷一六《官制·吏禄》文字加工而成。

（五）下篇公用钱题下文字与《宋会要辑稿》礼六二之二三至

三〇大同小异，后者或为前者所本。

（六）下篇职田题下文字前半部述北宋制者似散取于《宋会要辑稿》职官五八之一至三一，后半部述南宋制者似系多移录《通考》卷六五《职官考·职田》文字。

（七）上篇职钱题下文字结尾概述行守试等制文字（第 4114 页），包括细文在内，与《通考》卷六五《职官考·禄秩》文字略同，疑撰《宋史》者系将《通考》文字移植于此。

由于撰《宋史》者过多地移录前人文字，对所引用史料未经细致加工，就使得《奉禄制》不但在标题、篇章结构上存在不少问题，在具体记述上也多有失误和自相矛盾之处。尽管如此，我们不应抹杀《奉禄制》的史料价值。它关于北宋元丰改制后奉钱、衣赐及职钱制度的记述和关于北宋统兵武官添给的记述，《宋会要辑稿》《通考》《长编》《群书考索》和《玉海》等均未见记载。它关于各项禄制的记述文字在现存上述诸书中也有失载者。所以《奉禄制》仍为治《宋史》者特别是研究宋代官员俸禄制度不可不读的重要资料。

二、对于奉钱折支记述的失当与阙漏

宋朝官员奉钱折支是个比较复杂的问题，《宋史·职官志·奉禄制》对此做了不少记述。有些记述为《宋会要辑稿》《通考》等不载，如关于元丰改制前“幕职、州县（官）料钱，诸路支一半见钱，一半折支”（第 4109 页）等记述即为他书所失载。但《奉禄制》对此的记述也有不少失当和阙漏。

首先，在对元丰改制前在京任职文武官员奉钱全支现钱者的综述中，与《宋会要辑稿》对应文字比较，似漏载“直舍人院及权领两制差遣”一项，此制为熙宁三年八月所立，事见《长编》卷二一四、《宋会要辑稿》职官五七之四〇。《宋史》文载有检正中书五房公事官奉钱额，此官置于熙宁三年九月，“直舍人院”等奉钱支现钱事在此前，不应不载。又《宋史》文：“两府供奉官以下至内品（原注：惟内品特给一分见钱）……并给见钱。”（第4107页）“两府”据上下文当作“两省”即内侍省和入内内侍省。此处正文与注文不协，既是供奉官以下至内品全支现钱，则必无“内品特给一分见钱”之事，即言内品“特”（宋朝言“特”多与“特恩”联系）给一分见钱，则供奉官以下至内品就不能全支现钱，正文注文必有一误。又据《宋会要辑稿》，皇亲“诸卫大将军至率府副率”奉钱方全支现钱，《宋史》文于“诸卫大将军”之前似遗“皇亲”二字。其次，《宋会要辑稿》在节度副使、行军司马奉钱项下注明“不厘务者悉给以他物”，在别驾、长史、司马、司士奉钱项下注明“悉他物”，《宋史》文均失载。再次，有些元丰改制以前关于奉钱折支的规定，《宋会要辑稿》职官五七之一至四“奉钱格”内失载，《宋史》文于“奉禄”一节也未能补入。如天禧二年正月，“诏谏官月俸并给实钱”（《长编》卷九一、《宋会要辑稿》职官五七之三一）。景德四年九月诏：“自今掌事文武官使臣月请折支并给见钱，［在京］六分，外任给四分。”（王栐《燕翼诒谋录》卷一、《宋大诏令集》卷一七八《文武官折支并给见钱六分诏》、《长编》卷六六及《宋会要辑稿》职官五七之二六同。唯《宋会要辑稿》职官五七之二八作在京“六百”，在外“四百”。）治平三年五月诏：司天监“监丞以下月俸皆给见钱”（《宋会要辑稿》职官五七之三八）。《宋史》文均失载。另外，《宋会要辑稿》职官五七之二三载，淳化二年十一月有诏：“京东西、河北、河东、陕府西幕职州县官所受俸合支一半折支者，自今每贯给见钱七百。”而《宋史》文述及，南宋时选人料钱“一半折支，每贯折见钱七百文”（第4135页）。则据两项记载推断，很可能淳化二年，京东西及沿边三路幕职州县官奉钱半数折支，每贯折七百文的规定，至元丰改制前一直沿用，范围或有扩大，若此推断不误，则《宋史》文失载此事。

这里应顺带言及，新标点本《宋史》，对记述元丰改制前奉钱折支的文字，有二处处置失当，给阅读增加了困难。其一，页4105有："旧志：诸卫将军有五十千、四十千、三十千三等（细文略）。诸司使有四十千、三十千二等。副使以下与异姓同，并给实钱（细文略）。"新标点本将此段文字统统作为正文低二格的处理。将此段文字与《宋会要辑稿》职官五七之二的相应文字对照，即可知，"旧志：诸卫将军有五十千、四十千、三十千三等"应作细文，附于前文之下。"诸司使有四十千"以下文字并非"旧志"所述，不应低二格，而"并给实钱"也非"旧志"内容，而是讲所有皇亲任武职，奉钱并支实钱。其二，页4107有："两省都知、押班，不带遥郡诸司使、副……并给见钱（原注：其两省都知、副都知遥领刺史以上者，即给一半见钱）。"按《宋会要辑稿》职官五七之二相应文字作："内臣都知押班诸司使……副使……（原注：遥郡以上半实钱半给他物，诸司使以下全给实钱）"即讲入内内侍省、内侍省的都知、副都知、押班凡带遥郡以上者，半支现钱，而不带遥郡的诸司使或诸司使以下者，全支现钱。据此，新标点本《宋史》在"押班"后加逗号大不妥，因为这样依上下文体例，"两省都知、押班"与"不带遥郡诸司使副"就成为并列的两类官名，使人误解为凡是两省都知、押班，凡是不带遥郡的诸司使副，奉钱全支现钱，岂不大误。（拙撰《宋史标点本举正》内述及《宋史·职官志·奉禄制》点校失当多处，此不重复叙述，详见本书下文。）

以上所言仅为《宋史》文对元丰改制前奉钱折支的记述，而《宋史》文对元丰改制后奉钱折支规定的记述较前简略得多，似有更多的遗漏。《宋史》载，元丰新制，"凡文武官料钱，并支一分见钱，二分折支（原注：曾任两府虽不带职，料钱亦支见钱）”（第 4112 页）。这一记述正文语气过于绝对，且与注文彼此矛盾。关于元丰改制后奉钱的折支，文献记载很少，但我们仍可从零星的记载中寻见一些蛛丝马迹。如元祐元年八月，朝廷议论给崇政殿说书程颐俸禄事，“户部初欲折支，执政谓：馆阁官皆请见钱，岂有经筵反折支”（《长编》卷三八五）。这说明元丰改制后的元祐元年，馆阁官、经筵官奉钱大体都是支给现钱的，而非一分现钱、二分折支。又同年四月二十三日胡宗愈言：河北转运使范子奇奏乞三路转运判官依转运使支见钱，准朝旨依，臣恐远近相师……伏乞依旧法折支。（《宋会要辑稿》职官五七之四六、《长编》卷三八四）其请得准。此事说明元丰改制后沿边诸路转运使同元丰改制前一样，奉钱全支现钱。以上二例所涉及奉钱支给现钱的职事官，在元丰改制以前对应的差遣官也享受同样优待，联系到元丰改制“凡厥恩数悉如旧章”如“以职事官俸赐禄料旧数与今定官请给对拟定”的制禄原则（周辉《清波杂志》卷一引元丰改制诏书，《宋会要辑稿》职官五七之三一），使人不免作如下推论：可能元丰改制前在奉钱折支上受到优待的各种差遣官、帖职，在元丰改制转变为新的对应职事官、帖职后，在奉钱折支上仍受到同样的优待。

另外，仅就《宋史》文看，元丰改制前的某些旧规定与南宋绍兴之制颇吻合。如改制前旧制中有京朝官奉钱三分之二折支，在京每贯折支六百文、在外四百文的规定。南宋绍兴之制也有相同的规定。改制前京东西及沿边三路幕职州县官奉钱半支现钱，贯折七百文。南宋绍兴之制全部选人奉钱都行此种折支法。类似这种情况，也说明《宋史》文关于元丰新制奉钱折支的记述上，遗漏颇多。

三、关于北宋末年及南宋前期的禄制变动

《宋史·职官志·奉禄制》对北宋末年及南宋前期官员俸禄制度变动情况的记述，也是失误和阙漏较多的一部分。它对此事的记述绝大部分是移录《通考》文字，少有补充和更正，而且未能集中叙述。其中涉及北宋末年及南宋削减部分官员俸禄的记述只有如下几则："建炎南渡以后，奉禄之制，参用嘉祐、元丰、政和之旧，少所增损。惟兵兴之始，宰执请受权支三分之一，或支三分之二，或支赐一半。隆兴及开禧自陈损半支给，皆权宜也。其后……禄粟、傔人，悉还畴昔。"（第 4134 页）"靖康指挥：遥郡以上奉钱、衣赐、傔人、奉马，权支三分之二。"（第 4136 页）"建炎元年指挥，宰执请受并权支三分之二，支赐支一半。"（第 4138 页）另有"绍兴折色"格，也含减禄意，不录（第 4143 页）。这些分散零乱的记述使人难以了解俸禄变动全貌，而且引文中"少有增损""皆权宜""悉还畴昔"等措辞又易使人产生种种误解。

实际上，北宋末及南宋前期，主要削减了两部分官员的俸禄，一是宰执大臣，二是高级武臣。这两部分官员的俸禄在北宋明显地较其他官员优厚，因而在国家困难之际理所当然地要被削减。关于宰执减俸，除《宋史》外，其他不少文献也都有记载，但都只述减俸赐三分之一，未见支赐减半之说。（《宋会要辑稿》职官五七之六三、《建炎以来系年要录》［以下简作《系年要录》］卷七、《群书考索》后集卷一六《官制·吏禄》）但李心传又记：绍兴五年冬十月辛酉，"吏部侍郎兼详定一司敕令晏敦复请三公三少三省长官俸给，并依嘉祐禄令宰臣所请则例修立。从之。先是，

政和禄格比嘉祐所给增多，故本所以为请。”（《系年要录》卷九四）政和、嘉祐禄格中宰臣俸禄额之差别已无可考，但此举削减了宰执俸禄则是可以肯定的。（《宋会要辑稿》职官五七之六〇及《宋史》[第4117页] 载崇宁间曾增给宰执本官身份请给及供给食料等钱，另外“傔从钱米并支本色”，可能载入政和禄格，若如此，则较嘉祐禄格为优。）同年十一月，宋廷又规定宰执俸禄于已减三分之一之外再减十分之二，但次年即罢撤此令。（《系年要录》卷九五、一〇〇，《宋会要辑稿》职官五七之七一）然宰执减俸三分之一的规定却仍然存留。后隆兴元年，因军兴宰执陈康伯等自请减俸，建议：“左右仆射每月见帮支请给（依建炎元年八月二十八日指挥请受权支三分之二）料钱三百贯内三分已减一分，见请二百贯；今欲更减五十贯；粳米、小麦各一百二十二石五斗内三分已减一分，见各请八十一石六斗六升，今欲更减二十石四斗一升。同知枢密院事每月见帮支请给（注文同上，略）料钱二百贯内三分已减一分，见请一百三十三贯三百三十三文，今欲更减三十三贯三百三十文；粳米、小麦各一百石内三分各已减一分，见请六十六石六斗六升，今欲更各减一十六石六斗六升，并比元请系减半之数，候事定日依旧。”其请准行，且“后使相依此”。（《宋会要辑稿》职官五七之八一）据此可知，建炎元年宰执减俸规定至隆兴元年三十五六年中一直在实行，减俸不仅减俸钱，而且包括禄粟、元随粮等（《宋史》包括衣赐）。另外，隆兴元年又将削减比率增为二分之一。据《宋史·理宗纪》：宝庆二年夏四月己丑，“诏辅臣奉薄，其以隆兴格为制”。则知宝庆年中宰执俸禄尚不如隆兴元年削减后之数，则隆兴元年所谓“候事定日依旧”的约定并未落实。（据《续编两朝纲目备要》卷一四、《宋史全文》卷三〇载，嘉定七年曾重修禄格，或许此次修订中，曾把开禧军兴之际宰执削减俸禄，修入新禄格。）建炎、隆兴两次削减都长期实行，则《宋史》文所谓“权宜”当系照录官方文书中的措辞，即从禄制规定上宰执俸禄仍是削减前的旧数，而实际支给时宰执的俸禄却被削减了。

前引《宋史》文言及建炎元年指挥，宰执“支赐支一半”。所谓“支赐”，是指初除、生日、节序及赙赠等例赐。《宋史·职官志·奉禄制》对这些大体未予记录，乃是囿于时人的成见，无须厚非。但此处冒出一句，易致读者费解。关于削减官员支赐，靖康元年六月十八日诏：“应支赐、赙赠并减半，候边事宁息日依旧。”（《宋会要辑稿》礼四四之二八）又南宋庄绰记：“建炎之后，凡故例群臣锡予，多从废省。惟从官初除鞍马、对衣之赐犹存，而省其半。绍兴二年，黎确由谏议大夫除吏部侍郎，见其赐目，后用御宝，而云：马半匹、公服半领、金带半条、汗衫半领、袴一只，甚可笑也。”（《鸡肋编》卷中）又建炎三年二月戊辰，户部尚书叶梦得建议：行在官吏军兵等除食料外，应公使、花果、房卧、生日、身亡孝赠钱物并权住支。其请得谁。（《系年要录》卷二〇。按《宋会要辑稿》礼四四之二八载绍兴六年始住支身亡孝赠，与此有异）绍兴十一年户部奏中也言及前此“官员差借支赐、朝辞分物”，“各权行住支”。（《宋会要辑稿》礼四四之二八）可知除宰执外，其他官员的支赐也多被削减，又据上引记载。宰执的某些支赐后来也应与群官一起被住支了。然而绍兴和议之后，宰执的例赐最早得到恢复。绍兴十二年冬十月辛卯，“诏自今宰制（执）初除及转厅银帛并全赐”（《系年要录》卷一四七）。绍兴十三年二月己未，“诏自今宰执转官加恩正谢日衣带鞍马并依格全赐，更不减半”（《系年要录》卷一四八）。同年月丁丑“诏自今宰臣已下遇节序令客省依格签赐节料”（《系年要录》卷一四八）。宰执赙赠后也恢复，乾道年中曾有“赙赠重修格”（《宋会要辑稿》礼四四之二八）。

北宋末年至南宋，部分高级武官的俸禄也被削减。前引《宋史》文：“靖康指挥：遥郡以上奉钱、衣赐、傔人、奉马，权支三分之二。”实有欠缺。《宋会要辑稿》职官五七之六八载绍兴二年八月十七日诏：“此降指挥措置武臣横行正任遥郡请俸各依出身权行减借，钱内管军（谓殿前马步军司）并宗室月廪合依宣和七年十二月二十五日指挥，节度使权依六曹尚书、承宣使权依侍郎，观察使权依给舍，防团依郎官例支破。其统兵战守之官（谓身在军中充都统制、统制、统领、将副之类）更不权减。其诸路总管、钤辖、都监、巡检及州钤辖、都监、巡检系是职任差遣，不合作统兵战守之官。除系宗室更不减借，其余转至遥郡以上，俸钱、衣赐、傔人、俸马依靖康元年二月二十七日指挥权支三分之二，并当年七月九日指挥，于见请二分则例上以四分为率权借一分支给。月廪依宣和七年十二月二十五日指挥，傔粮等钱依靖康元年闰十月二十一日指挥权行住支。外路依此施行。自今降指挥日为始。”此段诏书文字显有阙误，多有令人费解之处，不过我们仍可从中得知，靖康元年关于武臣遥郡以上减俸前后有两次指挥，前次减三分之一，后次连减带借增为二分之一，《宋史》文仅述及前次，未述及后次。另体文义，减俸者似不包括统兵官。又据庄绰记：“绍兴中，以财用窘匮，武臣以军功入仕者甚众，俸给米麦，虽宗室亦减半支给。其后半复中损，至于再三，遂至正任观察使才请两石六斗，唯统兵官依旧全支……如殿前马步三帅，皆不得预。时马步军都指挥使兰整云：昔为殿前班长行，请米四石八斗；今作步军太尉乃反不如。”（《鸡肋编》卷中）则非统兵武臣米麦在减半之后，又曾再减。如何减法则不得其详。此后非统兵武臣俸禄被借减事屡见记载，如绍兴十三年有浙东副都总管李显忠请求特免减借事。（《系年要录》卷一四八）绍兴三十一年十月二十日诏：“今后武臣不得陈请真俸。”原因是“中兴以来立减借之法，而陈请不绝”（《宋会要辑稿》职官五七之七八）。又绍兴三十二年给事中金安节言及：“诸遥郡承宣使除统兵战守官外，并行借减，其指挥著在禄格，行之已久。”（《系年要录》卷一九八）可知非统兵遥郡以上武臣俸禄借减之制自北宋末至绍兴末也一直在实行。绍兴三十二年户部侍郎向伯奋上言："契勘武臣正任以上真俸厚甚，所立借减之法，谓如节度使真俸四百贯，米麦通二百五十石，至借减，只支钱二百贯、米麦二十石，又元随米支钱三十贯，其相去辽绝如此。惟统兵官节度使则例支钱四百贯，米麦四十五石，元随米钱三十贯，要之，统兵官亦不得全真俸也。"（《宋会要辑稿》职官五七之八〇）据他所言，武臣正任刺史以上有俸禄借减法，其中节度使非统兵者奉钱借减一半，米麦则实际超过半数。他讲全真俸米麦通二百五十石，实包括禄粟米麦一百五十石及元随米一百石，借减后禄粟只支米麦二十石，元随米每石折钱三百文，计三十贯。其中元随米折价与市价相差辽绝，当时平均市场米价每石约二贯，三十贯可籴约十五石，可知南宋元随米折支价钱（北宋时支本色）含有变相减俸之意。又据他所言，统兵节度使米麦也颇有减少，且言"统兵官亦不得全真俸"，但所述过略，此事在乾道六年户部状中反映得较为清楚，其内言："统兵战守之官（指节度使）合支诸般全分请给下项：料钱四百贯文、禄粟一百五十石，准细色九十石，内米四十五石，二十二石五斗住支，二十二石五斗本色；小麦四十五石，内二十二石五斗住支，二十二石五斗折钱，每石折钱二贯文。元随五十人，各每月粮二石，计一百石，每石折钱三百文。"（《宋会要辑稿》职官五七之八八）据此统兵官禄粟米麦也削减了一半，此事《宋史》文失载，其他文献也未记其始于何时。部分非统兵武臣俸禄借减乾道末年仍在实行，乾道九年六月的官方文书中也言及："在法，非管军统兵官及在外宫观之人法当借减。"（《宋会要辑稿》职官五七之九〇）此后，也未见免于借减之新规定。

南宋时期物价较之北宋时期大体上涨了两倍（参见拙文《北南宋物价比较研究》，载《宋史研究论文集》第四辑，河北教育出版社 1989 年 5 月版），在这一意义上，南宋官员的奉钱支给较北宋大为减少，这给低级官员的生活造成巨大困难。因此，宋廷在削减部分高级官员俸禄的同时，又不得不给部分低级在职官员增加俸禄。《宋史》文如下两处记述与此有关：一是在记述南宋职事官职钱太常丞至著作郎项下有细文："绍兴元年指挥，宣教郎任馆职，寺监丞、簿、评事，台法、主簿、寺簿、正、司直，添给职钱一十六贯，指挥每月特支米三石。"（第4140页）二是记述殿阁学士添支之后，在特旨添支项下有细文："绍兴元年指挥：馆职，寺监丞、簿、评事，台法、主簿，寺正、司直，博士，添职钱一十贯。六年指挥：五寺、三监、秘书、大宗正丞，太常博士，著作、秘书、校书郎，著作佐部，正字，大理寺正、司直、评事，台簿，删定官，检、鼓、奏告院，特支米三石，计议、编修官二石。"（第4142页）两相比较，似乎所记为一事，前一则阙误较多，后一则也有阙误。前一则"指挥"前后定有阙文无疑，而它在"馆职"之前有"宣教郎任"之限定语，添给钱数是十六贯而不是十贯，这些都是后一则记载中所阙者。若如此，撰《宋史》者简单地移录《通考》文字，将对同一史实的两种有阙误的记述文字汇于同一篇章中，是很不应该的。南宋对下级官员的另一优待是绍兴三年规定，凡无职田选人、亲民小使臣月给茶汤钱十千，《宋史》文将此事置于职田项下记述。（第4151页）

四、其他编撰上的失当

《宋史·职官志·奉禄制》除存在上述问题外，在编撰上还存在着一些明显的失当。

首先，撰《史》者为了节省篇幅，对某些内容做了合并记述，但这些合并往往失之粗糙，造成不少弊病。如记述元丰奉钱衣赐新制，将崇宁、政和之制用细文附注其下，是可行的。撰《宋史》者在记述文臣朝官时大体也是这样处理的。但在记述文京官、选人和武臣时，则多有颠倒位置的情况，即将崇宁、政和之制列为正文，而将元丰新制用细文附注于下，这无疑造成了一些不必要的混乱。又如记述官员禄粟颁给，其内容大体为元丰改制以前者，但撰《史》者于宰执系列添入尚书左右丞、太尉等，显然意在说明：（一）元丰改制以后所述禄粟之制仍在沿用，（二）元丰改制后尚书左右丞、太尉等也享受宰执禄粟待遇。但这样不加说明的添加极易造成疑问，因为尚书左右丞等官名元丰改制前也存在，人们无法断定此处之尚书左右丞等究竟是元丰改制前的抑或是元丰改制后的。再如，《史》文对北南两宋官员增给制度的合并记述问题更多。在记述在京官员增给制度时只记述了元丰改制前的旧制，对改制以后的情况，除于细文内记述了殿阁学士添给制度变更外，大体未能述及（实际上元丰改制后在京官员增给的主要部分转变为职钱）。而对改制后在外官员增给制度却记述颇详。这样就存在对在京、在外官员增给记述的不一致。在记述在外官员增给时，有时旧官名在前、新官名在后，有时则新官名在前、旧官名在后（如记监当官即先述“武功大夫以下至进义校尉”，后述“诸司使以下至三班使臣”，见第 4133 页），又造成不一致和混乱。另外，由于合并，记述南宋官员俸禄制度的文字唯独抽去了有关增给的文字，也显出某种不协调。其实若讲合并，北宋元丰改制后的职钱制度和南宋职钱制度的共同点，远比北南两宋增给制度的共同点多，应首先合并记述的是前者而不是后者。《宋史》文记述元丰职钱颁给制的末尾一段文字（第 4114 页）与记述绍兴职钱颁给制的末尾一段文字（第 4141 页）大同小异，可以合并记述。但新标点本《宋史》忽略了两段文字的近似，标点前后不一。记述元丰制文字内有一句新标点本作：“及无定例者，并随寄禄官给料钱，米麦计实数给。”后记述绍兴制相应文字却作：“及无定例者，并随寄禄官给。料钱、米麦计实数给。”两相对照，显然前者断误，当依后者标点法。

其次，《奉禄制》篇的编撰者在某些记述内容位置的安排上，也有不少失当。例如，将殿阁学士的奉钱衣赐额列入整个官员奉钱衣赐格体系内，是正确的，在记述元丰改制前官员奉钱衣赐制度时撰《宋史》者也是这样处理的，（但《宋史》文记述殿阁学士衣赐额文字存在明显错误。据《宋会要辑稿》职官五七之四至五，殿阁学士衣赐元丰改制前分为二等，一等春冬绫各五匹、绢十七匹，一等春冬绫各三匹、绢十五匹。而《宋史》文［第 4102 页］仅有一等，又将龙图、天章阁直学士列在龙图、天章阁学士之上，顺序颠倒。又据《会要》载元丰改制以前之制及《宋史》文所载大观年以前旧制及大观之制［第 4141 页］，阁直学士均享受第二等衣赐，可知《宋史》文记述元丰改制以前殿阁学士衣赐文字失当。）但后来又将有关记述安排进了“增给”项（第 4130 页）和南宋绍兴制帖职钱项下（第 4141—4142 页），这样就把两种不同性质的颁给混在一起了，很容易使人把殿阁学士的奉钱衣赐误认为是增给的一部分。又如，在记述南宋殿阁学士料钱、衣赐、添支之制（第 4142 页）后，紧接着是“依祖例添支”“特旨添支”，从细文中说明性文字看，“依祖例添支”及“特旨添支”竟同殿阁学士无多少联系。再如，在记述南宋绍兴之制时，把宰执的料钱、衣赐与开封牧、太子三师三少、御史中丞、尚书等人的衣赐，同职事官职钱放在一起叙述，这样也易造成误解。例如，易使人将职事官所得衣赐误解为正式奉钱、衣赐以外像职钱一样的额外添加，将宰执大臣的料钱误认为是与奉钱并存等。

再次，《奉禄制》篇对两宋官员俸禄制度的记述存在着明显的遗漏，这些遗漏的造成，可能主要原因在于撰《宋史》者搜集到的史料不够充足，但撰《宋史》者未能如实地对史料缺乏的情况加以说明，就加重了人们认为此篇文字撰写草率的感觉。从大的方面讲，北宋政和改制以后及南宋统兵武官的差遣添支、元丰改制后省台寺监新的公用钱制度、南宋中后期官员俸禄制度的变化等全然失载。从小的方面讲，在对一些具体制度、具体规定的记述上也多有遗漏。除前已述及者外，例如关于元丰新制下的武臣奉钱衣赐的记述，在“从义、秉义郎”之下（第4112页）失载“忠训、忠翊郎”及其奉钱衣赐额，从义、秉义、忠训、忠翊诸郎同为政和二年置，分别取代旧小使臣中的东头供奉官、西头供奉官、左侍禁、右侍禁者，故不当不载忠训、忠翊郎。且从奉钱颁给额看，秉义郎十千、成忠保义郎五千、承节承信郎四千，在秉义郎与成忠保义郎之间显有跳跃。可知撰《宋史》者将忠训、忠翊郎遗漏。又如，北宋时在京绝大多数官署都有公用钱颁给，但撰《宋史》者仅记述了不足二十处公用钱额，失载官署颇多，甚至三司、吏部铨等重要官署公用钱颁给都未作说明。另外，北宋后期及南宋，公使库定期支给官员公使供给钱物、宋廷为此制定许多制度，《史》文也全然不载。再者，如果我们把《史》文中关于北宋禄制的记述与关于南宋绍兴禄制认真比较，就会发现有不少绍兴禄制中有载而关于北宋禄制的记述中失载者。如绍兴制中有枢密院承旨职钱颁给额（第4140页），而元丰、崇、政禄制失载（第4113页）。又如绍兴制中有通侍大夫以下至中亮大夫的禄粟颁给额（第4137页），而关于北宋政和以前禄粟颁给制中却没有与之对应的横行诸使的数额。绍兴制中有通侍大夫以下至中亮大夫的傔人、马的颁给额，而关于北宋政和以前傔人、马的颁给制的记述中，却仅述及内客省使傔二十人（第4123页），其余诸横行使的傔人额和包括内客省使的马匹颁给则全不载。上述南宋绍兴之制所有而北宋之制中所无者，很可能是因撰《宋史》者疏漏或史料缺乏造成的失载，而事实上北宋时期也存在着相应的颁给制度或颁给定额的。按《宋史》载北宋时“任宰相执政者有随身，任使相至正任刺史已上者有随身，余止傔人”（第4122页细文)。"随身"二字重出，令人生疑。而又载南宋时"任宰相执政有随身，太尉至刺史有元随，余止傔人"(第 4143 页正文)。将两处文字对比，则知前引述北宋使相至正任刺史以上者似应为"元随"。

宋代官僚制度研究，近年来引起了学术界的广泛注意，官员俸禄制度是官僚制度的重要组成部分。研究官员俸禄制度，《宋史·职官志·奉禄制》又是不可不读的基本史料的一部分，因而必须正确地区分它的精华与糟粕、正确与谬误，才能很好地利用它。本文于此若有助万一，则笔者之愿足矣。

《宋史全文》点校本前言

一、重新整理《宋史全文》的缘起

我很早就萌发了整理《宋史全文》的念头，但因找不到时机，同时也因为校勘工作用书方面的困难（此书古本全部为难得一用的善本），迟迟未能付诸实施。当我终于下定决心要做尝试的时候，却发现已有人捷足先登，2005 年 1 月，李之亮先生点校的《宋史全文》由黑龙江人民出版社出版。我决定放弃原先的计划，改向全国高校古委会申请《宋史全文理宗部分笺证》的项目。但当我拿到黑龙江人民出版社版《宋史全文》（以下简称黑龙江李校本）后，却又改变了想法，决定重新整理《宋史全文》，这是基于如下考虑：

（一）黑龙江李校本点校、排印均不认真，以致出现相当数量的底本（四库本）不误而黑龙江李校本误的情况，甚至还存在数处遗漏较多文字的情况（总字数达 800 以上）。

（二）黑龙江李校本未能认真用文海影印本与四库本进行比校。

这首先表现在此书中被四库馆臣改动的大量文字黑龙江李校

本都没有回改（只回改了很少的一部分），其中包括“夷狄”“虏”等清代统治者所反感的文字，也包括一些少数民族的人名等。例如（加线字为被四库本删改的文字）：

广安军草泽安尧臣上书曰：“天生北狄，限以沙塞。自适其俗，不通中国者，狄之常也。谓之犬戎，投骨于地，狺然而争者，犬之常也。今乃摇尾乞怜（今乃遣使乞怜），非畏吾也，盖边境之上未有可乘之衅。陛下将启燕云之役，异日唇亡齿寒，边境有可乘之隙，狼子野心，安得不蓄其锐而伺吾隙，以逞其所大欲耶。”

《宋史全文》引《晦庵集》卷一三《垂拱奏札二》：

今释怨而讲和，非屈已也，乃逆理也。已可屈也，理可逆乎。逆理之祸，将使三纲沦，九法斁，子焉而不知有父，臣焉而不知有君，人心僻违，而天地闭塞，夷狄愈盛而禽兽愈繁，是乃举南北之民而弃之，岂爱之之谓哉。

《宋史全文》引《晦庵集》卷九五下（《晦庵集》略同）：

南渡以来，士大夫往往唱为和说，其贤者则不过为保守江南之计，私幸目前无事，夷狄制命，率兽逼人，而卒莫知其为大变。公独毅然以虏敌未灭为已责（《集》有《全文》无），必欲正人心，雪仇耻，复守宇，振遗黎，颠沛百罹，志逾金石。（《集》有《全文》无）晚复际遇，主义益坚。虽天啬其功，使公困于谗慝之口，不得卒就其志，然而表着天心，扶持人纪，使天下之人晓然知人类之所以异于禽兽、中国之所以异于夷狄，而得其秉彝之正，宗社为祖宗付托之重，人民为祖宗培植之遗，万不可以宴安贻祸者，则其格君之隐，不昭然共鉴哉。

《宋史全文》卷二五乾道四年：

秋七月壬戌，臣僚言："临安府风俗，自十数年服饰乱常，习为胡装（奢华），声音之娱好为胡乐（以郑乱雅）。臣窃伤悼中原士民沦于左衽（溺日甚），延首企踵，欲自致于衣冠（醇朴）之化者，三四十年却不可得。而东南礼义之民，乃反堕于胡虏（妖媚）之习而不自知，甚可痛也。今都人静夜十百为群，吹鷓鴣，拨胡琴（琵琶），使一人黑（彩）衣而舞，众人拍手和之，伤风败俗不可不惩。伏望戒敕守臣，检坐绍兴三十年指挥，严行禁止。"诏从之。

《宋史全文》卷三二：

诏抚谕东京等处官吏遗黎等曰："洪惟本朝，肇造区夏。忠厚相传于家法，公恕素结于人心。遭家不造，值国多艰，蠢兹女真，紊我王略，遂至同父之俗，半为左衽之污（遂至大同之治，竟成分裂之形）。列圣中兴，惟兼爱于南北，积年养晦，不轻用于干戈。鹬蚌之相持，甚于豺狼之交噬（因彼两方之构怨，致兹频岁之不宁），百姓至此极也。多方罔堪，顾之嗟惟。……"

人名、专名应回改：
《宋史全文》卷一九上：

王绘出城六七里，遇金将聂呼贝勒（聂儿孛堇）。

《宋史全文》卷一九下：

> 韩世忠引兵至宿迁县，执金人之将贝勒（孛堇）牙合。时刘豫聚兵淮阳，世忠欲攻之，引大军进趁城下，命统制官呼延通行，世忠自以一骑随之。二十余里，遇金人而止。世忠升高丘以望通军通驰至阵前请战，金将贝勒（孛堇）牙合大呼曰：解甲。通曰：我乃呼延通也……

其次，四库本不是一个完整的本子，有几处佚文尚存于再造本、文海本中，这些佚文总字数有数千字，黑龙江李校本未能利用后者补前者，这是一个很大的疏漏。例如，卷二七下丁未淳熙十四年八月至十一月内应补入如下文字：

> 从广东提刑管监请也。壬午，检正诸房公事尤袤等奏："看详封事内，枢密院检详范仲艺奏：近年以来，循习成俗，事无巨细，关节交通，私祷公行，违弃法令，变乱黑白，殽混是非，上误政刑，不无乖戾。"诏令御史台觉察。又看详，右司员外郎京镗奏："版曹有一论诉，必遍送监司而不肯予决。有一取会，必下送子司而不肯承受。及责其结绝，方且枝蔓其事。人户虽经台越诉，经省催促，彼其暇顾。欲人民不怨，可乎！"诏今后须管随事预决，毋为文具。
>
> 臣留正等曰：汉世每有灾异，辄下诏求直言。所以救不逮而答谴告也。自是历代循之以为故实。然其采择见诸行事者固已无几，而以正论获罪者亦往往有之。寿皇间因旱暵诏陈阙失，导以毋有所隐，而所上封事或首经乙览，径令施行。或付出进呈，与大臣商榷。或令宰属看详，择其可行者行之。见于记注，班班可考也。其曰不为虚文，诚如圣训。臣故裒

次而著之，以诏万世。

上曰：“凡事是是非非，须是分明。牛、李之祸至数十年不解者，正缘主听不明。若主听明，惟是之从，勿问其孰为牛党，孰为李党可也。”癸未，又进呈封事，上因论：“郑侨封事多言卿等不和，但事惟其是，若一以为可，一以为否，各陈所见，亦何害？朕前争辨，退即无事若常时然。”王淮等奏：“榻前争辨，退而如常未尝争辨，前辈大臣多如此，皆为国事而已。若心为国，便有错误何害！所谓君子之过如日月之食。”庚寅，进呈严州分水县土地神乞赐庙额。上：“严州今岁旱伤否?”王淮等奏：“严州旱伤。”上曰：“本州既是旱伤，神何功于民，而欲加庙额。不可。”甲午，进呈萧燧乞省节财用。上曰：“朕面谕萧燧，革弊之道迟之以渐，则不咈人情。久而弊自革。如减吏额，减冗兵等事，皆以其渐行之，数年之后，必获其利。燧因言：比岁郊祀奏荐甚少，亦是向来裁减之效。”王淮等奏：“正缘武臣关升而军中有官人却须将副以上方理，非所以优从军之士，赖卿等记得立法之意，不曾放行。”周必大奏：“军中人考第易得，如外任则多待阙，非十年不成一任，极难关升奏荐，安得不减。”上顾必大云：“丞相知始末，说得极是。”是月，臣僚言：刺配之法，始于晋天福间，国初加杖，用贷死罪。其后科禁浸密，刺配日增，考之《祥符编敕》，止四十六条，至于庆历，已一百七十余条。今淳熙配法，凡五百七十条。配法既多，犯者自众。近臣僚建请改定居役之法，已降指挥看详，至今未有定论。莫若依仿旧格，稍加参订，将犯配法人如入情重，则依旧刺面，用不移不放之格。其次稍重，则止刺额角，用配及十年之格。其次稍轻，则与免黥刺，用不刺面放还之格。其次最轻，则降为居役，别立年限，纵免之格。傥使居役本条或有从坐编管，则置之本城，减其放限。如此则于见行条法并无牴牾，且使刺配之法专处情犯凶蠹，而其他偶丽于罪，皆得全其面目，知所顾藉，可以自新。惟陛下留神。速诏有司裁定施行。

九月壬寅，诏：朝奉郎、权发遣夔州杨辅降一官，以奏臧否迟慢故也。是月，湖北、京西措置民兵，三丁取一，五丁取二，十丁取三。

冬十月戊辰朔，大赦。以太皇帝违豫痊平也。是日，进呈刘贵妃姪刘允中乞添差差遣。上曰："太上皇帝朝添差差遣少曾放行，如吴益兄弟最是戚里近亲，亦不轻与，何况其他。刘允中止令具正阙陈乞。"乙亥，太上皇帝崩，遗诰太上皇后宜改称皇太后。寻上宫名曰慈福。上寻谕王淮等："欲不用易月之制，如晋孝武、魏孝文实行三年丧服，自不妨听政。司马光《通鉴》所载甚详。"淮等奏："《通鉴》载晋武虽有此意，然后来只是宫中深衣练冠。"上曰："当时群臣不能将顺其美，光所以讥之，后来武帝竟欲行。"淮等奏："记得亦不能行。"上曰："自我作古何害。"于是礼官乞大祥改服。大祥之服，素纱软脚折上巾，淡黄袍，黑银带。上祔庙毕，改服皂幞头，淡黄袍，黑鞓带。过宫则缞绖行礼，二十五日而除。上批淡黄袍改服白袍，自是每御延和殿并服大祥之服，而不用皂幞头。其折上巾、白袍并以布为之。禁中则布巾、布衫，过宫则缞绖而杖，至逾月，群臣拜表请御正殿。上批："俟过祔庙，勉从所请。"司农少卿邢璞为告哀使，至汴京，虏人赐燕，欲用乐，璞持不可。自朝至于夜漏下三十刻，璞持议益坚，虏不能夺，竟撤乐即坐，匆遽而罢。至燕京，其阁门又令南使服吉带而见，璞又不可。日将中乃见。殿上皆浅黄帷幄，乃知虏主本无他，特群胡生事也。

十一月甲寅，诏令皇太子参决庶务。上谓宰臣曰："皇太子年长，若只在东宫，亦恐怠惰，所以令决庶务，可择日开堂，与卿等议事。"乙卯，进呈淮西总领赵汝谊体究到，马军行司回易等事。上曰："诸军今后如有违戾，令总领所觉察以闻。"施师点等奏："总领衔位带专一报发御前军马文字，正是此意。"上曰："向来衔位带此一句，防微杜渐，诚为有理。"是月，诏定历差。先是，给事王信等言："布衣皇甫继明、太学生石万指述见行《淳熙丙午历》气朔有差，乞更置局更历。臣等看详，继明、刘孝荣等定去年八月十六夜太阴交蚀，命官测验，三人所定各有差失不同。乞令各造。"戊申，裁《淳熙历》一本，并各供。乞以何占验，候占验讫，取其委无差忒者取旨。至是（接下文）……

最后，利用文海本可以校正四库本的不少错讹，黑龙江李校本完全没有做这件事（当时可能中华善本再造本尚未出版，故黑龙江李校本没有用是完全可以理解的）。

（三）黑龙江李校本校勘时虽利用了《续资治通鉴长编》《皇宋中兴两朝圣政》等书，但所作校勘很不认真，大量四库本的错讹未能得到纠正。黑龙江李校本校勘时很少利用《长编》《中兴圣政》《要录》以外的史书（如《宋会要辑稿》）和各种文集。这些都严重影响了校勘质量。

（四）黑龙江李校本增加了标点，有些点得很不错，显示出点校者较高的水平，但总体看，所作标点仍有不认真的倾向，存在不少失误。特别是人名、地名等都未能用专名线标出，不利阅读。

二、关于校勘用书

（一）《宋史全文》的版本及工作底本的选定

整理此书首先遇到的困难就是古本难以利用的问题。此书包括四库全书本在内，几乎所有的古本（包括古抄本）都是善本，直接将这些善本作为校勘工作用书，其困难是众所周知的，几乎是不具可操作性的。但是，笔者曾到国家图书馆等处考察过若干种此书的古本，惊讶地发现，除四库本外，凡是古印本，都源自同一套印板：它们都或是同一元刻板不同时期的印刷品，或是此刻板的翻版印刷品。除个别字有挖改等情况外，其基本字形、字的大小、每页的起始字和尾字等都是基本相同的。由于直接利用此书古本作校勘困难太大，于是就想到一种较具操作性的变通方法，即利用古本的影印本作主要的校勘用书。

中华善本再造本《宋史全文》（以下简称“再造本”）无疑是元刻本的最好替代者。它的优点是底本最原始，同下面涉及的几种版本比较，它的文字错讹较少。它的主要缺点是残缺较严重，例如卷二四缺前部大半卷，有数卷卷首卷尾残缺，而且有不少页因印刷不当而字迹模糊。值得注意的是再造本中的一个现象，即此本理宗部分有几十处空铅（绝大多数是单字空铅），这些空铅在下面述及两种版本中不复存在，它们分别被“寇”“敌”等字所取代。有意思的是替换为“寇”“敌”等句子较通顺，替换为其他字、词则往往不通。于是笔者有如下一种推测：元代后期统治者开始重视文化统治，印书者迫于政治压力，仓促地对书版作挖改，这些空铅就是此次挖改的结果。由于仓促，挖改得并不彻底。如果以上推测能被文献证实，则可进而推断：空铅处大约原来都是蒙古族统治者最忌讳的“韃”字或含“韃”字的词。现今替换原空铅的文字都是后人根据文意臆加的，所以才有读不通的情况。

台湾文海出版社影印的《宋史全文》（以下简称“文海本”），无疑也可替代一种古本。然而出版者没有说明，我们也无法确切知道它的底本的出版时间。但如前所述，它并不是完全意义上的一种新的版本，它的版式、每页起首字与末尾字都与再造本基本相同，它或是再造本底本的元代翻印本，或是明代翻印本，因其不避清讳，出版时间应在清代以前。它的字形不如再造本规整，错字、不规范字明显比再造本多（四库本的不少错讹可能都源于它）。但它完整性比再造本好，阙页比再造本少，再造本一些印刷质量较差的页面它往往印刷质量相对较好（也有相反的情况，但总体讲，文海本的情况要比再造本好），可作为再造本的最佳补充。在完整性方面，文海本与四库本互有短长，有些四库本残缺的内容在文海本中得到存留，但也有不少文海本残缺的内容四库本也有保留。作为元刻本的翻刻本，它与再造本本应是差异很少的，但事实并非如此，二者之间文字上颇有差异。究其原因，大约有三：一是元刻本所用不规范字较多，给后人造成识认上的困难；二是元刻本中颇有印刷质量较差者，文海本底本翻刻所用的大约就是一种印刷品质不佳、又有残损之书；三是主持翻刻者水平较低。从文海本与四库本错讹常常相同这一现象看，二者使用的底本关系很密切。

四库本：其底本形成最迟。内容有几处集中的阙失。文字最规范，错讹相对较少。在各种四库本文献中，此书是避清讳相对较不严格的一种，“虏”“夷狄”等词语保留得较多，其原因大约是此书当时不受重视，改得不认真所致。它与自称影宋本的《中兴圣政》形成鲜明对照，只要将二书做比对，即不难看到：后者避清讳比前者要彻底得多。

选择哪一种版本工作底本的问题。史学界、文献学界普遍存在一种认识：四库全书本不是善本，特别是当某种文献（书）内容涉及宋、金关系时，此种文献（书）的四库全书本就更加不适宜作校勘的工作底本。《宋史全文》内容大量涉及汉族与少数民族关系，有相当一部分更涉及宋、金关系，照理校勘此书也不应以四库全书本作底本。我亲耳听到人们对李之亮先生点校的《宋史全文》的批评中，就包括他选择四库全书本作工作底本一项。所以，我原本也想不用四库全书本作工作底本。但是，当我对《宋史全本》现存古本做了较多考察后，却不得不放弃最初的想法，仍然不得不逆着许多人的想法，采用本书的四库全书本作校勘的工作底本。这是因为，如前所述，本书的元本、明本都出于同一祖本，大抵为同一刻版的不同时期的翻印或翻刻，而其祖本为元代坊刻，字迹潦草，错字、俗字、异体字、不规范字比比皆是，再造本和文海本都残缺严重，而包括这两种版本在内，现存四库本以前的古代各种印本，有许多页字迹模糊，成段成行地难以辨认，实在找不到一种堪作校勘底本的本子。《宋史全文》现有两种四库全书影印版流行，无疑可代替四库全书的古本。本书的四库本订正了再造本、文海本的不少错讹（当然也制造出了一些新的错讹）。相对再造本、文海本而言，本书的四库本除因政治原因被窜改处外，其他残缺、错讹相对要少得多，用字也相对规范。所以，斟酌再三，还是犯忌讳地选择了文渊阁四库全书本（影印件，以下简称四库本）作工作底本。

总之，用古籍的影印本代替古籍本身，这是本次校勘整理不得不采取的一种做法。

这里还应说明，《永乐大典》卷一二九六五《宋·宋宁宗》引录有《宋史全文》。经比对，这部分文字并不是《宋史全文》宁宗部分的全部，而只是摘录了其中较少一部分内容。此次校勘也做了利用。

（二）《宋史全文》与几种书的特殊联系

1.《宋史全文》与《续资治通鉴长编》

如四库馆臣所指出，《宋史全文》北宋部分大量摘用《续资治通鉴长编》（以下简称《长编》）文字，所谓摘用，是指《宋史全文》不是完全照录《长编》文字，而是采取摘录的方式压缩后者的文字。《宋史全文》的作者尽量使用《长编》的原有文字，有时这种摘录做得很巧妙，显示出编撰者运用文字的较高技巧，但编撰者却很少采用自己重新撰写的文字取代《长编》原有文字的方法。《宋史全文》编撰者所参考的《长编》不是完整的《长编》，而是与今存本《长编》接近的残缺本，其最好的证明就是，将本书徽、钦二帝的内容与《长编纪事本末》做比对，二者文字很少能找到共同处。众所周知，《长编纪事本末》大抵是改编《长编》的文字，就具体某一纪事而言，二者间的文字差异是很小的。今本《长编纪事本末》纪录徽、钦二帝时的史事，尽管很不全面，但丰富多彩，而相比之下，《宋史全文》此部分文字则显得干瘪枯燥，而且所用文字数量之少，也显得不合比例。所以，本书撰者很可能既没有见到完整的《长编》，也没有见到《长编纪事本末》，这一点是四库馆臣所忽略了的。李之亮先生沿用四库馆臣的意见，并说："《宋史全文》的北宋部分录自《长编》，乃是毋庸置疑的。"（前言第三页）这并不确切，至少记述徽、钦二帝史事的文字不是录自《长编》。李之亮先生还批评《长编拾补》没有从《宋史全文》中"拾补"徽、钦二帝的内容，这种批评也是不对的。

2.《宋史全文》与《皇宋中兴两朝圣政》

四库馆臣讲：本书"高、孝二代则取诸留正之《中兴圣政草》。今以《永乐大典》所载《圣政草》相与参校，其文大同小异。留正等所附案语亦援引甚多"。讲本书高、孝两朝纪事文字都取自《中兴圣政草》（今存本称《皇宋中兴两朝圣政》，以下简称《圣政》）现成文字，这是正确的。但是，四库馆臣的"取诸"容易给人造成误解，即认为本书此时间段文字完全照录《圣政》。而事实上，本书此时间段文字仍然是一种摘录，尽管这一部分的“摘录”明显不同于它对《长编》的“摘录”。它对《圣政》文字都是整条整条地摘录，一般不对《圣政》语言做压缩删减。它对《圣政》的大部分正文都予以保留（它摘录的《长编》的文字只是《长编》原有文字中很少的一部分），只整条地删除了《圣政》正文中较少的一部分。但它对《圣政》中大量存在的“臣留正曰”“《龟鉴》曰”“吕中曰”等议论文字则删除较多，只有少量保留。李之亮先生说：“《中兴圣政》今残的第三十至第四十五卷，完全可以据《宋史全文》补齐”（前言第三页），这就言过其实了。因为《宋史全文》只是摘录了《圣政》的部分文字，不能简单地认为《宋史全文》高、孝两朝纪事文字是原封不动地转录《圣政》，用《宋史全文》是补不齐《圣政》的。经过比对，笔者发现《宋史全文》撰者使用的《圣政》、《永乐大典》中征引的《中兴圣政草》与今本《圣政》存在一定差距，笔者所能见到并使用的只是宛委别藏影宋本的影印本。此本名为“影宋”，形式上确也类似于宋版，但凡涉及清代避讳的文字，都做了挖改，其彻底程度超过《四库全书》中的宋代史籍（例如四库全书版《宋史全文》）。所以，此次用今本《圣政》对《宋史全文》对应文字进行了校勘，但此书中涉及清代避讳的文字都不具校勘价值。今本《圣政》在挖改文字时，没有改动少数民族人物的名字，这是与《四库全书》有异的，所以，可以利用此书回改被四库馆臣改动的人名。今本《圣政》是一部严重残缺的书，即缺卷二十九至卷四十四（绍兴十三年至三十二年纪事），卷四十五（原书误标卷二十九）只存乾道二年四月至十二月纪事，即缺遗隆兴元年至乾道二年三月纪事（乾道二年四月缺开头部分）。此外本书各卷颇有阙页。所以，本书宋高宗、孝宗部分的校勘，并不是每一时段都能利用《圣政》的，特别是宋高宗后期的纪事，往往不得不用《建炎以来系年要录》代替它。《圣政》据说今存有宋巾箱本残本，笔者无缘一见（据说今存台湾故宫博物院）。

3.《宋史全文》与《续两朝纲目备要》《建炎以来朝野杂记》

《宋史全文》关于宋光宗、宁宗二朝的记载的史源，不像宋高宗、孝宗二朝那样单纯划一，那样简单。将《宋史全文》此二朝文字与《续两朝纲目备要》进行比对，尽管二者记载的史事大同小异，但文字差异较大，特别是记述顺序明显不同。不过，二者的史源很可能是相同的，关于一些重要史事的记述文字也出奇地一致。所以，本书对光宗、宁宗两朝文字的校勘，较多地利用了《续两朝纲目备要》。前已有学者研究指出，《续两朝纲目备要》的许多内容，是以《建炎以来朝野杂记》为史源的，故而相应的，光宗、宁宗两朝部分的校勘也就较多地利用了《建炎以来朝野杂记》。

三、《宋史全文》的特点及文献价值

《宋史全文》是一部成书于宋末元初（大约始撰于宋末，而完成于元初）的记述整个宋朝历史（含北宋和南宋）的编年体史书（缺度宗、少帝朝纪事，原目录有，有可能是书未撰完，也有可能是此部分文稿佚失），在今存同种体裁、同一时限的成书于宋元时期的史书中，它具有唯一性。

以往学界有一种不正确的认识，即认为本书是书坊为经济找人胡乱拼凑的一部质量低劣的书。笔者多年来反复阅读此书，得出的结论是与此大相径庭的。本书作者不详其人，或者不是一位史学名家，且书中确有不少粗糙不尽如人意处。但是从字里行间我们仍可看出，本书撰者的写作态度还是严肃认真的，而且在材料的搜集和取舍上也是颇为用心的。所以，本书实际上仍是一部值得重视的，甚至是研究宋史不可不读的史书。

正如前人已指出，《宋史全文》有相当多的内容是摘抄自《长编》《中兴圣政》两书，这主要是北宋初至宋哲宗、南宋高宗至孝宗二时段，这两大时段的文字，没有提供新的史料。但是，如前所述，本书撰者所摘录的，是不完整的《长编》，所以，这一不完整《长编》所阙的时段，本书的记述源自何书，目前尚不清楚，很可能是撰者自己编写的。而本书与不完整《长编》所阙时段对应的文字，特别是关于徽、钦二宗时期的记述，是有一定史料价值的。又由于今存《中兴圣政》是一部严重缺残的书，本书与其缺残部分对应的内容就有较高的史料价值。特别是关于孝宗初年史情的某些记载，例如关于此时期楮币的记载，就有独特价值。又如前所述，本书关于宋光宗、宋宁宗二朝的记述，部分可能源于《两朝纲目备要》和《建炎以来朝野杂记》，但与《两朝纲目备要》不同的内容（笔者发现有些对应的文字《宋史全文》比《两朝纲目备要》更详细）、今本《建炎以来朝野杂记》不载的内容，其史料价值就不容低估。

《宋史全文》关于宋理宗时期历史的记述，是本书中史料价值最大的。这一点，整理者曾专门撰文论述（见本书附录）。在此不作重复。

《宋史全文》引录的宋人议论，是体现本书重要文献价值的又一组成部分。本书史论征引了三十种文献（有同一种文献用两种名目者，也可能有不同文献名称相同者），尽管这些议论不尽精彩，却有助于我们对当时史事认识的深化。同时，这些议论又是研究思想史、史学思想史的重要资料。这三十多种文献中，有不少书今已佚失，其残存文字也有相当大的文献价值。关于这些史论文字的分析，详见本书附录“本书征引史论文献研究”。

本书的作者受到理学很深的影响，如果我们将本书与李焘

《长编》加以比较，我们就会对本书的理学色彩有更深的认识。本书总字数有限，但凡书中涉及理学家的活动，都不惜篇幅，对理学家的言论，都多加引录。当然，本书撰者又不完全是程、朱理学的正宗传人，这突出地表现在书中对苏轼本人及蜀学并不采取排斥的态度上。同时，作者征引史论中，征引吕中的言论最多，而吕中被认为是受浙东学派代表人物叶适等影响较大的史家，这表明作者对浙东学派也不绝对排斥。这种既尊崇理学又调和众家的态度在南宋晚期的士大夫中可能带有一定普遍性。《宋史全文》反映了当时流行的史学理念，特别是反映了理学占统治地位后，人们对历史的重新解读。将《宋史全文》与《长编》相比照，我们可以清楚地看到二者间的明显差异，其中重要的一个方面，就是《宋史全文》对儒学、理学在历史发展、国家管理中的作用的评价明显提高。因而，其对与之相关的史事的记述所占比重明显增加，对重要儒学学者、理学家的活动的记述明显增加。但是，《宋史全文》作者生活年代的理学，与纯正的朱熹理学又有明显差异，例如，书中多次征引苏轼的文字，与程颐、朱熹对苏轼的贬抑态度有所差异，书中对元祐党争的记述，也与程、朱对此的评价不尽相符。而这些认识恰好可以从南宋后期文人士大夫的著述中得到说明。与此相关，《宋史全文》作者由于受理学影响，对皇帝个人的言行的重视程度较前明显提高，特别是对皇帝的治心，其关注程度明显加强。对理学、理学家以及皇帝个人作用的夸大，在一定程度上歪曲了历史，同时也必然导致对一些重要史事记述上的疏漏。

《宋史全文》的又一特点是详略不均衡。这当中有撰者有意为之的成分：如有些历史人物的奏疏撰者认为很重要，就长篇引录，不厌其烦（如胡寅、朱熹的奏疏）。有些时间段撰者认为非同寻常，撰者就安排了较多的篇幅（如宋高宗初年）。当然，我们也必须承认，本书在均衡性方面确也存在问题，文字在各历史时期的分配上也存在不尽合理的问题。例如，宋徽宗在位二十五年，本书记述徽宗朝历史只用了一卷篇幅，高宗在位三十六年，本书记述高宗朝历史却用了八卷（若上、中、下各记一卷则为十九卷）。记述南宋高宗时期历史的文字数量过多，而记述宋徽宗时期历史的文字数量相对过少。

《宋史全文》最显著的缺点是它的粗疏。首先是系时方面的粗疏：月、日的遗漏颇多，理宗部分还存在前后时序混乱的情况。这种情况的大部分，显然不是流传中产生的，而是由撰者本身造成的。其次，文字上不够通顺的现象也较为多见，其中多数也是由撰者造成的。再次是同《宋史》本纪比较，在内容选择上也颇有取舍不当的问题。本书选用的史论，也存重复征引的情况，标注出处也不规范严谨（例如“吕中曰”“讲义”“大事记”并出）。最后，是文字上的错讹较多，这当中可能有相当数量是在刊刻、流传中产生的，但也应有一定数量是撰者的失误。

四、点校体例

（一）尽量采用规范字，不用异体字、俗字，除遇人名等特殊情况外，遇异体字、不规范字、俗字，一律改用通用规范繁体字。异体字、不规范字、俗体字凡可确认者，径改不出校记。此书元本多用当时的简体字（有人认为应称之为简化俗体字），四库本也多有沿袭，此次整理，一律改为规范繁体，以求统一。干支纪时中的已己巳、戌戊戍等明显错误，径改不出校记。“签书”宋人常常俗写为“佥书”，阁门官的“阁”字，常常俗写作“阁”字，也依例径改，以求规范，而不出校记。

（二）本书采用四库本为校勘底本，凡四库馆臣因政治原因窜改的文字，一律回改，以符文献原貌。四库馆臣因政治避讳将文内大量“虏”字改为“敌”“金”等字，考虑到需要回改四库馆臣改动处仍较多，为减少校记数量，本书采取合并出校方式处理。

（三）正文每月另段。原文中史论文字异体，另段，本书为加区别，另作缩行处理。

（四）与《长编》《系年要录》《宋史》本纪等比较，本书现存诸古本系时（指“是年”“是春”等）、系月、系日大量阙漏，其中可能有些是誊录、刊刻时遗落，更多的可能是编撰者不慎遗落，属编撰者失误的，本不应纳入校勘范围，但准确区分誊录刊刻者、编撰者错误实难，为读者使用方便，本书一律补入，外加方括号以示原无后补，且与一般校勘有别。有些纪月、纪日（干支）文字错位，则移位后文字加方括号，原纪月、纪日文字则加圆括号表示当删未删。

（五）本书用字有避宋讳的现象，从文献角度看，这与避清讳性质不同，前者很可能是出于编撰者之手，它们的存在反映的是文献的原貌，而后者则是改变了文献的原貌。所以，本书遇避清讳的文字一律回改，遇避宋讳的文字则采取保留原字，在原字后加括号说明避讳字的方式处理。如“魏证（征）”等。这样做主要是为了方便读者。

（六）李之亮所作校勘记，字数不多，本书一概录入，以“李校”标出。或加肯定，或加补充（李校多为孤证），或加纠正，以“汪按”标出。

（七）为了慎重，本书遵循多出校、少改字的原则，一般不采取孤证校改的方法。但如果不改就读不通原文，或不改就会误导读者，且是非分明，则特殊处理。

（八）为了精简文字，本书校记内征引文献标注出处适当简化。凡征引总集所收文章，只标注文章作者而总集作者从略。凡文献有多层标题的，根据需要适当删减。凡文题过于繁复的，采取简化处理。如墓志铭、行状，一律用铭主、状主姓名加“墓志铭”或“行状”作题。如朱熹《晦庵集》卷九五《少师保信军节度使魏国公致仕赠太保张公行状》，书中简化为朱熹《晦庵集》卷九五《张浚行状》。

（原载《宋史全文》，中华书局 2016 年版）

《宋史全文》插引史论文献研究

一、插引史论文献总体研究

在编年体史书中，插入本朝人的史论，是《宋史全文》的重要特色。在编年体史中插入史论，本书并非是创始者。本书高宗、孝宗部分大量摘录的《皇宋中兴两朝圣政》就插入了相当多的史论，但这些史论中大多是“臣留正等曰”，其他不但数量较少，而且涉及的作者也不多。而本书的史论不但涉及文献的品种数量比《圣政》多，而且较少有撰者直接发议论的情况。在编年史中大量插入他人史论文字，就流传至今的史著中，或许它是最早的。当然，毋庸讳言，本书在征引史论文字方面，也存在明显问题和不足，包括体例不够规范，标注来源或用人名、或用书名，用书名也往往不用全称，而用简称。特别是存在一种文献标注不同名目及虽有标注仍令人不明是何种文献的情况。故于此略加讨论，以期多少给阅读者提供方便。

《宋史全文》征引的史论文字来源之广，是令人赞叹的。据笔者不完全统计，涉及三十八种文献（有分合，故有出入），依次是：

1. 征引次数最多的是“吕中曰”，为97次，其中有“又曰”1次，合计98次，但集中于前13卷中。

2.《讲义》分布也较广，北宋36次，南宋宁宗及宁宗以前24次，共60次。另有1次“讲议曰”（卷一一），可能是“讲议曰”者3处（详下文）。

3.《大事记》分布也较广，北宋15次，南宋29次，共44次（或45次），光宗、宁宗、理宗部分没有。

4.“《龟鉴》曰”分布较广，其中北宋13次，南宋高宗、孝宗部分40次，光宗、宁宗部分0次，理宗部分11次，共64次。

5.“臣留正等曰”共63次。全集中在南宋高宗、孝宗两朝，说明全部出自《皇宋中兴两朝圣政》，这一点大致可从今存此书残卷中得到证实。

6.“富弼曰”15次，“富弼等释曰”4次。

7.“吕源曰”13次，增释1次。

8.“朱胜非曰”1次，“朱胜非云”4次。“（朱胜非）《闲居录》曰”5次。陈振孙《直斋书录解题》卷一一《小说家类》：“《秀水闲居录》三卷，丞相汝南朱胜非藏一撰。寓居宜春时作。秀水者，袁州水名也。”《朱子语类》卷一三一《本朝》：“朱丞相《秀水闲居录》自夸其功太过，以复辟之事皆由他做，不公道。”周辉《清波杂志》卷五：“霅川朱鲁公丞相著《秀水闲居录》，一编之内，于南渡诸公行事贬驳殆无全人，其公论耶，私意耶，必有能辨之者。”

9. 徐梦莘《三朝北盟会编》，征引18次。

10.“赵甡之曰”3次。引自赵甡之《中兴遗史》。

11.“李心传曰”共6次。北宋时期未出现，全在南宋高宗至宁宗时段。其中一次来自《建炎以来朝野杂记》甲集卷一五《财赋·身丁钱》；两次来自《建炎以来朝野杂记》乙集卷四《典礼·

高庙配享议》及《元丰至嘉定宣圣配享议》；另三次未查见，怀疑为《建炎以来朝野杂记》《旧闻证误》之佚文。其中1条似转引自《皇宋中兴两朝圣政》卷八。

12. “蔡绦云”1次，“蔡绦曰”2次，今本《铁围山丛谈》中查均未见，疑出自其《国史补》（已佚）。

13. “蔡绦《史补》”1次。

14. “陈瓘《尊帝余言》”1次。

15. “［陈］瓘尝自序云”1次。似转引《丁未录》，参《宋宰辅编年录》。

16. “陈瓘论曰”2次。或转引自《长编》卷二三二、卷二三三注。

17. “陈莹中曰”1次。似是转引自吕中《类编皇朝大事记讲义》卷七。

18. “吕夷简曰”2次，“吕夷简释”1次。疑出自《三朝国史》或《三朝宝训》。

19. “朱文公曰”2次，“朱熹封事”1次。

20. 《宋贤年谱》（《长编》引作《朱熹年谱》实为朱熹《程颐年谱》）1次。

21. “《国是论》”4次。作者不详。

22. “陈平甫曰”2次。均引自陈均《皇朝编年纲目备要》。陈均字平甫。然此二处记载似非直接引自原书，而是转引自吕中《类编皇朝大事记讲义》卷三。

23. “史臣李沆曰”2次。疑出自李沆《太祖实录》。

24. “《挥麈录》”2次。王明清著，今存。所引分见《挥麈后录》卷一一、《挥麈馀话》卷二。

25. “曾巩《政要》”1次。见曾巩《元丰类稿》卷四九《本朝政要策·禘祭》。

26. “眉山苏轼曰”1次。文集中查未见。引文又见《长编》

卷一注及宋赵顺孙《孟子纂疏》卷一《梁惠王章句上》引苏氏曰。吕祖谦《大事记解题》卷四引颍滨苏氏曰、苏辙《古史》卷三四《孟子孙卿列传第十一》有些内容与此相近。

27. “黄鲁直瑞芝亭记云”1次。见黄庭坚《山谷集》卷一七《筠州新昌县瑞芝亭记》。似转引自吕中《类编皇朝大事记讲义》卷四。

28. “范仲淹曰”1次。文集查未见，似转引自吕中《类编皇朝大事记讲义》卷七。

29. “《（梦溪）笔谈》”1次。实转引自吕中《类编皇朝大事记讲义》卷一一。

30. “胡安国《春秋传序》”1次。今存胡安国《胡氏春秋传序》未见引文。

31. “邵伯温论曰”1次。引文原始出处不明，吕中《宋大事记讲义》卷一九、徐自明《宋宰辅编年录》卷九、陈均《皇朝编年纲目备要》卷二三均有载，疑本书转录吕中文。

32. “黄榦曰”1次。似源自黄榦《勉斋集》卷三六《朝奉大夫文华阁侍制赠宝谟阁直学士通议大夫谥文朱先生行状》，文字有节选删改。

33. “吕本中《杂说》”1次。吕本中，字居仁，南宋初期大臣吕好问之子。著述颇丰。

34. “《勤（幼）老春秋》”1次。撰者不详，《三朝北盟会编》征引此书凡十次。本书似转引自《皇宋中兴两朝圣政》卷二。

35. “张汇《进论》曰”2次。详下文。

36. “《林泉记》曰”1次。详下文。

37. “喻樗曰”1次。似转引自《皇宋中兴两朝圣政》卷七。

38. “谥议”10次。仅存在于宋理宗时段。

39. “覆谥议”1次。

40. “史臣曰”共21次。北宋3次，南宋高宗、孝宗时期17

次，宁宗朝1次。经查，似非源自一人一书。其中有采自李焘《长编》正文者，则所引或为李焘撰，或为李焘以前人撰。其中7则见于《皇宋中兴两朝圣政》。而议论宁宗朝史事的“史臣曰”，肯定与见于《长编》正文者不是同人所撰，因李焘去世于宋孝宗淳熙年间，他本人和他以前的人都不会预知宋宁宗朝的事。另“史臣记曰”1次。

41. 司马光“进五规”1段（卷九下），格式与史论相同，但内容不是史论。引文见于司马光《传家集》卷二一《进五规状》。

42.“论曰”2次。其一（《宋史全文》卷一）见于吕中《类编皇朝大事记讲义》卷三，有删减。其二也与吕中《类编皇朝大事记讲义》卷八中的一段文字颇相近，请看下引：

> 论曰：前辈多谓大臣功高权盛，祸患之来，有非智虑之所能防。如曹利用襄阳之死是矣。切以为不然，杀人者必见杀，贼人者还自贼。昔者李斯谗韩非于秦，非死之后，斯亦不免，而斯之遇祸尤惨于非。鲍高谮穰苴于齐，苴死之后，鲍高之徒亦不免，而高之遇祸尤惨于苴。利用与丁谓谮寇莱公有不臣议，準既南迁，而二公相继贬黜，丁有朱崖之行，曹有襄阳之祸，天之报应有甚影响，非其自取与。古人有言好谋之士败于谋，好辩之士穷于辩，道德正直之士为无所穷，斯言得之。（《宋史全文》卷七上）

> 前辈谓李斯谗韩非于秦，非死之后，斯亦不免，而斯之遇祸尤惨于非。鲍高谮穰且于齐，且死之后，鲍高之徒亦不免，而高之遇祸尤惨于且。利用与丁谓谮寇莱公有不臣议，准既南迁，而二子相继贬黜，丁有朱崖之行，曹有襄阳之祸，天之报应有甚于影响，非自取与。古人有言，好谋之士败于谋，好辩之士穷于辩，道德正直之士为无穷，斯言得之。（文渊阁四库全书本《宋大事记讲义》卷八，上海人民出版社本

《类编皇朝大事记讲义》卷八页 176）

可知除首句不同外，其他略同。这或许是由于版本不同所致。则二次“论曰”也是转引自吕中《宋大事记讲义》。

43. 未标出处 9 次。分见卷三、卷一四（2 次）、卷一五、卷二二上（2 次）、卷三一（2 次）、卷三二。其中大多是内容非史论、但格式与史论相同的文字。

如前所述，《宋史全文》征引的史论部分较全书更为突出地显露出粗糙和不严谨的问题。首先是体例不够统一，最突出的是在来源的标明上相当混乱。其次是内容上也不划一。有些段的文字严格讲不应算是史论，而只是对正文的补充。再次，本书大抵是尊崇理学的，但在史论的选取上，却没有把以程、朱、陆为代表的理学家的言论放在特别突出的位置上，倒是颇给人一种兼收并蓄的印象。最后，史论的来源复杂，有些可能是直接转录《长编》《皇宋中兴两朝圣政》等书的，最明显的是“臣留正等曰”，它们无疑是直接录自《皇宋中兴两朝圣政》。

二、关于吕中、《大事记》《讲义》

（一）“吕中曰”“《大事记》”“《讲义》曰”都源于《大事记讲义》《中兴大事记讲义》

在史论部分，征引最多的似是吕中的言论。当我正看自己整理的《宋史全文》的校样时，张其凡先生惠赠的《类编皇朝大事记讲义　类编皇朝中兴大事记讲义》（张其凡、白晓霞整理，上海人民出版社 2014 年 1 月第 1 版，下文简称“张本”）寄达，我如获至宝。我早就听说有《类编皇朝中兴大事记讲义》一书，却无缘得见，而张其凡、白晓霞整理《类编皇朝大事记讲义》所用善本，也为我所未见。于是赶忙用它来核校《宋史全文》中的引文，修正书稿中的失误，还据它纠正了一些统计数字。

《宋史全文》中征引次数最多的是“吕中曰”，为97次，其中有“又曰”1次，合计98次，但集中于前13卷中。《讲义》分布也较广，北宋36次，南宋宁宗及宁宗以前24次，共60次。另有1次“《讲议》曰”（卷一一），可能是“《讲议》曰”者3处（详下文）。《大事记》分布也较广，北宋15次，南宋29次，共44次（或45次）光宗、宁宗、理宗部分没有。

看到如上情况，我给自己提出的第一个问题是：它们是否都源自吕中《类编皇朝大事记讲义》（此书库本称《宋大事记讲义》，以下简称《大事记讲义》）及《类编皇朝中兴大事记讲义》（以下简称《中兴大事记讲义》）。我原以为后一书卷帙不大，后得张其凡先生赐书，方知此书卷数、字数竟比论述北宋史事的《类编皇朝大事记讲义》还多。经过一一核查，最终得到的结论是：很可能引文全部源自此二书，只是有些源自这二书的不同版本（详下文）。接下来的问题是：既然源于同二书，为什么会有“吕中曰”“《讲义》”“《大事记》”三种标注？它们是否有特定的含义？经核查，答案是否定的。三种标注后面的文字不但都是源于上引二书，而且绝大多数都源于二书的议论文字，而源自叙述史实的文字极少。之所以出现上述不同的标注，可能是由于转引自不同的书，即是说，它们当中相当一部分可能不是直接引自原书，而是间接地引自他书，《宋史全文》的作者（或编辑出版者）未能将标注加工统一，就造成了一书多种标注的现象。

据上文，《宋史全文》共征引“吕中曰”“《讲议》曰”“《大事记》”204次（含有疑问者）。其中《大事记讲义》150次，《中兴大事记讲义》54次。然而如前文已述，与库本、张本《大事记讲义》《中兴大事记讲义》比对，发现还有一些未标注出自“吕中曰”“《讲议》曰”“《大事记》”，而实际也可能出自此二书者。如《宋史全文》卷一：

> 陈平甫曰：差役，古法也。国初循旧制，衙前以主官物，里正、户长、乡手以课督赋税……盖自保正长、承帖人雇钱并起发，而充役如故，民力于是困矣。此其大略也。而其患皆起于以保甲代役户，宽狭不均，重为民病。
>
> 陈平甫曰：按《祥符天圣编敕》：诸郡自骑射至牢城，凡名额二百二十三，总为本城……五年，始排立就粮禁军之下，元丰兵今悉以雄节之类升同禁军，由是禁军遍天下矣。

这两段文字分别在张本《大事记讲义》卷三第 79 页至 80 页、第 74 页找到，库本亦有。

又《宋史全文》卷七上：

> 《笔谈》曰：“旧传茶有三说，见钱为一说，犀角、香药为一说，茶为一说，此乃三说法。予在三司，求为三说，乃是博籴、便籴、直便为三说。博籴者，极边粮草，便籴者沿边粮草，直便者商人取便于沿边入纳见钱，于京师请领。”自虚估之利入于商贾，而后行贴射之法……又其后也，茶租犹故，榷法复生，此杨中（心）［立］所以痛心于崇宁之变法也。

此段文字在《大事记》卷一一第 228 页至 229 页找到，库本亦有。

又《宋史全文》卷一三中：

> 邵伯温论曰：公卿大夫当知国体，以蔡确奸邪，投之死

地何足惜。然尝为宰相，当以宰相待之。范忠宣公有文正公余风，知国体者也，故欲薄确之罪。言既不用，退而行确词命，然后求去，君子长者仁人用心也。确死南荒，岂独有伤国体哉。刘挚、梁焘、王岩叟、刘安世忠直有余，然疾恶已甚，不知国体，以贻后日搢绅之祸，不能无过也。一吴处厚以前宰相诗为讥谤，非所以厚风俗，罪之可也。蔡确故大臣，不问以愧其心可也。朝廷当治确及其党妄贪定策之功，使诬罔之迹晓然以诏天下，后世罪其造谋者可也。诗不当罪也。呜呼，绍圣初亦贤者可以有为之时也，而用章惇之凶，暴蔡卞之奸邪，一时轻躁险薄之徒皆进，使宣仁被谤，哲宗致疑，离间骨肉，祸患几五十年不解，卒致边境之乱，悲夫。

此段文字在《大事记》卷一九第344页找到，库本亦有。

另外，《宋史全文》卷一九下《宋高宗十》：

史臣记曰：建炎元年如扬州，二年幸杭州，此汪、黄为之也。然未几，而航海幸越，幸平江，亦汪、黄为之乎？又自绍兴八年定都［阙］都，此秦桧为之也。六年，浚独相，乃有建康之幸。四年，鼎独相，早有驻跸临安之议，亦桧为之乎？胡寅有言："陛下父兄在北方，朝夕南望，曰吾有子弟为中国帝王，吾之归有日矣。痛惟愁苦艰危之中发此念，为此言，于今三年，日迫日切，而献谋奉虑之人，方欲陛下南狩，日远日忘，遂无复国之心，别求建都之地，臣所未谕。不得已则如张浚所谓都建康，则北望中原，常怀愤惕可也。今乃立心于一隅，何义乎？

《系年要录》卷一〇六绍兴六年冬十月癸亥注文称，与此相同的文字引自吕中《大事记》，而张本及库本《中兴大事记讲义》卷一也有近似内容（都在叙述史实文字中），只是文字有些差异。

类似者还有“陈莹中曰”“黄鲁直……”“范仲淹曰”“论曰”等，《宋史全文》征引吕中文字（含吕中转引他人的）可能总计210次（含有疑问者）以上。其中《大事记讲义》153次以上，《中兴大事记讲义》57次以上，《宋史全文》作者（或编辑出版者）受吕中影响之大，可以想见。

（二）关于吕中

《宋史全文》中征引吕中的文字如此多，有必要对吕中其人及其学术倾向略作讨论。关于吕中，张其凡先生综合清李清馥《闽中理学渊源考》卷三三《秘书吕时可先生中》（转录明何乔远《闽书》）、《乾隆泉州府志》卷四一《宋列传三》等处记载，谓其“生平事迹大致如下”：

> 淳祐七年（一二四七年）中进士，廷对第六人，授肇庆府教授。在肇庆府教授任上，吕中曾在府学修建包拯与周敦颐二先生的祠堂。除国史实录院检阅，历沂靖惠王府诸王宫大小学教授。迁国子监丞兼崇政殿说书，以兄卒归。宝祐六年（一二五八年），以秘书郎召，徙汀州，在汀期年。景定（一二六〇—一二六四）中，复旧官，主管成都玉局观，卒。据《宋史》卷四二〇《朱熠传》，吕中在当时与徐清叜（叟）、尤馆（焴）、马廷莺（鸾）等人被同称为“一时名士”。（见《类编皇朝大事记讲义　类编皇朝中兴大事记讲义》附录，第877页。按：“徐清叜”应作“徐清叟”，“尤馆”应作“尤焴”，“马廷莺”应作“马廷鸾”，原书失校。）

此所作归纳大抵正确，但所据史料成书较迟，另也可作些补充。

吕午《左史谏草·左史吕公家传》：

泉州人洪天锡，外师吕中而外客于［董］宋臣，中在史馆，屡与天锡言事，叹息无由得对，可一吐所蕴，如宋臣、谢堂、厉文公近习戚里之横，莫敢言者。中不知天锡实钻刺宋臣得班六院。忽一日，天锡除监察御史，宋臣力也。请于中，当言何事，当劾何人，伪也。中历教之。天锡之进又阴与谢修深交，以干方叔，遂谓且借宋臣径入言路，叛而劾之，可以得名，党谢修，扶方叔，入台第一疏劾宋臣等。理庙骇愕不行。一再疏，宣谕不行。天锡去，以此天下敬之，而狡险矫诈世不悉也。

这一记载说明吕中曾参与谋划弹劾大宦官董宋臣。董宋臣历来被认为是南宋末年朝廷的一个祸害，敢于谋划弹劾董宋臣，无疑是既正派又勇敢的一个举动。

陶宗仪《说郛》卷四七下录李有《古杭杂记》（明陆楫《古今说海》卷一〇五录宋李有《古杭杂记》同）：

温陵吕中作《国史要略》，谓南渡之后，一坏于绍兴之桧，再坏于开禧之韩，三坏于嘉定之史。愚亦谓理宗四十年在御，一坏于嵩之，再坏于大全，三坏于似道也。相之坏国如此哉。

引文既称吕中为“温陵吕中”，说明吕中是泉州人。文中所言《国史要略》，较大可能是指《国朝治迹要略》（《宋史》卷二〇三《艺文志》：吕中《国朝治迹要略》十四卷），而不是《大事记讲义》。故李清馥《闽中理学渊源考》卷三三《秘书吕时可先生中》（转录明何乔远《闽书》）讲吕中“著《皇朝大事记》《治迹要略》《论语讲义》”，或许是可信的。

又宋方逢辰《蛟峰文集》卷一《再乞假札子》：

……或照监丞吕中例，特急假三月，容某急归以承父命，以赴祖葬，实拜公朝锡类无边之仁。某干冒钧严，下情无任俯伏俟命之至。

同卷《出关后乞假》：

……国子丞吕中、考功郎中洪勋近以弟赴兄葬，兄赴弟葬，俱蒙朝旨或给假，或补外，况某嫡长孙之于祖乎。今缘卜期既迫，难以稽留，除已于十月十三日冒急出关以俟朝旨外，欲乞公朝检会某前后所陈，及照监丞吕中、考功洪勋近例，特赐敷奏或给假，或予祠，实拜陶铸之赐。

其中言及吕中时任国子监丞，因兄丧请急假三个月。

在文海影印本《类编皇朝大事记讲义》目录后有一段按语，提供了关于吕中的一些情况：

吕府教授旧游庠序，惯熟国史，因作监本资治鉴，摘其切于大纲者，分为门类，集为讲义，场屋中用之，如庖丁解牛，不劳余刃。昨已刊行，取信于天下学者有年矣。今来旧板漫灭，有妨披阅，是用重加整顿……

这显然是书商的广告词，应撰写于南宋灭亡以前（因称宋朝史为“国史”）。其中对了解吕中最有价值者，是称吕中为“府教授”，另外表明《大事记讲义》很受举子们的重视，其书在宋末已经再版，吕中本人自然也应有相当知名度。

又张其凡先生言及，他在几种版本的《大事记讲义》及目录书中都见到本书的如下题署：

黄甲省元肇庆府学教授温陵吕中讲义，省元国学前进士三山缪烈、兰皋蔡柄编校。

如果这一题署可信，则再次证明吕中是泉州（温陵）人，某年科举的省元，中第后曾任“肇庆府学教授”。关于“兰皋蔡柄”找不到相关记载。但关于缪烈，文献中却颇有记载。梁克家《淳熙三山志》卷三二《人物类七·科名》：“宋朝嘉定十三年至淳祐七年。”（此段文字显系后人添加，此书成书时间是淳熙初年，不应有嘉定至淳祐年间的记事。至于何时何人添加，则无法考知）载：“缪烈，省元，字允成，贯开封府，居长溪。”元马端临《文献通考》卷三二《选举考》载：“嘉熙二年，进士四百二十二人，省元缪烈、状元周坦。”（清）《福建通志》卷五一《文苑》有缪烈小传：“缪烈，字允成，福安人。入国子上舍，省试第一，授福州教授。四方从游者众，迁正字。著《春秋讲议》十卷、《仲山集》数卷。”同书卷六三《古迹·福宁府》载：“侍郎缪烈墓在穆洋。”同书卷七六《艺文》收录缪烈《狮子岩》诗一首。清李清馥《闽中理学渊源考》卷四〇《福宁陈石堂先生普学派》列有“抚漕缪允成先生烈”。称：“缪烈，字允成，福安人。嗜学孝亲，上舍、省试皆第一，举进士，添差福州教授。日率子弟讲明正学，迁正字，授抚漕、侍郎。著《春秋讲义》《仲山集》（《闽书》）。”但是，我们从上引关于缪烈行迹的记载中，却找不到任何他与吕中交往的记述。

对了解吕中有帮助的另一些情况是：除本书外，刘时举《续宋编年资治通鉴》引“吕中曰”达23次。王应麟《玉海》卷四七《艺文》言及吕中《皇朝大事记》。元陈栎《历代通略》卷三卷四《宋》征引13次。这表明吕中在宋末元初的史学界有相当影响。又南宋赵希弁撰《郡斋读书志》卷五上《附志·经类》载：“《纲目论断》二十卷。右江珪、吕中论大书，以提要正变例而为之断云。其间所载徐清叟跋，有以知端平初元，《通鉴纲目》上尘乙览之因。”如其中所言吕中与我们关注的吕中是同一人的话，则说明吕中有研究《通鉴纲目》的著述。

关于吕中生平，成文早于《闽书》、较为可信的应言及明凌迪知撰《万姓统谱》卷七五《上声吕》的如下记载：

> 吕中，字时可，晋江人。淳祐中登进士，迁国子监丞兼崇政殿说书。奏乞晚轮二员说书、夜轮讲官直宿以备顾问。又言进讲经史乞依正文进读，不宜节帖避忌，不惟可察古今治乱，亦以革臣下谄谀之习。当路忌其直，徙汀州。在汀期年，演《易》为十图。

其中言及吕中在经筵的言行及其对《易》的研究。

关于吕中的学术、思想倾向。张其凡先生正确地批驳了《四库题要》及刘实甫序的错误说法，指出吕中此书是以理学思想作为指导思想的，其人亦非“止斋、水心之徒”。但是，也须指明的是，吕中也非“纯正”的程朱理学传人，最突出的是在对三苏的态度上，其书中多有推崇之辞，且多次征引苏轼的言论。限于篇幅，这里就不展开论述了。

（三）《宋史全文》征引的吕中文字与张本《大事记讲义》《中兴大事记讲义》比对所得到的启示

笔者将《宋史全文》征引的吕中文字与张本《大事记讲义》《中兴大事记讲义》进行了逐段逐字地比对，感想良多。如前所述，《宋史全文》北宋部分共征引“吕中曰”“《讲义》”“《大事记》”153则，经过核查，今本《大事记讲义》中只有其中的144则（含文字差异较大者），另有9则此二书今本中找不到。在已找到的144则中，有的文字差异较大。如《宋史全文》卷八（库本卷八上）引有下文：

> 《大事记》曰：自李沆抑四方利害之奏，所以积而为庆历之缓势。自范仲淹天章阁一疏不尽行，所以激而为熙宁之急政。吾观范仲淹之于庆历，亦犹安石之于熙宁也。十事之奏，庆历三年九月也，始于明黜陟，终于重命令，当时之言一一见用，明黜陟之法则以十月壬戌行，择守长之法则以十月丙午行，任子之法则以十一月丁亥行，馆职之法则以癸未行，均公田之法以壬戌行，贡举之法以明年三月行，减徭役之法以五月行，其余厚农桑、覃恩信、重命令悉用其说，或着为令，然行之未及一年，而侥幸者多不悦矣。

我们只在张本《大事记讲义》第 38 页找到如下文字（为了便于比较，标点有改变）：

> 盖自李文靖抑四方利害之奏，所以积而为庆历、嘉祐之缓势。自范文正天章阁一疏不尽行，所以激而为熙宁之急政。吾观范文正之于庆历，亦犹安石之于熙宁也。十事之奏，实庆历三年九月也，始于明黜陟，终于重命令，当时之言稍稍见用：明黜陟之法则以十月壬戌行，择官长之法以癸未行，均公田之法以十二月壬戌行，贡举之法以明年三月行，减徭役之法以明年五月行。其余厚农桑、覃恩信、重命令，皆悉用其说，或着为令，行之未及一年，而陈执中之徒已不悦矣。

二者相较，文字颇有出入。最突出者，是前者少了“嘉祐”年号，“陈执中”换成了泛指的“侥幸者”者。且比后者多“则以十月丙午行，任子之法则以十一月丁亥行，馆职之法则”24 字。

当然，最令人头疼的还是《宋史全文》卷一五引录的一大段文字，约一千五六百字，其中某些部分，可以分别在张本《大事记讲义》第386—392页中找到相似文字，但前后顺序却不相合。而另一些文字在张本《大事记讲义》中却找不到相似文字。

再将《宋史全文》及《系年要录》注、《中兴圣政》征引的吕中文字与张本《中兴大事记讲义》做比对，发现差异更大，主要表现在宋高宗、孝宗部分。以宋高宗部分比对，《系年要录》注文引吕中《大事记》曰、《讲义》曰共54则（其中绍兴十三年以前者大都见于《中兴圣政》残卷。内26则《宋史全文》引录），其中有23则在《中兴大事记讲义》基本找不到对应文字，23则中，有13则被张其凡等辑补入今本（张其凡等辑补入今本者实有16则，其中有三则系将《系年要录》引的一则分解而成，又有二则是重复补入）。另有10则未被辑入。这些未被辑入者中，有相当一部分大约是找不到落脚处。如下引二则：

《宋史全文》卷二一下（《系年要录》卷一五九注文引）：

> 《讲义》曰：秦桧之取三大将兵权也，刚中阿于桧曰："前所共忧者，一日变为安平之道，庙堂不动声色，而三大将惟恐奉上兵籍之不先。彼曲士不通世务、挟口舌以议政者，亦皆言塞意顺。"谓此非常之举，因为桧陈善后之策凡七事，非不忠于桧也。一旦积怒，贬死遐荒，将吏宾客无得免者。则世之附丽非人以媒进取者，亦可以为商鉴矣。

《宋史全文》卷二二上（《系年要录》卷一六三注文引）：

> 《讲义》曰：巫伋术士之对，盖恐辄及时事，以触桧之怒，故举泛然不切之事，聊以塞责云尔。而桧勃然变色，遽嗾使言路逐之，惟恐他人攘己之位。虽桧之猜狠忌克、不近人情，然亦可以为依阿取容、谄事权贵者之戒矣。

从引文可知，前者是针对郑刚中发议论，后者是针对巫伋发议论。而在今本《中兴大事记讲义》中，根本找不到叙述郑刚中、巫伋事迹特别是讲他们不好结局的文字。所以，我们如果现在想把它们插入今本《中兴大事记讲义》中，也找不到合适位置。

通过对关键事件的议论文字比较，也可看出其差异。如岳飞被害，《宋史全文》卷二一引录（《系年要录》卷一四二注引）的文字如下：

> 《大事记》曰：飞之死尤不厌众心。飞忠孝出于天性，自结发从戎，凡历数百战，内平剧盗，外抗强胡。其用兵也，尤善以寡胜众。其从杜充也，以八百人，破群盗五十万众于南熏门外。其破曹成也，以八千人，破其十万众于桂岭。其战兀术也，于颍昌则以背嵬八百、于朱仙镇则以背嵬五百，皆破其众十余万。虏人所畏服，不敢以名称，至以父呼之。自兀术有必杀飞而后可和之言，桧之心与虏合，而张俊之心又与桧合，媒孽横生，不置之死地不止。万俟卨以愿备锻炼自谏议而得中丞，王俊以希旨诬告自防御而得廉车，姚政、庞荣、傅选之徒，亦以阿附并沐累迁之宠，附会其事，无所不至。而莫须有三字，世忠终以为无以服天下。飞死，世忠罢，中外大权尽归于桧，于是尽逐君子，尽用小人矣。

而今本《中兴大事记讲义》在岳飞被害处的议论文字如下（为了便于比较，特将张其凡等据《系年要录》注辑补的文字删除）：

> 飞忠孝出于天性。初兀术有铁浮屠、拐子马者，郾城之役，飞命部人以大刀入其阵，勿仰视，第斫马足，一马踬，则余皆踬。其出奇制胜如此。狱之成，韩世忠以问，桧曰：

"飞子云与宪书虽不明，其事莫须有。"世忠曰："相公'莫须'二字，何以服天下乎？"……然岳飞之心虽与天合，而秦桧之心则与虏合，飞之心在于恢复中原，而桧之心以为不杀飞则和不可成矣。加以俊之心又与桧合，媒孽旋生，谗谤横出，不置之死地不止也。上时附会之徒，如万俟卨，则以愿备锻炼，自谏议而得中丞。王俊则以希旨诬告，自遥防而得廉车。姚政、庞荣、傅选之徒，亦以阿附并沐累迁之宠。（另引文前叙述文字有："洪皓在虏，奏以为虏所大畏服、不敢以名为虏称者惟飞，至以父呼之。"）

二相比较，内容虽有相同、相近之处，但文字（包括前后顺序）的差别之大是显而易见的。

再如，《宋史全文》卷二一、《系年要录》卷一五四注均引录了吕中《大事记》的如下文字：

我高宗之待桧，既赐之相第，又赐之家庙祭器，既赐之画像赞，又赐之"一德格天之阁"六字，而孙二人，尚在襁褓，并赐之三品服，果何负于其臣，而桧忍于负其君如此。此桧之罪，所为上通于天，万死而不可赎也。

依照《中兴大事记讲义》目录，此段议论应在"一六六、幸秦桧第"目下。而此目下的议论文字却是：

国家待士大夫以礼，而礼大臣尤其厚者也。太祖之于普，真宗之于沆，仁宗之于文、富，其任之专，职之重，信之深，可谓两尽其道矣。至于神宗，最敬信安石者也（张校：此下有阙误）。而卒为秦桧所误，岂非臣有负于其君耶？

除最后一句外，其他几乎无相似之处。议论文字虽不同，前面叙述文字却与《宋史全文》所引有几分相像：

> 绍兴十五年六月，幸秦桧第。上所赐第新成也。后八日，降制桧妻，并加封孙埙。埙、堪、坦并直秘阁，三品服。时埙年九岁。寻书“一德格天之阁”六字赐之。又赐画像赞曰：……又诏立家庙，赐祭器……

这些叙述文字颇与前引《宋史全文》《系年要录》注的议论文字内容相合，但二者文字大不相同，语气各异。

种种迹象表明，《宋史全文》《系年要录》高宗、孝宗两段引录的“吕中曰”、《讲义》《大事记》的文字与张本《中兴大事记讲义》文字差异较大，最大的可能是源自此书的不同版本，而这两种版本之间，又有作者曾作重大修改的痕迹。值得注意的是，此种情况并没有发生在宋光宗、宋宁宗两部分，《宋史全文》在这两个时间段引录的“吕中曰”、《讲义》《大事记》与张本《中兴大事记讲义》彼此差异较小。这使人怀疑：《皇宋中兴两朝圣政》及《宋史全文》高宗、孝宗部分征引的《中兴大事记讲义》是与张本《中兴大事记讲义》差异相当大的另一种版本，而《宋史全文》宋光宗、宋宁宗部分征引的，则是与上张本《中兴大事记讲义》差异较小的或者是同一版本的文字。

上述情况表明：《宋史全文》引录的吕中《大事记讲义》《中兴大事记讲义》，其中相当一部分，很可能是引自与张本《类编皇朝大事记讲义　类编皇朝中兴大事记讲义》底本不同的另一种版本。这使人联想到前面引文中述及的情况，即《大事记讲义》《中兴大事记讲义》在南宋末已有再版情况，而入元以后至《宋史全文》刻版前，还有可能再版。张其凡先生利用《宋史全文》引录的吕中文字对《大事记讲义》《中兴大事记讲义》做了辑补，这一辑补似并不成功。首先，有不少文字被有意无意地遗漏了。其次，有些文字在补入后造成了内容的不和谐或重复。如张本第五七五页辑入一段文字，其中“虽出于范宗尹之造膝、岳飞之密疏、张浚之建请、赵鼎之赞决，然以艺祖之后为嗣，必本于选人娄寅亮之一言，适有以契乎高宗之心，艺祖在天之灵可以慰矣”一段，就与第五七四页本书原有的文字重复。所以，似不如将全部“佚文”“疑文”另附于书后更妥。

（四）全文作者与插入史论者是否为同一人

笔者原来认为在《宋史全文》插入史论的就是本书作者本人，或者说作者与插入史论者肯定是同一人。但是，一个现象改变了笔者的看法，那就是《皇宋中兴两朝圣政》的作者与插入史论者肯定不是同一个人。因为此书征引了相当数量的吕中的话。而留正等人征引吕中文字的可能性几乎是不存在的。书中还征引了李心传的话，而留正等人征引李心传的话也近乎不可能。这一现象表明，我们今天看到的《皇宋中兴两朝圣政》残卷（清影宋本）所依据的古本，是南宋末年刻本，而并不是留正等撰成此书后不久的刻本，刻书者在原书撰者留正等并不知情的情况下插入了一些史论性文字。《皇宋中兴两朝圣政》既如此，《宋史全文》难保不出现类似情况。然而，《宋史全文》最后成书时间在元代，与再造本《宋史全文》底本（元刻本）的出版时间间隔较短，且史论文字与叙述性文字彼此配合较好，这无疑都增加了作者与插入史论者为同一人的可能性，尽管如此，这一疑问尚有待将来解决。

（五）最后的疑问

最后的问题是，《宋史全文》中有一次征引“《讲议》曰”，有三次可能是征引“《讲议》曰”（因各版本不一致，故存疑）。征引“《讲议》曰”者在第十一卷，原文为：

> 昔邵康节闻杜鹃声于天津桥上，曰：朝廷将用南人为相，

天下自此多事矣。夫王钦若当国亦南人也。岂独自安石始邪。盖天禧、天圣之时，南方之气未盛，所用者钦若一人耳。自安石为相，所引者惠卿之憸巧，升之之轻易，宰相、参政皆用南人，此固温公之所虑而康节之所先知也。

引文见于张本、库本吕中《宋大事记讲义》卷一六，说明“《讲议》”即代指《大事记讲义》，“议”当为“义”之讹。

三次可能是征引“《讲议》曰”者分见《宋史全文》卷三二和卷三六，现引录如下：

《讲议》曰：弥远自开禧丁卯为礼部侍郎，白杨太后谋诛韩侂胄，而宁宗不知。数日，宁宗问侂胄安在，左右乃以实对，宁宗深悼之。凡相宁宗十七年，帝崩，废济王立理宗，又独相九年。用余天锡、梁成大、李知孝等列布于朝，最用事者薛极、胡榘、聂子述、赵汝述，时号四犬。弥远出入禁苑，擅权用事，台谏学舍争言其非，上以其定策功，终始保全之。（卷三二）

按：“讲义”，四库本作“讲诗”，再造本作“讲义”，文海本作“讲诗”。

《讲议》曰：己未、庚申，北军过江，东南之危如一发引千钧矣。似道在鄂，为城下之盟，许纳岁币，而北师始归。似道乃欺理宗，诡曰战胜，而所许岁币又食前言，是外则负大国，内则欺其君。以致大国遣使责偿，似道乃拘留于真州，惟恐上下知之。未几而大元再遣使京湖，而似道又留之汉阳之沌口。始则请盟，终则背盟，似道知之，天下知之，独朝廷不知耳。（卷三六）

按："讲议"，原作"谥议"，据再造本、文海本校改。

> 《谥议》曰：昔太祖（再造本、文海本均作"宋太祖"）尝曰："宰相须用读书人。"似道以宠妃之弟，不学无术，处非其据，乏休休有容之量，忌疾之念横于胸，中好谀恶直，进佞退贤，粉饰太平，讳言边事，杀功臣以失士大夫之心，行公田以敛江浙之怨，主推排以骚动东南之民，核士籍以钳制东南之士，庇败将则将校之心离，吝军券则军旅之心叛。日积月累，无一而非失人心之事，卒至灭国覆身，擢发不足数其罪。（卷三六）

按："谥议"，再造本、文海本均作"讲议"，今存疑未改。

这三段文字全都涉及宋理宗，张本《中兴大事记讲义》下限为宋宁宗朝，似不应有上引文字，事实上今本的确没有此三段文字。笔者反复思量，仍然不敢做决断。前引文字讲，吕中卒于南宋末年，未活到元朝（从他考中科举的时间看，他本应是能活到元灭南宋以后的），而上引第二段文字中有"大元"，第三段文字中有"灭国"，应是已入元人的口气。所以，后二段文字应非吕中所撰，不是《大事记讲义》《中兴大事记讲义》中文字。然而，三则文字的出处、作者是谁呢？我们仍无法准确回答。而且，前引关于吕中卒年的记载是否可靠，也不是毫无疑问的，所以，还有许多问题留待以后讨论。

三、关于《龟鉴》

本书征引"《龟鉴》曰"次数也较多，分布也较广，其中北宋13次，南宋高宗朝35次，孝宗朝5次，光宗、宁宗部分0次，理宗部分11次，共64次。

《系年要录》注文征引，大多数称何俌《龟鉴》，这很容易给人一种错觉，即认为《龟鉴》就是何俌《中兴龟鉴》。但《宋史全文》所引《龟鉴》是否为何俌《龟鉴》，是否全都出自何俌《龟鉴》，实均有疑问。

首先，何俌所著为《中兴龟鉴》，而"中兴"一般指南宋高宗、孝宗二朝，不应包括北宋，而《宋史全文》北宋部分多次征引《龟鉴》。

其次，《系年要录》卷一四九载：绍兴十有三年五月"丁卯，左迪功郎何俌献《中兴龟鉴》十卷，诏迁一官"。则此《中兴龟鉴》内容应仅限于南宋初至绍兴十三年五月。此后何俌是否续写《龟鉴》，史文不载。《宋史全文》于南宋初至绍兴十三年何俌献书前征引《龟鉴》18次，此后至绍兴三十二年末共征引《龟鉴》17次。本书所引涉及绍兴十三年五月以后史事的17则《龟鉴》文字，是否属于何俌《中兴龟鉴》，实存疑问。

最后，绍兴十有三年五月何俌献《中兴龟鉴》时，年龄应在25岁以上，由此推算，何俌应出生于北宋后期。何俌受到朝廷重用，大抵在秦桧死后。据载，绍兴二十六年八月，何俌被任命为国子监发解试的点检试卷官，当时他的官职是太学博士。(《宋会要辑稿》选举二〇之一二）同年九月，他以太学博士的身份上书抨击官员中借馈赠行贿的现象。(《宋会要辑稿》刑法二之一五四)

绍兴三十一年，何俌被任命为吏部员外郎。（《通考》卷五二《职官考》，《宋史》卷一六三《职官志》）绍兴三十二年八九月间，置皇子位说书，何俌任邓王府直讲。（王应麟《玉海》卷一二九、卷一三〇《官制》）隆兴元年十一月，时任宗正少卿的何俌与时任权中书舍人的胡铨"两易其官"。（周必大《文忠集》卷三〇《资政殿学士赠通奉大夫胡忠简公神道碑》）隆兴二年正月，时任权中书舍人的何俌受命参加编修三省条法。（《宋会要辑稿》刑法一之四七）同年十一月，陈康伯拜相，何俌因同陈有亲戚关系请求回避，时任起居郎、权中书舍人。（《宋会要辑稿》职官六三之一五）何俌"乾道元年（1165）正月以权工部侍郎兼权直院"。（洪遵《翰苑群书》卷一一《翰苑题名》）不久，陈康伯去世，何俌受命为其护丧回乡。（《宋史》卷三八四《陈康伯传》）同年三月三日，"诏权尚书工部侍郎何俌除集英殿修撰、知衢州"（《宋会要辑稿》选举三四之一六）。次年十二月二十九日，"左朝散郎、集英殿修撰何俌乞守本官致仕。诏除敷文阁待制致仕"（《宋会要辑稿》职官七七之七八）。此后，何俌不再见于记载，估计他去世的时间应距此不甚远，或在宋孝宗退位以前。据此，《宋史全文》理宗部分征引的11则《龟鉴》，可以肯定不是何俌所撰。因为何俌不大可能活到宋理宗在位时期，即便何俌在宋理宗即位时尚在人世，他也已是一百多岁，早已丧失了写作能力。

所以，我们可以肯定，《宋史全文》征引的《龟鉴》，至少有一部分不是何俌《中兴龟鉴》。

另外，明董斯张《吴兴备志》卷七《官师征》载：

> 时和好初成，俌裒少康、宣王、光武、元帝事可施行者，为评议，号《中兴龟鉴》上之。（（清）《浙江通志》卷一八二引（明）徐象梅《两浙名贤录》同）

如果此则记载属实，则何俌《中兴龟鉴》的内容是以“评议”前代“少康、宣王、光武、元帝”中兴史事为主的，议论本朝史事的内容不应太多。而《宋史全文》征引的却全是议论本朝史事的。这又给我们提出了新的疑问，甚至有理由怀疑，《宋史全文》征引的《龟鉴》，或许根本就不是何俌《中兴龟鉴》，而是宋理宗时期人撰写的另一部《龟鉴》。四库馆臣曾议论《要录》的注文说：

> 又于本注外，载有留正《中兴圣政》、吕中《大事记》、何俌《龟鉴》诸书，当亦修《永乐大典》时所附入者。今既无别本可证，姑依文录存，间加驳正。

可知四库馆臣已确认注文中有些是明代“修《永乐大典》时所附入”，即是明代人附入，将《龟鉴》的作者搞错，把不是何俌的著作归入何俌名下的可能性就大大增加了。

宋理宗时期会不会有人另撰有《龟鉴》呢？我们曾沿着这一思路进行查找，结果只找到柴望的《丙丁龟鉴》。此书《四库全书总目提要》中虽有提及，文渊阁四库全书却没有收入此书（笔者也未能得阅此书）。馆臣《提要》谓：

> 《丙丁龟鉴》五卷《续录》二卷，两江总督采进本。宋柴望撰。望字仲山，江山人。嘉定、绍定间为太学上舍，除中书特奏名。淳祐六年，岁在丙午，正旦日食，望因上此书，逮下诏狱。寻放归。景炎二年，荐授迪功郎、史馆国史编校。宋亡后不仕而终。为柴氏四隐之一。是书大旨以丙午、丁未为国家厄会，因历摭秦庄襄王以后至晋天福十二年，凡值丙午丁未者二十有一，皆有事变应之，而归本于修省戒惧，以人胜天。《通考》著录作十卷，此本止五卷。然首尾完具。盖明人所合并也。《续录》二卷，一为元人所撰，记宋真宗景德

三年至理宗淳祐七年，值丙午丁未者五。一为明人所续，记元世祖大德十年至顺帝至正二十七年，值丙午丁未者二，亦各举时事实之，如望书之例，均不著姓名。考阳九百六元二之说，自汉以来即有之，丙丁之说则倡于望。元人续录，序引阴阳家之言曰丙丁属火，遇午未而盛。故阴极必战亢而有悔也。又曰丙禄在巳午为刃煞丁禄居午未为刃煞。其说纯用术数家言，不出经典夫。王者敬天勤民，无时可懈，岂待六十年一逢厄会始议修省。且史传所书，乱多治少，亦不必尽系于丙丁。望徒见靖康之变适在是二年中，故附会其文，冀以悚听。实则所列事迹多涉牵就，宜其言之不行也。且论涉机祥，易荧民听。《辍耕录》所载龙蛇跨马之妖言，岂非至正二十七年适当丙午，遂借是说以惑众欤。后世重其节义，又立言出于忠爱之诚，故论虽不经，至今传录，实则不可以为训也。

看来本书内容更加受局限，即它集中关注丙午、丁未发生的史事，另外其指导思想也近于荒诞不经。很难讲它就是《宋史全文》征引的《龟鉴》。

总之，《宋史全文》征引的《龟鉴》，对于我们来说还是一个未解之谜。但可以肯定的是，我们决不能将《宋史全文》征引的《龟鉴》等同于何俌《中兴龟鉴》。

四、富弼《三朝政要》与吕源《增释》

《宋史全文》引录“富弼曰”15次、“富弼等释”4次，大约都是源于富弼主撰的《三朝政要》。《宋史全文》引录“吕源曰”

13次，引录“增释”1次，大约都是征引吕源的《三朝政要增释》。吕源的《三朝政要增释》是在富弼主撰的《三朝政要》基础上撰成的，二者关系较密切，《三朝政要》《三朝政要增释》均已亡佚，故在此一并做些探考研究。

（一）关于富弼《三朝政要》

富弼是北宋著名政治家、外交家，早已为人们所熟悉。但由他主撰的《三朝政要》，对一般人来说，却较为陌生。造成这种情况的原因，除了此书早已亡佚外，还同此书一书多名的情况有关。关于《三朝政要》的不同名称，我们将有关记载胪列如下：

1.《三朝政要》

陈振孙《直斋书录解题》卷五《典故类》：

> 《三朝政要》二十卷，宰相河南富弼彦国撰。庆历三年，弼为枢副，上言选官置局，以三朝典故分门类聚，编成一书，以为模范。命王洙、余靖、孙甫、欧阳修同共编纂。四年，书成，名“太平故事”，凡九十六门，每事之后，各释其意。至绍兴八年，右朝议大夫吕源得旧印本刊正增广，名《政要释明策备》上之于朝。《馆阁书目》指《政要》为《宝训》非也。

同书又载：

> 《三朝宝训》三十卷，翰林学士李淑等撰。天圣五年，监修国史青社王曾孝先奏，乞用唐吴兢《贞观政要》故事，取三朝圣语、政事及臣僚奏对不入正史者，别为一书，与国史实录并行。至十年书成，诏以《宝训》为名。其后进读于迩英延义。今《馆阁书目》以为二十卷，富弼所上者，非也，乃《政要》尔。

陈氏特别指出，《三朝政要》与《三朝宝训》是两部名称、卷数、作者、内容都不相同的书。当时已有人将两部书混为一谈。

2.《三朝政录》

晁公武《郡斋读书志》卷二上《杂史类》：

> 《三朝政录》二十卷。右皇朝富弼上言，欲选官置局，将三朝典故编成一书。即命王洙、余靖、孙甫、欧阳修编修，分别事类，成九十六门。

3.《三朝圣政录》

《文献通考》卷二百一《经籍考二十八》：

> 《三朝圣政录》十卷。晁氏曰：皇朝富弼上言，乞选官置局将三朝典故编成一书。即命王洙、余靖、孙复、欧阳修编修，分别事类，成九十六门。陈氏曰其书初名“太平故事”，凡九十六门。每事之后，各释其意。至绍兴八年，右朝议大夫吕源得旧卯本，刊正增广，名《政要释明策备》上之于朝。《馆阁书目》指《政要》为《宝训》，非也。

《通考》引录的“晁氏曰”，与前引晁公武《郡斋读书志》颇不同，书名多一“圣”字，卷数却少了十卷，内容、作者大略相同。

4.《太平政要》

章如愚《群书考索》卷一七《正史门·国史类》：

> 《太平政要》：皇朝枢密使富弼等撰。初，弼请以三朝典故及诸司可用之文，类聚成书，使两府遵守。诏命史官校勘王洙、集贤校理余靖、秘阁校理孙甫、集贤校理欧阳修等同

修，弼领焉。庆历四年书成上之，分别书类，起赏罚，止延谏臣，凡九十六门，为二十卷。每事之后，各释其意，相类者止释一事，理明者不复释云。

章氏所记作者、内容、卷数等与前均同，唯书名异。

5.《祖宗故事》

李焘《长编》卷一四三：

［庆历三年九月］丙戌，命史馆检讨王洙、集贤校理余靖、秘阁校理孙甫、集贤校理欧阳修同编修《祖宗故事》。先是，枢密副使富弼言："臣历观自古帝王理天下，未有不以法制为首务。法制立，然后万事有经，而治道可必。宋有天下九十余年，太祖始革五代之弊，创立法度。太宗克绍前烈，纪纲益明。真宗承两朝太平之基，谨守成宪。近年纪纲甚紊，随事变更，两府执守，便为成例，施于天下，咸以为非。而朝廷安然奉行，不思刬革，致使民力殚竭，国家乏匮，吏员冗而率未得人，政道缺而将及于乱。赏罚无准，邪正未分，外域交侵，寇盗充斥，师出无律而战必败，令下无信而民不从。如此百端，不可悉数。其所以然者，盖法制不立而沦胥至此也。臣今欲选官置局，将三朝典故及讨寻久来诸司所行可用文字，分门类聚，编成一书，置在西库，俾为模范。庶几颓纲稍振，敝法渐除，此守基图救祸乱之本也。"上纳其言，故命靖等编修，弼总领之。明年九月，书成，分别事类，凡九十六门，二十卷。其间典法深大，今世不能遵守者，于逐事之后各释其意。意相类者止释一事，事理明白者更不复释。

李焘所述成书过程最为详细，与前比对，显然所言即是《三朝政要》，然而却始终未言及《三朝政要》这一书名，只讲所撰为《祖宗故事》。

6. 太平故事

罗从彦《豫章文集》卷五《遵尧录》：

> 庆历三年，枢密副使富弼言："臣历观古帝王理天下，未有不以法制为首务。法制立，然后万事有经，而治道可济也。宋有天下，八十余年，太祖始革五代之弊，创立制度。太宗克绍前烈，纪纲益明。真宗承两朝太平之基，谨守成宪。近年纪纲颇紊，随事变更，两府执政便为成例，施行于天下，咸以为非。而朝廷安然奉行，不思划革，致使民力殚竭，国用空匮，吏员冗而政道缺，赏罚无准，夷狄外侵，寇盗充斥。如此百端，不可悉数。其所以然者，盖法制不立，沦胥以至于此也。臣今欲选官置局，将三朝典故及寻计将来诸司所行可用文字，分门类聚，编成一书，置在两府，俾为模范。庶几元纲稍振弊法渐除。此守基图救祸乱之根本也。"帝嘉其奏，命欧阳修等四人同共编修，诏弼总领之。分别事类凡若干门，于逐事之后，各释其［意］，意之相类者，止释一事。书成，今所谓《太平故事》是也。（按郑樵《通志》卷六五《艺文略》亦载"《太平故事》二十卷"）

罗氏所言，特别是所引富弼语，与李焘《长编》略同，然最后点明书名，却是《太平故事》，而非《祖宗故事》。

7.《庆历三朝太平宝训》

王应麟《玉海》卷四九《艺文政要·宝训圣政》列有一小标题："《庆历三朝太平宝训》（亦曰《祖宗故事》，亦曰《太平故事》）"，其述：

> 《中兴书目》:《三朝太平宝训》二十卷(《三朝政要释明策备》)门类始于赏罚,终于延谏臣(一云纳直谏)。其间典法深大,今世不能遵守者,于逐事之后,各释其意。意相类者,止释一事,明白者不复释。绍兴八年七月,吕源为增释上之。庆历三年九月,枢密副使富弼请考祖宗故事可行者为书。言欲选官置局,将三朝典故及久来诸司所行可用文字,分门类聚,编成一书,置在二府,俾为模范,得以遵守。上嘉其奏。丙戌,命史馆检讨王洙、集贤校理余靖欧阳修、秘阁校理孙甫等同编,命弼领之,名曰《太平故事》。四年九月上之,凡九十六门,二十卷。弼为序。凡三朝赏罚之权、威德之本、责任将帅之术、升黜官吏之法、息费强兵之制、御戎平寇之略、宽民恤灾之惠、睦亲立教之本、御臣防患之机察、纳谏诤之道,率编录焉。绍圣三年九月四日,太仆寺簿龚夬请诏儒臣自仁宗至元丰之末,续加编类。

令人不解的是,王应麟生活的时代比陈振孙迟许多年,王氏居然完全无视陈氏的辨析,仍然沿用《中兴书目》的说法,讲《三朝太平宝训》即是富弼所撰《三朝政要》。这至少可以说明一个情况,即是尽管陈振孙做了辨析,但南宋时仍然有不少人认为《三朝太平宝训》与《三朝政要》是同一书。王应麟还明确地讲《三朝太平宝训》《祖宗故事》《太平故事》三者也是同书异名。

至此,我们可知,《三朝政要》另有《三朝政录》《三朝圣政录》《太平政要》《祖宗故事》《太平故事》五个名称,连同《庆历三朝太平宝训》,此书共有七个名称,如此奇特的现象,实属罕见。

(二)吕源事迹

吕源,字子原,泉州晋江人,吕惠卿侄,吕升卿子。吕惠卿、吕升卿兄弟均为王安石新党骨干。吕升卿熙宁三年中进士第,熙宁六年，由王安石推荐，任详定修撰经义所检讨。权发遣京东路转运判官、淮东路转运判官。次年擢崇政殿说书、同管勾国子监。王安石、吕惠卿交恶，吕升卿参与其中，落职降授太常寺太祝、监无为军酒税。后得叙复，累迁太常寺丞。元祐年间受到旧党压制。绍圣年间任京东路转运副使。章惇残酷迫害旧党大臣，吕升卿积极参与。关于吕源在北宋后期的行迹，我们似乎只能从汪藻的奏疏中获取，其谓：

谨按：吕源，升卿之子。家富于财，专以包苴交结权幸为进身之资。初自常调结林灵素、孟昌龄而得监司。未几罢黜。复结王黼而得旧物。黼败，人为源危之。方是时，李邦彦当国，知赵子崧者邦彦所厚之客也，遽以女妻子崧之子，厚其奁具。即除军器少监。意犹未已，遂倾赀结梁师成。无何，除职帅广西。及赐对便朝，一日而获恩数者八，进职、进官、进赐名、锡章服，父赠待制，所生母封夫人，诸弟补官之类，皆人臣非常之恩。盖师成极力荐援，称其所赂而为之报也。比者，源被召赴阙，士大夫谓朝廷必深知其所为，且斥而不用矣。曾未阅月，为两浙转运使。夫两浙名部也，转运使崇资也。平时进擢能臣，不过为副使而已。吕源何人，辄当此选。（汪藻《浮溪集》卷一《奏论吕源除两浙转运使姜仲谦除转运副使不当状》。按史书中的其他类似记载，似都以此为本）

据李心传记，汪藻此奏应上于建炎二年，吕源被任命为两浙转运使是在此年春正月癸巳日。（《系年要录》卷一二）因汪藻等反对，当年二月辛酉，吕源被改任为知扬州。（《系年要录》卷一三）然而三个月后，吕源又被“添差江淮等路制置发运副使”（《系年要录》卷一五）。建炎三年初，金军南下，吕源“拥兵而遁”，三月因被弹劾，“秘阁修撰、江淮发运副使吕源除名邵武军羁管”（《系年要录》卷二一）。吕源被罢黜前，发生了逼迫宋高宗退位的“苗刘之变”，当听到张浚起兵反政变的消息，有记载说：“发运副使吕源览之泣下，曰：国有人焉，可无忧矣。”（周应合《景定建康志》卷四三《风土志》注引李处全文）这则记载是极少数吕源作为正面形象中的一则。次年，吕源因赦复官，被任命为知吉州。随后不久，他又因修城扰民被弹劾，受到落职处分。（胡寅《斐然集》卷一一《论衡州修城札子》卷一四《吕源落职》，参庄绰《鸡肋编》卷下、王明清《投辖录》）绍兴二年九月癸酉，朝廷下令：“右朝请大夫吕源为浙东福建沿海制置使，置司定海县。”随后他被恢“复右朝议大夫、直龙图阁”的旧官职。（《系年要录》卷五八、《宋史》卷二七《高宗纪》）绍兴二年底，宋廷下令撤销浙东福建沿海制置使司（《系年要录》卷六一），吕源处理了撤销事务后，于绍兴三年春回到行都。随后，他因面见皇帝不恰当地谈论私事遭到弹劾。（《系年要录》卷六三、熊克《中兴小纪》卷一四）此后一段时间吕源的情况失载。绍兴十一年，发生了时任广西转运使的吕源与广西经略安抚使兼知静江府的胡舜陟的冲突。胡舜陟指控吕源在讨伐郴州叛乱时供应军须不力，吕源则指责胡舜陟包庇知邕州俞儋贪赃。因吕源与宰相秦桧关系密切。胡舜陟于绍兴十二年被撤职。随后吕源又指控胡舜陟“受金盗马非讪朝政”，而秦“桧素恶舜陟”，于是“奏遣大理寺官袁柟、燕仰之往推劾”。胡舜陟不堪迫害，于绍兴十三年六月，“死狱中”。（《系年要录》卷一四七、卷一四八，熊克《中兴小纪》卷三一，《宋史》卷二〇〇《刑法志》、卷三七八《胡舜陟传》）据此，吕源对胡舜陟被迫害致死实负有不可推卸的责任。

据上所引，吕源及其父吕升卿，在有关的记载中，大多是负面形象。所以在清人陆心源的《宋史翼》中，父子双双被列入《奸臣传》。除了前述在苗刘之变中吕源表现出对宋高宗的忠之外，另有一则关于吕源的记载也属正面的，那就是：据记载，吕源是一位出色的画家。

元夏文彦《图绘宝鉴》卷四《宋南渡后》述："吕源，画花禽。"

（三）关于《三朝政要》《增释》的内容及"释"

以上我们讨论了《三朝政要》的书名、吕源的行迹及人品，以下拟着重讨论《三朝政要》《增释》的内容。顺带讨论征引富弼、吕源的文字为什么称"释"。

关于《三朝政要》的撰写宗旨及内容，前引李焘《长编》卷一四三有详细的论述，为了说明问题，现重引如下：

> ［庆历三年九月］丙戌，命史馆检讨王洙、集贤校理余靖、秘阁校理孙甫、集贤校理欧阳修同编修《祖宗故事》。先是，枢密副使富弼言："臣历观自古帝王理天下，未有不以法制为首务。法制立，然后万事有经，而治道可必。宋有天下九十余年，太祖始革五代之弊，创立法度。太宗克绍前烈，纪纲益明。真宗承两朝太平之基，谨守成宪。近年纪纲甚紊，随事变更，两府执守，便为成例，施于天下，咸以为非。而朝廷安然奉行，不思划革，致使民力殚竭，国家乏匮，吏员冗而率未得人，政道缺而将及于乱。赏罚无准，邪正未分，外域交侵，寇盗充斥，师出无律而战必败，令下无信而民不从。如此百端，不可悉数。其所以然者，盖法制不立而沦胥至此也。臣今欲选官置局，将三朝典故及讨寻久来诸司所行可用文字，分门类聚，编成一书，置在西库，俾为模范。庶几颓纲稍振，敝法渐除，此守基图救祸乱之本也。"上纳其言，故命靖等编修，弼总领之。明年九月，书成，分别事类，凡九十六门，二十卷。其间典法深大，今世不能遵守者，于逐事之后各释其意。意相类者止释一事，事理明白者更不

复释。

据李焘所述，富弼主撰的《三朝政要》内容有三部分：一是三朝“典故”，二是各官司所行法规文字，三是富弼等人的“释”。宋人所称“典故”与今人有所不同，它主要指经典范例，包括帝王的经典言论、经典处置政事的方法等。编撰此书的目的是使后人有法可依，有例可仿效，即起“模范”作用。李焘又述，此书“分门类聚”，“凡九十六门”，可见门类区分很细致，内容应很丰富。王应麟的描述颇精彩，即言“凡三朝赏罚之权、威德之本、责任将帅之术、升黜官吏之法、息费强兵之制、御戎平寇之略、宽民恤灾之惠、睦亲立教之本、御臣防患之机察、纳谏诤之道，率编录焉”（王应麟《玉海》卷四九《艺文政要·宝训圣政》）。

最能体现富弼等人主观理念，也是全书最有活力的部分是“释”的部分。但李焘对此的描述却有些令人费解，即何谓“典法深大，今世不能遵守者”？既是“今世不能遵守”，为什么会在前三朝出现？既是“今世不能遵守”，编入此书其意义又何在？我们怀疑此处可能李焘的措辞有所失当。人们或许注意到，罗从彦、章如愚论及此书的“释”时，就都舍弃了“其间典法深大，今世不能遵守者”这一限定语，而保留了“于逐事之后各释其意。意相类者止释一事，事理明白者更不复释”等语。（罗从彦《豫章文集》卷五《遵尧录》、章如愚《群书考索》卷一七《正史门·国史类》）从宋元各书所征引的《三朝政要》释文看，大抵都是对重要制度的阐述和议论，未见有“今世不能遵守”的情况。或许是记载重要史事、重要制度的文字之后，都分别有富弼等人的“释”。

由于此书早已失传，我们对《三朝政要》的了解受到很大限制。为了使读者对《三朝政要》及其“释”有具体的、感性的认识，我们现将搜集到的《三朝政要》两则佚文转录如下：

黄履翁《古今源流至论》别集卷八《将权》：

《政要》：乾德中，责授节度使王全斌、崔彦进为留后，左卫上将王仁赡为右卫大将军，制授内客省使曹彬、宣徽南院使侍卫都指挥使刘义允节度使，皆收蜀将帅也。初，孟昶降，全斌等不能正身率下，争取珠玉及取人妇女。太祖闻蜀复乱，及全斌归阙，太祖召王仁赡诘之。仁赡徧指诸将过失，求欲自解。太祖曰："纳李廷珪妓女，开德丰库取珠贝，亦全斌等耶?"

富弼释曰：赏罚，人主之权衡。用其权，无他，赏当功、罚当罪而已。全斌虽有平蜀之功，贪恣不法，复致蜀乱，故不可不贬降。曹彬有功无过，故当显用也。赏罚如是之明，宜乎将相尽力。

楼钥《攻媿集》卷五〇《进故事·三朝政要》：

太宗淳化七年六月，以左谏议大夫魏庠、司封郎中知制诰柴成务同知给事中事。凡制敕之有所不便，许依故事封驳以闻。八月，命枢密直学士向敏中、张咏同知银台通进司，凡天下章奏案牍必由二司然后进御。先是，中外奏报，但由尚书内省籍以下有司，有司或行或否，得缘而为奸，禁中不得知，外司无纠察之职。至是，始命敏中等谨视其出入而钩稽焉。事无大小，不敢有所留滞矣。九月，以给事中封驳隶银台通进司，应诏敕并令枢密直学士向敏中、张咏详酌可否然后行下。

富弼等释曰：古者诏令，皆中书奉行，门下省审封驳改正，厥有司存，太宗亲选向敏中、张咏同判通进司等，以察稽失。二府奉行之过，皆得改驳，关防之意，谨之于始也。

今之群臣多不举职，官有封还之名，未闻驳正之实，所以命令不由此司十有六七，盖因循之蔽也。臣窃惟唐给事中之职，凡百司奏钞，侍中既审则驳正违失，诏敕不便者涂窜而奏还，谓之涂归。李藩为给事中，制有不便，就敕尾批却之，吏惊，请联他纸。藩曰联纸是牒，岂曰批敕耶。唐制之严如此，中更五季，寖失其职，太宗皇帝深究治乱之源，特振其职业，妙选名臣为之，曰：凡制敕有所不便，许依故事封驳，曰：应诏敕并令详酌可否，然后行下，则是事无轻重，政无大小，官无尊卑，封驳详酌是其职也。近者，给事中论奏除目，或谓止当驳论横恩，不当及此，臣深恐此论有误宸聪，使后省寖失其职，纪纲废紊，所关者大，是敢仰稽太宗致治之要，为陛下言之，庶使后省臣僚得举其职，言听计行，以裨圣治，臣不胜惓惓。

在上引两文字中，“典故”、法规与“释”文之间的关系都很明了，前者偏重记述史事，后者是阐发前者所述君臣言行的典范意义，之所以称“释”不称“论”，除了表示所述史事的“模范”价值外，也是为了表示富弼对前代帝王及贤臣的尊崇。

关于吕源的《增释》，王应麟《玉海》卷四九《艺文政要·宝训圣政·庆历三朝太平宝训》述：

《中兴书目》：《三朝太平宝训》二十卷（《三朝政要释明策备》），门类始于赏罚，终于延谏臣（一云纳直谏）……绍兴八年七月，吕源为增释上之。

陈振孙《直斋书录解题》卷五《典故类》述：

……至绍兴八年，右朝议大夫吕源得旧印本刊正增广，

名《政要释明策备》上之于朝。（《文献通考》卷二〇一《经籍考》引录）

据此，吕源《增释》是对富弼《三朝政要》的补充增广，由于两书均已亡佚，我们无从知晓吕源是否增加了史事，但史论即“释”的部分肯定是增加了。

《宋会要辑稿》帝系一一之二载：

绍兴四年八月，权吏部侍郎胡交修等奏……庆历三年，富弼谓：……吕源《增释总论》谓：“景祐亲政，小大之臣不能丕变。朝廷命令之地，刑赏之施，合取进止，率皆引例，以决重轻。往往出于堂吏之手，则天子威权悉制于例，非祖宗独断之意也。由是言之，守法不谨而牵于用例非一日矣。”

可知吕源的《增释》正文前还有一个“总论”，其中应涉及《增释》的编撰宗旨，但我们无法知晓其内容了。（前几年，我曾让我的硕士研究生郝玲玲作有关吕源《三朝政要增释》的学位论文，以上论述可能包括了一些郝玲玲的研究成果，特此说明。）

五、赵甡之《中兴遗史》、张汇《进论》与《林泉记》

（一）赵甡之《中兴遗史》

《宋史全文》引“赵甡之曰”三次（“甡”原均误作“性”），所引应均为《中兴遗史》中的文字。

《中兴遗史》有著作权的争议，较早见于王明清《挥麈后录》卷一一：

……俾赵甡之窃妇翁张鉴书以为己有者，闻之，不惭惶无地耶。

王明清在这里未言明赵甡之所窃何书，陈振孙《直斋书录解题》卷四《正史类》则谓：

《中兴遗史》六十卷，从义郎赵甡之撰。庆元中上进其书，大抵记军中事为详，而朝政则甚略，意必当时游士往来边陲出入幕府者之所为。及观其记张浚攻濠州一段，自称姓名曰开封张鉴。然则此书鉴为之，而甡之窃以为己有也。或曰鉴即甡之妇翁，未知信否。（《文献通考》卷一九三《经籍考》引录）

当然，陈氏也讲“未知信否”，即不敢肯定确有其事。陈氏讲了此书的成书时间，即宋宁宗庆元年间或稍早于此。其特点是详于军事略于政治。上引两书提出了本书作者有可能是“开封张鉴”的观点。但是，没有提供关于“开封张鉴”的其他信息。我们在文献中也未能找到关于“开封张鉴”的有价值的线索。（《宋史》卷二七七《张鉴传》之张鉴是宋初文人，与此无关）不但“开封张鉴”，我们对有可能是窃取其妇翁著作权的赵甡之，也找不到有关其行迹的记载。但是《中兴遗史》一书，在南宋中后期史坛上还是产生了相当影响。徐梦莘《三朝北盟会编》引录凡 11 次。徐自明《宋宰辅编年录》征引达 69 次。朱熹与学生们曾议论及此书，《朱子语类》卷一二七《本朝》述：

曾光祖论及《中兴遗史》载孟后过赣州时事，与乡老所传甚合。

时人罗大经《鹤林玉露》卷一五讲："桧之初归一节，《中兴遗史》说得尤详。"岳珂的《金佗稡编》卷二四《吁天辨诬四》、《桯史》卷九中均征引了此书。尤为引人注意的是，《系年要录》一书注文征引此书多达300多次，注文后或有"今不取""今并附此以备参考"等，说明至少其中一部分是李心传的原注。这些情况都表明《中兴遗史》是一部史料价值颇高的史书，可惜此书今已亡佚。

"赵甡之"三字，文献中颇不一，主要是"甡"字，或作"牲"，或作"性"，同是道光本徐梦莘《三朝北盟会编》，或作"甡"，或作"性"。《系年要录》一书注文征引也有作"甡"和作"牲"两种情况。岳珂的两部著作中则都作"牲"。大约陈振孙《直斋书录解题》、王明清《挥麈后录》所记"赵甡之"较为可靠，故用之。

（二）张汇《进论》

《宋史全文》引张汇《进论》仅二次，约三百余字。说到张汇《进论》，不能不提及《四库提要》中《系年要录》"提要"中的一句话，即言："……原本所载秦熺、张汇诸论，是非颠倒，是不待再计而删者。"这里将张汇与秦熺相提并论，似乎二人都是坏人，且谓二人所论都是"是非颠倒，是不待再计而删者"。其实是不妥的。

关于张汇，李心传《系年要录》卷一三四记：

> [绍兴十年春正月岁次庚申，金熙宗亶天眷三年乙酉]初，兖人张汇从父行正守官保州，陷敌不能归。至是，闻元帅府主管汉儿文字蔡松年言敌有渝盟意，遂与燕人王晖、开封刘炎谋，夜自新乡渡河赴行在。上疏言敌情利害，大略以为："敌主懦将骄，兵寡而怯，又且离心。民怨而困，咸有异意。邻国延颈以窥隙，臣下侧目以观变。亲戚内乱，寇盗外

起。加之昔之名王良将如粘罕、挞懒之徒，非被诛则病死。故子胥戮则吴灭，孔明没则蜀亡。争战之际，古今不易之理。今敌内有羽毛零落之忧，外失刘豫藩篱之援，譬之有人自截其手足而复剖其腹心，欲求生也，不亦难乎。此乃皇天悔祸，眷我圣宋，复假敌手以去群凶，特以良时付之陛下，周宣、汉光中兴之业也。曩者盖敌未当殄灭之时，臣虽早归朝廷，亦无补于圣德。故臣隐身敌中，甘处贫贱十五年者，伺今日之隙也。又况当时河北人心未安，然河南废齐之后，人心亦且摇动，王师先渡河则弊归河北而不在中原，设若兀术先侵河南，则弊归中原而不在河北。但能先渡河者，则得天下之势，诚当日胜负之机，在于渡河之先后尔。而兀术已有先侵之意，臣恐朝廷或失此时，反被敌乘而先之。"（松年，靖子，已见绍兴四年十一月）疏奏，汇等皆授初品文资（汇等补官《日历》不载，林待聘《外制集》有制词）。既而淮西宣抚使张俊因奏汇充本司准备差遣。

据此可知，张汇是兖州人。南宋初陷于金朝境内，绍兴十年冒险归宋，给宋朝统治者提供了金朝内部的很多重要情况，且积极主张抗金。他的这一倾向与秦桧父子的立场是截然对立的。今本李心传《系年要录》卷三〇转录张汇《进论》约1500余字，与体例不合，且与前后有重复，如馆臣和注文所指出，很可能是后人"妄加入"者。但这一"妄加"，却使得张汇《进论》这一珍贵文献的相当部分（不知是否全部）得以保留，是令人庆幸的。《宋史全文》征引的文字也包含其中。通读这部分文字，我们可以强烈地感受到张汇的爱国热情。其中对金朝内部情况做了深入分析，对宋朝与金朝的斗争形势做了全面考虑，他的观点未必都正确，但至少此后的历史发展、宋金战争的情况，都证明其中不少看法都属真知灼见。特别是在当时朝廷上主和派已占了上风，主战有很大的政治风险的情况下，提出这样一篇力主抗战的《进论》，其勇气也是十分值得称道的。

张汇此后行迹基本失载，我们只知道他还撰有《金国（虏）节要》，是一部很有价值的记述金朝早期历史的历史著作。此书已佚，但颇见后人征引、著录。南宋最著名的两位目录学家晁公武、陈振孙都在各自的著作中著录此书：

> 《金人节要》一卷。右陷金人所上也。记金人初内侮，止绍兴十年，共十六年事颇详实。（晁公武《郡斋读书志》卷二下《伪史类》，马端临《文献通考》卷二〇〇《经籍考》引录）
>
> 《金国节要》三卷。右从事郎、兖人张汇东卿撰。宣和中，随父官保州，陷金十五年，至绍兴十年归朝。（陈振孙《直斋书录解题》卷五，马端临《文献通考》卷二〇〇《经籍考》引录）

熊克《中兴小纪》、李心传《系年要录》的撰写都参考了此书（《系年要录》注引张汇《节要》凡38次），并在自注中做了说明（参见《中兴小纪》卷四、卷八，《系年要录》卷一、卷六、卷九的注文）。徐梦莘《三朝北盟会编》、谢采伯《密斋笔记》等也引录了此书的文字。

这里我们应当了解与之同时代的另一张汇，因为二人姓名相同，时代接近，很容易相混。此张汇是河南（今河南洛阳）人。建炎四年六月，任江南路（东西二路合一）转运判官。（《系年要录》卷三四）绍兴六年六月时，时任大理少卿的张汇因狱空受嘉奖。（《系年要录》卷一〇二）同年，改任两浙转运副使。（《系年要录》卷一〇五）绍兴十年八月，改任知临安府。次月，复任直秘阁、两浙转运副使。（并《系年要录》卷一三七）绍兴十有二年夏四月，“以枢密行府结局及般运楚州大军钱粮有劳”，升直敷文阁。（《系年要录》卷一四五）此后八九年间，其行迹不见记载。绍兴二十一年，他第三次出任两浙路两浙转运副使。（潜说友《咸淳临安志》卷五〇《秩官·两浙转运》）绍兴二十六年三月丙寅，时任直徽猷阁、两浙转运副使的张汇上奏，请求加强对州郡诸色上供钱物的管理。（《系年要录》卷一七二）绍兴二十有六年六月，劾罢钱端礼。（《系年要录》卷一七三）绍兴二十有六年八月，直徽猷阁、两浙转运副使张汇……进职二等，与在外宫观。以引疾有请也。（《系年要录》卷一七四）此后其行迹又不见记载。从现有记载看，此张汇既无大善亦无大恶，他长时间担任具有相当重要性的两浙路转运副使，大抵是个有一定办事能力的普通官僚。他虽与《进论》作者张汇同名又时代接近，但籍贯不同，经历迥异。特别是《进论》作者张汇绍兴十年以前不在宋境，而此张汇在绍兴初年已担任宋朝高官。所以，两个张汇还是不难区分的。

（三）《林泉（野）记》

《宋史全文》征引《林泉记》仅 1 次。《林泉记》疑即是《林泉野记》。《林泉野记》已佚。《林泉野记》较多地见于两种书，即徐梦莘《三朝北盟会编》正文及李心传《系年要录》注文（其中至少一部分为自注）中，在这两书中各被征引多达数 10 次。在其他书中虽也偶有出现，但均为个别现象。从诸书征引的《林泉野记》的文字内容看，其所记述的多是南宋初期政治、军事等方面的重要史事，作者应与宋高宗及当时重要大臣有较密切的联系。

然而令人始料不及和困惑的是，在有关的几种重要目录书中，如《郡斋读书志》《直斋书录解题》《遂初堂书目》《文献通考》《宋史·艺文志》、黄虞稷《千顷堂书目》《四库全书总目》等中，都未见此书的踪迹。使我们无法知道此书的概貌、成书时间、卷数等基本情况。我们甚至也不能得到关于此书撰者的任何具体信息。

本书征引文字，与《三朝北盟会编》卷二二〇征引的《中兴姓氏录》文字彼此接近，故存在一种可能，即两书为同一人所撰。不过，《中兴姓氏录》的作者我们也同样未寻到确为何人，只好有待高人指点了。

（原载《宋史研究论丛》第 15 辑，河北大学出版社 2014 年版）

读《通考·钱币考》

近期整理货币史料，认真地阅读了《通考·钱币考》，并将它同相关史籍的记载做了比照，颇有收益，以下试一述之，以就正于方家。

一、《通考·钱币考》与《通典·钱币》之比较

《通考》与《通典》颇有相像之处，二者都是以记述历代典章制度为主的书，体例也类似。《通考》作者马端临讲他撰写此书时，“俱效《通典》之成规，自天宝以前则增益其事迹之所未备，离析其门类之所未详；自天宝以后至宋嘉定之末，则续而成之”（《自序》）。马端临在这里讲到他对《通典》效法。那么，《通考》是否可以简单地视为《通典》的续篇呢？当然不是。这次，笔者有意识地将《通考·钱币考》与《通典·食货·钱币》进行比照，就有如下的体会。

（一）增、减与改动

《通考》同《通典》相比，食货（即经济）部分的内容明显增加，由 12 卷增为 27 卷，但两书记述钱币的部分的卷数却是一样

的，都是 2 卷。虽然都是 2 卷，《通考》却要完成“自天宝以前则增益其事迹之所未备”“自天宝以后至宋嘉定之末则续而成之”两方面的任务。所增唐天宝年以后的内容，与《通典》无涉，也无法比较。《通考·钱币》记述天宝年以前史事的实际仅不足一卷（虽不足一卷，字数却约有 1.4 万，而两卷《通典》合计，只约有 1.7 万字，然就记述同一时间段史实而言，《通考》还是比《通典》少用了约 0.3 万字），在这有限的篇幅里，要“增益”《通典》“所未备”，就必然要对《通典》已有内容作调整。笔者将两书进行比照，发现《通考》相对《通典》确是有增、有减、有改动。

《通考》新增的内容大抵是少而精的，其所增主要有：

远古时代增关于太皞氏、高阳氏、有熊氏、陶唐氏等的货币的内容。

“周制以商通货”一段后，增《周礼》中关于外府、泉府的记载。

汉代贾谊上书一段后，增贾山上书及景帝中六年立私铸钱、伪造黄金法律二事。

贡禹上书一段后增师丹事。东汉增第五伦任督铸钱掾事。

唐初增赐秦王齐王裴寂钱炉事、钱文读法事、钱背月痕事。

开元二十二年敕后增秘书监崔沔议一段。刘秩上书一段后，增本年十月六日敕文及开元二十六年增置钱监事。

乾元元年项内增“当时议者以为”一段，又补充了关于史思明铸币的一段记载。

另增“夹漈郑氏曰”“石林叶氏曰”对于史实的考订。

新增的内容大部分是重要的、得当的。

与《通典》比较，《通典》原为两卷的内容《通考》改为半卷，字数也有减少，马端临又想补充《通典》的遗漏，这样就势必要对《通典》原有的内容进行删减。将两书仔细比照，就会发现《通考》的删减突出地表现在如下方面：

1. 删与钱币关系疏远的内容，如《荀子》中关于先秦时期各地物资交流一段。北魏宣武帝项下删去延昌三年有关金银的记述。

2. 删与系年时间相距较远的内容：如记北魏孝明帝时尚书令任城王澄上言，删去关于前代铸钱及《周礼》的几大段议沦。引北魏孝庄帝时秘书郎杨侃奏，删去关于马援的一段，记铸钱都将长史高谦之的上表，删去禹及三代货币的两段文字。

3. 对于某些内容空泛的敕令，或删减（如唐永淳元年敕），或全删（如开元十七年制、二十年九月制、天宝十一载敕等）。

这些删减，多数也是恰当的。

除增、删以外，还对一些内容做了调整和重新归纳，其中一部分是为了突出时间性（例如关于汉武帝的文字的调整），其中一部分则反映了马端临与杜佑对史事认识上的差异（如对周景王铸大钱的评价）。值得注意的是，马端临还纠正了《通典》中的一些失误。例如，将贡禹上书的时间由“宣帝时”修正为“元帝时”，将刘陶上书的时间由“和帝时”修正为“桓帝时”等。

（二）宗旨与体例

杜佑讲他撰写《通典》的宗旨，是因为古代经典“率多记言，罕存法制”，又“每念懵学，冀探政经，略观历代众贤高论，多陈紊失之弊，或阙匡拯之方”，所以，《通典》的内容主要是两方面，即以记载历代典章制度为主线，同时记载制度沿革变化时当时大臣、士人的议论。此外，还有一方面重要内容，那就是杜佑本人的议论，它包括各门类前的序言和附于正文之后的说、议、评。所谓说、议、评，按杜佑自己的话说：“凡有经典文字其理深奥者，则于其说之以发明，皆云说曰；凡义有先儒各执其理，并有据而未明者，则议之，皆云议曰；凡先儒各执其义，所引据理有优劣者，则评之，皆云评曰。”（《通典》卷42）然而，说、议、评大约主要是针对先秦经典的，故记述汉以后史事时较少出现。

马端临讲他撰写《通考》的宗旨说：他写此书是有感于《资

治通鉴》“详于理乱兴衰而略于典章经制”，“理乱兴衰不相因者也”，“典章经制实相因者也”，相因中又有变化，“其变通张弛之故，非融会错综原始要终而推寻之，固未易言也”。他写《通考》，就是要“推寻”沿革变化的规律和原因。关于书名含义和撰写体例，他说：“凡叙事则本之经史，而参之以历代会要以及百家传记之书，信而有证者从之；乖异传疑者不录，所谓文也。凡论事则先取当时臣僚之奏疏，次及近代诸儒之评论，以至名流之燕谈、稗官之纪录，凡一话一言可以订典故之得失、证史传之是非者，则采而录之，所谓献也。其载诸史传之记录而可疑、稽诸先儒之论辨而未当者，研精覃思，悠然有得，则窃著己意，附其后焉。”这就决定了，《通考》在记录典章制度的创立和沿革变化以及当时大臣、士人的议论这两方面，同《通典》是近似的。同样地，两书中也有作者议论性文字，但形式有所不同。《通考》在书前有较长的《自序》，而在各门类文字前，一般就不再有序言。《通考》中没有“说曰”“议曰”“评曰”，却加了许多按语，仅《钱币》两卷中就加了多处按语。

两书较大的区别还在于《通考》收录了“近代诸儒之评论”及“可以订典故之得失、证史传之是非”的“名流之燕谈，稗官之纪录”。具体到钱币两卷来说，就是收录了不少宋人对前代史事的议论及野史笔记中的记载。两卷中收录的宋代学者议论有：夹漈郑氏（郑樵）、石林叶氏（叶梦得）、致堂胡氏（胡寅）、东莱吕氏（吕祖谦）、水心叶氏（叶适）的议论，他们对货币史都有较深入的研究，所引文字对加深有关史实的认识确有帮助。书中又引录了蔡绦《国史补》的一段文字，蔡绦是奸臣蔡京的儿子，本人也有历史污点，但所引文字确实对于了解当时的币制变化有帮助，马端临没有因人而废言，这种做法也是颇为可取的。

二、《通考·钱币考》的史料价值

（一）较全面扼要地反映了钱币制度的沿革

讲到《通考·钱币》的史学价值，首先应肯定它在史料的编纂加工方面的成功。在两卷三万余字的篇幅里，记述从先秦到两宋上千年的钱币制度沿革，采取有文必录的方式是不行的，必须对现有史料做去粗取精地提炼。我们看到，《通考·钱币考》除了唐乾元元年以前的记述已有《通典》的相应文字作基础外，对中晚唐、五代和两宋货币制度沿革所做的介绍基本是成功的。宋代是我国历史上货币制度变化较大、较复杂的时期，既有铜钱，又有铁钱；既有小钱，又有大钱；既有铸币，又有纸币。要想在有限的篇幅里全面地反映这些情况，难度是较大的。而马端临基本抓住了这一时期货币制度变化的各个重点，勾勒出了两宋货币制度沿革的轮廓。如果我们将《通考·钱币考》同《宋史·食货志》的“钱币”“会子”进行比照，就不难发现，后者在叙事的整体安排上，在许多方面都是效法前者。或者可以说，前者为后者的撰写打下了基础。

（二）保存了重要史料

《通考·钱币考》的史料价值主要表现在关于宋代货币制度沿革的记述方面。这是因为：今存《宋会要辑稿·食货》的钱币部分篇幅很小，原《宋会要》中关于钱币的记载绝大部分佚失。今人了解北宋时期钱币情况，主要靠从《长编》中查阅，《长编》记载比较丰富，但也有不少重要的遗漏，而且，今存《长编》已非完书，残缺部分也占相当比重。要了解南宋时期钱币情况，则主要靠查阅《建炎以来系年要录》和《建炎以来朝野杂记》，前者记载详细，却截止于绍兴末年；后者记事年限虽长，且关于钱币多有专题，但因篇幅有限，且非正式史书，不可能把重要史料全部囊括。

从另一方面看，马端临的父亲马廷鸾既多年在朝担任要职，官至宰相，又有史学爱好，一定搜集了不少有关宋朝历史的重要资料。马端临生活在这样的家庭里，在与社会上层的交往中，也一定接触到不少一般人所接触不到的关于各种制度沿革的重要资料。再加上马端临撰写《通考》的年代，正是宋末元初，很多来自官方或私人的关于宋代历史的资料还没有散失或毁坏。

《通考》中有不少记载是今存宋元时期其他史籍所见不到的，有不少史料是通过《通考》才得以保存至今。《宋史》成书于《通考》之后，《宋史》中有不少文字是转录自《通考》或根据《通考》改写成的。所以，如果某一记载除《通考》和《宋史》外不见其他书籍，那它就有较大可能是《宋史》转录《通考》的，或者可以说，它很可能是由于《通考》才得以保存，又由于《宋史》才得以广泛流传。除《通考·钱币考》《宋史·食货志》“钱币”“会子”外不见其他宋元史籍的记载，例如有如下几则：

1. 关于熙宁元年交子立禁伪造法的记载。

2. 关于熙宁五年交子始行两界具体情况的记载。

3. 关于崇宁年间钱引行用区域的记载。

4. 关于绍兴三十二年立伪造会子惩治条法的记载、造会用纸来源的记载及行用区域的记载。

5. 关于隆兴元年官方对于会子形制的规定。

我们当然不敢武断，上引他书不载而《宋史》与《通考》有相同或相近记载，撰史者一定全都是取之于《通考》，但至少其中有相当数量撰史者是取之于《通考》的，特别是那些文字差异很小的部分更应是如此。

《通考》记载的一些史事虽然见于宋元时期其他书籍的记载，

但内容与其他书籍有较大差异，有时则比其他书籍记载得更详细，在这样的情况下，《通考》的记载无疑具有较高的史料价值。例如试比较以下两则记述：

湖北会子者，隆兴元年秋，总领王琪始创，谓之直便会子，凡七百万缗……淳熙五年冬……总领周嗣武言："自来盐商无回货，率以会子市茶引而东。今会于通行，则茶引不售，军食必阙。"遂寝之。(《朝野杂记》甲集卷16《湖北会子》)

湖会孝宗隆兴元年，湖广饷臣王珏言："襄阳、郢、复等处大军支请，以钱银品搭。今措置于大军库堆垛见钱，印造五百并一贯直便会子，发赴军前，当见钱流转，于京西、湖北路行使。乞铸'勘会［会］子''覆印会子'印，及下江西、湖南漕司根刷举人落卷及已毁抹茶引故纸，应副抄造会子。"从之。……［乾道年中］总领所谓："江陵、鄂州商旅辐辏之地，每年客贩官盐动以数百万缗，自来难得回货。又湖北会子不许出界，多将会子就买茶引，回往建康、镇江等处兴贩。今既有行在会子可以通行，谁肯就买茶引？缘每年帖降引数多，若［出］卖不行，军食必阙。"朝廷遂寝其议。(《通者·钱币》)

两书都记载了隆兴元年湖会创始事和总领所上奏事，且有不少内容是接近的。但两书的记载有不少差异："王琪"与"王珏"不同，总领所反对使用行在会子的时间不同等。此外，马端临的记述比李心传要详细得多，特别是李心传讲"率以会子市茶引而东"一句，没有说明所讲会子是指湖会，使人难以读懂，而看了《通考》才明白，前一"会子"与后一"会子"是两种会子，前一种不能出境，商人只好用它买茶引，后一种会子可以出境，商人有了它就不必再买茶引了。所以，要了解这两件史事，上述两书都是不可少的，而《通考》的重要性还要胜过《杂记》。

《通考》记载的另一些史事虽然也见于宋元时期其他书籍的记载，但记述的史实与其他书有细微差异，或所引录的文献有文字上的差异，这对搞清史实详情或校正文献都有用途。例如，北宋神宗时期是我国自先秦至明清铸造铜钱数量最多的历史时期，但是《长编》对此时期铸钱未做通观的记述，其他记载也大都泛泛，唯有时人毕仲衍《中书备对》中的一段文字对当时货币区的划分、钱监的设置以及铸造铜钱、铁钱的总额和分额做了相当全面地介绍。而这段重要的文字现今只有两部史籍中有存留，一是《宋会要辑稿·食货》，一就是《通考》。将二者文字进行比照，不难发现其中存在差异，《宋会要辑稿·食货》中收录的有些地方有重要遗漏，而所遗漏的文字在《通考》中却得到保存。如《宋会要辑稿·食货》只记载了二十五处钱监，而《通考》记载了二十六处，其中睦州神泉监被《宋会要辑稿·食货》遗漏，《通考》却没有遗漏。《通考》中有“［每年铸钱］五百四十九万九千二百三十四贯”内铜钱十七监铸钱五百六贯，铁钱九监铸钱八十八万九千二百三十四贯”一段概括性文字，这段很重要的文字《宋会要辑稿·食货》不知为什么却遗漏掉了。此外，《宋会要辑稿·食货》还遗漏了“铁钱四路行使”等重要文字。

（三）可补正史之阙

讲《通考》可补正史之阙，是针对今天的治史者而言的。前面已述，《宋史》成书于《通考》之后，《通考》的大部分精华已被《宋史》吸收，但是，撰《宋史》者对《通考》的记载的利用有不少遗漏（有的可能是有意地删减），而《宋史·食货志》“钱币”“会子”篇遗漏的文字中有些是比较重要的，它们就构成了《通考·钱币》独有史料的精华部分。例如，《通考·钱币》中有如下两则记载：

> 绍圣元年，成都路漕司言："商人以交子通行于陕西，而本路乏用，请更印制。"诏一界率增造十五万缗。是岁，通旧额书放百四十万六千三百四十缗。
>
> 大观元年……又诏陕西、河东数路引直五千至七千（按："千"当为"十"之形近讹），而成都，才直二三百，豪右规利害法，转运司觉捕煽惑之人，准法以行。民间贸易十千以上，令钱与引半用。言者谓钱引杂以铜铁钱，难较其直增损。诏令以铜、铁钱随所用分数，比计作铜钱闻奏。

前一则记载记录了绍圣元年交子增印的始末及数额，文字明白无误。后一则记载文字可能有错讹，但内容重要，特别是讲到了贸易中钱、引各半的立法等，都为我们了解当时钱引行用情况提供了重要资料。这两则记载都不见于今本《宋史》，不见于《宋会要辑稿》和《续资治通鉴长编》，也不见于宋元其他史籍。

撰《宋史》者在利用《通考》记载时，有时对《通考》原有文字做了精简，删去了某些相对次要的文字，从撰史的角度看，删除这些文字或许是可以理解的，或则甚至是适当的，但有些被删除的文字，在我们今天看来，对于研究某些问题却是相当重要的。例如，《宋史》在记述乾道四年会子兑换一事时，删去了《通考》的如下文字："……内有假伪，将辨验人吏送所司，其监官取朝廷指挥。每验出一贯伪会，追究元收兑会子人钱三贯与辨验人。如官吏用心，讫事无假伪，具姓名推赏。自十二月一日始置局收换，至明年三月十日终更不行用。"对于史志来说，这段文字冗长而细节偏多，确宜删减。但对于时隔九百年的现代人而言，很希望了解当时纸币发行的各种细节，对于我们今天研究纸币史特别是纸币的防伪来讲，这段文字恰可提供许多生动、感性的资料，是有重要价值的。又如，《宋史》在记述会子发行制度时，删去了《通考》的一句话："日造会子，监官分押，每一万道解赴户部覆印。”这短短一句话，却记述了会子须经户部覆印这一道程序的情况，使我们对会子发行有更深入的了解。类似文字都是除《通考》外其他宋元史籍所不载的，其价值不可小觑。

我们还可看到这种情况，即记述同一件事，《宋史》《通考》文字差异较大，这可能是除《通考》外，当时还有其他史籍记载了此事，撰史者选择了《通考》以外的史籍的记载，或者是参考其他史籍对《通考》文字做了较大修改。在这种情况下，《通考》的原文对于我们理解《宋史》的相关记载仍有重要参考价值。例如，试比较二书的如下记载：

> 知威州张特奏：“钱引元价一贯，今每道止直一百文。盖必官司收受无难，自然民心不疑，便可递相转易通流，增长价例，乞先自上下请给不支见钱，并支钱引，或量支见钱一二分，任取便行使，公私不得抑勒，仍严禁止害法不行之人。”从之。（《通考·钱币》）
>
> （大观二年）八月，知威州张持奏：“本路引一千者今仅直十之一，若出入无弊，可直八百，流通用之，官吏奉旧并用引，请稍给钱便用。”擢持为成都路转运判官、提单川引。（《宋史·食货志·会子》）

二则文字在关键处（即如何支给官俸禄）是矛盾的，两种文字并存，可以供我们参考研究。此外，引文《宋史》有明确系时而《通考》却没有，《通考》又将“张持”误为“张特”（考证从略），《宋史》文字显然有优于《通考》处。但《宋史》“流通用之”一语令人费解，远不如《通考》的记述。

又如，《通考·钱币》有如下一段文字：“夹锡钱始于［崇宁］二年，河东运判洪中孚言：‘二虏以中国钱铁为兵器，若杂以铅铁，则脆不可用，请改铸夹锡当三、当十铁钱。’”（按：《九朝编年纲目备要》也有相近记载)《宋史》记此事说:“初,蔡京主行夹锡钱,诏铸于陕西,亦命转运副使许天启推行。其法以夹锡钱一折铜钱二,每缗用铜八斤,黑锡半之,白锡又半之。既而河东转运使洪中孚请通行于天下,京欲用其言,会罢政。”《宋史》记蔡京是夹锡钱的第一倡导者,这或许不误,但随后的记述便分明是错误的,它把铸当十钱的用料误为铸夹锡钱的用料了(关于此,前人已指出,笔者也将另撰文述之)。除此而外,《通考》记述了在铸铁钱时加入锡(实际可能是铅)是为了防止辽、夏用铁钱改制兵器,这一很重要的内容《宋史》却没有记载。

将《通考·钱币》同《宋史·食货志》的有关内容进行比照,我们甚至可以发现今人在整理《宋史》时的失误。例如,今标点本《宋史》有如下一段:

> 嘉定元年,三省言:“自来有市舶处,不许私发番船。绍兴末臣僚言:泉、广二舶司及西、南二泉司,遣舟回易……至于淮、楚屯兵,月费五十万,见缗居其半,南北贸易缗钱之入敌境者,不知其几。于是沿边皆用铁钱矣。”

细读此文,就会发现其中问题,即“自来有市舶处,不许私发番船”,与后面的“淮、楚屯兵,月费五十万”云云,互相全不呼应。经过笔者与《通考》相应文字比照,才知道“绍兴末”以下文字与前本不相连,却是与下文相连的,这段文字本是为下文讲淮南如何由行用铜钱变为行用铁钱做铺垫的,现在却被并入嘉定五年三省上言之中,原来的意思全被改变了。当然,造成这种结果的,是由于“自来有市舶处,不许私发番船”之后有阙文,而绍兴末臣僚上言的前半段又恰是讲市舶的,于是便被整理者误两事为一事了。如果整理者仔细阅读《通考》,或许这一失误能够避免。另外,上引《宋史》中有“西、南二泉司”也实应依《通考》校正为“西、南二宗司”，即指设于福州、泉州的二外宗司。

综上所述，《通考》具有较高的史学价值，这一点通过它的两卷《钱币考》也得到体现。清代四库馆臣说“《通考》所载宋制最详，多《宋史》各志所未备”（《四库全书总目》卷八一），对《钱币考》来讲，也确是如此。

三、关于马端临的货币思想

（一）儒家的爱民思想

在《通考》中，很多地方都能鲜明地反映出马端临受儒家民本思想很深的影响，有强烈的爱民意识。他对唐宋以来官方千方百计地压榨百姓反复地表示愤慨，这在《钱币考》中也有体现。例如，他记述周朝泉府时加按语说：“盖古人创泉布之本意，实取其流通。缘货则或滞于民用，而钱则无所不通。而泉府一官最为便民，滞则买之不时，而欲买者则卖之，无力者则赊贷与之。盖先王视民如子，洞察其隐微而多方济其缺乏，仁政莫尚于此。初非专为谋利谋取息也。”批评王安石“以郑注国服为息之说行青苗误天下”，是“不原其立官之本意，而剿其一语以断天下之大事”。他又批评宋朝把常平制度变为和籴，“不以济民”，专为求利，使稳定物价的制度变成了“理财之法”。

（二）对楮币的认识

马端临主张货币特别是纸币的统一，他在《通考·钱币》的按语中说：“造钱币之司当归于一”，“楮轻而直多，则就行都印造足矣。今既有行在会子，又有种引、淮引、湖会，各自印造，而其末也，收换不行，称提无策，何哉？……钞引只令商人凭以取茶盐香货，故必须分路；会子则公私买卖支给无往而不用……千里之远、数万之缗，一夫之力克日可到，则何必川自川、淮自淮、湖自湖，而使后来或废或用，号令反覆，民听疑惑乎！”他在引录范成大《揽辔录》中关于金朝纸币的记载之后发议论说：“其时中国亦以币权钱，然东南之地有会子，又有川引、淮交、湖会，而鼓铸之所亦复不一，所以常困钱币多而贱，秤提无策，而彼则惟以交钞行之河南、以中国旧钱行之河北，似反简易也。”这里，他竟认为宋朝币制不如金朝币制，原因也是认为宋朝的币制不统一。宋朝货币的不统一，人为地造成各地区之间经济交流的障碍，遭到许多有识之士的反对，马端临主张币制统一无疑是有积极意义的。

马端临敏锐地看出了从铜钱到纸币是经历了一次质的变化。他在《通考自序》中说：“自交、会既行，而始直以楮为钱矣。夫珠玉黄金，可贵之物也；铜虽无足贵，而适用之物也。以其可贵且适用者制币而通行，古人之意也，至于以楮为币；则始以无用为用矣。”他讲铜是“适用之物”，是因为铜制造各种器皿，在当时有着广泛的用途；他讲纸是“无用”之物，那是因为印成纸币的纸本身的价值相对于它的面值而言微乎其微。用今天的话来讲，以金、银、铜为币，它们本身都是既有交换价值又有使用价值的，是作为一种特殊商品（一般等价物）在流通的，而纸币却是只有交换价值而几乎没有使用价值的。所以，从以金、银、铜为币到以纸为币，这中间确实经历了一次深刻的变化，而马端临意识到了这一变化（尽管他不能也不可能有今人认识得那样清楚）。另外，值得注意的是，马端临不像宋元时期某些文人那样，对楮币采取一概否定的态度，而是指出了楮币的优点。他说：“铜重而楮轻，鼓铸繁难而印造简易，今舍其重且难而用其轻且易者，而又下免犯铜之禁，上无搜铜之苛，亦一便也。”这种认识是清醒的、合乎实际的。他讲的纸币胜于金属铸币的两个优点，到今天仍然是可以成立的。

清人章学诚扬《通志》而抑《通考》，谓《通志》“独取三千年来遗文故册，运以别识心裁”，可“成一家之言”（《文史通义》内篇卷4《申郑》），而谓《通考》“虽仿《通典》而分析次比，实为类书之学，书无别识通裁，便于对策敷陈之用”（《文史通义》内篇卷4《释通》）。笔者以为，章氏这个结论失之偏颇。私揣其原因，大约章氏并没有认真阅读《通考》，对史料取舍上的良苦用心及各部按语（特别是食货等部分的按语）未能予以充分理解，不然是不会得出如上结论的。清四库馆臣说：马端临“案语亦多能贯穿古今，折衷至当”（《四库全书总目》卷八一），这个评价对《钱币考》来讲，或许是合适的。

四、《通考·钱币考》的问题

《通考·钱币考》中的缺欠和失误大抵有两类，一是马端临撰写中出现的疏漏和失误，一是本书刊刻过程中的疏漏和失误。就具体某一失当和错讹而言，我们往往很难确定它属于哪一类。但是，流传至今的各种版本的《通考·钱币考》确实存在不少问题。

阅读《通考·钱币考》感觉其中记载上的明显失误是很少的，它的主要问题同整个《通考》的问题一样，如清代四库馆臣所指出的，是记载史事的疏漏，即是说许多重要的史实它都没有记载。例如，它关于北宋初期的四川铁钱、北宋后期的夹锡铁钱等的记述都过于简略，以致一些重要的制度沿革都未做记载。但这正如四库馆臣所讲的“大抵门类既多，卷繁帙重，未免取彼失此”（《四库全书总目》卷八一），不应厚非。

《通考·钱币考》另一方面的问题是有一定数量的文字错讹、格式失当的情况。例如，“绍兴”误为“绍熙”，“川峡”误为“川陕”，“币”误为“弊”，“妄费”误为“忘费”，“今”误为“令”等，这些错讹大抵都是宋元书籍中常见的错讹。所谓格式失当，主要是指缩格有时缩得失当，应另段的地方不另段。例如，记述嘉定年间泉州、南剑州守臣因称提会子不力受处分之后，有一段很长的马端临本人就称提楮币而发的议论，与记述史实的文字性质上差异较大，故应另段，然而今本《通考》却没有另段。诸如此类，有许多都可以通过整理得到纠正，也是我们寄希望于新标点本《通考》的。

（原载刘乃和主编《洪皓马端临与传统文化》，中国青年出版社 1997 年版）

洪遵《泉志》及其作者

一、钱、集币与钱币学的书

钱是与人们生活关系很密切的，小到日常购买饮食，大到购置不动产，事事都离不开钱。钱在我国有很长的历史，其中金属铸币在我国至少已行用了两三千年。从先秦到近代，历朝历代铸造的铜币、铁币、金银币数量惊人，品种繁多。于是，就有了对钱的关注，有了围绕钱的文化，有了民间收集不同品类的钱的习俗，有了关于钱的学问，有了关于钱的著作。《泉志》这部书，就是一部关于钱的专著。它是中国古代较完整地流传至今的、成书最早、被奉为经典的一部研究钱的著作，它的作者是宋代洪遵（1120—1174）。

说到中国古代关于钱的专著，洪遵的《泉志》并不是最早的。据《隋书·经籍志》等记载，南朝梁顾烜著有《钱谱》一卷。洪遵讲："梁顾烜始为之书，凡历代造立之原、大小轻重之度，皆有伦序，使后乎此者可以概见。"如所记属实，则顾氏《钱谱》并非简单地罗列钱图，其内容还包括一些理论性的探讨。然而此书早已失传，我们只能从后人征引的片段中推想其大概。洪遵征引顾烜的话中，又言及一部《刘氏钱谱》，则《刘氏钱谱》应比顾烜《钱谱》成书更早。《隋书·经籍志》还记载唐以前曾有人著有《钱图》一卷。这部《钱图》也早已失传。关于它，无论其作者，还是其内容，都没有留下任何记载。记载中，唐代关于钱的著作仅两部，一部作者是大名鼎鼎的封演，他同时是《封氏见闻录》的作者。此人主要生活于唐玄宗至德宗时期。他的书名为《钱谱》和《续钱谱》（各一卷）。另一部《钱谱》的作者是姚元泽，关于姚元泽的生平，我们找不到可靠的资料。刘昫《旧唐书》卷一〇二《韦述传》讲韦述“钱谱、玺谱之类，当代名公尺题，无不毕备”。家备钱谱似是一种时尚，或许此类著作不只上述二种。另有五代人张台的《钱录》（《宋史》《玉海》记为一卷，晁公武《郡斋读书志》记为二卷，《通志》则记为三卷）。张台行迹无考（说他是五代人，是因为他的书中言及五代钱而未言及宋钱）。

到了宋代，搜集收藏古币似乎已成一种习俗。文人刘敞一次请韩维、梅尧臣等友人来家里饮酒，席间拿出自己收藏的齐大刀、王莽错刀给众人鉴赏，于是以诗唱和，成为美谈。

此次聚会的召集者是刘敞。这次聚会大约是在嘉祐四年（1059），地点是刘敞家。刘敞曾撰文述及此次聚会的源起：前些时，京东沂州（今山东临沂）挖地挖出了一座古墓，从墓中出土了一批古钱币，有人说有几十枚，也有人说有上百枚。这些古币很快被人抢购一空。知州王和得知此事，派人购得数枚。他知道刘敞酷爱古物，就选了二枚送给刘敞。送给刘敞的二枚古币，不是普通的古币，而是二枚很稀有的古币，一枚是齐国的刀币：“大刀长五寸半，阔一寸，正为刀形，铸作绝精巧，其面有古文三字，上一字可晓，曰齐，下二字不可晓。其背为圜法。”另一枚是王莽金错刀：“长二寸，厚四分，金错篆文二字：上曰一，下曰刀。又其下曰‘平五千’。”刘敞于是召集了这次“鉴赏会”。应邀前来的宾客有四人（可能邀的人更多些，实际与会是这四位），第一位是大诗人梅尧臣，第二位是向综（一说陈藻），第三位是张诜，第四位是韩维。刘敞和梅尧臣各有诗描述此次聚会，其他三人是否也有关于此次聚会的诗文，则无法考知。刘敞的诗题为《与圣俞、君章、枢言、持国饮，因以太公大刀、王莽错刀示之》，梅尧臣的诗题为《饮刘原甫家，原甫怀二古钱劝酒，其一，齐之大刀，长五寸半；其一，王莽时金错刀，长二寸半》。据此可知，这次聚会是边喝酒边鉴赏古钱币。梅氏的诗中言及："主人劝客饮，劝客无夭妍。欲出古时物，先请射以年。"二人的诗分别收在各自的文集里。从二诗题可知，刘敞是用鉴赏古钱币来助酒兴，他曾请来宾判定古钱币铸行的年代。诗的最后讲："为君举酒尽，跨马月娟娟。"说明此次聚会时间较长，大约与会者讨论得很热烈。

刘敞在今天，知道的人似乎并不很多，但在宋代，他却是位颇具传奇色彩的名人。刘敞（1019—1068），字原父，江西新喻人。从小聪慧过人，他父亲常为他感到自豪。庆历六年（1046），刘敞进京参加科举考试，考试结束时，时任湖北转运使的刘敞父亲刘立之，正在鄂州巡视公务。在鄂州知州王某为他特设的宴会上，刘立之非常自信地宣称：自己的儿子此次科考不得状元，也会稳拿第二。知州很不服气，认为刘立之吹牛。想不到京城很快传来消息，刘敞真的考了第二名。而且，原本刘敞是考了第一的，只因主考官与刘敞有亲戚关系才将他降为第二。鄂州知州王某很吃惊。做了几年地方官后，刘敞很快就被任命为替皇帝起草文告的知制诰。此后，他又任侍读学士、集贤院学士，曾受命出使契丹（辽朝）。很快地，刘敞就以博学多才闻名朝野。《宋史·刘敞传》记：刘敞"学问渊博，自佛老、卜筮、天文、方药、山经、地志，皆究知大略"。他任知永兴军（今陕西西安）时，有人送来一把古刀，刀首类鸟，刀身缠龙，众人都不知道这刀是哪个朝代的。刘敞仔细一端详，就说：这是五胡十六国夏国赫连勃勃铸的龙雀刀。众人不信，一问，才知道这刀是筑青涧城时掘地所得，而青涧城正是夏国故地，于是，刘敞的博学更加广为人知。“朝廷每有礼乐之事，必就其家以取决焉。”他担任知制诰，有一天将要下班时，忽然接到命令，明天皇帝要封亲王、公主共九人，就是要刘敞立即起草九份敕令稿。刘敞当即提笔，一顿饭的工夫，九份敕令稿全部起草完毕。这样的速度，前所未有，一时传为神奇。大文豪欧阳修是刘敞的至交，二人常常在一起切磋学问。欧阳修每次看书有疑问，就写封信派人找刘敞咨询，刘敞每次都面对欧阳修派来的人挥笔作答，写的过程中从不停手，欧阳修很佩服刘敞的博学。

刘敞很早就因博学多才闻名于世，科举考试也名列前茅，一开始在仕途上也一帆风顺，但很快刘敞就遇到了问题。原来，刘敞虽然博学多才，却生性耿直。开始仕途的顺利，使他敢于直言的毛病就显示出来。他反对给奸臣夏竦好谥号，反对宦官参加议乐，反对给皇帝爱妃追加封号，反对宦官石全彬晋升观察使，甚至连皇帝本人加“尊号”，他也反对。这样，他就得罪了许多权贵。本来，按照常规，刘敞任知制诰多年，应当升为翰林学士，而刘敞却始终未得到提升。相反，却一再被派到外地担任地方官。刘敞心情郁闷，又过于劳累，刚满虚岁五十，就不幸英年早逝了。

刘敞不但博学多才，而且是一位文物收藏、鉴定家。除了前文已述他收藏有古钱币以外，他还藏有白鹇孔雀皃鼎、新罗宝刀、周亚夫玉印、辟邪宝玺、宝砚等，依梅尧臣的话说，刘敞这样做“固非世俗欢，自得阅古乐”。刘敞善于辨伪，永兴军李士衡观察使，家藏一端砚，背刻字云：“天宝八年冬端州东溪石刺史李元书。”众人都认为它是唐代文物，是无价之宝。刘敞审看了以后说：“唐自改元开元即称年为载了。而且当时州都称郡，刺史都称太守，至德年以后才改变。”一下子就把这假文物的底给戳穿了。刘敞一次获得先秦彝鼎数十个，“铭识奇奥”，刘敞把这些文字一一释读，这使他对古史的研究大进一步，因此，他对这些鼎爱不释手，每每对儿孙们说："我死以后，你们就用它们祭奠我。"

刘敞虽以学识渊博著称，但在我们讲述的此次鉴赏古币的过程中，很可能犯了一个不小的错误。那就是根据今人对古币的研究，现存的齐国刀币，大抵都是春秋以后铸造的，从未见有西周初年铸造的，所以，所谓"太公大刀"云云的说法大约是靠不住的。当然，能正确判断古刀币铸行的年代，这是很难的事情，对于一位生活在差不多一千年前的人来讲，犯这种错误是完全可以谅解的。

以下将梅尧臣、刘敞的诗引录如下：

饮刘原甫家，原甫怀二古钱劝酒，其一，齐之大刀，长五寸半；其一，王莽时金错刀，长二寸半。（宋）梅尧臣

主人劝客饮，劝客无夭妍。欲出古时物，先请射以年。我料孔子履，久化武库烟。固知陶氏梭，飞乘风雨天。世无轩辕镜，百怪争后先。复闻丰城剑，已入平津渊。聊雠二百载，傥有书画传。口温呼才十一，便可倾觥船。探怀发二宝，太公新室钱。独行齐大刀，镰形末环连。文存半辨齐，皆有模法圆。次观金错刀，一刀平五千。精铜不蠹蚀，肉好钧婉全。为君举酒尽，跨马月娟娟。（《宛陵集》卷一六。或系于皇祐四年）

与圣俞、君章、枢言、持国饮，因以太公大刀、王莽错刀示之。（宋）刘敞

序：大刀长五寸半，阔一寸，正为刀形，铸作绝精巧，其面有古文三字，上一字可晓，曰齐，下二字不可晓。其背为圜法。错刀长二寸，厚四分，金错篆文二字：上曰一，下曰刀。又其下曰"平五千"。沂州民凿地破古冢获之，各数十百枚，稍为好事者购取。王公和守沂州，求得数枚，以其一

遗予。

君不见九府圜法倾东邻，齐公大刀又日新。君不见黄牛白腹荡沧海，亡新错刀忽遽改。一盈一虚更贸迁，势如流波不复还。迩来上下各千岁（自注：自太公至新室千岁，自新室至今亦千岁），何异俯仰须臾间。王伯之事百存一，况此钱刀握中物。愚智共尽令人悲，兴废相寻空史笔。前有一樽酒，浩歌为君寿。君能识此当日醉，身世悠悠复何有。（《公是集》卷一八）

南宋时期集币活动更为流行。周辉记："亲党洪子予收古泉币数十百种，自虞夏以降一无遗者，每出示坐客，道以所然，皆有依据。大抵古钱轮廓皆重厚，叩之有声。虽王莽小钱名径六分，重一铢，然亦不致轻薄。岂上古鼓铸但求精致，初不计铜齐耶。洪死，尝叩其子云悉举入棺矣。或言其家虑为势力者攘取，故为之辞。"（周辉《清波杂志》卷七）又据载："［董］逌之祖尝得古钱百，令逌考次其文谱之，以前世帝王世次为序。"（晁公武《郡斋读书志》卷三上）南宋王十朋一次发现两个儿子在搜集古币，因赋诗一首，即《孟甲孟乙好蓄古钱，因示以诗》："世人多好钱，今汝独好古。书中阅《平准》，壁上按图谱。广拾汉五铢，远及周九府。惜哉生我家，此物罕曾睹。百中时得一，喜笑见眉宇。所蓄虽不多，其志颇可取。闾阎富家子，绕床堆阿堵。一字不识丁，碌碌何足数。更宜移此力，典坟读三五。纵未到圣贤，定可过乃父。"（王十朋《梅溪前集》卷六。按孟甲、孟乙应即王闻诗、王闻礼）集币者既多，自然而然地就推动了钱币学著作的发展，特别是人们希望有一种权威的著作，既供他们"按图索骥"，同时又可提高其文化品位。与洪遵生活年代接近的周辉更公开倡言："好事者傥裒诸家所谱，更考近代圜法沿革，萃为一帙，板行于世，不亦善乎！"《泉志》正是在这一背景之下产生的。

见于记载的北宋时期与《泉志》性质接近的书有六种。其一是北宋前期人陶岳所撰《货泉录》一卷，“记五代诸侯擅改钱币之由，幽州、岭南、福建、湖南、江南五国”（赵希弁《郡斋读书后志》卷二）。其范围只限于五代十国中的五国钱币。其二为著者不明的《钱氏钱谱》。元丰年间庞元英看过此书，则其成书应早于元丰年。（周辉《清波杂志》卷七）其三是李孝美所撰《钱谱》十卷。周辉讲：“辉家旧藏《历代钱谱》十卷，乃绍圣间李孝美所著。盖唐人顾烜、张台先有纂说，孝美重修也。周秦后钱之品样具著于帙。是特见于形似尔。”（周辉《清波杂志》卷七。按此言“唐人顾烜、张台”误，应作“梁人顾烜，五代人张台”。《宋史》卷二〇六《艺文志》作“李孝友《历代钱谱》十卷”，“李孝友”为“李孝美”之讹）晁公武讲：“梁顾烜尝撰《钱谱》一卷，唐张台亦有《钱录》两卷。皇朝绍圣间，李孝美以两人所纂舛错，增广成十卷，分八品云。”（晁公武《郡斋读书志》卷三上《农家类》）其四是董逌《钱谱》十卷。晁公武讲：“逌之祖尝得古钱百，令逌考次其文，谱之，以前世帝王世次为序，且言梁顾烜、唐封演之谱漫汗蔽固不可用，其谱自太昊葛天氏至尧舜、夏商皆钱币，其穿凿诞妄至此。”（晁公武《郡斋读书志》卷三上。《玉海》卷一八〇《食货志·钱币》记此书撰于绍圣元年）其五为于公甫《古今泉货图》一卷。（《通志》卷七二《图谱略第一》）其六为金光袭《钱宝录》。（《玉海》卷一八〇《食货志·钱币》，洪遵《泉志》引录）这些著作都是洪遵撰写《泉志》的重要参考资料。

二、《泉志》作者及写作背景

说到《泉志》的作者洪遵，就不能不谈到洪遵的不同寻常的家庭，不能不讲到洪遵的父亲洪皓。洪皓（1088—1155），是南宋前期知名度很高的一位历史人物。他于北宋元祐三年（1088）出生，政和五年（1115）登进士第。南宋建炎三年（1129）五月，朝廷想选派一名得力的使者出使金朝，以前所派使者多被金朝扣留，有些被关押囚禁，有些被杀害。因此，一般人都将出使金朝视为凶多吉少的畏途，竭力逃避。但洪皓却大义凛然地主动请求当使者，经过宰相吕颐浩、张浚的推荐，洪皓以“徽猷阁待制、礼部尚书”的名义，充当了“大金通问使”。（《要录》卷二三）结果，洪皓如同此前的使者一样，被金朝扣留、囚禁，年复一年地在金朝过着囚徒般的生活。

洪皓有三个儿子，洪遵是老二。他有哥哥洪适，还有弟弟洪迈。父亲远在异国他乡，这非但没有使兄弟三人放纵堕落，却成为三兄弟努力学习、发奋图强的动力。绍兴十二年（1142）洪适、洪遵同中博学宏词科。这一科是比普通进士科难度更大的科举考试科目。每次大抵与进士科考试同时进行。但此科录取人数很少，大抵每次不超过五人。而且，此科名义上设上、中、下三等，实际上从未有人以上等被录取。此次，洪遵被定为中等，洪适被定为下等。根据规定，入中等赐进士出身，入下等赐同进士出身。后三年，洪迈也考中博学宏词科。兄弟三人都考中非常难考的博学宏词科，整个南宋只有洪家一例，于是“三洪文名满天下”。

绍兴十三年八月，洪皓终于回到南宋。洪皓被扣留在金朝境内达十四年，受尽折磨，金朝统治者对他软硬兼施，劝他降金，洪皓都坚决地予以拒绝。洪皓还多次设法给南宋递送军政情报，对南宋抗金斗争做出了突出贡献。回南宋后，洪皓抗金热情不减，继续向宋高宗提抗金建议。这时宋高宗和奸相秦桧，正谋划与金人议和。洪皓力主抗金，得罪了宋高宗和秦桧。由于洪皓被人们称誉为当代苏武，他的事迹被广泛传扬，迫于舆论压力，宋廷任命洪皓为徽猷阁直学士、提举万寿观兼权直学士院。但不久，秦桧即唆使侍御史李文会弹劾洪皓贪恋富贵，不肯回乡给老母尽孝。于是，洪皓被排斥出行都，改任知饶州。（《要录》卷一五〇绍兴十有三年九月甲子）受到洪皓的影响，他的两个儿子洪适、洪遵也都被调离行都，分别到台州、常州任职。随后，又发生了随高宗母韦太后归宋的宦官白锷为洪皓鸣不平的事，秦桧指责洪遵结党营私，罢免了洪皓知州的职务。不久，洪皓母病逝，洪皓依规定为母亲服丧。丧期满，绍兴十七年五月，朝廷本应给洪皓安排新职务，秦桧却指使人弹劾洪皓“有欺世飞语”，“造为不根之言，簧鼓众听，几以动摇国是”。洪皓因此受到非常严厉的处分，降官为濠州团练副使，安置（被安置者无行动自由）英州（今广东英德）。（《要录》卷一五六己巳）这使年近六旬的洪皓蒙受千里流放的苦难。在英州，当地知州倪察想讨好秦桧以求升迁，逮捕了洪家的仆人，想诬陷洪皓图谋不轨。幸亏倪察突然病死，洪家才免于此劫。

绍兴二十五年（1155），洪皓一家的情况出现了转机，此年秦桧病重，与秦桧有矛盾的汤思退被调回行都代替秦桧执政。汤思退与洪迈一同考中博学宏词科，关系非同一般。汤思退执政不久，就向宋高宗推荐洪遵，同时建议赦免洪皓。于是，洪遵被任命为秘书省正字，获得接近宋高宗的机会。洪皓被内移袁州，待遇也得到改善。然而不幸的是，洪皓在前往袁州的途中，病逝于南雄州（今广东南雄）。尽管如此，洪适、洪遵兄弟仍然将汤思退的“援助”之恩深深铭记在心。

在洪皓去世的第二天，作恶多端的奸相秦桧也去世了。稍后，汤思退名正言顺地成了首相。汤思退虽与秦桧有矛盾，但也是反对积极抗金的主和派。洪氏兄弟追随汤思退，境遇大为改观。洪遵于绍兴二十五年五月被任命为秘书省正字，当年八月，即被任命为权直学士院，洪遵推辞，朝廷改任其为兼权中书舍人。权直学士院、权中书舍人都是负责为朝廷起草诏敕的职务，说明洪遵已很受信任。这时，洪皓去世的消息传来，洪遵按制度解职服丧。绍兴二十八年，洪遵服丧毕，立即被任命为试起居舍人，这是在皇帝身边工作的一种职务。当年八月，即升任起居郎兼权中书舍人，十二月，加兼权枢密都承旨。次年二月，正式任中书舍人。绍兴三十一年五月，外任知平江府。当时大将李宝正准备从海路袭击金军，洪遵积极为其提供军粮、战舰，为李宝在胶西出奇制胜做出了突出贡献。次年五月，回行都任翰林学士。洪遵积极参与了宋高宗禅位给宋孝宗的活动，禅位诏书就是他起草的。孝宗即位，洪遵被任命为翰林学士承旨（即首席翰林学士）兼侍读。隆兴元年春，洪遵受命主持科举考试，五月，被任命为同知枢密院事（全国军事最高长官，地位相当于副宰相）。这一段，洪遵的官职可谓一路攀升，终于成为统治集团核心成员。当时朝廷上因主战及议和分成两派，张浚为主战派首领，汤思退为主和派首领，洪遵因与汤思退的特殊关系，成为主和派的骨干，支持汤思退，反对张浚。汤思退为了达到议和的目的，不惜勾结金人，破坏宋军事防御设施，终于激怒了宋孝宗。洪遵、汤思退先后被罢免，这成为洪遵的一个历史污点。洪遵被罢免同知枢密院事后，赋闲了数年，于乾道六年（1170）被任命为知信州，又改任知太平州、知建康府兼行宫留守、江东路安抚使。不久患病，于淳熙元年（1174）十一月去世。享年五十五。

洪遵被罢免同知枢密院事后，他的哥哥洪适得到朝廷重用，于乾道元年（1165）五月被任命为翰林学士。一个月后，升任签书枢密院事，成为执政大臣。随即改任参知政事。最后，于当年十二月升任宰相。但三个月后即遭罢免。此后除担任一年多知绍兴府外，再也没担任其他职务，长期赋闲在家，家居十六年，淳熙十一年（1184）二月去世，享年六十八。

洪氏父子都是著作家。在洪氏父子四人中，洪遵的著作不是最多的。据宋陈振孙《直斋书录解题》记，洪遵著有《中兴玉堂制草》六十四卷、《翰苑群书》三卷、《翰林遗事》一卷、《东阳志》十卷、《谱双》十卷、《小隐集》七十卷、《泉志》十五卷。此外，还有《洪氏集验方》五卷。令人遗憾的是，除《泉志》《洪氏集验方》外，其他均已遗失。据《宋史》卷三七三《洪皓传》等书记载，洪遵的父亲洪皓"有文集五十卷（《鄱阳集》四卷）及《帝王通要》《姓氏指南》《松漠纪闻》《金国文具录》等书"。洪遵的哥哥洪适著有《盘洲集》八十卷、《唐登科记》十五卷、《大宋登科记》三十二卷、《隶释》一十七卷、《隶续》二十一卷，被后人誉为古文字专家。洪遵的弟弟洪迈的官运比两位哥哥略为逊色，做官只做到翰林学士兼侍读。但他在两个方面却比两位哥哥强，一是寿命长，享年八十；二是著作更丰，计有《容斋随笔》十六卷、《续笔》十六卷、《三笔》十六卷、《四笔》十六卷、《五笔》十卷，共七十四卷。著有《夷坚志》甲至癸二百卷、支甲至支癸一百卷、三甲至三癸一百卷、四甲四乙二十卷，共四百二十卷。著有《钦宗实录》四十卷。集撰《哲宗宝训》六十卷、《钦宗宝训》四十卷、《高宗宝训》七十卷、《孝宗宝训》六十卷。撰有《高宗圣政》六十卷，与李焘合撰《宋四朝国史》三百五十卷。其中《容斋随笔》《夷坚志》最受称道。

洪遵能撰出《泉志》，与他的不同寻常的家乡有直接关系。洪家自宋初以来即居住在饶州鄱阳县洪岩村。饶州在整个宋代都是铸钱工业的基地。宋朝专门负责铸铜钱的官署——提点坑冶铸钱司——就设在饶州。提点坑冶铸钱司，级别虽不甚高，却是全国性管理机构。与此相关，南宋最重要的、存在时间最长的官营铸钱工厂（它有工匠数百人）——永平钱监也设在饶州。饶州的邻州信州有南宋最著名的铜矿——铅山矿。洪遵从小就目睹铜钱铸造的全过程，这对培养他对钱币的特殊情感有重要意义。他和弟弟洪迈都多次向朝廷上有关铸钱的奏疏，多次撰写有关铸钱的文章，这都同他们幼年的生活环境密切相关。

洪皓长子名洪适，字景伯。宋孝宗乾道元年（1165）秋，洪适正在朝中担任参知政事（相当于副宰相）。当时南宋铜钱流失严重，其中向北流入金朝境内的颇多。于是有人建议在南宋北部边疆长江以北、淮河以南地区行用铁钱，具体方法是从四川调用铁钱到此地区行用，同时官方将此地区现行铜钱兑收，用于其他地区。宋孝宗批准了这一建议，正施行间，洪适得知此事，赶忙面见宋孝宗，指出原方案有考虑不周的地方，即从四川调运铁钱不但成本太高，而且一时也运不多，在官方下令停止行用铜钱以后，调运铁钱如果不能满足需求，就会给社会生活造成不利影响，这对边疆地区影响颇大。宋孝宗冷静一想，原来想得确实不周全，就接受了洪适的意见。后来，宋孝宗下令将已从四川运到的铁钱限定在和州、庐州二州使用，暂不停止铜钱使用，同时就近在淮南、江南铸造铁钱。这样，将淮南由行使铜钱改为行使铁钱的决定就较顺利地实行了。在这当中，洪适的意见起了重要作用，减少了国家的开支，使当地百姓避免了许多不该有的痛苦。

在宋高宗时，暴发了一次关于要不要保留提点铸钱司的争论，洪遵在这次争论中有优异表现。提点铸钱司是宋朝专门负责采矿铸钱的官署，它设在饶州，由于它经常与各地州县官府发生矛盾，有人就主张把它撤销，宋高宗接受了这个意见。铸钱司被撤销后，有关事务交由尚书省负责财政的户部掌管。户部本身事务繁多，且设在都城，远离矿产区和铸钱工场，使得铸钱业越来越不景气。于是，洪遵等人就主张恢复提点铸钱司。由于洪遵从小在饶州长大，对提点铸钱司的利弊很清楚，所以，他对如何改革铸钱管理制度也提出了很多有价值的建议，且被朝廷采纳。

洪迈在《容斋随笔》中，记述了南宋发行纸币的情况，记述了当时市场上流行钱币钱陌计算等情况。在《夷坚志》中，他记述了许多钱币故事和传说，如“焦母大钱”和有关“钱龙”的传说。他小时候随父亲流放，途经韶州，详细调查了解了宋代铸钱用铜的主要产地——岑水场的情况，并与饶州做比较，后来他到朝廷做官，就上了《论岑水场事宜札子》，对如何改进冶铜管理提出了很好的意见。淳熙十二年（1185），他就离家乡饶州很近的铅山铜场改进管理提出了建议。这些建议对于发展铸钱业都有重要作用。

在四洪之后，南宋中期人洪咨夔在饶州撰写了对后世影响深远的《大冶赋》，用艺文赋的形式生动地描写了铜矿开采、原铜冶炼及铜钱铸造的全过程，是世界冶金史的名篇，也得益于饶州的铜矿开采业和铸钱业的兴盛发达。

三、《泉志》的基本内容、特点、成就及不足

《泉志》是专门写钱的，钱为什么又称“泉”呢？要想准确回答这个问题是很困难的，这是因为称钱为“泉”的历史太久远。有学者讲，钱最初是称为“泉”的，“钱”则是一种农具的名字。《周礼》讲周代专管钱的储存及放贷的机构名“泉府”，而《诗经》中讲“峙乃钱镈”乃是讲开春准备农具，就是证明。泉、钱音近，货币又逐渐金属化，“钱”最后竟代替了“泉”成为钱币的名称。所以，“泉志”就是“钱志”，是专门写钱的。

在《泉志》开头，洪遵讲了他写此书的宗旨，那就是他认为

顾烜、封演、金光袭、李孝美、董逌等人的书或太简略，或多失误，他要结合实物，且“旁考传记，下逮稗官所纪”，纠正前人失误，撰写一部较为充实可靠的关于钱的专著。此外，《泉志》叫“志”不叫“谱”，也是有其用意的。钱谱顾名思义，通常是先有钱，才入谱。而钱“志”，依照人们的通常理解，则可以不光收录实有的钱，凡是见于文献记载的，也都可入“志”中。事实上，《泉志》中相当一部分就是收录记载中的钱，包括洪遵本人都从未亲眼见过的钱。所以，该书以文献丰富见长，征引的古籍多达上百种，其中相当多的今天已看不到原书了。

《泉志》大约研考了320种“钱币”，洪遵把它们分为九大类（即九品），依次为正用品（三卷）、伪品（二卷）、不知年代品（二卷）、天品（一卷）、刀布品（一卷）、外国品（三卷）、奇品（一卷）、神品（一卷）、厌胜品（一卷）。《泉志》收载的300多种“钱币”，基本涵盖了先秦至五代的铸币。显然，其中也有相当一部分，严格讲并不是货币，而只是外观像“钱”的钱币文化的衍生品；又有些钱，甚至可能在现实生活中根本不存在，而只存在于人们的想象中。对每种钱，洪遵都画了图（今天我们所见到最早的《泉志》是明代版本，其中插图是否与洪遵所画相同，抑或有多大差异，我们已难做判断），并征引文献说明其铸行时间、体貌特征等。

《泉志》的流行给钱币搜集、收藏、研究带来巨大的便利。这使后人陆续仿效洪遵撰写类似的著作。如清嘉庆十一年（1806）瞿木夫著《泉志补证》，后又作《泉志续编》各二十卷。宋振誉著《续泉志》八卷，其子庆凝著《续泉志续补》一卷，等等。《泉志》的撰写体例、对钱币的分类方法等，也对后代产生了深远影响，这在清翁树培的《古泉汇考》、丁福保的《古钱大辞典》等影响较大的钱币学著作中都有体现。

尽管《泉志》是一部影响很大、被奉为经典的钱币学著作，我们也不能不看到它的局限性与不足。首先,《泉志》是洪遵于绍兴十九年撰成的,此时他年仅三十虚岁,并不是在他的学术成熟期。其次,宋代是我国考古学的萌芽起步时期,与此相关,对先秦、两汉时期的考古还未能深入开展,这影响到他对早期钱币的正确认识。例如,书中将圆形方孔钱置于开头,而对刀币、布币采取将信将疑的态度,就反映了当时认识的局限性。再次,宋代是我国钱币学发展的早期,当时人对钱币的命名和分类等,都有许多缺失,这势必反映到该书中。最后,《泉志》毕竟是九百年前的著作,其作者的不少认识(例如对神话传说、对钱与非钱的认识)都受到历史的局限。这些都是我们无法苛求古人的。

《泉志》有许多版本,现存最早的有明代祕册汇函本、津逮祕书本。本次以津逮祕书本为底本,利用其他版本做了校勘(包括清翁树培利用《永乐大典》校过的本子,翁氏对《泉志》的校勘并不是现代文献学意义上的校勘,而是既校改错字,也替洪遵校改错误的内容),又将书中引文同原始古籍的对应文字进行了校勘,改正了相当数量的错字(例如原书中大量地将"粲"字误作"参",此次都做了校正),对书中征引的古籍,也分别同原书做了比对和校勘,又补足了原来的一些空铅和遗漏文字。

(原载《泉志》,中华书局 2013 年版)

《四库全书》编纂中删削宋集青词疏文等考辩

本人近年从事宋代政教关系研究，经常要利用宋人文集中存留的青词、疏文等，后来发现宋人文集所收此类文字颇不均衡，有些人的文集中此类文字多得令人惊叹，有些人的文集中几乎找不到此类文字。这使我首先想到这类文字中，有相当的比重是作者担任知制诰时替朝廷撰写的，文集中此类文字多少，可能与作者的任职经历不同有关。但事实上问题并不如此简单，因为同是担任过知制诰、翰林学士，担任的时间也较为接近，文集内的此类文字数量也往往相差悬殊。后来我又推测，这种情况可能是南宋后期以至元明时期宋人文集的编辑校勘及刊印者造成的，其中有些理学的信奉者将文集中的此类文字删除了，而另一些不热衷理学的人则较多地保留了此类文字。最近笔者请人编纂《四库全书》中留下的一些文字，使我的认识有了新的进展，这里特将一孔之见奉献给同好。

一、乾隆帝的上谕与四库凡例

笔者偶然发现，四库全书总目前面载录的清乾隆帝上谕中有如下一则与宋人文集有关的文字：

> 乾隆四十年十一月十七日奉上谕：据四库全书馆总裁将所辑《永乐大典》散片各书进呈，朕详加披阅，内宋刘跂《学易集》十二卷拟请刊刻。其中有青词一体乃道流祈祷之章，非斯文正轨。前因题《胡宿集》见其有道院青词、教坊致语之类，命删去刊行，而抄本仍存其旧。今刘跂所作，则因巳身服药，交年琐事，用青词致告，尤为不经，虽抄本不妨姑存，刊刻必不可也。盖青词迹涉异端，不特周程张朱诸儒所必不肯为，即韩柳欧苏诸大家亦正集所未见。若韩愈之《送穷文》、柳宗元之《乞巧文》此乃拟托神灵，游戏翰墨，不过借以喻言，并非实有其事，偶一为之，固属无害。又如时文为举业所习，自前明以来通人擅长者甚多，然亦只可听其另集专行，不并登文集，况青词之尤乖典则者乎。再所进书，内有拟请抄录之王质《雪山集》内如《论和战守疏》及《上宋孝宗书》诸篇词旨剀切，颇当事理，竟宜付之剞劂。但其中亦有青词一种，并当一律从删。所有此二书著交该总裁等重加厘正，分别削存，用昭评骘之允。至现在纂辑四库全书，部帙计盈数万，所采诗文既多，自不能必其通体完善，或大端可取，原不妨弃瑕录瑜。如《宋穆修集》有曹操帐记，语多称颂，谬于是非大义，在所必删，而全集或录存，亦不必因此以废彼，惟当于提要内阐明其故，使去取之义晓然。

诸凡相类者，均可照此办理。该总裁等务须详慎决择，使群言悉归雅正，副朕鉴古斥邪之意。钦此。（按此引乾隆谕旨及下所引《凡例》、各宋人文集提要文字并据台北商务印书馆影印文渊阁四库全书本）

笔者随又看到，四库全书前有“总目卷首二”《进表》，内言及：

……仰禀天裁握银华而鉴物……醮章祈福发凡于刘跂之词，语录参禅示例于齐熙之记……七签三藏，汰除释老之编，五蠹九奸，排斥申韩之术。毒深孔雀，无容校写其青词，巧谢璇玑，未许增添其锦字……

显然，四库馆臣对乾隆帝的谕旨颇为重视。随后，笔者又看到《钦定四库全书总目》卷首三《凡例二十则》中有如下文字：

一文章流别，历代增新，古来有是一家即应立是一类，作者有是一体即应备是一格，斯协于全书之名。故释道外教词曲末技咸登简牍，不废搜罗。然二氏之书，必择其可资考证者，其经忏章咒，并凛遵谕旨一字不收，宋人朱表青词亦概从删削。

显然，在清代乾隆年间，在编纂四库全书的过程中，根据乾隆帝的旨意，将宋人文集中的一部分青词、疏文等删除了。那么，编入四库全书的宋人文集中的青词、疏文等是否统统被删除干净了呢？笔者的个人体会是，至少是没有删除干净。这方面最典型的例证是北宋王珪的《华阳集》，此文集中青词、疏文等足有好几卷，分明没有被删除。其他如北宋欧阳修、王安石、刘安节以及南宋洪适、陆游、洪咨夔等人的文集中，都有一部分青词、疏文等被保留（可能不是全部），有不少文集还以青词、疏文为卷题。应当提及的是，在真德秀的文集中，不但存有一定数量的他为朝廷、地方官府撰写的此类文字，还存着他为自己家人及亲友撰写的此类文字（四库馆批评他："集中诸作吹嘘释老之焰者不一而足，有不止韩愈《罗池庙碑》为刘昫所讥、《与大颠诸书》为朱子所摭者"，或许就是针对此类文字）。所以，尽管乾隆帝曾有删削青词、疏文的圣旨，四库全书编纂体例中也写入了要删削此类文字的条款，但在实际操作中，并没有得到完全彻底的贯彻。

二、对《文恭集》《学易集》《雪山集》的考察

那么，四库馆臣究竟删没删宋人文集中的青词、疏文等呢？究竟删了哪些宋人文集中的此类文字呢？前引乾隆帝的圣旨中言及三部宋人文集，我们就首先考察一下四库全书中这三部文集的情况。乾隆帝言及的是胡宿的《文恭集》、刘跂的《学易集》及王质的《雪山集》。四库全书《总目提要》这三部书的提要和三文集所附提要（两处提要文字大致相近而有所差异）都有涉及删削的内容。我们先看《学易集》的提要：

《总目》（卷一五五）提要：

"《学易集》八卷，《永乐大典》本，宋刘跂撰。跂字斯立，东光人，家于东平，尚书右仆射挚之子也。《宋史》附见挚传……惟《永乐大典》载跂诗文颇多，虽未免有所脱佚，而掇拾排次，尚可得什之六七，谨依类编订共录为十有二卷。今恭承圣训，于刊刻时削去青词，以归雅正。其《同天节道场疏》《管城县修狱道场疏》《供给看经疏》《北山塑像疏》《灵泉修告疏》《仁钦升坐疏》《请崇宁长老疏》以及为其父母舅氏修斋诸疏，皆迹涉异端，与青

词相类，亦概为削除，重加编次，厘为八卷，用昭鉴古斥邪之训，垂万世立言之准焉。”

刘跂《学易集》书前附录《提要》：

“……今恭承圣训，于刊刻时削去青词，以归雅正。其《同天节道场疏》《管城县修狱道场疏》《供给看经疏》《北山塑像疏》《灵泉修告疏》《仁钦升坐疏》《请崇宁长老疏》以及为其父母舅氏修斋诸疏，皆迹涉异端，与青词相类，亦概为删除。谨重加编次，勒为八卷，并敬录谕旨，弁诸卷首，用昭鉴古斥邪之训，垂万世择言之准焉。乾隆四十六年四月恭校上。”

两种提要大同小异，均讲已将青词、疏文等删除，其中文集所附提要言及本文集同时附录了乾隆帝的谕旨，此谕旨中讲“抄本仍存其旧”，今行文渊阁本、文津阁本四库全书原书是否即所讲的“抄本”呢？实难作断，但经查，这两种四库本《学易集》均为八卷本而非十二卷本，即是说都是删除了青词、疏文的本子。

再看《雪山集》：

《总目》（卷一五九）提要：

“《雪山集》十六卷，《永乐大典》本。宋王质撰……至集中青词一体，本非文章之正轨。谨钦遵谕旨，于缮录之本姑仍其旧，于刊刻之本则概予芟除。又如《会庆节功德疏》《福地缘化疏》《真如修御书阁疏》《天申节开启疏》《满散疏》《水陆修斋忏经诸疏》及《化缘修造榜文》诸篇，亦皆语涉异教，刊本并为削去，以示别裁焉。”

《雪山集》附录《提要》：

“《雪山集》宋王质撰……至集中青词一体，本非文章之正轨，今钦遵谕旨，概予芟除。又如《会庆节功德疏》《福胜化缘疏》《真如修御书门疏》《天申节开启疏》《满散疏》《水陆修斋忏经疏》及《修造榜文》诸篇，皆语涉异教，亦并为刊削，以示别裁，仍恭录圣训，冠诸卷首，用以见表章散佚、防遏奇邪之至意焉。乾隆四十六年四月恭校上。”

两处提要重要差异就是前者言及“于缮录之本姑仍其旧，于刊刻之本则概予芟除”，与乾隆谕旨相合，而后者则径作“并为刊削，以示别裁”，不言“缮录本姑仍其旧”。查文渊阁本、文津阁本四库全书《雪山集》也均已无上述拟删文章。

再看《文恭集》：

《总目》（卷一五二）中《文恭集》的提要和此文集附的《提要》都未言及删削事，但文集附录了《御制题胡宿文恭集》诗，全文如下：

> 久曾割裂得全难，四库搜罗为复完（是书亦散见《永乐大典》中，经词臣采辑复成完本者）。如此立朝有本末，可教遗帙听雕残。既经呈览斯予事，自与发潜令彼安。通集原应俾钞录，至文乃合命镌刊。教坊致语宁忠告，道院青词实异端（胡宿文笔颇佳允，宜刊以传世，第集中兼及道场青词，殊乖正道。且代教坊致语及为内中侍御贺词，则尤为琐狎，自当存其正者，刊行全集钞存可耳）。去取之间系旌瘅，示兹大略付儒官。乾隆乙未（按即乾隆四十年）仲春。

经查，此种文集中的青词、疏语确实被删除了。上述情况表明，乾隆帝谕旨中言及的三种宋人文集中的青词、疏文等，在今存文渊阁、文津阁四库全书本中确实是被删除了。

三、馆臣还删削了哪些宋人文集

今存文渊阁、文津阁四库全书宋人文集中，被删除了青词、疏文的是否只有上述三部书呢？答案是否定的。因为《四库全书总目提要》和附于各文集前的馆臣提要分别言及了数种宋人文集被删削的情况。其中最突出的是楼钥的《攻媿集》，请看下引：

《总目》（卷一五九）提要：

“《攻媿集》一百一十二卷，两淮盐政采进本。宋楼钥撰……其集载于诸家书目者，或作百卷，或作八十五卷，而世所传钞本有仅存四十二卷者，盖流传既久多所佚脱。此本原作一百二十卷，与《宋史·艺文志》及陈振孙《书录解题》所载相同，犹为旧帙。惟中缺第七十七卷……又缺第七十八卷……又缺第七十九卷……（以下所缺非全卷，只是个别文章）……诸家所藏刻本钞本并同，今俱无从校补。至第四十八卷、第八十卷、第八十一卷、第八十二卷有青词、朱表、斋文、疏文之类，凡一百六十七篇，均非文章之正轨，谨禀承圣训，概从删削，重编为一百一十二卷，用聚珍版摹印以广其传。”

《攻媿集》前附馆臣提要除首尾外，与此全同。可知现四库本比原底本约删去四卷文字。

与上述三种文集不同的是，今四库本《攻媿集》内有馆臣对删削所作的交待性文字，存于此集卷四八《内制》内，分别注于一些篇题下，请看下节引：

“《明堂礼毕告谢五岳四渎祝文》，原集此首前有《告谢天庆观青词、满散朱表》，今删。

《明堂礼毕奏谢诸陵表文》，原集此首后有《瑞庆节建康府茅山崇禧观启建祝寿道场青词、满散朱表》，今删。

《奉上孝宗皇帝谥册宝成穆成恭皇后改谥册宝奏告天地社稷十神太一祝文》，原集此首前有《瑞庆节满散道场赐三省枢密院殿前司马军司步军司乳香口宣》《瑞庆节万寿观满散道场青词、满散朱表》《瑞庆节太一宫设醮青词、满散朱表》，又此首后有《天庆观、报恩光孝观青词》《太上皇帝本命万寿观设醮青词、满散朱表》，今并删。

《至攒宫奏告帝后祝文》，按原集此首前有《天庆观报恩光孝观青词》，此首后有《冬至节孝宗皇帝几筵水陆道场斋文》《皇帝本命万寿观青词、散满朱表》，今并删。

《孝宗皇帝神主祔庙前二日奏告祝文》，原集此首前有《太上皇帝本命太一宫设醮青词、满散朱表》，今删。

《改元庆元奏告昭慈圣献皇后永佑陵永思陵永阜陵成穆成恭皇后攒宫表文》，原集此首前有《天庆观、报恩光孝观青词》，今删。

《改元奏告天地祝文》，原集此首前有《皇帝本命万寿观设醮青词、满散朱表》，今删。景灵宫、天庆观、报恩观同。

《进奉皇太后生辰表词》，原集此首前有《太上皇帝本命太一宫设醮青词、满散朱表》，今删。

《孝宗皇帝小祥奏告永阜陵攒宫表词》，原集此首前有《皇帝本命万寿观设醮青词、满散朱表》《太上皇帝本命太一宫设醮青词、满散朱表》，又有《太一宫祝延太上皇帝圣寿设醮青词、满散朱表》，今并删。

《太社太稷雨师雷师风师》，原集此首后有《天寿（庆）观、报恩光孝观青词》，今删。

《禳蝗祝文》，原集此首前有《皇帝本命万寿观设醮青词、满散朱表》，今删。

《内中禳蝗文》，按原集此首前有《成肃皇后中元节水陆道场斋文》，今删。

《太社太稷雨师雷师风师》，原集此首后有《天庆观、报恩光孝观青词》，今删。”

这些注文相当详细地记录了被删削的文章篇名。这在四库全书宋人文集中似是独一无二的。它们清楚地表明了，现四库本《攻媿集》是被馆臣删削后的文集，尽管这种删削并不彻底。但注文涉及的被删文章远没有一百六十余篇之多，这是否可做如下理解：因现文集已是一百一十二卷，即有约四卷文字已被删除，则这次所做的是二次删除，即在已删除一百六十余篇的基础上又删了上述一些文章。

另有一些宋人文集是被删除了青词、疏文的，其中有刘挚的《忠肃集》。

《总目》（卷一五三）提要：

“《忠肃集》二十卷，永乐大典本，宋刘挚撰。挚字莘老，东光人，家于东平，登嘉祐四年甲科……”（全不言删削事）

而《忠肃集》前附提要则谓：

“臣等谨案：《忠肃集》二十卷，宋刘挚撰。挚字萃老，东光人，家于东平，登嘉祐四年甲科……事迹具《宋史本传》其文集四十卷，见于《宋史·艺文志》久无传本，今从《永乐大典》各韵中裒辑编缀，以原书卷目相较，尚可存十之六七，除青词斋疏等文十七篇谨禀承圣训删削不录，各以类排纂厘为二十卷……”

经查，《忠肃集》确无青词、疏文，说明馆臣在从《永乐大典》中辑佚的同时，就已经将青词、疏文摒除了。

又有毕仲游的《西台集》。

《总目》（卷一五五）提要：

“《西台集》二十卷，永乐大典本，宋毕仲游撰。仲游字公叔，郑州人，同平章事士安之曾孙，与兄仲衍同举进士……至开启疏、乐词诸篇，非文章之正体，今以原籍所有姑录存录，而刊本则概从删削焉。”（本文集所附提要除首尾文字外，其他与此全同）

经查四库全书本此文集只有少量祝文，确无青词、疏文，说明现本是经过删削的。

又有彭龟年的《止堂集》。

《总目》（卷一六〇）提要：

“《止堂集》二十卷，永乐大典本，宋彭龟年撰。龟年字子寿，清江人，乾道五年进士……”（不言删削事）

而本集前附提要则谓：

“臣等谨案：《止堂集》宋彭龟年撰，龟年字子寿，清江人，乾道五年进士……至若祝语诸篇，本非文章正轨，今刊本概从删削焉。乾隆四十九年十月恭校上。”

经查，四库本《止堂集》中确无青词、疏文，可证确是经过删削了的。

又有葛胜仲的《丹阳集》。

《总目》（卷一五六）提要：

“《丹阳集》二十四卷，永乐大典本。宋葛胜仲撰，胜仲字鲁卿，丹阳人，绍圣四年进士……崇宁三年居父丧，尽阅释氏大藏经，故所著作往往阐明佛理。惟青词、功德疏、教坊致语之类，沿宋人陋例，一概滥载于集中，殊乖文体，流传既久，姑仍其旧，付诸无讥之列可矣。”

《丹阳集》前所附提要则谓：

“臣等谨案：《丹阳集》二十四卷，宋葛胜仲撰。胜仲字鲁卿，丹阳人，绍圣四年进士……崇宁三年居父丧，尽阅释氏大藏经，故所著作往往阐明佛理，惟青词、功德疏、教坊致语之类，沿宋人陋例，一概滥载于集中，殊乖文体。今凛遵圣训，并从删削，庶益为全美云。乾隆四十六年九月恭校上。”

两处提要比较，前者讲“流传既久，姑仍其旧”，似未删削；后者讲“凛遵圣训，并从删削”，则是已经删削。经检核，现四库本此文集内确无青词、疏文，当是被删除了。

又有汪藻的《浮溪集》。

《总目》（卷一五六）提要：

“《浮溪集》三十六卷，永乐大典本。宋汪藻撰，藻字彦章，饶州德兴人，登崇宁二年进士……”（全不言删削事）

而《浮溪集》前附提要则谓：

“臣等谨案：《浮溪集》宋汪藻撰。藻字彦章，《宋史·文苑传》云饶州德兴人……惟《明堂大礼毕奏告三清玉皇大天帝圣祖天尊大帝元天大圣后表本》二篇、《明堂神异露香表本》一篇、《奏告嘉州峨眉山普贤菩萨等处表本》一篇、《奏告潭州南岳司天昭圣真君等处表本》一篇、《祈祷道场罢散表》一篇、《功德疏表》一篇，均非文章之正轨，谨禀承圣训，概从删削焉。乾隆四十七年三月恭校上。"

经检今四库本集前提要所言文章确被删除。另集内确全无青词、疏文，说明它们已被删除。

又有张元干的《芦川归来集》。

《总目》（卷一五八）提要：

"《芦川归来集》五卷，附录一卷，永乐大典本，宋张元干撰。元干字仲宗，自号真隐山人，又曰芦川老隐……今裒集成帙，与钞本互相勘校，删其重复，补其残缺，定为五卷。元干诗格颇遒，杂文多禅家疏文、道家青词，今从芟削。"

然而本集前所附馆臣提要却无"元干诗格颇遒，杂文多禅家疏文、道家青词，今从芟削"，且全未言及删削事。经查，现四库本集内确无青词、疏文，应是被馆臣删除了。

另有谢枋得的《叠山集》。

《总目》（卷一六四）提要：

"《叠山集》五卷，编修汪如藻家藏本，宋谢枋得撰。枋得事迹具《宋史本传》……

又有《贺上帝生辰表》《许旌阳飞升日贺表》此类凡十余篇，皆似道流青词，非枋得所宜有，亦决非枋得所肯作。其为赝本误收，亦无疑义。今并加刊削，不使其乱真焉。"

《叠山集》前所附提要除首、尾外，文字与此略同。此文集馆臣提要未言及删除青词、疏文，只是删除了类似青词的一些《表》，而且理由是这些文字不像是谢枋得所撰。但查此文集内，亦全无青词、疏文，不确定是否系被馆臣删除。

据上所引，除乾隆帝所言及三种宋人文集外，另有七种文集（不含《叠山集》）中的青词、疏文被馆臣删除。以上十种文集中的青词、疏文等被删除，我们是得到了馆臣提要的提示（有些是两处提要，有些则只是其中一种），那么，是否存在有文集中的青词、疏文等已被删除或部分删除，而馆臣未在提要中做交待的情况呢？笔者迄未发现，但也不敢完全肯定这种情况不存在，因为毕竟有乾隆帝的谕旨，馆臣们若删除而未在提要中说明，似也无可厚非。

四、有些宋集中的青词、疏文等被馆臣有意保留

笔者又发现，有些宋人文集中的青词、疏文被四库馆臣发现，却没有被删除，其中有的或许是曾一度有意删除，后因故未删，也得以存留。其中最典型的是王珪的《华阳集》。

《总目》（卷一五二）提要：

“《华阳集》六十卷附录十卷，永乐大典本，宋王珪撰。珪字禹玉，成都华阳人，后徙舒。举庆历二年进士第二……至其中有青词、密词、道场文、斋文、乐语之类，虽属当时沿用之体，而究非文章正轨，不可为训，今以原集所有姑附存之，而刊本则概加删削焉。”（本文集前所附提要，除尾署“乾隆四十二年十一月恭校上……”外，文字与此全同）

据此，馆臣对此文集中含有大量青词、疏文是清楚的，原拟处理办法是：“今以原集所有姑附存之，而刊本则概加删削”，而目前四库本此集内的此类文字一概存留，数量颇多，则不确定所谓“刊本概加删削”所指为何。或许是曾拟删除，实际未删。或许我们今天看到的不是“刊本”，而是“抄本”。馆臣已发现有青

词等而未加删除的又有林亦之《网山集》。

《总目》（卷一五九）提要：

"《网山集》八卷，浙江鲍士恭家藏本，宋林亦之撰。亦之字学可，号月渔福清人……青词、募疏之类不轨于正者又居一卷，殊不类克庄之所称。其编次尤为猥杂，疑原集散佚无识者掇拾丛残重编此本，故遗其菁华而存其糟粕也。宋人撰著传者日稀，既未睹其全帙，姑以此本著录，备插架之一种云尔。"

《网山集》前附馆臣提要：

"臣等谨案：《网山集》八卷，宋林亦之撰。亦之字学可，号月渔福清人……今观集中所载祭文多至六十余篇，祝文聘书又二三十篇，以及青词、募疏之类不轨于正者亦搀入其间，编次殊为猥杂……"（亦未言删削事）

据两处提要，馆臣已注意到此文集中的青词、疏文等，且谓其"不轨于正"，系"糟粕"，但却未言及删除事。查今四库本《网山集》卷八，仍收有青词、疏文，似也可视为已发现却被有意保留的一类。

类似情况又有陈造的《江湖长翁文集》。

《总目》（卷一六一）提要：

"《江湖长翁文集》四十卷，山东巡抚采进本，宋陈造撰。造字唐卿，高邮人，淳熙二年进士……"

此提要内未言及删削事，而本文集前附提要则谓：

"臣等谨案：《江湖长翁文集》四十卷，宋陈造撰。造字唐卿，高邮人，淳熙二年进士……其中青词、疏语诸篇，均非文章正轨，今以集祇抄录，亦姑仍其旧，附存于卷内云。乾隆四十二年三月恭校上。"

后一提要表明，馆臣分明注意到了文集内的青词、疏文，且言其"非文章正轨"，却竟然也不去删除。查今四库本此文集卷三九全为青词、疏文，也说明四库馆臣有意保留，对前引乾隆帝的谕旨来说，颇有“明知故犯”之嫌。

类似情况还有刘爚的《云庄集》（按已有人辨其为伪书，于此不论）。

《总目》（卷一六〇）提要未言及删削事。而《云庄集》前附馆臣提要谓：

“臣等谨案：《云庄集》二十卷，宋刘爚撰。爚字晦伯，建阳人，乾道八年进士……集中青词、致语诸篇俱非文章正轨，今以原本所有，姑录存之，而并订其失于此焉。乾隆四十三年七月恭校上。”

显然，馆臣也发现了此文集中的青词，且言其“俱非文章正轨”，却讲“今以原本所有，姑录存之”，不予删除。现四库本此文集卷一五收有青词、祝文，可证确得保留。

另撰人不详之宋人总集《翰苑新书》两处馆臣提要（《总目》卷一三五提要及文集前附提要）也都言及，此书“别集皆录宋人札状、致语、朱表、表文、青词、疏语、册文、祝文、祭文之属……其朱表则青词类也”，却也原样保留，未加删除。

上述情况表明，有些宋人文集中的青词、疏文虽被馆臣发现，却没有被删除，被有意无意地保留下来。或许是馆臣不情愿删，或许是乾隆帝后来改变了主意，其原因不得而知。

五、四库馆臣删除宋人青词、疏文对史学研究的影响

我们不能夸大乾隆帝关于删削青词、疏文谕旨及四库馆执行此谕旨所造成的后果。如上所述，四库馆臣并没有因贯彻此谕旨而将宋人文集中的青词、疏文统统删除干净。被删除的青词、疏文在当时宋人文集中的青词、疏文总量中究竟占多大比重，实难

准确论定，但种种迹象表明，这一比重不是很大。但我们也不能因此就认为此举对后世没有什么影响。事实上，这部分青词、疏文的被删除还是给历史研究造成了相当大的不利影响。这种影响首先表现为使宋代官方与佛教、道教发生关系的某些重要事实被掩盖。

说到这一点，我们必须言及一个本文主题之外又与本文联系密切的话题：理学发展对史学、宋代文献流传的负面影响。理学及理学之外的一部分儒家学者，他们视佛教、道教为异端（在这一点上，乾隆帝或许是受其影响）。有这种思想倾向或受其影响的史学家，他们或出于为尊者讳的目的，或出于不愿宣扬佛、道的动机，在他们撰写的史书中，将皇帝本人及朝廷与佛教、道教发生联系的史事大量略去。或者采用一种隐讳的表述方式。如《宋史全文》和《宋史·理宗本纪》就很少记载宋理宗与僧人、道士之间的交往。当时，朝廷频繁地派大臣到上天竺灵感观音寺向观音祈雨，这两种史书通常都表述为派员“祷于上天竺山”，故意省去“观音”等字，即抹去其佛教色彩。这种做法客观上歪曲了历史。而南宋、元代儒者整理宋代文献（包括宋人文集）时，为了为尊者讳，也删除了一些名家撰写的与佛教、道教有关系的文章（笔者拟另撰专文）。这些做法给研究宋史特别是客观认识宋代政教关系、宗教在宋代社会生活中的地位等，造成了很大的困难。而本文所讨论的删除宋集青词、疏文的后果，是宋元间理学发展对史学、宋代文献流传的负面影响的延续和加剧，是对历史本来面貌的进一步歪曲。

例如，《浮溪集》中的《明堂大礼毕奏告三清玉皇大天帝圣祖天尊大帝元天大圣后表本》两篇、《奏告嘉州峨眉山普贤菩萨等处表本》一篇、《奏告潭州南岳司天昭圣真君等处表本》一篇被删除，这三篇文章反映了此一历史时期宋朝官方与道教、官方与佛教胜地峨眉山寺院、官方与南岳的联系，有关记载存留至今者数量稀少。它们被删除，就使我们失去了一部分宝贵的研究资料（幸亏馆臣在提要中留下了文章的标题）。其他被删除的青词、疏文或许也有类似的功用。

而且，一些宋人文集中的青词、疏文被删除，对全面认识文集作者（作为历史人物）的内心世界及学识也有一定的不利影响。这里，可以以真德秀的文集作反证。目前真德秀的文集中保留了相当一部分他撰写的青词和疏文，我们由此知道了他没有像朱熹那样视佛老为异端，了解到《宋史》修撰者为什么要把他置于《道学传》之外。如果其文集中的此类文字被删除干净，那我们很可能会认为他是一位被误解的“纯儒”。正因为如此，上述十种文集中的青词、疏文被删除，势必给我们正确认识这十位历史人物造成困难。

说到这里，人们会产生一种疑问：乾隆帝和馆臣们只是删去了四库全书本宋人文集中的青词、疏文，在此前刊印的其他版本没有受其影响，怎么能说此次删除后人们就不能从其他途径看到这些青词、疏文呢？这样考虑当然是正确的。但实际上又存在如下的情况：即经查，十种文集中只有楼钥的《攻媿集》有宋版和清初抄本存世，然世人极少得见，四部丛刊所收《攻媿集》为武英殿本，内附乾隆四十五年馆臣“提要”。其他九种均为《永乐大典》本，且无清乾隆年以前刊本（内《浮溪集》有四部丛刊本，也是武英殿本，且附乾隆四十六年馆臣提要）。宋人文集中，《永乐大典》本占相当比重，而且大多是四库馆臣辑的，此次辑轶后，以乾隆帝为代表，包括不少重要文人在内，都认为《永乐大典》中的精华已被汲取殆尽，剩余者均为糟粕，《永乐大典》后来的不受重视及散失，与此直接相关。既然许多宋人文集都是从《永乐大典》中辑出来的，后来翻印时以《永乐大典》本为祖本，《永乐大典》绝大部分又已佚失，则被四库馆臣删除的文章很可能就永远地消失了。

既然许多宋人文集都是四库馆臣从《永乐大典》中辑出的，故我们还有理由怀疑：馆臣是否在从《永乐大典》中辑宋人文集时，已经遵从乾隆帝的意旨舍弃了一部分青词、疏文等与佛教、道教相关的文字。

总之，四库全书编纂过程中，对宋人文集中部分青词、疏文等的删除，对史学研究、文献学研究都有重要影响，应当予以重视。

后记：笔者考察了文渊阁四库全书本真德秀《西山文集》与四部丛刊影印明正德本《西山先生真文忠公文集》的篇目，发现二者之间的差异主要是：四库本比正德本多两卷青词和两卷疏语，故四库本共55卷，而四部丛刊本共51卷。此例或可说明，在清乾隆帝以前，即已有人做了删除宋人文集中的青词、疏语之事。

（原载张其凡、李裕民主编《徐规教授九十华诞纪念文集》，浙江大学出版社2009年版）

读《读两陈谏议遗墨》

《读两陈谏议遗墨》是朱熹表述其治国理念的重要文献，近年来已得到学界重视，特别是学者在论述理学与荆公新学的同异时，多征引此文，且对此文内容多有讨论。如高纪春《论朱熹对王安石的批判》（《晋阳学刊》1994 年第 5 期），肖钢《论朱熹对王安石新法新学的批判继承》（《河北学刊》1990 年第 3 期），李华瑞、水潞《南宋理学家对王安石新学的批判》（《河北大学学报》2001 年第 2 期）等。但是，专以此文为研究对象者似尚未见，而关于此文的内容的认识，也似还有可讨论之处，故笔者不揣浅陋，撰成此文，以期有抛砖引玉之效。

一、朱熹撰文时间及陈师锡其人

要深入理解《读两陈谏议遗墨》，必须要知晓此文是在什么样的背景下，针对什么人写的。要确定这篇文章的写作时间和背景，先要搞清什么是“两陈谏议遗墨”。所谓“两陈谏议遗墨”，并不是指两陈的全部著作，或者他们的全部奏议，而只是陈师锡写给陈瓘的一封信的原稿。

关于此文的撰写时间，朱熹的文集中并未注明，在我所见到的朱熹年谱中，也未见有所说明。笔者曾试图从文章本身寻找线索，文中言及朱熹往年曾侍汪澈（上饶汪公）议论王安石《日录》，而“又叹汪公之不可复见”。则此文应撰于汪澈去世以后，即乾道七年八月以后。文中又言及，朱熹曾于“己未八月”为“精舍诸生”讲学。据此，则此文应撰于“己未”年以后。然而，在朱熹的有生之年内，只有两个“己未”年，即绍兴九年（1139）及庆元五年（1199）。绍兴九年时朱熹年仅十岁，不可能有讲学事。庆元五年是朱熹去世的前一年，他于次年三月去世，当时党禁很严，病重中的朱熹是否能给诸生讲学也令人持疑。我怀疑“己未”为“乙未”的形近误。文中所言及的讲学时间似是乙未年即淳熙二年（1175）。此文撰写时间应在淳熙二年以后不久。文中言及“今观闲乐陈公（陈师锡）遗了斋陈公（陈瓘）表藁”，查阅文献，可以见到两篇与此有关的文献，即周必大的《跋闲乐居士陈师锡与了翁陈瓘论王氏日录书》（《文忠集》卷一七，文渊阁四库全书本，下同）及史浩的《跋闲乐先生论金陵日历书》（《峰真隐漫录》卷三六，文渊阁四库全书本，下同），请看下引：

陈了翁以元符庚辰八月为司谏，虽论裕史不当用《日录》，然多是王介甫而非蔡卞。明年八月，自都司出守海陵，闲乐先生实遗以书。其后了翁犹有《合浦尊尧》之作。大观四年，始因星变，复上《四明尊尧集》及《尊尧余言》痛悔前作，则此书为有助矣。淳熙丁酉（四年），予判吏部南曹，闲乐之孙昌年适来调官，出示遗墨，乃略考岁月而归之。五月二十五日。（周必大文）

尊君人臣之忠，责善友朋之义。闲乐先生此书，可谓两尽。淳熙戊辰上巳，先生孙昌年为明之录参，不鄙获垂示，再拜一观，悚然敬慕，其在于昔，夷惠清和，百世闻风，尚

皆兴起，矧亲目忠义之言耶。（史浩文。按淳熙无戊辰年，此“戊辰”当为“戊戌［淳熙五年］”之形近讹）

据此可知，淳熙四年时发生了一件事，即陈师锡的孙子陈昌年找到了陈师锡崇宁年间写给陈瓘的一封信，信的内容是关于陈瓘《尊尧集》及王安石《日录》的。周必大与史浩都是宋孝宗的近臣，也是当时文化界的名人，他们都专门为此封书信撰文，说明此事在当时造成了相当的影响。那么，这封信是否就是朱熹于文中讲的“闲乐陈公（陈师锡）遗了斋陈公（陈瓘）表藁”？答案应是肯定的。因为此信今天尚能寻到，它就是收录于吕祖谦《宋文鉴》卷一二〇中的《与陈莹中书》（文渊阁四库全书本，下同）。仔细阅读陈师锡的《与陈莹中书》，再读朱熹的《读两陈谏议遗墨》，可以很直观地得出结论：后文是完全针对前文的，甚至可以说，后文是逐条批驳前文的。由此，我们可以推定，朱熹写这篇文章的时间是淳熙五年前后。朱熹为什么要专门针对陈师锡撰文呢？陈师锡是怎样一个人？他为什么要给陈瓘写这封信呢？

《宋史》（中华书局点校本，下同）卷三四六《陈师锡传》载：“陈师锡，字伯修，建州建阳人。熙宁中，游太学，有俊声。神宗知其材，及廷试，奏名在甲乙间。帝偶阅其文，屡读屡叹赏，顾侍臣曰：‘此必陈师锡也。’启封，果然。擢为第三，调昭庆军（湖州）掌书记。”又据李焘《续资治通鉴长编》（以下简称《长编》，中华书局点校本，下同）卷三三八元丰六年八月癸未条记，陈师锡登进士第的具体时间是熙宁九年。可知，陈师锡在太学学习的时间是熙宁年间，而且在校期间已相当有知名度，以至连皇帝对他的文风都有了解。这些记载同时表明，陈师锡最初应不是反对王安石变法的人，因为此时期科举被录取者，一般都是拥护新法的人。而且此前，官方已对太学做了整顿，罢免了那些反对新法的学官，太学给他灌输的应当也是王安石新学。

不过，随后情况就有了变化。因为陈师锡被安排的官职是昭庆军（湖州）掌书记，即湖州知州的助手，而当时湖州知州是旧党官员苏轼。不久，就发生了乌台诗案，在对待此事的态度上，陈师锡的表现引人注意，史载："轼得罪捕诣台狱，亲朋多畏避不相见，师锡独出饯之，又安辑其家。"然而此事并未影响到他的升迁。史载他改任知临安县后，又升为监察御史（李焘系此事于元丰六年八月）。监察御史品阶虽不高，却是很特殊的职务，通常是得到朝廷信任者才能担任，被时人认为是进一步升迁的台阶。但恰在此时陈师锡得罪了最高统治者。史载："时诏进士习律。师锡言：陛下方大阐学校，用经术训迪士类，不应以刑名之学乱之。夫道德本也，刑名末也。教之大本，人犹趋末，况教之以末乎。望追寝其制，使得悉意本业。用事者谓倡为诐说，出知宿迁县。"撰史者对此事做了淡化处理，实际情况比其所述要严重。李焘记："［元丰六年十二月］壬申，诏监察御史陈师锡送吏部。师锡乞罢贡举及太学试律义，使学者得专意经术。上批：'朝廷比年修广学校，训迪士类，兼用经术、法令，长育人材，俾之成就，以充任使，从政以法令为本，师锡不达朝廷造法大意，乃欲罢诸生习律，倡为诐说，惑乱士听'故也。"（《长编》卷三四一元丰六年十二月壬申）可知，要惩处陈师锡的不是寻常"用事者"，而是宋神宗本人。宋神宗给陈师锡定的罪名是"倡为诐说，惑乱士听"。陈因此被逐出京师。综前所述，宋神宗在位时期，在新、旧两党激烈的斗争中，我们很难判定陈师锡的政治倾向。尽管他同情苏轼，我们不能因此就断定他倾向旧党。尽管他反对律学，但兴办律学并不是新法最重要的内容，我们也不能因此说他倾向旧党。在新、旧两党争论最激烈的青苗钱、免役法、市易法等问题上，我们找不到表明陈师锡态度的记载。

在旧党上台执政的元祐年间，《宋史·陈师锡传》主要只记了两件事，一是苏轼对他的热情推荐（陈因此得到官职），二是陈师锡建议改革荐举法。当时旧党大张旗鼓地进行的批评新法，弹劾新党大臣的活动，似乎都同陈师锡无关（至少是不见记载）。在新党重新执政的绍圣、元符年间，《宋史·陈师锡传》更是一掠而过，只讲他担任了知宣州等职务，连政绩都未言及。

陈师锡的主要政治建树，大约是在宋徽宗在位时期。《宋史·陈师锡传》载：

徽宗立，召拜殿中侍御史。疏言："元丰之末，中外汹汹矣。宣仁圣后再安天下，委国而治者，司马光、吕公著尔。章惇诬其包藏祸心，至于追贬。天相陛下发潜继统，而惇犹据高位，光等赠谥未还，墓碑未复，愿早摅宸略，以慰中外之望。"蔡京为翰林学士，师锡言："京与弟卞同恶迷国误朝，而京好大喜功，锐于改作，日夜交结内侍戚里，以觊大用。若果用之，天下治乱自是而分，祖宗基业自是而隳矣。京援引死党至数百人，邓洵武内行污恶，搢绅不齿，岂可滓秽史笔。向宗回、宗良亦阴为京助，是皆国之深患，为陛下忧，为宗庙忧，为贤人君子忧。若出之于外，社稷之福也。"帝曰："此于东朝有碍，卿为我处之。"对曰："审尔。臣当具白太后。"遂上封事言："自昔母后临朝，危乱天下，载在史册，可考而知。至于手书还政，未有如圣母退抑谦逊，真可为万世法。而蔡京阴通二向，妄言宫禁预政以诬圣德，不可不察也。"改考功郎中……出知颍、庐、滑三州，坐党论，监衡州酒，又削官置郴州，卒，年六十九。师锡始与陈瓘同论京卞，时号二陈，绍兴中赠直龙图阁。（参见《皇朝编年纲目备要》[许怀藻等点校本，中华书局 2006 年 12 月版，下同] 卷二六，《长编纪事本末》卷一二〇《逐惇卞党人》、卷一三一《蔡京事迹》）

据上引，宋徽宗在位时期，陈师锡表现出明显的旧党倾向，赞扬宣仁太后、司马光、吕公著，反对章惇、蔡卞、蔡京。因此，他被当权者列入元祐党籍中。关于陈师锡的去世时间，传中失载。南宋费衮记："闲乐陈公伯修，宣和三年以祠官居南徐"，梦见天帝召见他，并委任他为仙官，随即去世。(《梁溪漫志》[文渊阁四库全书本，下同]卷三《闲乐异事》，另见赵与时《宾退录》[齐治平点校，上海古籍出版社 1983 年 8 月版]卷六）则他去世于宣和三年。传中讲"绍兴中赠直龙图阁"，不当。据李心传记，宋廷于绍兴元年赠陈师锡直龙图阁，绍兴七年，又加赠谏议大夫。(李心传《建炎以来系年要录》[胡坤点校，中华书局 2013 年 12 月版，下同]卷四三绍兴元年夏四月壬辰，卷一一七绍兴七年十一月丁未。另参李弥逊《筠溪集》卷五《陈师锡赠谏议大夫》）此前，靖康年已赠陈瓘谏议大夫。所以，南宋人称陈师锡、陈瓘为二谏议，是因为二人都有谏议大夫的赠官（二人生前担任的官职都远低于此)。陈师锡被后人称道的突出政绩是弹劾蔡京，这是因为蔡京是宋徽宗在位时期最受信任的宰相，后人一般认为他应对北宋灭亡负直接责任。

二、陈瓘的《日录辨》与《尊尧集》

朱熹在《读两陈谏议遗墨》中讲，陈师锡给陈瓘写信的时间是"建中、崇宁之间"，陈瓘因弹劾蔡京被贬之后，且进一步推断为在陈瓘被贬于袁州的崇宁初年。周必大的推断与朱熹接近而稍早，认为此信写于陈瓘被贬于海陵（泰州）时，即建中靖国元年的下半年。陈师锡的信中言及，他是针对陈瓘的《日录论》发议论的。如果朱、周二人的判断正确，则所谓《日录论》应是指陈瓘的《日录辨》，它撰于陈瓘在“都司”任职（权给事中）时。《日录辨》包含了稍后写成的《合浦尊尧集》的基本内容。要明白陈师锡给陈瓘写信的原因，必须先了解二陈之间的关系及陈瓘为什么要撰写《日录辨》。

费衮记：“闲乐先生陈公伯修师锡在太学与了翁友善。”又记了一段传奇故事，讲二人射雁，陈师锡射中了第一群中的三只，陈瓘射中了次一群中的三只，结果二人在前后两次科举考试中分别作了第三名，且担任的职务都是昭庆军（湖州）掌书记。（《梁溪漫志》卷三《射雁堂》）这一传奇故事并非完全杜撰，陈师锡是熙宁九年科举的第三名，陈瓘是元丰二年科举的第三名，二人确是前后任的昭庆军掌书记。与陈师锡不同的是，陈瓘在宋神宗、哲宗在位期间，似乎同旧党没有接触（他同刘安世的接触似是在宋徽宗时期）。相反，他同新党大臣章惇、曾布、蔡卞等的关系却非同一般。陈瓘在湖州任职不久，就调任越州，越州的知州是王安石的女婿蔡卞。蔡卞对陈瓘很好，多有照顾，并曾向朝廷举荐陈瓘。随后，陈瓘又遇到章惇，章惇对陈瓘的才华也很赏识，提拔陈瓘任太学博士，甚至一度想让陈瓘作自己的女婿。当陈瓘得罪当局被贬时，曾布又在哲宗面前为陈瓘辩解。元符末年，陈瓘被召回京，应也与曾布直接相关。对此，已有学者做过论述，此不赘引。值得注意的是，早在绍圣初年，陈瓘就有了调和新旧两党的主张：

> 绍圣初，章惇以宰相召，道过山阳，瓘适相遇，从众谒之。惇闻瓘名，独请登舟，共载而行，访以当世之务……瓘曰：“请以所乘舟为喻，偏重其可行乎？或左或右，其偏一也。明此则可行矣。”……瓘复曰：“上方虚心以待公……敢问将欲施行之序？……”惇复竚思良久曰：“司马光奸邪，所当先辨，势无急于此。”瓘曰：“公误矣，此犹欲平舟势而移

左以置右也，果然，将失天下之望矣。”惇厉色视瓘曰：“光……不务纂绍先烈，肆意大改成绪，误国如此，非奸邪而何?”瓘曰：“不察其心而疑其迹，则不为无罪。若遂以为奸邪，而欲大改其已行，则误国益甚矣。”乃为之极论……为今之计，唯当……消朋党，持中道，庶可以救弊。（《长编》卷四八五绍圣四年夏四月乙未。参《宋史》卷三四五《陈瓘传》）

陈瓘与新党矛盾的发展，大约因如何评价和对待王安石的问题上产生分歧。此事发生在绍圣三四年间。陈瓘自己回顾说：

初在太学，与林自同为博士，自以主张国是自任，为蔡卞所厚。自之言曰：神考知王荆公不尽，尚不及滕文公之知孟子也。士大夫固骇其言矣。蔡卞引选人常立为假通直郎、崇政殿说书，又力荐之，请赐对。对之明日，复请躐除侍从官。哲宗谓卞曰：“立诋神考而卿荐之，何也?”又顾章惇曰：“卿不见其语乎。”惇谢不知，因请其语。哲宗怒曰：“语在常秩《行状》，其语云：自安石罢相以后，民生涂炭。又云：自秩与安石去位，而识者知政事必败。其尊厚安石而诋薄先烈如此。卞荐之何也?”即命中使史院取《秩行状》，哲宗亲指涂炭必败四字以示宰执，惇以下皆顿首谢罪，请贬立。退拟立监寿州酒税。给事中叶祖洽驳曰：“立诋毁先烈，谪轻地近。”乃改立永州监酒，而撰秩行状者某人特勒停。……绍圣四年春，自校书郎谒惇求外补，因问惇曰：“主上圣孝笃于继述，然今日庙堂之所谓继述者述神考乎？述荆公乎?”因道林自滕文公之语……惇默然。自是惇呼林自骂斥之。惇、卞自此不咸。（《长编》卷四八五绍圣四年夏四月乙未注引陈瓘自序）

又讲：

> 绍圣四年，蔡卞荐太学博士薛昂上殿，昂乞罢讲筵进读史官书，而专读王安石《日录》《字说》。哲宗怒曰："朕方稽考前代以监得失。薛昂俗儒（一作谄佞）妄言，可不黜乎。"（《长编》卷四九二绍圣四年冬十月癸未、卷五〇一元符元年八月辛丑注引陈瓘《尊尧录》）

新党蔡卞、常立、薛昂等对王安石的过度赞美，包含了贬低宋神宗的意思，引起了宋哲宗的反感，也激发了陈瓘的反感。这显然为后来陈瓘撰《尊尧集》做了铺垫。

元符三年正月，徽宗即位，向太后垂帘听政。向太后是主张调和新旧两党的，这使政局发生了大变化。对于刚上台的宋徽宗而言，他最急迫的是要搞掉反对他当皇帝的宰相章惇。于是，有旧党倾向的韩忠彦被任命为宰相。又提拔了陈自升、丰稷、陈瓘、龚夬、邹浩、任伯雨、陈师锡等一批人任台谏官。这些人都不同程度地同情旧党，而不满章惇、蔡卞、蔡京等的所作所为。这些人不负所望，很快地就展开了对宰相章惇的弹劾。由于，蔡卞（时任尚书左丞）、蔡京（时任翰林学士承旨）是章惇的死党。在弹劾章惇的同时，也必然地对二蔡展开了弹劾。时任右正言的陈瓘在弹劾蔡卞时，又将"尊私史以压宗庙"作为蔡卞的罪行提出："臣伏闻王安石《日录》七十余卷，具载熙宁中奏对议论之语，此乃人臣私录之书，非朝廷之典册也。自绍圣再修《神宗实录》之书，请以此书疏付史院，凡《日历》《时政记》及神宗御集之所不载者，往往专据此书。"（赵汝愚《宋朝诸臣奏议》[北京大学中国中古史研究中心点校，上海古籍出版社 1999 年 12 月版。下同]卷六〇陈瓘《上徽宗乞别行删修绍圣神宗实录》）"卞以继述神宗为名，以纂绍安石为主，立私门之好恶以为国是，夺宗庙之大美以归私史。"（《皇朝编年纲目备要》卷二五）在任伯雨、陈瓘等的弹劾下，当年五月，蔡卞被罢尚书左丞，逐出京城。（绍圣二年十月为右丞，凡六年）陈瓘此后又建议重修《神宗实录》，被朝廷采纳。九月，章惇被罢免宰相。这时，陈瓘发现蔡京被委任负责编修《哲宗实录》，立即加以反对。奏疏中言及："昔者为修《王安石日录》专一局，今者为修《哲宗实录》则兼官而已。王氏尊于神考，蔡氏重于哲宗。"（《宋朝诸臣奏议》卷六〇陈瓘《上徽宗论哲宗实录不当止差蔡京兼修》）十月，赞同调和新旧两党的曾布任宰相。这时，陈瓘却因指责外戚向氏干政及要求向太后还政遭外贬，出京任监当官。建中靖国元年三月，陈瓘被召回京任权给事中，随加著作佐郎、实录院检讨。此年八月，陈瓘上《日录辨》，指责蔡卞篡改王安石《日录》，借抬高王安石，贬低宋神宗。又指责宰相曾布"尊私史以压宗庙"，"缘边费而坏先政"。于是，陈瓘被再次贬出京城，任知泰州。（杨仲良《长编纪事本末》［北京图书馆出版社 2003 年 5 月影印版，下同］卷一二九《陈瓘贬逐》）崇宁元年，政局急剧变化。宋徽宗决定放弃调和新旧两党的方针，而重新"绍述神宗圣政"。此年三月，蔡京被召回京，重任翰林承旨兼修国史。五月，韩忠彦被罢免宰相。蔡京被任命为尚书左丞。朝廷下令，重新追贬元祐旧党司马光等的官爵。这当中，陈瓘也被罢知州，改任管勾冲佑观。闰六月，曾布被罢免宰相。七月，蔡京被任为宰相。九月，颁布元祐党、元符上书人的名单，确认其有罪，禁止元祐学术。陈瓘被列于元符上书有罪的名单，崇宁二年正月，被除名，编管廉州。（《长编纪事本末》卷一二九《陈瓘贬逐》，《宋史》卷一九《徽宗本纪》）陈师锡给陈瓘的信，就是在这一背景下写的。

这里还应述及陈师锡给陈瓘写此信后的一些情况。因为陈瓘在廉州撰成了《合浦尊尧集》。令人不解的是，在此书中陈瓘并没有接受陈师锡的批评，《合浦尊尧集》大抵是《日录辨》的扩充版，基本观点没有改变，仍是集中批评蔡卞，没有批评王安石。

崇宁五年正月出现彗星，朝廷大赦元祐党人。陈瓘被恢复人身自由，于是迁居庆元府（原明州），他又撰写了《四明尊尧集》（陈瓘大观四年三月离明州，书应撰于此前）。《四明尊尧集》同《合浦尊尧集》相比，发生了根本性变化，即由针对蔡卞改为针对王安石，对王安石的评价也由圣人转变为罪人，甚至讲司马光对王安石评价过高是犯了误国之罪。对此，陈瓘自己做了说明：

> 昨在谏省，尝以王荆公比伊尹。伊尹未尝诋汤，胡可比也。又尝以为神考之师。神考用荆公止九载，何尝终以其人为是乎。瓘之前言可谓过矣。于是复著《四明尊尧集》痛绝王氏，以发扬熙宁用舍宰臣本末之绪，而自明区区改过之心。（《皇朝编年纲目备要》卷二八引陈瓘对刘安世言。参《宋史全文》卷一四、徐自明《宋宰辅编年录》[王瑞来标点校补，中华书局 1986 年 12 月版，下同] 卷一二、吕中《类编皇朝大事记讲义》[张其凡、白晓霞点校，上海人民出版社 2014 年 1 月版，下同] 卷二二）

陈瓘的转向，应与宋徽宗时期对王安石的过度推崇直接有关。宋哲宗在位后期，在蔡卞等的推动下，宋廷已将王安石配享神宗庙庭，并将王安石的《三经新义》《字说》等列为科举教材。宋徽宗崇宁三年六月，宋廷下令王安石配享孔子庙庭，其位置仅次于颜回、孟子。崇宁四年五月，学士院颁《王安石赞》："孔孟云远，六经中微。斯文载兴，自公发挥。推阐道真，启迪郡迷。优入圣域，百世之师。"（《长编纪事本末》卷一三〇《尊王安石》）尤其是崇宁三年，辟雍建成，内设王安石坐像，而宋徽宗亲临太学及辟雍，礼拜孔子，自然也就等于向王安石像行礼，更使得陈瓘感到无法容忍。又据载，"盖辟雍初成之日，[何] 执中请开学殿，使都人纵观安石坐像"（《皇朝编年备要》卷二七、《宋宰辅编年录》卷一二)。南宋岳珂亦述:“初,崇宁既建辟廱,诏以荆公封舒王,配享宣圣庙。肇创坐像,了翁愤之,并于奏牍寓意。其略曰:‘代言之笔,尽目其徒为儒宗。首善之宫,肇塑其形为坐像。礼官舞礼而行谄,吏书献佞而请观。光乎仲尼,乃王雱圣父之赞。比诸孔子,实卞等轻君之情……又况一人幸学,列辟班随,至尊拜伏于炉前,故臣骄倨而坐视。百官气郁,多士心寒,自有华夏以来,无此悖倒之礼……’”(岳珂《桯史》[吴企明点校,中华书局 1981 年 12 月版]卷一一《尊尧集表》。按,岳珂所记有小误,即王安石封舒王在政和年间,在陈瓘撰成《四明尊尧集》之后)另陈瓘在《四明尊尧集序》中还讲到:王安石子王“雱为安石画像赞曰:‘列圣垂教,参差不齐。集厥大成,光乎仲尼。’蔡卞书之,大刻于石,与雱所撰诸书经义并行于世”(佚名《宋文选》卷三二)。在陈瓘看来,蔡卞、蔡京等的尊王安石、贬低皇帝的行为非但没有收敛,反而变本加厉地越走越远,他的态度也就由反对二蔡发展到反对王安石本人了。

三、陈师锡给陈瓘的信

了解了陈师锡其人,了解了陈瓘为什么要写《日录辨》及《尊尧集》,才能读懂陈师锡写给陈瓘的信。但是,必须说明,陈师锡给陈瓘写信时所看到的,却不是两部《尊尧集》,而仅是《日录辨》。在他写给陈瓘的这封信中,他都表述了哪些意见呢?(一)陈师锡提出:《日录》不仅是私史,而且是诬伪之书、诋谤之书。他说:“昔尝见叶致远言:荆公晚年自悔作此书,临终命门人焚之。辨焚他书以给公。公殆,卞[缺]纵横撰造,恣逞私意,甚者至于因事记言为异日自便之计。”显然,他认为,《日录》原本就有诬伪、诋谤的内容，王安石生前已后悔写此书，蔡卞又增加了诬伪、诋谤的内容，而诬伪、诋谤的针对者，应该就是宋神宗。（二）陈师锡反对陈瓘赞许王安石为圣人、伊尹，他说："然吾友谓安石圣人也，与伊尹同伴，此何言之过也。吾辈在学校时，应举觅官，析字谈经，务求合于有司，不得不从其说。"他承认，自己在太学时也讲过这类话，但那是被迫不得已。（三）王安石废《春秋》是错误的，他说：《春秋》"孔子之所作也。先儒断天下之事，决天下之疑者，《春秋》也，安石废而不用，正君臣，定名分，《春秋》之法也。"（四）由《春秋》的正君臣、定名分，陈师锡进一步提出，王安石在君臣关系上的说法是错误的。他说："安石治平中唱道之言曰：道隆德骏，虽天子北面而问焉，与之迭为宾主。夫天尊地卑不可易也，明此南面尧之为君，明此北面舜之为臣，自古未有君而北面者。安石以性命道德为说，乃谓君可北面与臣迭宾主耶。"（五）陈师锡反对陈瓘的王安石是宋神宗师的说法。他说："吾友谓安石神考师也，此何言之失也。神考于熙宁间两相安石，首尾不过九年，逮元丰之亲政，安石屏弃金陵凡十载，终身不复召用，而亦何尝师之有。"（六）陈师锡认为王安石尽废祖宗成宪，远取渺茫不可稽考的三代之法是错误的。他说："自古有天下之君，未尝不守祖宗之成宪，明训后世子孙，妄为更张，鲜不召乱，岂有扫荡我祖宗之宪之训，远取三代渺茫不可稽考之事力行之者。"（七）陈师锡不赞同说王安石有划弊革故之功。他说："吾友又曰：安石有划弊革故之功。此何言之陋也。祖宗之法行之几百年……法则久而必弊，因其弊而革之，虽弊不穷。仁皇之末，适当因革之时，而神考初政有为，必有划弊革故之臣，苟得忠厚之人，则祖宗之法尚可因弊革故，再新无穷。不幸遇安石，力扫痛荡，一切颠倒之……于今……成败可见。风俗之醇醨于祖宗时如何，廉耻之废立于祖宗时如何，人才之美恶于祖宗时如何，民力之贫富于祖宗时如何？……愚恐更一二十年，事穷力殚弊蛊百出，土崩瓦解之势见……若谓划弊革故之功，非敢闻也。”陈师锡认为王安石变法的效果很坏，并预言一二十年后国家会土崩瓦解。（八）陈师锡不赞同讲王安石有讲解经义之能。他说：“吾友又谓安石有讲解经义之能，有作成人才之功，此何言之蔽也。安石之学，本出于刑名度数，性命道德之说，实生于不足，解经奥义皆原于郑康成、孔颖达，旁取释氏，表而出之，后学不考其本，因受其欺耳。”（并见宋吕祖谦《宋文鉴》卷一二〇陈师锡《与陈莹中书》）陈师锡的信可谓短小精悍，句句无废言，而重点在批评王安石。他对王安石新学、新法都表示了不赞同的态度。这是他同当时的陈瓘在认识上的一个主要差异所在。而陈瓘从《日录辨》《合浦尊尧集》到《四明尊尧集》的转变，也主要表现在对王安石的态度上。所以，周必大认为，陈师锡的信对陈瓘的转变起了重要作用。

如前所述。陈师锡的信重新被发现，在当时造成了相当大的影响。除了信的内容本身之外，也同当时的政治环境、思想文化学术环境有关。因为隆兴和议以后，战事减少，动乱减少，社会环境相对安定。人们痛定思痛，不能不进一步思考北宋灭亡的历史教训。其实这种思考从北宋灭亡时即开始了。最高统治者为了自身利益，以遵从孝道为名，不允许过多地批评老皇帝，人们必然地把批评的矛头指向掌权的新党，指向当时当权的蔡京等。这时，人们便越发地注意到陈师锡、陈瓘的历史功绩，尤其是他们的大无畏精神，他们的卓识远见。绍兴初年，名臣李光在为陈师锡的奏议集作序时就讲：“是时蔡京方为翰林学士承旨，虽明智之士，未能知其必乱天下也。公独慨然论奏，条其过恶，章凡四五上而不已，且曰若果用京，则治乱自此分，祖宗基业自此隳。臣非自爱而忧之，盖为陛下忧，为社稷忧，为天下贤人君子忧。未几，京遂为执政，尽逐异己者，固宠市权，荧惑主听，握国柄者几三十年，谏争之路自此塞绝。卒之，强敌肆虐，生民涂炭，公之言始效于此，可不谓先见之明乎。司马温公志吕献可墓，称其论列王安石于海内归重之时，人主信任之际，以谓明达先识己所不及。若伯修可谓无愧于斯人矣。某尝恨今世士大夫徒知称诵陈莹中，而知公者尚鲜。岂非造膝之言秘不敢传乎？”名儒杨时先后撰写《沙县陈谏议祠堂记》《南剑州陈谏议祠堂记》称许陈瓘，其中说：“初，京为翰林学士承旨，以辞命为职，潜奸隐匿未形于事，虽位通显世之人，盖莫知其非也。公于是时，力言京不可用，用之必为腹心患，宗社安危未可知也。闻之者往往甚其言，以为京之恶不至是。已而阴结嬖幸，窃国柄，矫诬先烈，怙宠妄作，为宗社祸，悉如公言。于是人始服公为蓍龟也。昔王文公安石以学行负时望，神宗皇帝引参大政，士大夫相庆于朝，谓三代之治可以立致。吕公献可独以为不然，抗章论之，虽文正温公犹以为太遽，欲献可姑缓之。未几，多变更祖宗故事，以兴利开边为先务，诸公虽悉力交攻之，莫能夺，其流毒至于今未殄也。故温公每谓人曰：献可之先见，余所不及，心诚服之。余以为公之于京言之于未用之前，献可于文公论之于既用之后，则公之先见，于献可有光矣。二公之言盖异车而同辙也。”（均见杨时《龟山集》，文渊阁四库全书本，卷二四）陈瓘的《尊尧集》，由于是针对王安石、蔡卞的，此间广泛流传，引起了宋高宗的注意，于是在绍兴二十六年六月，宋廷下令给陈瓘追加谥号。李心传记：

> ［绍兴二十有六年六月乙卯］诏故赠右谏议大夫陈瓘特赐谥忠肃。先是，上谓辅臣曰：“近览瓘所著《尊尧集》无非明君臣之大分，深有足嘉。易首乾坤，孔子作系辞，亦首言天尊地卑。春秋之法，无非尊王。王安石号通经术，而其言乃谓：道隆德骏者天子当北面而问焉。其背经悖理甚矣。瓘宜赐谥以表之。”事下太常，至是，用博士刘嵘拟定行下。（《建炎以来系年要录》卷一七三）

这使陈瓘的知名度更加提高。人们在回顾北宋灭亡的历史，总结其沉痛教训的过程中，既佩服二陈的不畏强暴和远见，又重视二陈对新党、新学、蔡京的批评。这就是朱熹撰写《读两陈谏议遗墨》的背景。

四、朱熹《读两陈谏议遗墨》的主要论点

朱熹在《读两陈谏议遗墨》（以下简称《遗墨》）中首先提出的一个论点是：王安石《日录》不是蔡卞的伪作，而是王安石本人所作，它真实地反映了王安石的思想。它甚至不是王安石晚年退居江宁的“怼笔”。至于蔡卞是否做了篡改，那是无足轻重的。客观地讲，这个论点应主要是针对陈瓘《日录辨》及《合浦尊尧集》的，《四明尊尧集》中观点虽有改变，按朱熹的看法，改变得也不彻底。《遗墨》随又提出：陈瓘在讲到他从《合浦尊尧集》到《四明尊尧集》的转变中，杨时起了作用，却没有提到陈师锡，这使一些人感到不解。朱熹认为，这一转变杨时确实起了关键作用，人们的质疑是多余的。（这或许同陈师锡与苏轼关系密切，而陈瓘与理学家关系密切有关）以上两个论点只是引子，本文的主要观点却是在下文展开的。

朱熹明确提出，陈师锡批王安石没有抓住要害，即没有抓住其“受病之源，遗祸之本”。什么是王安石的“受病之源”呢？那就是王安石“质虽清介，而器本偏狭。志虽高远，而学实凡近”。不懂得要“以格物致知、克己复礼为事”。什么是王安石的“遗祸之本”呢？那就是他用自己的邪说，迷惑了宋神宗的心。所以，陈师锡（其实当时很多人都是这样想或这样说的，这样想、这样

说的目的，是要将宋神宗同王安石加以区分）讲王安石不是帝师，王安石做宰相仅九年，而宋神宗在位的大部分时间王安石都被排斥在外，这种看法是错误的。朱熹接着讲，王安石要变的想法并不错（这一点他同陈师锡的看法趋近，但对祖宗之法的态度上略有差异），错误在于王安石的“躁率任意”。而反对新法的人也“未能究其利病之实，至其所以为说，又多出于安石规模之下”，所以才导致新法之祸。令人遗憾的是，朱熹在这里没有展开，没有明确具体地说明王安石“受病之源，遗祸之本”是什么，容易产生误解。这是朱熹针对陈师锡信的第一点批评。

朱熹针对陈师锡信的第二点批评，是围绕陈指责王安石“远取三代渺茫不可稽考之事而力行之”展开的。推崇三代是理学的重要基点。因为依据道统说，三代是王道相传，而秦以后统治者都背离了王道，于是才有“绝学”。朱熹提出，三代之政都是见诸典籍的，不是虚无缥缈的。王安石也不是真的要效法三代，他讲《周礼》不过是断章取义地装饰新法。如果真的尊崇三代，就要以“格君之本，亲贤之务，养民之政，善俗之方”为急务，而不应“独于财利兵刑为汲汲”。朱熹的这一论述，可以视为他对王安石变法的进一步批判，是对“受病之源，遗祸之本”的一个说明。

朱熹针对陈师锡信的第三点批评，是围绕王者师问题展开的。其实这是一个由来已久的话题。至少在宋仁宗在位时期，思想家李觏在“疑孟”时就涉及了这个问题。后来，司马光、苏轼（可能与反王安石变法有关）等在“疑孟”时都讨论了这个问题，而且作为“疑孟”的主要话题加以论述。陈师锡提出这个问题，有可能是受了苏轼的影响。当然，更是因为考虑到要说明王安石不忠的政治需要。如前所引，宋高宗在讲陈瓘批王安石时，也是讲的这个问题。然而，想作王者师，或许是历代大儒的共同心愿，更是朱熹的愿望。既是“师”，就要有师道尊严，所以，“迭为宾主”就绝不是不忠的问题。所以，朱熹认为陈师锡是“峻文深诋而矫枉过直”了。在朱熹此文的结尾部分，他指名批评了刘安世，说刘安世关于庙学配享的文章是拾了芝麻，丢了西瓜（“杀人于货之盗而议其窃钩之罪，对放饭流歠之客而议其齿决之非”），也是基于此。

朱熹针对陈师锡信的第四点批评，是批驳“安石之学独有得于刑名度数，而道德性命则为有所不足”的。（陈师锡的原话是：“安石之学，本出于刑名度数，性命道德之说，实生于不足。”朱熹的理解是否精当，似还有讨论余地。）朱熹认为，道德性命根本，刑名度数是派生物，二者“相为表里如影随形”，“于此即有不足，则于彼也亦将何自而得其正耶”。朱熹接着举例说明王安石在“刑名度数”方面的问题：王安石“与僧卧地而顾客褫衣”。《字说》“分文析字以为学，而又不能辨乎六书之法”，“废其五法而专以私意为言”。王安石“使其妻穷奢极侈、斥逐娣姒而诟叱官吏”，“使其子囚首跣足箕踞于前，而干预国政”。“按问条法亦皆缪戾烦碎而不即于人心”。朱熹此所讲王安石“刑名度数”方面的问题，其实是侧重于修身齐家的。他所讲的“刑名度数”，与今人的理解是有一定差距的。

朱熹针对陈师锡信的第五点批评，是围绕王安石释经展开的。朱熹认为陈师锡“不责其违本旨、弃旧说、惑异教、文奸言之罪，而徒讥其奥义多出郑、孔意，若反病其不能尽黜先儒之说以自为一家之言”。这里首先的问题是对旧注的态度，朱熹认为旧注是有错误的，他本人对旧注做了许多纠正，但他又认为旧注是不能舍弃的，大部分郑、孔旧注还是可信的。所以，依从郑、孔旧说并不是王安石的错误，而王安石的错误恰是“弃旧说”。而王安石更主要的错误，还在于他没有从经典中体悟到圣贤的“立言本意”，不能“明理”，“至于天命人心日用事物之所以然，既已不能反求诸身以验其实，则一切举而归之于佛老”。有些对经典的诠释，又是为其“违众自用、剥民兴利、斥逐忠贤、杜塞公论”找理论借口的。朱熹批王安石的话中，最值得注意的是“反求诸身”，它包含了理学的治心要求和途径。

朱熹最后做了小结。他在高度评价二陈“能出死力以排斥”王安石学说的同时，又委婉地批评陈师锡“自未得圣贤之门户（从记载看，陈师锡的确少有与理学者接触的事）”，所以，陈师锡对王安石的批评是不得要领的。他认为，同陈师锡相比，杨时的批评更接近真理：“离内外、判心迹，使道常无用于天下，而经世之务皆私智之凿者。”文章末尾，朱熹又离开主题，反驳了人们对王安石“一道德”的批评。朱熹认为，一道德是不错的，关键是用什么来“一”，王安石用新学来“一”固然是错误的，如果用正确的学说来“一”，那就另当别论了。朱熹的这段话，可以看作是对苏轼的批评。

五、朱熹的治国理念

如上所述，朱熹《读两陈谏议遗墨》主要是针对陈师锡给陈瓘的信的，表面看，朱熹批驳的绝大部分是陈师锡的观点，但陈师锡的信却是针对王安石新学、新党、新法的。所以，朱熹此文实际上也是批判王安石的，或者说，是朱熹给陈师锡的批判“纠偏”的。有些想淡化荆公新学与朱熹理学的矛盾的学者，从这篇文章中看到了二者间的许多共同点。而朱熹在此文中的确多处肯定了王安石的品质、观点、做法。但是，我们决不能忘记朱熹对王安石本人、新党、新学的整体评价，即“迷国误朝”，“于天下之事，每以躁率任意而失之于前，又以狠愎徇私而败之于后”，“大本不正，名是实非”，“骋私意饰奸言，以为违众自用、剥民兴利、斥逐忠贤、杜塞公论之地”，“败国殄民至于如此”，“新法之祸所以卒至于横流而不可救”。二者间最根本的不同，就在于治国理念的不同。因为朱熹此文重在批驳，所以未能对此作正面展开，但我们仍可从字里行间，了解其梗概。在文章的开头，朱熹就指明，他认为王安石《日录》暴露出的主要问题是“惑乱神祖之聪明而变移其心术，使不得遂其大有为之志，而反为一世祸败之源”。朱熹在指责陈师锡未能抓住王安石“受病之源，遗祸之本”时提出：王安石不“知以格物致知、克己复礼为事”。而其“遗祸之本”则是将宋神宗的心引向邪路。在论述三代之政时，指明“格君之本，亲贤之务，养民之政，善谷之方”才是急务，应优先施行的。而王安石是“大本不正”，“先后之宜又皆颠倒”。在论述释经时，又讲王安石“不能反求诸身”，却急于“剥民兴利”等。由此，我们已能看到朱熹治国理念的轮廓。

为了进一步了解朱熹的治国理念，我们可以考察一下朱熹在一些重大历史转折时刻的言行，将其同上述朱熹对王安石的批评相对比，或许可以对此有更深的认识。绍兴末年，宋孝宗即位，孝宗是一位想有作为的皇帝，这一点同宋神宗颇有些类似，而在这一关键时刻，朱熹没有放弃其实现政治抱负的机会，借诏求直言上书给宋孝宗。在上书中朱熹开宗明义地讲：

> 致知，为治之先务也……端本正始，自贻哲命之时，因时顺理乘势有为之会也……［要有］非常之事非常之功……帝王之学不可以不熟讲也……臣闻之：尧、舜、禹之相授也，其言曰：人心惟危，道心惟微，惟精惟一，允执厥中……古者圣帝明王之学，必将格物致知，以极夫事物之变，使事物之过乎前者，义理所存纤微毕照，了然乎心目之间，不容毫发之隐，则自然意诚心正，而所以应天下之务者，若数一二、辨黑白矣……然则人君之学与不学，所学之正与不正，在乎方寸之间，而天下国家之治不治见乎彼者如此，其大所系岂

浅浅哉……盖致知格物者，尧舜所谓精一也。正心诚意者，尧舜所谓执中也。自古圣人口授心传而见于行事者，惟此而已。（朱熹《晦庵先生朱文公文集》［上海古籍出版社、安徽教育出版社2002年12月朱子全书本，下同］卷一一《壬午应诏封事》，绍兴三十二年壬午夏六月孝宗即位，诏求直言，秋八月应诏上。）

次年，朱熹初次面见宋孝宗，其意义自非同寻常。史载：

隆兴元年，复召入对，其一言："大学之道在乎格物以致其知。陛下虽有生知之性、高世之行，而未尝随事以观理，即理以应事。是以举措之间，动涉疑贰，听纳之际，未免蔽欺，平治之效所以未著……"（《宋史》卷四二九《道学·朱熹传》）

淳熙十五年，反对理学的宰相王淮被罢免，人们都认为宋孝宗对理学的态度发生重大改变，这是历史给朱熹提供的又一重大机会。史载：

［淳熙］十五年，［王］淮罢相，遂入奏："……天理有所未纯，人欲有所未尽，是以为善不能充其量，除恶不能去其根。一念之顷，公私、邪正、是非、得失之机交战于其中，故体貌大臣非不厚……愿陛下自今以往，一念之顷必谨而察之，此为天理耶？人欲耶？果天理也，则敬以克之，而不使其少有壅阏。果人欲也，则敬以克之，而不使其少有凝滞。推而至于言语动作之间，用人处事之际，无不以是裁之，则圣心洞然，中外融彻，无一毫之私欲得以介乎其间，而天下之事将惟陛下所欲为，无不如志矣。"是行也，有要之于路，

以为正心诚意之论上所厌闻，戒勿以为言。熹曰："吾平生所学，惟此四字，岂可隐默以欺吾君乎！"（《宋史》卷四二九《道学·朱熹传》）

随后又上封事讲：

盖天下之大本者，陛下之心也……今日之急务，则辅翼太子，选任大臣，振举纲维，变化风俗，爱养民力，修明军政六者是也……以陛下之心为天下之大本者，何也？天下之事，千变万化，其端无穷，而无一不本于人主之心者，此自然之理也。故人主之心正，则天下之事无一不出于正。人主之心不正，则天下之事无一得由于正……本在于陛下之一心，一心正则六事无有不正，一有人心私欲以介乎其间，则虽欲惫精劳力以求正夫六事者，亦将徒为文具，而天下之事愈至于不可为矣。（《晦庵先生朱文公文集》卷一一《戊申封事十一月一日》）

然而，正当宋孝宗对理学的态度发生转变的关头，却出人意料地宣布禅位给儿子光宗。光宗即位，又是一历史转变的关键时刻。朱熹也没有放过这一机会，他写了封事准备上缴光宗，也是首先讲皇帝治心：

若讲学以正心，若修身以齐家，若远便嬖以近忠直，若抑私恩以抗公道，若明义理以绝神奸，若择师傅以辅皇储，若精选任以明体统，若振纲纪以厉风俗，若节财用以固邦本，若修政事以攘夷狄，凡是十者，皆陛下所当警动自新而不可一有阙焉者也。（《晦庵先生朱文公文集》卷一二《己酉拟上封事》）

将朱熹的如上言行同他对王安石的批评对照分析，特别是联系他在《读两陈谏议遗墨》中所做的表述，我们可以很清楚地看到，朱熹的治国理念，就是想让普天下的人一起治心，而皇帝首先要带头治心，因为皇帝正才能正朝廷，朝廷正才能正百官，百官正才能正万民。所以，每当机会到来，朱熹首先想到的就是规劝皇帝治心。这是比什么都重要的。在朱熹看来，皇帝的心正了，大家的心都正了，一切关系就全可以理顺，一切问题都可以迎刃而解。那些相互残杀、营私舞弊、贪污腐化、消极懈怠、玩忽职守等，一切社会弊端都自然会被扫除，太平盛世自然就会来到。这是朱熹的理想，也是当时许多文人志士的理想，他们正是怀着这样的梦想，怀着“为天下立心，为万民立命，为往世继绝学，为万世开太平”的崇高志愿，热情激昂地努力地奋斗，甚至形成了一股潮流。在朱熹看来，王安石没有抓住根本，着急地解决钱不够花的问题，却加重了百姓负担（“剥民兴利”），着急军事，着急刑法，最要命的是用这些想法去影响皇帝，误导皇帝，这都是本末倒置，都是违背了天理，都是犯了不可饶恕的罪，导致国家灭亡是情理之中的事。

然而，南宋中后期的历史却是理学治国理念的失败史。此时期理学的地位不断上升，最终成为居统治地位的学术思想，甚至在学术界取得了独霸地位。但是，理学家想要全社会的人一起治心的愿望却没有实现，他们想皇帝带头治心的愿望实际上也落空了。皇帝不能真正依照理学的要求去治心，在治理国家的过程中，他们的私心不断地体现。人们将过多的精力和时间都用到了治心、正心诚意的讨论上，用到了千方百计地帮助皇帝治心、正心上，这确实也约束了皇帝的胡作非为，却也耽误了朝野对国家体制问题、理财问题、军事问题等的讨论。看看南宋人的传记即可知，大臣们都有颇多的经学著作，但对国家各方面具体制度的议论著述却较少。至于官员的政绩，除了救灾之外，少有建树，甚至很少见于记载。理学熏陶出了一批像文天祥、陆秀夫那样的舍身殉国的志士，却没能扭转南宋走向灭亡的历史进程。这不由得使我们产生疑问：理学家们把那么多的希望都寄托于皇帝治心，是否得当？理学家的治心理论真的是能引导人类走向太平盛世的一把金钥匙吗？

宋代头子、宣头考略

一、关于头子及头引

头子、宣头是宋代官方文书的名称，因其罕见于正史，且见于其他文献记载的次数也不多，故人们对它们较为陌生。学术界且流行一些关于它们的错误认识。今试对二者略作考察，或许有助于相关研究。笔者囿于所见，疏漏之处还望得教于方家。

关于头子，首先应当引证《梦溪笔谈》卷一的如下记载：

> 予为史馆检讨时，枢密院札子问宣头所起，予按唐故事……宣谓行出耳，未以名书也。晚唐枢密使自禁中受旨，出付中书，即谓之宣。……至后唐庄宗复枢密使……由中书直行下者，谓之宣，如中书之敕；小事则发头子，拟堂帖也。至今枢密院用宣及头子。本朝枢密院亦用札子……头子唯给驿马之类用之。

有人据此认为，前代中书小事曾用头子，宋朝则只有枢密院用头子，而且只用于驿马。其实是未细读原文，因为沈括讲的是“给驿马之类”，即是说类似的事都可用头子。北宋人吕希哲所讲更明确：

> 郭崇韬、安重诲为枢密使，始分领政事，不由中书直行下者谓之宣，如中书之敕。小事则发头子，拟堂帖也。至今枢密院用宣及头子。（《锦绣万花谷》后集卷九引《家塾广记》。富大用《古今事文类聚》新集卷一七《枢密院部》等也有征引）

即是说，枢密院大事用宣，相对的小事就用头子。沈括、吕希哲都认为头子始于五代，这可从如下记载中得到证实：

> 时周太祖以枢密使将白文珂等军西平三叛，还过洛阳。[王] 守恩以使相自处，肩舆出迎。太祖怒，即日以头子命文珂代守恩为留守，而守恩方诣馆谒坐于客次……周太祖以一枢密使头子易置之如更戍卒。是时太祖与汉未有间隙之端，其无君叛上之志宜未萌于心，而其所为如此者，何哉？（《新五代史》卷四六《杂传·王建立》）

周太祖以枢密院头子作为任免命令文书，撤换了西京留守。这是五代使用头子的事例，但此次头子非用于小事，不过事出偶然，可能周太祖此举并非正常做法。

关于宋代枢密院驿马头子，确实可查到如下记载：

> 咸平三年八月十四日，诏：应文武臣僚、三班使臣、内臣、御前忠佐、天章待诏、诸伎术官等今后差出勾当公事，所请走马头子，回日画时于所辖处送纳，赴任即到本任送纳，

并缴纳枢密院。访闻差往四川、广南等处知州、通判、都监、监押及勾当事朝臣有例乘递马者，多请走马头子。乘骑递马即慢乘进发。今后除急程赴任及勾当紧切公事即得乞乘递马，余不得更乞置借，如违犯并勘罪严断。（《宋会要辑稿》方域一〇之一八）

[天圣] 本年闰二月诏："自今应系承递马文武使臣请到头子，勾当了日，画时于合系去处送纳，缴连赴枢密院……"（《宋会要辑稿》方域一〇之二一）

[熙宁] 四年三月七日，枢密院吏房言："勘会所给递马头子内，自京差往外任住城官员虽于头子内书填，候到日子本处送纳缴连枢密院，其间多有不曾缴到者。窃虑因循别生奸弊。乞下进奏院遍牒诸路州府军监，今后官员到任，仰取索有无递马头子，如有，立便勾抽缴连，于枢密院送纳……"诏令都进奏院遍牒施行。其应短使及诸般差遣内臣大小使臣等所给递马头子，令于阁门并在京所辖处送纳。令尚书刑部遍牒在京诸处，应系……曾请领递马头子，即便具状缴连于枢密院送纳。（《宋会要辑稿》方域一〇之二三）

[熙宁八年十月己酉] 诏在京递马头子并枢密院给之。以都水监、将作监遣属官出外，或擅给之故也。（《长编》卷二六九）

上引四则记载，记述了宋真宗、仁宗、神宗三个历史时期的史事，都涉及了驿马头子及枢密院。第一则记载表明，持递马头子可骑乘快马，故当朝廷发现有人得到此种待遇却行动迟缓时，就对享受此种待遇者的范围做了限定。引文还表明，骑乘驿马后，递马头子要缴枢密院，这可以验证前引沈括的记述是可信的。第二则记载所言递马头子的功用与第一则无异。第三则记载所言递马头子的功能亦然。唯"于头子内书填"一语，似表明头子有可能是事先印制好的，内有空白项目供临时书填。这三则记载均表明，宋朝对递马头子的使用有严格的制度，官员等持递马头子骑乘马匹到达预定地点后，按规定要及时上缴递马头子给枢密院。第四则记载诏书重申递马头子由枢密院颁给，同时言及，都水、将作监有擅给递马头子的情况。

枢密院掌管递马头子虽是确有其事，但递马头子不一定非由枢密院发出。宋神宗时，监安上门郑侠发递马给朝廷献流民图，激怒了当权者，下令追究此事，郑侠上奏说明此事，主动承担责任，言：

> 自十七日开封文字取勘擅发马递之罪，实时招伏，仍申开封，元不干递铺之事，乃是侠自出头子勾马递，称为奏密急事，不得暂顷住滞，亦蒙为奏得释铺兵之罪。（宋郑侠《西塘集》卷一《三月二十六日以后所行事目》）

小小的监门官就能“自出头子勾马递”，可知递马头子不一定由枢密院签发。

又宋程大昌《演繁露》续集卷二《制度》记：

> 驿券出枢密旧制，馆券出于户部……按国初，每给驿券皆枢密院出头子令，三馆中有藏太祖御书帝翰，有亲与决者，即其来已久矣。

这里虽也是讲枢密院、驿递，与头子发生联系的，却不是递马，而是驿券。又宋岳珂《愧郯录》卷一二《金银牌》谓：

> 《三朝国史·舆服志》曰：银牌，唐制，差发驿遣使则门下省给传符以通天下之信。皇朝符券皆枢密院主之。旧有

银牌以给乘驿者，阔一寸半，长五寸，面刻隶字曰：敕，走马银牌。凡五，前缀为窍，实以韦带。其后罢之，枢密院给券，谓之头子。太平兴国三年，李飞雄诈乘驿谋乱伏诛，罢枢密院券，别制新牌，阔二寸半，长六寸，易以分书。上钑二飞凤，下钑二麒麟，两边年月，贯以红丝绦。端拱中，使臣护边兵多遗失之者，又罢银牌，复给枢密院头子。（又见［宋］王应麟《玉海》卷八五《器用·太平兴国枢密院银牌》引《三朝志》、［元］马端临《文献通考》卷一一五《王礼考十·圭璧符节玺印》、《宋史》卷一五四《舆服志》）

这里讲的虽仍是枢密院，仍与驿递有关，却也讲的不是递马，而是出使者所执的身份证明，也包括命令。值得注意的是，《三朝国史志》讲端拱中（二年）"又罢银牌，复给枢密院头子"，岳珂、王应麟均表述为"又罢篆书银牌，复给枢密院牒"。可见，在南宋人心目中，头子就是一种"牒"。引文又称头子为"券"。可知，头子就是券、牒一类的文书。

头子不仅仅应用于枢密院，还另有其他用途，为沈括所未言及。李焘记：

［大中祥符元年九月］台，丁谓请置随驾便钱头子司，每赐诸军鞋钱，但给头子，指定于某处支钱，军士各使其家人往请。乃诏殿前都指挥使曹璨问诸军可否，士皆日："随驾得钱，难以将行。骨肉住营，得钱济用，圣思厚矣。"遂置便钱头子司，车驾往还，支赐略无阙误。（《长编》卷七〇）

又佚名《丁晋公偶谈》载：

晋公（丁谓，时任三司使）曰："臣亦已有擘画。伏缘随驾兵士各是披带稍重，到处若遇有支赐钱物，如何将行。臣欲先令殿前指挥使曹璨问当六军，或遇路中有非次支赐，置随驾便钱一司，仍各与头子支，便于兵士住营处，或指定州军便支，与各人骨肉请领。一则便于兵士请领，二则兵士随驾骨肉在营得便到支钱物，因兹甚安人心。寻曹璨问诸六军，皆曰随驾请得何用，兼难以将行，若圣恩如此，皆感戴官家。”真宗闻甚喜。（[明] 胡我琨《钱通》卷一二《经术》引）

这里讲的头子显然是一种便钱券（类似现今的汇票）。它虽可能与枢密院有联系（因其用于诸军），但同时更与三司有关，因丁谓时任三司使，且军队俸禄（鞋钱是一种例赐，是军俸的一部分）是由三司调给的。所以，其颁给者究竟是枢密院还是三司实难判定。数十年后曾巩主张将此种便钱法推广到边疆军俸支给，上奏说：“臣伏见真宗议封泰山……置随驾便钱一司，各与头子支便，于兵士住营处或指定州军各使骨肉请领，一则便于兵士请领，二则随驾兵士骨肉在营得便到特支钱物……臣窃谓边防给赐士卒可推此行之，在公可省辇运，在私可无负致营护之劳，而士卒之家又速得钱物济用。”（《元丰类稿》卷三二《议边防给赐士卒只支头子》）所奏是否准行无考，如果准行，则头子的应用又有推广。

上例头子是否由枢密院以外的官署颁给，无法判定，而下引事例则能确切说明除枢密院外，宣徽院也有头子。李焘记：

[庆历二年春正月] 癸丑，知庆州范仲淹请给枢密院宣及宣徽院头子空名者各百道，缓急书填，以劝战功及招降蕃部。从之。（《长编》卷一三五。《宋会要辑稿》兵一八之二、《范文正公奏议》附《年谱》所载略同）

[熙宁三年九月甲辰] 出空名敕牒三十、宣徽院头子各一百赐宣抚司。于是，王安石论宣头、告牒事，以为当先定计，

有地有材，然后可议招怀内附……（《长编》卷二一五）

时朝廷奉祠祭尤谨，凡作一事件，纤微委曲，多所规创。六月，诏："礼仪院应行遣仪式：于宣徽院行头子，御史（头）[台]行牒处，礼仪院并札送。如不是中书、密院大臣判，即并行公牒，库务依旧行札子……"（《宋会要辑稿》职官二二之二四《礼仪院》）

从前二则引文上下文看，其中敕牒、宣、头子都是用于奖赏开拓边疆有功者的，敕牒、宣、头子颇类似官员委任状或有功凭证。前引宋朝庆历二年记事，把枢密院的宣与宣徽院的头子加以区别，说明头子并不一定是宣，而宣有时以头子的形式出现。

北宋的审刑院也曾发出头子，司马光《涑水记闻》卷三记：

……凡有事，审刑院用头子下大理寺，大理寺申状……

这是寺监用头子的事例。元丰改官制后，尚书省所属官署也有发头子的情况：李焘记：

[元丰六年闰六月癸巳]御史中丞黄履言："闻将作监丞宋彭年五月中申监，准蒲左丞吏押白头子五道，追专副人吏、作匠，有妨本场工作。将作监至六月方牒大理寺，大理寺并不追究，唯坐吏许经臣罪。臣闻法行自贵近始，蒲宗孟叨位政府（时任尚书左丞），不能悉心竭力以务报称……荒耽酒色……"（《长编》卷三三六。另参见《长编》卷五〇〇元符元年秋七月庚午曾布曰）

[元丰六年冬十一月甲寅]御史中丞黄履言："准诏具前任礼部尚书，不当发头子追太常寺吏事。今内外官司亦通用此例，与刑部用帖子下所属不同。诏履办事不直，罚铜二十

斤（十二月丙戌赵彦若云云）。”（《长编》卷三四一）

两例中前者是尚书左丞，后者是礼部尚书发头子，前者是以之调用人吏、匠人，后者是以之追讨吏人。当然，韩琦在宰相任上，做了一件颇让当时人称道的事也与头子相关。宋邵伯温《闻见录》卷九载：

> 治平初，英宗即位有疾，疾作，请光献太后垂帘同听政。有入内都知任守忠者，奸邪反复，间谍两宫。时司马温公知谏院，吕谏议为侍御史，凡十数章请诛之。英宗虽悟未施行。宰相韩魏公一日出空头敕一道。参政欧阳公已签，参政赵槩难之，问欧阳公曰：“何如？”欧阳公曰：“第书之。韩公必自有说。”魏公坐政事堂，以头子勾任守忠至立庭下，数之曰：“汝罪当死，责蕲州团练副使、蕲州安置。”取空头敕填之，差使臣即日押行，其意以谓少缓则中变矣。

宋葛洪《涉史随笔》、朱熹《宋名臣言行录》后集卷一《韩琦》、明杨士奇等《历代名臣奏议》卷六二及卷三一一引宋理宗时牟子才奏，都讲了这件事，可见其影响之深远。宰相要贬逐一宦官，在非常时期，使用非常手段，即发一头子（命令）将其召来，当即宣布罪状与处分，可知宰相也有以头子形式下命令的情况。

然而，使用头子的官署似还远不止枢密院、宣徽院和尚书省。北宋尹洙《河南集》卷二五《分析公使钱状》载：

> 洙以本州除逐季请拨公使钱外，别无不系省钱，若不于官库支借，即无由得钱回易，实曾遂度印押头子，委勾当人于军资库支借钱银，往秦州回易及收买上京交抄，并系公用库赤历支收。

这是州郡官署发头子调用钱财的事例。

[两浙提举官王子京与其弟知苏州吴县事王子韶于秀州买板葬父亏价被劾]元初子京出头子差人买板，岂可只于子韶处取覆？……称买板头引是子韶一面指挥，据案却是子京出头引之类……（《长编》卷二六八熙宁八年九月乙酉注引曾布《日录》）

这是提举常平司官出头子差人的事例。

[宣和三年六月]二十七日，中书省、尚书省言："窃闻诸州军公使库置造陈设及从人衣装之类并筵会，多是不支见钱收买，只出头子于行户取索，动经岁月，不即支还价钱。或遇守臣移替，新官更不管认，使行户虽执头引，无处支请，及闻州县见任官员亦有不支见钱只用头子取索，不即支还价钱者，以致替罢不能还足而去，委属骚扰，殊不体认朝廷爱民之意。欲下逐路监司体访，如有宫中及官员未还行人价钱，严立法禁，勒限支还……"诏从之。（《宋会要辑稿》刑法二之八二）

这是州郡出头子给商铺，强买货物的事例。由于是先给头子，后付价钱，头子在这里还有结账凭证的作用。值得注意的是，从上引两则记载可以看出，头引与头子是一回事，头子也可称为头引。上引各例说明，至少在北宋中后期，头子的使用有相当的广泛性。

前引事例中，已表明头子又可称为头引，史籍中也有不少关于头引的记载：

［政和七年］十一月六日，臣僚言："伏睹令州官及本县官不许说县镇寨宫买物，访闻贪吏违法，禁记买而不禁自买，故州官行属县，县官行镇寨，多出头引，收买疋帛丝绵等物，外邑镇寨之民尤甚苦之。欲乞今后州县官非廨宇所在，如因事至邑镇寨，唯许买饮食药饵日用之物外，余悉禁之，仍立法行下。"

……从之。（《宋会要辑稿》刑法二之六八）

前面曾引州郡官以头子强制购物，这是县官以头引强制购物，性质类似。南宋时，为防止官吏骚扰盐民，妨害榷盐收入，朝廷曾有如下举措：

［绍兴］六年六月十五日，诏："监司、州县并巡尉下公人兵级，非缘公、虽缘公而无所执印头引，并不得擅入亭场。如违，以违制论；因而搔扰乞取盐货，计赃坐罪。所属当职并场监官失觉察，并取旨行遣，许亭户越诉。"（《宋会要辑稿》食货二六之二五）

这里，头引又成了官吏合法下亭场的证明文件。前述北宋宰相韩琦用头子召宦官治罪事，南宋也有一类似事例，即枢密院长官刘珙以头引召殿帅王琪责问，请看朱熹所记：

殿前指挥使王琪尝密荐士得召用。公（刘珙）请其所自，上以琪告。公退，坐堂上，呼院吏作头引召琪至而诘之，琪恐惧不能置对，请后不敢，乃叱遣去。（《晦庵集》卷八八《少傅刘公神道碑》、卷九七《观文殿学士大中大夫知建康军府事兼管内劝农使充江南东路安抚使马步军都总管营田使兼行宫留守彭城郡开国侯食邑一千六百户食实封二百户赐紫金鱼袋赠光禄大夫刘公行状》[代平父作]，宋杜大珪编《名臣碑传琬琰之集》下卷二二《宋故观文殿学士太中大夫知建康军府事兼管内劝农使充江南东路安抚使马步军都总管兼营田使兼行宫留守彭城郡开国侯食邑一千六百户食实封二百户赐紫金鱼袋赠光禄大夫刘公行状》。另参宋魏了翁《鹤山集》卷一八《应诏封事》）

概言之，宋代的头子是一种官方文书，它签发手续简单，多用于相对小的事，用途有一定的广泛性。当然，关于它的具体形制，还有待进一步研究及实物的发现。

然而，宋赵鼎《忠正德文集》卷一〇《家训笔录》（绍兴甲子）记赵家有一项家规：

众位子孙同签头引，及主管宅库人亲身到彼，方得交付。如诸位子弟衷私取索，即不得应副，如辄支借，将来计算，本宅并不认数。

这里的“头引”显然不是官府文书，而是赵家自己的文书，这是官府文书名称变成民间文书名称的例子，这种现象在我国或许还能找到类似的事例。

另外，头子似不只是宋朝用，与之对峙的辽朝可能也用。《辽史》卷四五《百官志一》载：

[北院枢密使属下] 给事北院知圣旨头子事，掌北院头子。

[南院枢密使属下] 给事南院知圣旨头子事，掌南院头子。

据此，辽朝枢密院也用头子，可惜除此外，再也找不到其他记载，故难知其详。

二、关于宣头及宣帖

前引记载中“宣头”也时时可见。沈括记当时枢密院问他“宣头所起”，他讲的却是“宣”，大约“宣”与“宣头”区别不大，或则先有“宣”，“宣头”是由“宣”派生而出的。“宣头”的含义从字面上可做三种推侧：一是传达旨意的头子，二是宣徽院颁下的头子（此种可能已被沈括及下引宋敏求的话否定，因为他们都讲枢密院也颁发宣头），三是宣与头子的合称。大约与沈括同时，宋敏求也被咨询降宣事，宋氏的答复与沈括很相似，他记述说：

> 枢密院问降宣故事，具典故申院。按，今有梁朝（朱梁）宣底二卷……或除官、差官，或宣事于方镇等处，其间有云宣头、宣命、宣旨者。梁朝以枢密院为崇政殿，始置使，以大臣领之，任以政事……当时以宣传上旨，故名曰宣，而枢密院所出文字之名也，似欲与中书“敕”并行。虽无所明见，疑降宣始自朱梁之时。（《春明退朝录》卷下，孙逢吉《职官分纪》卷一二《枢密使》引录）

宋敏求没有讲到头子，而据他讲，宣头乃是宣中的一种（这说明不能将“宣头”理解为“宣”与“头子”两种事物）。他讲“宣”的意思是“宣传上旨”，与沈括讲的“行出”接近。他们都讲，宣与敕的区别主要是：宣是枢密院（崇政院）颁出的，而敕是由中书颁出的。宋人高承在解释“宣头”源起时，征引了上引沈括的文字，最后说：“不关中书直行下者，谓之宣，如中书之敕也。是则宣头之始，出于晚唐而定于后唐也。”（《事物纪原》卷二“宣头”）这些说法都倾向于前一种解释，即宣头就是一种不经政事堂而传达旨意的公文。沈括、宋敏求、高承都一致认为宣、宣头始于五代，这从《旧五代史》的如下记载中得到证实：

博王乃密上封章，请严宫禁，因以莱州刺史授于郢王友珪，才睹宣头，俄行大逆……（《旧五代史》卷八《梁书·末帝纪上》）

杨彦温，汴州人，本梁朝之小校也。庄宗朝累迁裨将。天成中，为河中副指挥使。及末帝镇河中，尤善待之，因奏为衙门都指挥使。长兴元年四月，乘末帝阅马于黄龙庄，据城谋叛。末帝遣人诰之曰：“吾善待汝，何苦为叛?”彦温报曰：“某非敢负恩，缘奉枢密院宣头令某拒命，请相公但归朝廷，数目诏末帝归朝，明宗疑具诈不欲兴兵……”（《旧五代史》卷七四《唐书·杨彦温传》）

又朔州节度使赵崇与本城将校杀伪节度使刘山，寻已安抚军城乞归朝廷，臣相次具奏闻，昨奉宣头及累传圣旨，令臣凡有往复……（《旧五代史》卷九八《晋书·安重荣传》）

这三例中，第二例明确讲是“枢密院宣头”，其他两例不明确，但都是传达皇帝、朝廷的意旨。除《旧五代史》外，宋王溥《五代会要》中也有如下记载：

内中有公事商量，即降宣头，付阁门开延英，阁门翻宣，申中书并榜正衙门。（《五代会要》卷六《开延英仪》）

推事：周显德五年闰七月一日，御史台申：台司见管四推，台一推，台二推，殿一推，殿二推。台或准敕命、宣头、堂帖指挥送到公事，并诸道州府论诉……出使：周显德五年闰七月一日，御史台申：台司或准敕命、宣头，委台司差官出外推勘刑狱……（《五代会要》卷一七《杂录·御史台》）

显德三年八月二十四日，宣头节文：改立盐法如后……（《五代会要》卷二七《盐铁杂条》下）

上引第一例讲朝廷要在延英殿召开御前会议，要用宣头下达命令。第二例更将敕命、宣头、堂帖并列，第三例是用宣头颁布新盐法。宣头在各例中都负有重要使命。

宋王钦若等《册府元龟》中也可以找到如下关于五代宣头的记载：

长兴元年九月，利阆遂三州奏：东川节度使董璋……岂有武虔裕身为刺史，辄敢縻留大程官，手执宣头，略无遵禀，而又淫刑害物，酷法作威。《册府元龟》卷一二三《帝王部·征讨第三》

安重诲，明宗时为枢密使，诱河中副都指挥使杨彦温乘潞王阅马，于皇龙庄据城谋叛。王遣人诘之曰："吾善待汝，何苦为叛？"彦温报曰："某非敢负恩，缘奉枢密院宣头，令某拒命。"（《册府元龟》卷三三九《宰辅部》）

张演，河北转运司前行也。明宗长兴元年七月，镇州奏：演伪出宣头支钱三贯，令外甥交领。（《册府元龟》卷九二四《总录部》）

在上引三例中，前两例宣头都是枢密院的命令，后一例中，作为转运司吏人的张演，竟用"伪出宣头"支钱三贯，钱数既不多，则此宣头不应由枢密院签发，但既能支钱，也属上对下的命令。

五代史籍中记载宣头的次数远多于头子，说明当时“头子”一词的应用远不如“宣头”广泛。而从上引记载看，也不尽如沈括、宋敏求等所言，即宣头在五代并不常用于小事，相反，宣头在五代往往具有很强的权威，皇帝或朝廷时时用宣头来颁布重要法令。

在宋代，宣头见于记载较多的是传达朝廷、枢密院甚至是皇帝本人的命令，其中包括军队调动。例如：

真宗咸平六年七月内，帝曰：“自来边鄙戍兵受代往还，朝廷须遣使部押。本营既知各办行计，洎别商议改更，或即且留，虚成烦费，各有怨咨。今后替移，并密封宣头，令遣使直至军前施行。”（《宋会要辑稿》兵五之一）

［皇祐二年六月］辛未，判亳州、宣徽南院使、建武节度使郭承祐落宣徽南院院使。谏官御史言承祐前在南京，给粮不以次，置陈取新，苟悦军士，擅留纲粮，及批书宣头不发戍兵，越法杖配轻罪，借用翰林器，出入拥旗枪，以禁兵拟周卫，体涉狂僭、无人臣礼故也。（《长编》卷一六八。另见《宋会要辑稿》职官六五之七、《宋史》卷二五二《郭从义传附承祐》）

《使北录》……［童］贯既狂妄误国，是时在廷皆无敢拒之者，圣意欲俟国信使来，问而后行，万一其或可缓也。而［陶］悦幸能纵横遏其说，而撤其谋，即日下诏，抽回已发禁军，拘收已降宣头。悦聘复命忠实可嘉，当是时，朝廷不敢峻其褒擢词呈不敢指其事实，则贯之气焰可知矣。（［宋］徐梦莘《三朝北盟会编》卷六《政宣上帙》）

以上三例都是用宣头调动军队。调动军队牵涉军权，在宋代是大事，此时宣头的重要是可想而知的。

战争时期，涉及军事秘密的公文也时时以宣头形式发出：

康定元年八月二十四日，端明殿学士李淑等言："参酌古制，定到铜符、木契、传（言）[信] 牌形制及施用条件：铜符之制，上面刻篆字曰某处发兵符，下面铸虎豹为饰而中分之……右五符留京师，左符降逐处总管、钤辖、知州军官高者掌之。凡发兵，枢密院下符第一至第五，周而复始。全指挥三百人至五千人，用一虎一豹符；五千人以上，用双虎双豹符。下符日，枢密院以右符第一为始，盛以匣，封以枢密院印，差使臣赍宣命同下。宣头内言下第一符发兵若干，本处将佐符勘讫，即发兵与使臣，复封右符付使臣还，仍急递以闻……"诏有司制造，仍令淑领其事。（《宋会要辑稿》刑法七之一二）

据引文，军队调动枢密院的虎符与宣头同时颁下，虎符证明身份，宣头载有文字指令。又有记载：

[康定二年] 十一月十五日，臣僚上言："乞自今发机宜文字宣头，令枢密院拜三司缄密题记，付所差使臣赍下诸处。"诏枢密院、三司应添兵食、案籍、边防机宜事，并实封下逐处；其河、陕三路州军转运司并准此，违犯重罚。（《宋会要辑稿》仪制七之二二）

此记载大约是讲宣头涉及军需、军事供给的，要加强管理。欧阳修庆历年间任河北都转运使，他在上奏中几次言及宣头。如："续准宣头节文，令下河北转运使副、提点刑狱朝臣使臣，候到逐处，将赏给物色若是估价尚高，更仰重行估计。其札子、宣头并不得下司……"（《文忠集》卷一一七《河北奉使奏草·乞不令提刑司点检赏给》）又："臣自蒙朝廷差充转运按察使已来，前后累准密降不下司宣头、札子，令常常用心体量辖下官吏……昨准宣头节文，一十九州军择人久任外，其余州军长吏令中书门下，枢密院选差……”（同上《乞罢郭承佑知邢州》）又“准宣头节文，磁州奏，据武安知县张景伯申，今月六日有军贼约二十余人入县围劫县城……”（同上《保明张景伯》）这里的宣头，显然都是公文，但不是由中书门下（政事堂）正式颁下的，似是由枢密院颁下的指令性公文，有的还规定不得转发下属。由于河北属边疆，事涉机密，故公文也不走常规渠道。与欧阳修时代接近的余靖则对当时宣头等不走常规渠道表示不满，上奏言：

敕仍旧差人送付本官外，其余迁免官资，升降差遣及断遣刑名，改更敕令，应是告身、宣头、敕牒，并令中书、枢密院准故事进内，发付门下封驳司审省申覆……（庆历四年上时知谏院）（［宋］赵汝愚编《宋名臣奏议》卷五六《百官门》余靖《上仁宗乞宣敕并送封驳司审省》）

记载中还有以宣头传达借马、赐马规定、命令的情况：

臣伏见去年十月十七日及二十七日宣传圣旨，令群牧司借支带甲马二匹，并随行草料，与新差保州巡检都监杨怀愍。本司为准大中祥符五年宣头节文，今后应有臣寮及使臣脚下已有官马，因差遣并不得乞借官马，碍此条贯，遂具札子于十二月二日进呈。得旨祗令赐马一匹，自备草料。枢密院出降宣头之次，至三日，又传圣旨却令借带甲马二匹随行。十七日内，为一小事，四蒙宣旨，三令借马二匹，一令赐马一匹，本司不知所从，遂再具进呈。当月十六日批降圣旨云：已赐与马，其札子更不行。方敢依准宣头指挥。且枢密院是陛下枢密发命之司也，得旨画依方降宣命于外颁行之……

（天圣七年四月上，时为群牧判官）（《宋诸臣奏议》卷一四六《总议门》庞籍《上仁宗答诏论时政》）

引文中“宣头节文”中有关于借马的规定，这种规定是必须执行的。而枢密院“得旨”赐马一匹的命令也是用宣头下达的。记载中还有宦官以宣头索要钱物的情况：

［宝祐］二年乙卯春，除校书郎……又曰：京师国家之根本……迩年之为是官者，失其设官之本意，不过为阉竖辈一大承受耳。无名宣头，真伪莫诘，非时取索，隐匿莫稽，亲密之地……（［宋］方中续辑《蛟峰外集》卷三文及翁《故侍读尚书方公墓志铭》、《文献集》卷一〇下元黄溍《蛟峰先生阡表》）

记载中又有赏赐臣下财物时颁下宣头的情况：

臣某言：今月八日进奏院递到宣头一道，伏蒙圣慈，以臣先撰元德皇太后谥册文，特赐臣衣著五十匹、银器五十两。（［宋］王禹偁《小畜集》卷二二《谢宣赐表》）

臣某言今月日枢密院送到宣头一道，付臣次男某令随臣赴任西京侍疾，仍不落请受者。（《小畜集》卷二三《谢宣旨令次男西京侍疾表》）

至和三年八月五日，枢密院言：“应文武臣僚因差遣合赐钱银等，欲令逐房置印历一道发放。所降宣头札子，左藏库监官亲于印历上书字收领，次日令本房副承旨点检印历签押。”从之。（《宋会要辑稿》礼六二之八九）

大约这时的宣头内容主要是说明赏赐的缘由及数额的。宋代每年年初皇帝要赏赐重要大臣历日（相当于后代的日历或皇历），通常要附一宣头。宋王禹偁《小畜集》卷二一《谢历日表》、田锡《咸平集》卷二六《谢赐历日》、宋杨亿《武夷新集》卷一二《谢赐历日表》、曾巩《元丰类稿》卷二八《谢熙宁五年历日表》等都言及此。

不过，宣头见于记载最多的却是用于赏功，请看下引：

张鉴……请假臣安抚之名，上称善。鉴至成都，［王］继恩犹偃蹇，不意朝廷闻其纵肆。鉴之行，上付以空名宣头及廷臣数人……（《长编》卷三六淳化五年十二月戊寅朔，另见宋彭百川《太平治迹统类》卷三《太宗平李顺》、《宋史》卷二七七《张鉴传》）

［庆历元年十二月］知秦州韩琦请降枢密空名宣头五十道，以赏属羌有功者。从之。（《太平治迹统类》卷八《仁宗经制西夏要略》）

［庆历三年八月］丁巳，给空名宣头百道，下陕西宣抚使韩琦，以备赏功。（《长编》卷一四二）

［庆历四年七月］壬午，降空名宣头百道，下陕西、河东宣抚使范仲淹，以备赏功。（《长编》卷一五一）

［庆历八年正月］乙酉，降空名告敕、宣头、札子三百道，下河北宣抚司以备赏战功。（《长编》卷一六二。按：《宋会要辑稿》兵一八之三载此事作“告、敕、宣、头子”。也可能是遗落了“札”字）

［皇祐四年冬十月］己卯，降空名宣头、札子各一百道，锦袄子金银带各二百，下狄青以备赏军功。（《长编》卷一七三）

自智高初叛，上擢狄青宣徽南院使，充京湖南北路宣抚使、提举广南经制贼盗事，降空名宣头一百道，付青以备赏功。（［宋］李攸《宋朝事实》卷一六《兵刑》）

[熙宁]二年二月十六日，诏："今后陕西诸路沿边兵校，如有因与贼敌斗斫到人头合该转补者，并可于奏到三日内出给宣头。"（《宋会要辑稿》兵一八之四）

[元丰四年七月]二十三日，诏："鄜延、环庆、泾原、熙河、麟府路，各给诸司使至内殿崇班敕告百，东头供奉官至三班奉职宣头二百，鄜延路别给三班借职至殿侍军大将札子百……随功大小补职书填给付。"（《宋会要辑稿》兵一八之六。按，《长编》卷三一四同年月戊申条，将"宣头"误为"军头"，遂不可解）

[元丰四年八月庚申]高遵裕乞降空名敕告、宣札、紫衣师号敕、度僧牒。诏更给敕告、宣头、札子八百五十，紫衣师号敕、度牒八百。（《长编》卷三一五）

[元丰五年秋七月丁酉]续给空名宣头百，付河东路经略司。（《长编》卷三二八）

[元丰七年五月己亥朔]诏鄜延、环庆、泾原、熙河兰会、河东路各给空名宣头札子二百。（《长编》卷三四五）

这里我们还想借用《金史》的如下记载：

[天会元年（1123，相当宋宣和五年）]十月壬辰，诏以空名宣头百道给西南、西北两路都统宗翰，曰："今寄尔以方面，如当迁授，必待奏请，恐致稽滞，其以便宜从事。"（《金史》卷三《太宗纪》）

所引《金史》记载的史事与所引宋代史料时间相近，可以互相印证。再将它与上引各则关于宋朝史事的记载比照，它们所涉及的宣头功用都是一样的，即都是官方颁给的一种官职委任状（有的还明确是"空名"待填的），用于奖赏有功人员，一次常常发上百份。上引记载亦明确地反映出，宋朝的敕告、宣头、札子是因颁给对象不同而有高低贵贱之分的，官职高的用敕告，较低的用宣头，品外的用札子。这一点在宋初的如下规定中也有体现：

> 国朝《开宝通礼》载：……凡参知政事、宣徽使、枢密副使、大两省、两制、秘书监、上将军、观察使以上，其授官告、敕牒，皆拜敕，舞蹈于殿门上。若止授敕或宣头者，止再拜。余官于殿门阶下，止再拜。若止敕或宣头，不拜。（《宋会要辑稿》礼五九之二。另见《宋史》卷一一一《礼志》）

这里，任命同种官职，官告就要拜敕，舞蹈，宣头就不用。这大约与宣头的不正规性有关。在武官任命上，大抵通过枢密院任命的级别较高，通过宣徽院任命的级别较低。因此，任命书就既有枢密院宣头，也有宣徽院宣头，请看下引：

> ［熙宁三年九月］甲辰，出空名敕牒三十、宣徽院头子各一百，赐宣抚司。于是，王安石论宣头、告牒事。以为当先定计，有地有材，然后可议招怀内附。昨绥州仓卒之变可为戒也。文彦博引庆历中故事云，或潜输诚款，亦可受之。安石曰：潜输诚款，则何以验其真伪。又若无实利及之，则彼犯族灭之祸而输诚款，何为也。若以实利加之，而彼非实情，是则堕贼计中矣。彦博曰："与宣头，增入告身而已。"安石曰："彼得宣头、告身而无实利，若彼国主通知，即我为无算不知，则彼受宣头、告身者且忧族灭。有族灭之忧而无实，不知彼何故肯出此。"彦博曰："庆历中亦只如此。"（《长编》卷二一五）

王安石所议论的就是宣徽院宣头。值得注意的是，引文又将宣徽院宣头称为宣徽院头子，再次说明宣头与头子的关系。

总之，宣头在五代、宋代应用相当广泛，大到传达皇帝旨意，小到赏赐一本历日，都用到它。这可能与宣头不经过三省，手续简单有直接关系。

宋代文献中时时还可见与“宣头”职能近似的“宣帖”。先请看关于北宋末年李纲被任命为亲征行营使的二则记载：

> ［靖康元年正月］圣旨：右丞李纲充亲征行营使，侍卫亲军马军副指挥使曹曚充亲征行营副使，置司于大晟府。辟参谋官、书写机宜勾当公事、管勾文字、准备差遣、统制、统领、准备差使百余人，选差三省吏兵户房人吏数十人，赐银绢钱一百万贯匹两。文臣自朝请大夫以下，武臣自武功大夫以下，及将校官告、宣帖三千余道，一切许以便宜从事。（《靖康要录》卷一）
>
> 《传信录》曰：先是，亲征行营使置司于大晟府，辟参谋官、书写机宜、勾当公事、管勾文字、准备差遣、统制、统领、将领、准备差使等，择文武官处之。吏房、户房、兵房、工房选三省人吏处之。上赐绢钱各一百万贯疋，文臣自朝请大夫以下、武臣自武功大夫以下及将校官告、宣帖三千余道，一切许以便宜从事。（［宋］徐梦莘《三朝北盟会编》卷二八《靖康中帙》靖康元年正月六日。［宋］李纲《梁溪集》卷一七一《靖康传信录序》、《梁溪集》附《李纲行状》上也有类似记载，不赘引）

显然，上引记载中的“宣帖”与前面所述用作低级官员委任状的“宣头”是一种东西。北宋末年周行己上疏论货币问题时，也讲到这种性质的“宣帖”：

……然而六等之说所出既多，则必停壅不售。停壅不售，则其直必减。其直既减，则公私或损。臣欲进纳前日之给绫纸、宣帖者，悉更为诰敕，而度牒、紫衣、师号悉用黄纸，自法行之后，应官司惟得书填。今来进纳诰敕及黄纸度牒紫衣师号，候毕方得书填旧降文字，如此则无停壅之弊、价轻之患矣。（[宋]周行己《浮沚集》卷一《上皇帝书》。[明]杨士奇等《历代名臣奏议》卷四四《治道》收录）

绫纸、宣帖都是低级官员的委任状，这里则特指通过卖官途径得到的委任状。

我们查见的南宋时期的“宣帖”，大抵都是这种性质的，请看下引：

宣帖，惟军校授宣，理为恩例升补。（[宋]赵升《朝野类要》卷四《法令》）

[绍兴元年夏四月]癸巳，诏自今诸军补转官资非奉宣帖者，毋得增给请受，违者令吏部及监司劾之。（《建炎以来系年要录》卷四三）

[绍兴三年]四月二十三日，诏：“诸军弃毁、亡失付身、宣帖之类，今后并依见行条令，所在州保奏施行，即不依前于本军陈乞，一面出给公据。如辄敢一面出给公据，并从杖一百科断。其给到公据亦不得收使。令殿前、马、步军司常切检察遵守。”时枢密院言：“诸军自来弃毁、亡失付身、宣帖之类，依条诏本色保官二人。如系将校，所在州保奏，余人并报元给官司出给公凭。近年以来，诸军亡失宣帖等，并不遵依条令，经由所在州保奏，亦不报元给官司出给公凭，止于本军等处陈乞，一面出给公据，照验批勘请受。遇有功赏转补，便作付身拟身转资级。兼日近诸军换受前班都虞候，

亦止凭本军给到亡失公（平）［凭］收使换官。似此不唯有违条令，兼无以验实，隔绝奸弊，有害（民）［军］制。”故有是诏。（《宋会要辑稿》刑法七之三五至三六）

［绍兴五年秋七月戊寅］诏行在百司首身军兵，自今并令所属取索宣帖审验保明，申取朝旨，方许收管，毋得擅行收留。（《建炎以来系年要录》卷九一）

绍兴三十二年七月十二日，参知政事汪澈言：“蒙恩差湖北京西路督视军马，先具条画奏请。”并从之。……一、立功将士合要空名告札、宣帖等书填，欲乞依昨枢密行府例，将带已造到一料随行……（《宋会要辑稿》职官三九之一三）

［隆兴二年八月］十日，（认）［诏］吴璘起发诸路进马二（十）千匹到行在，将诸纲合转官资之人，并特与免纳绫纸钱，仰所属限十日出给所授告命宣帖等，并赴枢院承旨司送纳，当官给散发回。（《宋会要辑稿》兵二五之一四）

嘉定五年三月二十八日，知和州富嘉谋言：“窃惟两淮历阳为淮西要郡，昨来胡寇侵扰攻围不下者，人人有死无二，而本州厢、禁军坚守之功为多……本州守城立功军兵四百九十五人，昨蒙朝廷给到宣帖，各人节次陈乞帮行正请，本州具申江淮制置大使司备申朝廷，回准指挥。（所其）［其所］增添请给，从本州应副。前任周马帅以本州窘乏，具申制置大使司，乞下总领所照各人所授宣帖给正请，且放行一半。续得旨，令和州于见桩管会子内取拨五千贯应副……”（《宋会要辑稿》食货六二之七三）

伏望大丞相先生详酌，或各与守阙副将一资，或各授以宣帖，仍疾速行下。（［宋］真德秀《西山文集》卷一七《对越乙稿·申请武冈军将卒赏格状》）

我们找到的，全都是与此性质相同的宣帖，而未找到用于其他用途的宣帖。据此，我们有理由相信：宣帖就是宣头（或者专指作为低级官员委任状的宣头），北宋末年至南宋，多被称为宣帖。

以上只是从记载中探考宋代的头子、头引、宣头和宣帖，我们未能找见它们的实物。期待将来有头子和宣头的实物被发现，则许多疑问自可迎刃而解。

（原载《文献》2004 年第 1 期）

旁：宋代的一种官文书

旁是宋代的一种官文书，但对于它，时人未有正面的介绍，即没有留下说明它与其他文书有什么区别、它的形式、它的功用等的文字。但在史籍中，却时时能见到它，在近年的出土文献中也可以见到它，故有必要对宋代旁的情况做些考察，或有助于相关研究。

一、请给旁

从记载看，宋代的旁较多地应用于俸禄的支领，以下称之为请给旁。说到应用于俸禄支领的旁，我们不能不联想到唐代的“文傍”，唐玄宗时李林甫等奉敕所撰《唐六典》卷三《户部》载：

> 金部郎中……凡库藏出纳皆行文傍，季终而会之。

这说明，唐代国库出纳中，有一种叫“文傍”的官文书，应用于库藏出纳，它应是宋代请给旁的源头。

宋代请给旁，记载中时间最早的似是宋太宗时：

> 至道元年五月，诏："左藏支俸钱、衣赐勘旁，如旁数小于帖数，即据旁支；大于帖数，即子细根勘。"（《宋会要辑稿》食货五一之二一）

这里讲的"旁"，应即是请给旁，这里所讲的"帖"，应即是下引文献中的正勾省帖。引文表明，人们到左藏库请领俸钱、衣赐，须有旁、帖作凭证。

《宋会要》又载：

> [宋真宗大中祥符六年] 十二月，诏左藏库："应三粮料院每日批勘文旁，须次日实封送左藏库，本库立便上簿，监官封记，到日，候请人到库，将请受历与正勾省帖勘同，于省帖及历内批书日分，拆开文旁，对历支付。所支文旁、正勾省帖粘连合帖，入当月或次月帐内除破。又所支官物，依旧例降正勾支帖下粮料院并合支库务，候支绝入帐。除破之时，将旁契勘元支省帖同，即入帐开破。如省帖内文旁未到，及已支检旁未见，委监官置历，抄上职位、姓名、所支物色名件，明言甚年月日，省帖内有检寻未见文旁，候月帐入省，令省司追索文历点检，同前都手分于历上勘同，着字随帐入勾磨勘，亦上下批凿书字，仰磨勘司责领交付专、副收掌，候得替，造成一帐。有攒那（挪）下无省帖者，文旁即将历照证，旁上年月、钱数、官位、指挥同，即依例于一帐内开破……"（《宋会要辑稿》食货五一之二二至二三）

从引文可知"文旁"是由粮料院"批勘"，持有者可持之到左藏库领取钱物。既是由粮料院"批勘"（粮料院是专门负责官吏军兵俸禄支发的机构），则此处文旁显然就是官吏军兵领取俸禄的凭证。

据引文，人们持文旁领取钱物时，要将文旁、请受历、正勾省帖三者进行比对，彼此无出入方可领取。原持有者领取钱物后，文旁由左藏库收掌，并与正勾省帖粘连，作为结账报销凭证。结账时如发生省帖与文旁不齐整情况，要专门登记，进行追查，如确无问题，方可结账。《宋会要》又载有另一同年同月同述请给旁的诏令：

> ［大中祥符］六年十二月，诏："三粮料院文旁须实封送左藏库监官当面通下，仍于送旁历右语内分明言说文旁多少，并是元批印押，其旁别无虚伪。如已后点检验认稍有虚伪，便只勘粮料干系官吏情罪，勒令陪填所支钱数。如左藏库公然将外来不是粮料院封文旁支遣，只勘左藏库干系人情罪陪填。又应合系勘支文旁发赴左藏库之时，其诸军内诸色人并诸司，坊、监、场、院、库、务诸色人等，令开坐名目去处、合请人数、官物都数，实封关报左藏库。候到，依正旬（勾?）支给例，对旁勾凿支给。所有自来执历勘请官物人等去处，亦令粮料院具逐人职位姓名、所请官物数目开坐，随旁关报左藏库。所（是）［有］马步诸军自来遇南郊并非泛特支，并令粮料院依旧例勘支。"（《宋会要辑稿》职官五之六五）

此引文与前引文令人怀疑是同一诏书的不同节录，此引文与前引文都讲人们可持粮料院文旁到左藏库领取钱物，后一引文又述及粮料院文旁移送左藏库时须是"实封"的，大约一次"实封"的文旁不只一份，故须"于送旁历右语内分明言说文旁多少"，等等。此引文又明确了粮料院、左藏库各自的责任区分："如已后点检验认［文旁内容］稍有虚伪，便只勘粮料干系官吏情罪，勒令陪填所支钱数。如左藏库公然将外来不是粮料院封文旁支遣，只勘左藏库干系人情罪陪填。"又引文说明，持文旁到左藏库领取钱物者，包括诸军、“诸司，坊、监、场、院、库、务诸色人”。引文述，粮料院须在文旁以外开具支领俸禄者的“职位姓名、所请官物数目”等，说明文旁内没有这些内容，大约文旁内所有的，主要是钱物的种类、数量。

据载，宋真宗景德年间规定各州请给旁存留备考，但大中祥符年间又规定存放三年后卖废纸，请看下引：

> ［大中祥符六年十一月］十五日，令诸州仓场，所纳旁钞，自今证验讫，具斤数送军资库。每经三年一定价，鬻钱入官，不得妄有费用，违者坐之。初，景德二年敕：“逐年贮积，以备检会。”至是，河北转运司言：“贮积既久，多即糜坏，而检会之际，第用帐历。请悉出市于人。”三司总括天下之数，且请上周岁即鬻之。故有是命。（《宋会要辑稿》食货五四之二又六二之五四）

此后似又有改变，据载：

> 天禧二年八月，三司定夺减省文字所言：“乞自今应系已磨勘过诸般未发凭由，一时封送金耀门文书库收管。仍乞截自今据逐旋磨勘在京府界仓场等处界分应帐凭由文旁，令逐手分于每卷上批凿库务名目、某年月、凭由道数，写签帖封记印押讫，每令手分供写单状，轮差后行一名取索单状，照证收掠凭由，置历开说合封送库务名目、凭由、年月、道数，都计几束，般载于金耀门文书库交割架阁。本库官吏历内批凿收领，著字押历，委一通转都大束数签押，准备结绝界分之时划刷照证，只于结绝检内声说申奏。及今文书库依例置板簿，取三司印押给付，抄上凭由数目，准备诸处非时取索使用。仍今后专、副得替，依例交割，不得辄有损坏散失。

其应帐凭由文字（旁?）等，今后更不许于府司并诸库务送纳。”从之。（《宋会要辑稿》食货五二之一一至一二）

引文中所谓“应帐凭由文旁”，似即结账时所涉及的凭由文旁，引文中“凭由文旁”与“凭由”互用，说明文旁即是一种凭由。此时官方立制将此种凭证专门集中存档，可知已不作卖废纸处理。又有记载涉及请给旁的毁抹：

仁宗乾兴元年未改元九月，三司言：“右侍禁、同监左藏库李守信状：先准大中祥符六年十二月三十日敕，应粮料院批勘文旁赴库通下，仰置簿抄上，候请人将到文历，监官当面将正勾省帖对勘姓名、人数，亲于帖内勾下姓名支付，其旁亦勒所司将勾正省帖连入当月或次月帐内除破。日近多不依禀，显有造伪。乞今后支下，逐旋令文旁及请人文历将赴中门，监官当面对历毁抹。出中门至大门，监门使臣依例封历，用朱笔勾出。仍逐库轮差专副、前行、勾押官、手分、库子各一名，在中门收掌毁抹文旁，旋计逐色支过数目委无差互，诣实结绝文状在旁。其支过文旁上历，发与专副收管，依例入帐除破。及每日逐库轮监官一员，在中门里点检，以此拘辖旁历，相（原缺）入官物分明，稍得止绝造伪。”从之。（《宋会要辑稿》职官五之六五至六六）

引文除述及请给旁的毁抹外，且又一次证明，请给旁须与正勾省帖、请给历彼此比照。宋代官吏、军兵的俸禄请给，不但有铜钱、绢帛，又有粮食，下引记载是关于用请给旁支领粮食的：

［天圣］七年十月九日，上封者言：“京城诸军月粮，粮料院勘旁多有邀颉，枉费脚力。或西营返给东仓，东营反给

西仓，若值霖雨，每斛计脚钱二百。望自今听就近仓给遣。”事下三司。三司言：“旧条，凡给粮，有诸班、诸军禄与诸司之别，皆粮料院预以样进呈，三司定界分仓敖支给，用年月为次。今城东十二仓贮江淮水运所输万数不少；城西三仓兼贮茶茗，贮粟至少；城南止粳米一仓；城北四仓贮京（几）［畿］夏秋税杂色斛斗，亦多马料。所贮各异，难以就近给遣。今请每月委提点仓场官与三粮料院依旧制排连年月界分外，仍依军次批旁。如敢邀颉作弊，地远不便，许人纠告，公人迁一次，百姓给钱三十千为赏，以犯事人家财充。”从之。（《宋会要辑稿》职官五之六六）

引文说明，文旁不但应用于到左藏库领俸禄钱物（宋代铜钱、绢帛与粮仓分贮，前者称库，后者称仓，仓、库区分严格），而且应用于到粮仓支领俸禄粮。此种粮料院文旁标明了到哪一粮仓领粮。除粮料院可批勘请给旁外，至少还有一处为勘给务的机构也有批勘请给旁的权力：

［天圣］八年七月，三司言：“近准天禧元年三月二十一日诏，在京并府界、外县仓、场、库、务帐内开破官物，并是仓、场、库、务具状，开坐文旁并支过钱物数目连申，勘给务、粮料院覆行验认。如委是元批勘真旁，别无伪滥，即具结罪文状缴连，寔封赴省，逐案判官厅置历抄上，付司点数收领，便将点对应帐使用。兼勘给务、粮料院别具合同单状，开说旁数、官物数目，寔封申三司院，将元关报照证拘辖。其省司正勾破贴，即候出勾，逐旋缴连，直赴逐案投下点检著字收领，应帐使用。今新授京西转运使王继明擘画，令将两本合同凭由文旁一处申缴入省，乞行除破。虑恐有失关防，引惹专副作弊，出没官物。今欲乞只依天禧元年三月

> 二十一日敕命内添入，令府界提点司指挥诸县勘给务，自今将先次赴省申下合同单状一本，各认支过（过下原衍一过字，删）者，自于盐铁、度支、户部勾院申下，更不将赴前部投下。及委三勾院主判官厅置簿，抄上合同文状因依。”从之。（《宋会要辑稿》职官五之六六）

勘给务这种机构似同粮料院职能相类，也负责批勘请给文旁，大约京师地区官吏、军兵数量很大，请领俸禄者多，仅靠粮料院已不能满足需要，于是各县分设勘给务，协助粮料院批勘请给旁。依此时规定，除正勾省帖、请给历、请给旁之外，又多了“合同单状”，它有点类似原先的“送旁历右语”，也是为了防止作弊。引文言及京西转运使王继明提出一种建议，其内容仅凭引文似仍难得确解，但其建议最终被否定。

以上所述仅为京师地区，外路如何呢？惜无明载，但下引记载提供了相关情况：

> ［宣和七年正月］十九日，诏：“诸路转运司钱物应支用者，旁帖并经所在州粮勾院勘勾。右入政和给赐令。”二月七日，又诏：“诸不经粮勾院勘勾者，徒一年。”（《宋会要辑稿》食货四九之三三）

引文讲转运司支用钱物，大约包括转运司官员的俸禄及办公费，由于宋代路级不设库、仓，所以，必须到各州军资库、粮仓支取。引文规定，路级的转运司官员要支取钱物，必须由州粮勾院勘勾，说明当时各州也有职能类似在京粮料院的机构。值得注意的是，所谓粮勾院，通常是粮料院与专勾院（南宋时期避宋高宗名讳，改名审计院）的合称。即专勾（审计）院可能也参与勘核请给旁。南宋时期建立了专门负责军队供给的机构总领所，总领所下属机构中有粮料院和审计院，合称粮审院，下引记载即反映总领所辖下的粮审院批勘请给旁之情况：

> ［绍兴二十九年］九月七日，户部言："淮西管营田军庄官请受，若有料历，方合批勘，如无，自不合批勘。所有合得券食钱，自合随官序支破券钱并食钱。今欲下总领所，将分差粮审院勘旁报江东转运使应副，不许于大军钱内支。其主管官、监辖使臣并莳田军兵，依元降指挥，于诸军所管人内差营田。"诏令户部行下淮西总领所，将本路营田军庄所差官等，并依淮东已得指挥差拨施行。（《宋会要辑稿》食货六三之一二二）

可惜有关记载只找到此一则，而且所勘旁是营田庄官的，不是普通军官或士兵的。但引文却可说明审计院是参与勘审请给旁的。南宋宁宗嘉定十五年二月三日，干办诸军审计司王自强被调离岗位，原因是"自强资禀庸俗，券旁之奸，必不能察"（《宋会要辑稿》职官七〇之五六），这也说明审计司官员有查验请给旁的责任，因而要求其有洞察奸弊的能力。

南宋初期，有记载反映，户部也可直接批勘请给旁：

> ［绍兴］二十一年闰四月十二日，户部侍郎宋贶放罢，既而徽州居住。臣僚言贶身为版曹，支遣不行，乃以临安府公使库等钱那兑，又勘虚旁，令军人自往漕司支散，故有是命。（《宋会要辑稿》职官七〇之三五）

然此种记载仅此一则，无法判定是否为一时权宜做法。

记载又表明，除了左藏库，在京官吏还可能到榷货务等处支领钱物，同样要用旁。如宋徽宗政和六年六月二十七日，有官员上奏言及：当时“三省人吏”“迁补转官，差遣俸给之类”，有十大弊病。其中第五项为：“增奉给或别旁，或各历，或请于左藏库，或请于榷货务，首尾不相照验，无以稽考，每月所请数百千。”（《宋会要辑稿》职官三之二九）到榷货务领俸禄的事仅此一件，或为特例。

南宋时期，宋廷加强了对请给旁的管理。据载：

> 建炎三年九月十六日，诏：“诸路漕司差官根刷到诸路钱物，见于别库寄收，并以后州县起到钱物，并须管依法于军资库桩收。如违及不经勘旁支给，官窜岭南，人吏决配，并不以去官赦降原免。”（《宋会要辑稿》食货五二之三三又五四之七，引文经互校）

此诏强调地方支出钱物，必须经“勘旁”程序，因当时时局混乱，宋廷意在防止财赋流失。又据载：

> [绍兴]三年三月八日，诏：“应行在请给文历、券旁伪造及诈冒盗请官物，并犯轻者，并徒三年，有官人除名勒停，送广南编管，永不收叙；诸色人刺配广南。许人告捕，内有官人转两官，无官人补进义副（使）[尉]。不愿补官资，支赏钱一千贯，以犯人家财充；不足，以官钱代支。其帮书经历官司，如能点检败获，依此推赏。故纵者与同罪。失点检杖一百。盗请官物数多，或所犯情重者，犯人及帮书经历官吏申奏取旨，其告捕人亦当格外优加推赏。”（《宋会要辑稿》职官二七之五八）

此诏明确针对伪造请给旁等立了刑法，还颁行了举报者奖励办法及失察官吏的惩处办法。绍兴二十九年十二月七日，宋廷又下诏：

“左藏库今后将应支钱物逐一照验凭由旁帖文（支）给，依限缴申所属审实，不得别立寄廊单子。如违，官吏并依收支官物不即书历及别置私历法科罪。”（《宋会要辑稿》食货五一之二八至二九）此诏重点在申明行在地区的支出，必须经勘旁程序。又据载：

> ［宋孝宗乾道］六年七月二十九日，臣僚言：“左藏库每年支诸军春冬衣赐，除军兵已有立定限日给散，委是整肃，余将佐使臣等，缘令自请，多有计嘱，好弱不均，或致争竞。今亦乞自开库后限十日，令粮审院批放封发文旁赴左藏库，计数揭榜，分作两日并支，归军俵散。”从之。（《宋会要辑稿》食货五一之三二）

此规定主要针对军队将佐使臣俸禄支领方面的问题，从引文可知行在附近驻军官兵请给仍沿用北宋之制，由粮审院勘核。南宋时期又明确规定外路各地请给旁提刑司有权复核，条法规定：

> 诸承提点刑狱司轮取诸军请给旁历、转运司及州县等处买物文凭之类点磨，而违限不供送者，杖八十，一日加一等，三十日以上若折换移改事节有所规避者，徒二年。其提点刑狱司应取而不取、应点磨而不点磨，各故为隐庇者，与同罪。（《庆元条法事类》卷三二《财用门·点磨隐陷》）

同书又有“封桩禁军阙额请给关状”，末有“右件状如前谨具申闻谨状。年月日依常式，仍准旁帮书勘审，并仓库者。审计院随旁封付申提点刑狱司者……”说明按规定，封桩禁军阙额请给旁须由审计院和本路提点刑狱司勘审。（《庆元条法事类》卷三一《给赐式》）

[嘉定]八年十二月十二日，殿前司言：“准枢密院札子，检会知梧州郑炎奏：‘比年以来，往往军帅多以胥吏备数……欲乞自今以往，胥吏非有军功，不许径补军官。’照得三衙、江上诸军胥吏，系于各军差拨充应，自后军帅倚为腹心……虽有前项指挥，在朝无籍可考。合行措置，札付本司，开具本司及诸军统制、统领、将队司等处见今充役胥吏职位、姓名、所请钱米等数目，行下所属，令行置旁批勘，却减落兵籍。日后如遇开收升转，并仰具申枢密院。本司照得差军马军行司等。今来若行置旁分擘，减落兵籍，窃恐人数太多。欲将逐人请给，仍旧各军历内帮勘，照依条具到事理，立为定额，理充见管人数。其请给等各照逐人见请则例，令行置旁批勘。仍仰今后不许巧作名色，升差职事。如遇升转开收，申取朝廷指挥。”（《宋会要辑稿》职官三二之二〇至二五）

引文讲当时颇有以胥吏为军官的情况，殿前司建议，要对这类人的俸禄加强管理，其中重要环节就是“置旁批勘”，这说明至少在南宋中后期军官俸禄支发仍在应用请给旁，北宋以来的批勘制度也仍在沿行。

[绍兴]十四年二月三日，诏：“南荡并余杭门县界牧马两监合破草料，依旧行在批勘，令户部措置水陆近便富阳县、余杭县，照旁就支。仍令逐县依例差人津般，赴本监交纳。如两县支破不足，于比近县分揍数供纳。”（《宋会要辑稿》职官三二之五二）

自北宋神宗时期，为了防止各地将阙额禁军应支俸禄等挪作他用，特规定凡遇禁军阙额，其原应支出的俸禄等就地封存，称封桩禁军阙额钱，不经朝廷特许不能支用，由此出现了“封桩禁军阙额旁”的术语。请看下引：

> ［宣和］六年三月十九日，户部奏："前权发遣宁州游醇札子：诸州军封桩禁军阙额旁，每月并依见管禁军于勾院通勘，并春冬衣赐及坐库等，既勘成熟旁，往往逐处公吏偷盗出上件熟旁，与外人结合揩改，便与见管禁军一例夹带支请。欲乞将已勘成熟旁令逐州长贰拘收毁抹，未勘者截日住罢，委是有补漕计。"从之。（《宋会要辑稿》食货六四之七三至七四）

据引文，阙额禁军的请给旁虽不支领钱物，也要由勾院勘审，审后封存。但据引文，这种旁有时被吏人盗出、楷改，冒领钱物。为了杜绝这种情况继续发生，此时规定阙额禁军的请给旁由各州长贰毁抹。但记载中另有一种旁，它与支领俸禄联系，却不是用于请领钱物，请看南宋中期朝廷颁下的《封桩禁军阙额请给旁式》：

> 某处某军额第几指挥（将下仍具系某路第几将）
>
> 今请本指挥元额兵员共若干人某年月分料钱（或月粮、春冬衣、某色谷帛）共若干（两色以上各具数）
>
> 若干人见管合请（注略）
>
> 将校若干人，具所请则例（注略）
>
> 节级若干人
>
> 长行若干人
>
> 以上计请钱（或某色谷帛）若干（两色以上同旁者仍开项并同常式）
>
> 若干人见阙合封桩（注略）
>
> 将校若干人，具所请则例（注略）
>
> 节级若干人
>
> 长行若干人

以上计请钱（注略）

右件如前

年月日依常式帮书勘审

随本指挥历帮书勘审

（《庆元条法事类》卷三一《给赐式·封桩禁军阙额请给旁》）

这种封桩禁军阙额请给旁显然不同于前述用于支领钱物的请给旁，而只是一种用于结算的会计凭证文书，也有可能是附于上述若干份禁军阙额请给旁前面的总概性文书。

二、关于俄藏黑水城文献中的“交旁”

上海古籍出版社 2000 年 12 月版《俄藏黑水城文献》第六册收录了《宋西北边境军政文书》图版（以下简称“原书”），孙继民先生在此基础上加以整理，撰写了《俄藏黑水城所出〈宋西北边境军政文书〉整理与研究》（中华书局 2009 年 3 月版）一书，这些研究成果为我们进一步研究、利用黑水城文献提供了巨大的便利。在黑水城文献中，多次出现关于“交旁”的记载，笔者以下即以上述成果为基础，专对“交旁”做些分析。

关于“交旁”，笔者仅在史籍中找到两处记载：

［元祐五年（1090）九月］丙戌，黔州观察使、永兴军总管李浩降为忠州防御使。以浩前坐任熙州副都总管买诸军交旁入中等，虽经赦，特有是命。（［宋］李焘《续资治通鉴长编》卷四四八）

> [宣和二年（1120）五月] 十三日，诏："自今陕西籴买，帅司及州县城寨等处官吏，如敢缘籴事循私意，公受请托，乞取钱物，僭换变转，故损籴价，诡名借本，停塌入官（原书天头注云：塌一作泊），强籴搅拌，低估赢略，计会中纳，放债克除，若抑勒军兵，贱买交旁，复用转敖搭带，大量不上（亦）[赤] 历，诈作客人中官及在任者冒法入纳，并以监守自盗论。挟私邀阻、鼓惑扇摇者，以违制论。本法重者，自从重，仍加一等坐之。具案奏裁，并不以赦降、去官、自首原减。各许人告，流罪以上每名赏钱一千贯，余罪五百贯，先以官钱代支。"从臣僚请也。（《宋会要辑稿》食货四〇之八）

两则记载中，交旁都是与军兵的俸给联系，特别引人注意的是，都言及交旁被买卖之事，这两点恰好同黑水城文献中的交旁有直接联系。

经孙继民先生整理的俄藏黑水城所出宋西北边境军政文书中言及"交旁"的共有 13 件（有疑问者除外），它们是：

第 8—9 页，原书第 5 页《北宋宣和七年（1125）十一月房轸申延安府左狱状为照对李寔指论高仲等购买蕃官吃多朴等交旁事》，以下简称：文献 1。

第 46—47 页，原书第 24 页《北宋宣和七年（1125）十一月金汤城杜肇申第七将状为马彦照对今年正月内请乔麦及据状备申延安府照会马彦趖走事》，以下简称：文献 2。

第 59—60 页，原书第 31 页《北宋宣和七年（1125）十月廿二日延安府牒为合要人并公案文历分付与差去人赍监前来赴府出头等事》（八），以下简称：文献 3。

第 67—68 页，原书第 35 页《北宋宣和七年（1125）十月廿二日延安府牒为合要人并公案文历分付与差去人赍监前来赴府出头等事》（四），以下简称：文献 4。

第89—90页，原书第46页《北宋宣和七年（1125）延安府牒本路第七将冯武口为从义郎男李适状论金汤城监押杜肇不公等事》，以下简称：文献5。

第93—94页，原书第48页《北宋宣和七年（1125）十一月金汤城申第七将状为勘会管下烽火八铺兵士口食等事》（三），以下简称：文献6。

第104页，原书第54页《北宋宣和七年（1125）十月廿二日延安府牒为合要人并公案文历分付与差去人赍监前来赴府出头等事》（十四），以下简称：文献7。

第114页，原书第59页《北宋宣和七年（1125）十月廿二日延安府牒为合要人并公案文历分付与差去人赍监前来赴府出头等事》（七），以下简称：文献8。

第150页，原书第78页《北宋宣和七年（1125）十月廿二日延安府牒为合要人并公案文历分付与差去人赍监前来赴府出头等事》（十），以下简称：文献9。

第158—159页，原书第83页《北宋宣和七年（1125）十二月金汤城杜肇申第七将状为马彦照对今年正月内请乔麦、马彦委实见患等事》（一），以下简称：文献10。

第169页，原书第89页《北宋宣和七年（1125）十月廿二日延安府牒为合要人并公案文历分付与差去人赍监前来赴府出头等事》（十一），以下简称：文献11。

第178—179页，原书第94页《北宋宣和七年（1125）延安府牒为仓子杜顺等分析李适虚报小麦交旁事》，以下简称：文献12。

第180—181页，原书第95页《北宋宣和七年（1125）十一月金汤城申第七将状为勘会管下烽火八铺兵士口食等事》（四），以下简称：文献13。

这13件文书内容大抵都是关于同一地区少数几个案件，甚至有可能是同一案件的，彼此联系密切。孙继民先生将文献3、4、7、8、9、11缀合为一（是否妥当似还可讨论）。又文献1、7同有“蕃官吃多朴”“交旁”及“房轸”。文献1、6、10同有“专典高仲”。文献2、6、8、10同有“潘大夫”。文献4、8、9、11、12同有“李适”。文献3、4、13同有“王期”。文献2、6、10同有“苗知城”或“知城苗武节”。文献2、4、8、10同有“杜肇”，又文献9之“监押杜从义”即是“杜肇”。文献2、10同有“马彦”。这些都说明这些文书彼此关系密切。我们可以从中归纳出几件有关交旁的事，分别做些分析。

(一) 仓司马彦、高仲以交旁折领荞麦事

关于仓司马彦、高仲以交旁折领荞麦事，请看下引文献2、文献6及文献10等：

文献2：第46—47页，24.《北宋宣和七年（1125）十一月金汤城杜肇申第七将状为马彦照对今年正月内请乔麦及据状备申延安府照会马彦�走事》

[前缺]

据仓司马彦状：先于今年[四月内]蒙

[延]安府右狱[勾]追，摊认制戎[城][备]赏斛斗。直至[今]

年九月内，妨（方）始到城勾当。近[於][十月]二十八日，蒙本城[差]

彦往延安府已来，体探延川县，承点检常平斛

斗次第，未回到城。间蒙

延安府左狱行下

第七将，勾追彦照对今年正月内请乔麦事。彦□

实于今年正月内，有将领潘大夫、将副已俸[交]

旁一纸计白米壹拾陆石。要请本色白米为□。[时]

并无见在米麦，彦与专典高仲等于户人处先［资］
借掇应副纳讫。自后将所请白米壹拾陆石［交］
旁于省仓监押李承信处折请出粗色乔［麦］
贰拾陆石陆斗，有知城苗武节嗔为不先取［覆］
将彦等各决臂杖拾贰，将所请乔麦并支与诸［军］
指挥讫。逐指挥批到会子，逐旋于结借人户［倒］
兑。支粗色了当。其本将所□□□是时不知本［城］
将彦差出，为见不在本［城］，［是致］作勾追不［到］
［缴申］了当。［彦即今见］患［作理不得］
［后缺］

文献6：第93—94页，48.《北宋宣和七年（1125）十一月金汤城申第七将状为勘会管下烽火八铺兵士口食等事》（三）

……

［ ］要今年正月二十一日，苗知城［将］［潘］大夫已俸白米
拾陆硕交旁，分付与专典高仲等，于［铺］
户处掇借白米。后来高仲等将交旁
折请出粗色乔麦，支凭交旁及要
高仲等为不覆苗知城，一面于李都监
处折请粗色断遣因依勘断公案同
封前来
依准
指挥勘会。今年正月二十一日，苗知城将将领
潘大夫已俸白米壹拾陆硕交旁，分付与专
典高仲，于铺户处借掇白米。后来高仲等［将］
上件交旁折请出粗色乔麦。其上件白米交

旁壹拾陆硕折请出乔麦时，于本仓内毁

讫，其时于文历内支破了当，其旁于见支人［粮］

交旁卷内依月分粘讫。其见支人粮交旁，［前］

亦先蒙　使府右狱追取前去。及高［仲］

等不覆苗知城，一面于李都监处折请粗［色］［断］

遣因依……

文献 10：第 158—159 页，83.《北宋宣和七年（1125）十二月金汤城杜肇申第七将状为马彦照对今年正月内请乔麦、马彦委实见患等事》（一）

［据仓］司马彦状，先于今［年四月内］，蒙

［延］安府右狱勾追，摊认制戎城备赏斛斗。直至今年九［月］

［　］妨（方）始到城勾当，［近］于十月二十八日蒙本城差彦往延安［府］

［　］来，体探延安县承点检常平斛斗次第，来回到城。间蒙

延安府右狱行下第七将，勾追彦照对今年正月内［请］

乔麦事。彦委实于今年正月内，有第七正将潘大夫将［　］

［己］俸白米壹旁计壹拾陆石与知城苗武节，要请本色［　］

［　］苗武节叫专典高仲等言道，潘大夫要请白米［　］

［时无］白米，系专典将米旁去于铺户等处，借供［　］［白］

［　］与本官，高仲即时收得米旁，于铺户等处借［米］

不得。后来有监押李承信入仓支散诸军等粮，仓

> ［彦］等平议，昨来潘大夫米壹拾陆石，铺户处借不得，本
> 官日逐催逼，不如请取乔麦博换白米。彦等允肯［ ］
> 了。李承信折请到乔麦贰拾陆石陆斗，有队将柳
> 祇应覆潘大夫道，使臣请受请不得，却公人请出［乔］
> 麦。其时苗武节对坐……

上引三则文献及未载“交旁”的孙继民书第199页、原书第106页《北宋宣和七年（1125）十月廿二日延安府牒为合要人并公案文历分付与差人赍监前来赴府出头等事》（九），都涉及了仓司马彦、高仲以交旁折领荞麦事，其大致情节如下：据金汤城监押杜肇及仓司马彦等讲，宣和七年（1125）正月，有第七将正将潘大夫，“将己俸［交］旁一纸计白米壹拾陆石，要请本色白米”，苗知城吩咐仓司马彦、高仲取米支给，但当时仓中“并无见在米麦”，马、高二人便想向民户借白米交给潘大夫，但借不到。“后来有监押李承信入仓支散诸军等粮，仓［司高仲］等平议，昨来潘大夫米壹拾陆石，铺户处借不得，本官逐日催逼，不如请取荞麦博换白米。彦等允肯。”于是就用潘大夫的交旁折领了“粗色乔［麦］贰拾陆石陆斗”。队将柳祇候将此事禀报苗知城，苗知城嗔怪马、高二人事先不廪报，私自做主，“将［马］彦等各决臀杖拾贰，将所请乔麦并支与诸［军］”，以寄仓斛斗会子交给潘大夫以代替交旁。可以确凿无疑地肯定，交旁在这里是一种官员领取俸禄米的文字凭证。交旁上写明应领取的物品品类（白米）及数量（16石），但可根据仓库的实际情况折算成别种物品（荞麦26石6斗）。持交旁到仓库一时领不到所应领到的粮米，粮仓可支给寄仓斛斗会子，待粮仓有此种粮米时再补给。值得注意的是，当马彦等以潘大夫交旁折领到荞麦后，交旁即“于本仓内毁讫，其时于文历内支破了当，其旁于见支人［粮］交旁卷内依月分粘讫”。说

明已支领粮米的交旁毁抹后留在粮仓，以月份为单位粘连在一起，大约是存档备查。

（二）关于杜肇买庞成忠交旁事、关于杜肇买王期交旁事

关于杜肇买庞成忠交旁事，请看下引文献 3、文献 4、文献 8、文献 13 的有关记载：

文献 3：第 59—60 页，31.《北宋宣和七年（1125）十月廿二日延安府牒为合要人并公案文历分付与差去人赍监前来赴府出头等事》（八）

[前缺]
贰拾石□□寄仓 [会子]
知得本官后来请了见
色斛斗或籴本，因依是 [实]。
一、根问：得专典康辉等称：有监押 [杜]
从义买了曹司王期交
旁，出外支会子。[辉] [等] □
差出，不在本城，不知得 [本]
官请了本色或籴本。[其]
时专典张潜、康永安
勾当。乞勾追指说。
一、狱司合要专 [典] 张潜、康永 [安]
[后缺]

文献 4：第 67—68 页，35.《北宋宣和七年（1125）十月廿二日延安府牒为合要人并公案文历分付与差去人赍监前来赴府出头等事》（四）

[前缺]

杜肇［委］［实］曾无外支了［斛］

斗贰拾石。如曾于甚年月［日］

支了，系是何色额斛斗？如［何］

外支了？取责诣实文状及［返］

取杜肇元买了王期交旁，并［所］出寄仓会子，支本［色］

或籴本赤历照凭，须管［齐］

足，封记分付与差去人赍

监前来，守要送狱照勘公［事］

一、李适元状内称：监押杜肇于本［城］

寄［居庞四郎处］［阙］

［后缺］

文献8：第114页，59.《北宋宣和七年（1125）十月廿二日延安府牒为合要人并公案文历分付与差去人赍监前来赴府出头等事》（七）

……

人父［庞］［成］忠赡家驿［料］

交旁。寻具节状申府，［委］

第七将勾追元卖交［旁］

人庞四郎，其人趖走。再根

问得元词人李适，于今年六月内，有寄居陈

承信于适处学说道，我

数日前曾第七将潘大夫

处陈状，指论监押杜肇，

［又］次曾将庞四郎父庞

成忠赡家驿料交旁，

……

文献 13：第 180—181 页，95.《北宋宣和七年（1125）十一月金汤城申第七将状为勘会管下烽火八铺兵士口食等事》（四）

> [前缺]
> 指挥勘会。杜都监元于王期处［买］□□
> 壹伯贰拾硕交旁，并所出寄仓会子。即
> 本官先已管勾西人行李，［赴］
> 阙未回本城，即不见得系是何名色人合［请］
> 交旁；所出会子系是何名字，致难以检□
> 亦不见得若干支本色或籴本。所有籴本□
> 历见在保安军，供攒运使取索。及出［给］□
> 本收附，已差人前去请领去讫。［阙］
> [后缺]

上引四则文献及孙继民书第 56 页，原书第 29 页《北宋宣和七年（1125）十月廿二日延安府牒为合要人并公案文历分付与差人赍监前来赴府出头等事》（五）都涉及了杜肇买庞成忠交旁事。但有关文字残缺过甚，不少情节不能窥知详情，从上引记载中我们仅能得知：监押杜肇（即杜从义，从义郎为官阶名）买了寄居官庞成忠（庞四郎父）"赡家驿料交旁"，可能"还买了曹司王期的交旁，出外支会子"，即将交旁换成了"寄仓会子"。交旁的数额为"□□壹伯贰拾硕"。"赡家驿料交旁"的说法使我们联想到驿券，而这里的驿券却不同于通常的驿券，因为它是用于赡家，而不是用于行路的。记载反映，上司曾追查此交旁的"月日石斗数目"，说明尽管"赡家驿料交旁"是一种与前述交旁有差异的特殊交旁，但它上面载有时间、粮食数量却是与前述交旁相同的。

（三）高仲、房轸买蕃官交旁事

高仲、房轸买蕃官交旁事，见于下引文献 1 和文献 7。

文献 1：第 8—9 页，5.《北宋宣和七年（1125）十一月房轸申延安府左狱状为照对李寔指论高仲等购买蕃官吃多朴等交旁事》

……切见

［延］安府左狱勾轸，照对李寔指论金汤城专典高

［仲］等买蕃官吃多朴等交旁事。轸先蒙本将差勘请［蕃］

［官］请受文历，为金汤城无籴本，虽有转般应副军兵，［於］

今年七月十六日，有蕃官吃多朴，令轸卖与高仲等细色旁［六］

［石］，每斗得钱二贯文省。其钱交付与吃多朴讫。又于今年七月［二］

［十］四日，有蕃官刘永忠，令轸卖与高仲等细色旁一十三石四［斗］

［　］斗得钱一贯五百文省。其钱交付与刘永忠讫。除此［外］

［别］无照对……

……

宣和七年十一月日房轸［状］

文献 7：第 104 页，54.《北宋宣和七年（1125）十月廿二日延安府牒为合要人并公案文历分付与差去人赍监前来赴府出头等事》（十四）

……

房轸处买到蕃官吃多
朴等合支米麦交旁，计请得小麦壹拾柒石肆［斗］
并各分了，本家吃用了当

上引二则记载反映：李寔（適）指论及房轸供述：仓司高仲等经房轸购买蕃官吃多朴交旁，细色旁六石，每斗支给吃多朴钱二贯文省。又买蕃官刘永忠交旁，细色旁一十三石四斗，每斗支给刘永忠钱一贯五百文省（交旁下落不详。大约仓司吏是不应买交旁支领粮食的）。又有人在房轸处买到蕃官吃多朴等合支米麦交旁，计请得小麦壹拾柒石肆斗，“并各分了，本家吃用了当”。这里出现了“细色旁”“米麦交旁”，显然，这里交旁也是用以请领俸禄的，且有粗色、细色之别。

（四）关于知城李成买韦侁口食交旁事

关于知城李成买韦侁口食交旁事，见于下引文献 5 和文献 9。

文献 5：第 89—90 页，46.《北宋宣和七年（1125）延安府牒本路第七将冯武□为从义郎男李適状论金汤城监押杜肇不公等事》

……
一、合要城司韦诜并支知城李［成］，
买韦诜守火烽火人口食交
旁文凭，及转运司、提刑司
收支见在斛斗文历照勘
……

文献 9：第 150 页，78.《北宋宣和七年（1125）十月廿二日延安府牒为合要人并公案文历分付与差去人赍监前来赴府出头等事》（十）

［李适元状，宣和七年二月九日于］

> 韦侁处买到管下守［烽］
> 人兵口食交旁壹伯肆拾
> 硕，数内本城分了一半。其半，［韦］
> 诜物于万全寨纳下移［运］
> 斛斗内支拨与本城，数内，
> 随监押杜从义请了，领
> 一半留在本城。兼上件［烽］
> 火口食，合支提刑司斛斗。
> 根问得城司韦侁称：本城自来
> 久例，城司管过勘管下［守］
> 郎山等处捌铺烽火……

据上引及孙继民书第128—129页，原书第67页《北宋宣和七年(1125)十月廿二日延安府牒为合要人并公案文历分付与差去人赍监前来赴府出头等事》(十二)有人指控，知城李成买了城司韦诜的守烽火人口食交旁文凭140石（因郎山等处八铺烽火归韦诜管)。李成将半数粮食留在本城内。李成辩称，城内粮食是蕃落将李进的，他将寄仓会子存放于韦诜处，自己却不曾买韦诜的交旁。无论对李成的指控是否属实，引文中的交旁是用以领俸粮的凭证，这一点是确定的。

上引文献所讲各事均涉及了交旁买卖，前引《宋会要辑稿》《长编》也涉及交旁买卖。这充分证明，官方有立法或制度禁止买卖交旁，但买卖交旁的事却时有发生。

三、关于钞旁

宋代有一种杂税，即所谓钞旁定帖钱，那么，什么是“钞旁定帖”呢？这一说法不见于北宋前期和中期，似出现较迟，《会要》载：

> 崇宁三年六月十日，敕：“诸县典卖牛畜契书并税租钞旁等、印卖田宅契书，并从官司印卖，除纸、笔、墨工费用外，量收息钱，助（赡）［赡］学用，其收息不得过一倍。”（《宋会要辑稿》食货三五之一又七〇之一三五）
>
> 宣和元年八月二十二日，诏：“钞旁元丰以前，并从官卖，久远可以照验，以防伪滥之弊。政和修敕令删去，不曾修立。及降指挥，不许出卖。今后应钞旁及定帖，并许州县出卖，即不得过增价直。”（《实录》：元丰六年七月十九日，御史翟思言：闻京西转运司下州县责卖钞旁，人纳纸，官以小条印为记纸，转输一应人户税钱，非印钞不受，苛细伤体，有诏止之。余未见。）（《宋会要辑稿》食货三五之二）

上引记载反映，钞旁与民户纳税联系，应是完纳税赋的凭证，定帖应即是典卖田宅牛畜的契书。宣和元年诏书讲“钞旁元丰以前，并从官卖”，“以前”似为“以后”之讹，注引《实录》文字可为证明。又宣和二年八月二十日诏文称：“官卖钞旁定帖，以防伪冒，实遵元丰旧制。”（《宋会要辑稿》食货三五之二）大约在宋神宗时，官府为了创收，曾一度印卖钞旁，但并不普遍，随即停止。官方大规模地印卖钞旁定帖，很可能就是始于上引宋徽宗崇宁三年六月的敕令。政和四年四月二十八日，停止官方印卖钞旁定帖，允许私人自制，改为缴纳勘合钱（又名合同印记钱）。宣和元年复官印卖。宣和七年四月，再次停卖。南宋沿用勘合钱。

有一个问题这里必须做一说明，即“钞旁”一语中“钞”与“旁”是否为两种事物。从记载看，仅就“钞旁定帖钱”而言，“钞”与“旁”常常混用，看不出二者有任何明显差异，大抵可视为同一事物。如：崇宁三年“十一月十二日，尚书省奏白札子：……税租等钞旁，每一十旁今卖五十七钱省……”（《宋会要辑稿》食货三五之一又七〇之一三五）这里先讲“钞旁”，下文只讲“旁”，不言“钞”。又：

> [绍兴十年] 十二月六日，臣寮言：“赋税之输，止凭钞旁为信，谷以升，帛以尺，钱自一文以往，必具四钞；受纳官亲用围（团）印曰户钞，则付人户收执曰县钞，则关县司销籍曰监钞，则纳监官掌之曰住钞，则仓库藏之，所以防伪冒、备去失而互相照，此良法也。今所在监、住二钞不复用印，废为故纸，而县司亦不即据钞销簿，方且藏匿，以要货赂。望申严法令，戒监司郡守检察受纳官司，凡户、县、监、住四钞皆须用印存留，以备照用，而县委县丞簿专一对钞销籍，无得辄追人户，故为骚扰。”从之。（《宋会要辑稿》食货三五之七）

此先讲“钞旁”，后则只言四种“钞”。再如：

> [宣和三年] 四月二十七日，户部言：“知袁州辛炳奏：本州先准降到詹度措置拘收钞旁钱等画一事件，续承本路提刑司牒措置约束，内一项：仓库受纳人户布帛不成端匹，虽以条听与别户合钞纳本色，仍合户出买钞旁钱，各户给钞。

谓如十户共纳绢一匹，即买钞十副，填十户所纳丈尺各给。臣今取会到本州倚郭一县人户数内一万四千五百一户，各系纳夏税绢一尺，若人人买钞，即是四十户共纳绢一匹，合买钞四十付，通合纳绢三百六十二匹二丈一尺，合买钞一万四千五百四十一付。其余三县亦各多是下户，不惟受纳拥并之际，印钞给散，必致差互留滞；元降指挥既令依条，即无各户买钞之文，事属搔扰。看详租税布帛不成端匹，合钞纳本色，已有见行令文该载，即无须令各买钞条法指挥。今来袁州虽已寝罢，尚虑诸路州县亦有似此去处，今欲申明行下。”从之。（《宋会要辑稿》食货九之一五至一六）

这里讲“钞旁钱”问题，具体讲百姓纳税不应强令其买很多钞，以增加其负担，从引文看，钞旁即是税钞。所以，至少在涉及钞旁定帖钱的范围内，钞旁就是税钞（或称税旁）。

［绍兴三十有二年秋七月］癸亥，殿中侍御史张震奏：四川有名无实之钱，递相积压。州县各据本年分所收钱物，具钞赴总领所送纳，而总领所即据其已前年分所欠之数，批改钞旁，理作旧欠，则旧欠虽足而新欠仍在。恭睹登极赦文，积年未纳之钱，截自绍兴三十年以前并与除放，甚大惠也。应州县纳总领所钞旁，若已改批作三十年以前所欠，并听执用元钞作本年分改正豁除。从之。（李心传《建炎以来系年要录》卷二〇〇）

［绍兴］三十二年，寿皇圣帝已即位，未改元。六月十三日，登极赦：……既而殿中侍御史张震言：恭睹登极赦文：官司债负积年未纳之人……并予除放。臣窃见四川州县自军兴……后诸路……有名无寔之钱递相积压……朝廷虽累遣使命，俾诸路计臣蠲减以裕民，而终未能尽去也……盖州县各

据本年分所收钱物具钞，赴总领所送纳，而总领所即据其以前年分所欠之数，批改钞旁，作理旧欠。彼州县既竭其所有以充本年之数，安得更有额外偿积欠乎？……欲望行下四川总领所、制置司，取见州县绍兴三十年已前官司欠负，并与除放。其州县拨纳总领所钞旁，若以改批作三十年以前所欠，并听执用元钞作本年分改正豁除外，有三十一年、三十二年寔欠，即令逐旋带纳……从之。（《宋会要辑稿》食货六三之二〇）

引文所言州县纳总领所之钞旁，尽管与纳税有关，却不是税钞，而是另一种文据，即州县与总领所之间财赋往来的凭证，其作用与税钞类似。

钞旁还用于以下场合：

又一岁，户部欠郊费若干，长贰堂白，［宰相蔡］京唯唯，期逼申言之，答以徐之。旋闻下文思院铸钱样，亦叵测。时富商大贾在京识事者惩屡变盐法之害，亟以所蓄算请钞旁，不数日，府库沛然。（周辉《清波杂志》卷二）

这里是将“钞旁”等同“钞引”。

夫民之吉凶丧祭，意外有欲，朝暮叩富家之门，可得者斯得之，又不必以孟春之给也。及其纳息，不一而足，或多或寡，或钱或货，一钱已上左右手受之矣。不如县司必责子母之钱。一日俱至，执钞旁立庭下以待勾稽也。其所与之期，可先可后。又不如县司必以二限，而刑且随之也。（晁以道《景迁生集》卷一《奏议·元符三年应诏封事》）

此钞旁泛指收纳青苗钱的凭据、官文书。

在官方科敛中，还可看到代官方采买物品的证明凭证的旁，请看下引：

> 右谨具如前。臣自至当州，访问得所以为其民之深害久而不能去者，惟管内仁寿等四县百姓，每岁输陵井监煎盐木柴，共计三十八万四千二百余束也。当时立法，但以五等人户每税钱上以二文一分科令纳柴一束，故其等高者不下千束，虽下户亦三二十束矣。其柴若常时私下货卖，自可每束直三四十文足钱，官中向亦以其不易，每束更支盐六两，后来常见其亏损百姓，不复支盐，却改每束与见钱七文五分，是官中大约破九文已来，贴折民下三四十文柴一束矣。其百姓所得者贴钱，悉为出旁引揽之人诸头销使，寻亦随手散尽。（文同《丹渊集》卷三四《奏为乞免陵州井纳柴状》）

此“旁”似为承包者持有，凭它可领到官方给的买柴钱。

总之，旁在宋代是一种官方文书的总称，它应用广泛，因而又因功能、场合的不同可细分为不少品类，在大多数场合下都是起凭证的作用。

（原载《河北学刊》2010 年第 3 期）

宋代不是纸币的关子和会子

史籍中关于宋代关子、会子的记载不少，关子、会子在当时社会生活中的作用也较为重要，但一提起关子、会子，人们往往把它们同纸币相联系，其实除了作为纸币的关子、会子，宋代还有不是纸币的关子、会子。目前对此尚无系统的研究，以致人们对关子、会子的认识还存在一些偏差。以下试图就宋代不是纸币的关子、会子做些考察、研究，以期人们对关子、会子的认识更趋全面。

一、官司间往来文书和官府所发文字凭据的关子

谈到关子，有人认为即是南末绍兴元年始行的现钱关子，这是不准确的。前人例如日本加藤繁及日野开三郎等虽论及纸币以外的关子（参见加藤繁《中国经济史考证》第二十六章《交子、会子、关子的语意》，商务印书馆 1963 年版，吴杰译；日野开三郎《关子南末的纸币见钱公据和见钱关子的起源》，日本《史学杂志》第 48 卷 719 期），但均未展开做深入讨论。

（一）与钱财无涉的关子

最能说明宋代的关子不一定是纸币的，是在文献记载中，有些关子同钱财几乎没有关系。请看下引记载：

> 宣和四年八月二十日，少师、太宰王黼言："……臣伏见近岁以来，枢密院诸房浸紊成宪，凡所施行，析以为二。一曰机速，更不关录门下省；一曰急速，更不关录送门下省。止用关子，更不关录者，门下省悉不预闻。用关子者，审省覆奏与封驳之法尽废矣。臣愚深虑未应元丰旧制。臣谨按门下省元丰六年，兵房上半年承受枢密院录白者一千七百三十件内，用关子者才二事而已。今年上半年，兵房承受枢密院录白文字三百七十七件，而用关子者至四百八十九件，何其多也。称系机速更不关录者不在此数，不可得而知。其间关子，如差除兵将官、转资、补授恩泽、差人吏、养老之类，悉用关子，臣所未谕。若缘恭奉御笔，或事干急速，合即施行，不当更录送门下省。即不特非元丰条制，今中书省被奉御笔及急速文字，皆行录黄，送门下省审省覆奏。内急速不可待画者，止许先次报行。惟尚书省间有急速奏行止关门下省者，然亦近承睿旨，事干除授及转官资之类，并送中书省行录黄矣……伏望圣慈详酌，特降诏旨付枢密院，委大臣特行董正，庶尽革久弊，一遵前烈，天下幸甚!"诏并遵依元丰成宪，常切遵守，毋有违戾。（《宋会要辑稿》职官一之三八至四〇）

引文讲，当时枢密院大部公文不给三省录白，直接下发，只用关子通报三省，内容包括"差除兵将官、转资、补授恩泽、差人吏、养老之类"等并非紧急事务，避开了门下省审省覆的程序。宰相王黼认为与元丰成宪不符，必须纠正。这里的关子，是枢密院给三省的通报性质的公文，内容一般与钱财无涉，特别是引文所列非紧急事项，也都与钱财无关。又如：

> ［绍兴元年］六月二十四日，都省言："左、右司勘会诸房文字拥并，比之去岁增及数倍……行遣重复，间有抵牾……显是虚占日力，妨废朝廷机务。已告报诸房职级同提点点检各条，具本房行遣简当、不致污枉重复事件，及依旧例，具合入收知前送单子文字，合付曹部施行事目，类聚送左、右司详审。如别无窒碍，悠久可行，即日申禀，令诸房遵守施行。"……一、尚书省、枢密院关子如已押宰相，内止是呈知，并已行文字及吏部奏钞内有小节不圆，合行贴改，自来系付宰相厅请笔。今欲于宰相厅轮日请笔……一、诸军都虞候换授前班之人，自来据枢密院关子取索拟敕项行录黄，送尚书省施行。其枢密院亦关尚书省，系一事请笔送中。今欲更不送中……一、尚书省、枢密院（昭）［照］会关子已系宰相签押，自来逐件再请笔。欲于宰执厅轮日请笔。……一、已降旨挥行讫文字，尚书省关到还司关子，并已经宰相签书，欲于宰执厅轮日请笔判知。……（《宋会要辑稿》职官三之三五至三七）

引文言及尚书省、枢密院关子，言及诸军都虞候换授前班之人，枢密院发关子取索拟敕，再以录黄交尚书省施行。其中还言及尚书省有一种"还司关子"，从下文可知，它是一种给对方审阅后再返回尚书省的一种公文。从引文看，这里所言关子，类似证明、照会一类的公文，也与钱财无涉。又如：

> ［宣和元年］五月四日，臣僚上言：……近者本部（吏部）具官吏推赏姓名除使臣等十余人外，其郎官数人，一岁

之间有通计减及十一年者，将欲关司勋核实行赏。而人吏董诜、王拯、李置等自知元系欺罔诈冒，虑他司或朝廷取索元条问难，发摘己罪，乃就关子中将元奏得旨全文擅减却“别不冲改见行条法”八字，意欲官司不知，以遂其〔诈〕冒之志。郎官聂宇忽觉非便，坚执不肯签书，对众宣言，此正是增减制书，诈冒功赏，冲改元丰旧法，寻白长贰，罪状遂彰。（《宋会要辑稿》职官一五之一八至一九）

引文中的关子是吏部下发的公文，内容是给有功官吏奖赏，有人竟从关子“得旨全文擅减却‘别不冲改见行条法’八字”，以求突破限制。从引文可知此次奖赏主要是晋升级别，故此处关子也不涉及钱财。再如：

淳熙七年七月十一日，兵部言：“前举奏到武举止有二百余人，今举缘文武臣许保奏二名，已奏到约有七百余人。若不申明分场引试，窃恐连夜试验，弓马不精，别生奸弊。乞将绝伦弓并三平等人步射先作一日呈试，将合格人照元给呈试弓马关子，于次日绝早赴教场门首，令马军司差有心力识字使臣三五员照验，放令入赴马射。如代名呈试，并依贡举条法科罪。”诏分三日引试，余依。（《宋会要辑稿》选举一八之五）

引文中的关子，显然就是身份证明或合格资质证明。又如：

［嘉定四年］八月二十五日，诏：“中外官僚遇国忌行香而为患请假者，必先差医官验视，然后给放。讲官惟上讲免行香，其余不免。外官到阙，先令赴台参，出给关子收执，以凭参部。”以臣僚奏请，故有是诏。（《宋会要辑稿》职官七

九之二一)

引文中的关子是外官进京到御史台签到的证明公文，持此公文再到吏部报到。颇有意思的是，记载中有一种关子，有专门证明佩戴玉腰带或金腰带的合法性的，如：

> 国初士大夫戏作语云：眼前何日赤，腰下几时黄。谓朱衣吏及金带也。宣和间，亲王、公主及他近属戚里入宫，辄得金带关子。得者旋填姓名卖之，价五百千，虽卒伍屠酤，自一命以上皆可得。方腊破钱唐时，朔日太守客次有服金带者数十人，皆朱勔家奴也。时谚曰：金腰带，银腰带，赵家世界朱家坏。(陆游《老学庵笔记》卷一)
>
> 本朝玉带虽出特赐，须得阁门关子许服方敢用以朝谒，则体益以重。(宋程大昌《演繁露》卷一二《唐时三品得服玉带》)
>
> 嗣秀王师弥既为嗣王，遂赐玉带，其弟师贡亦已建节开府矣，亦觊望横玉围腰之宠，屡有营求，皆不许。其后媚灶于史［弥远］亲幸之姬，必欲得之。史知其意，命取所有玉带，于内择其最佳者与之。姬喜，亟报之。殊不知非出君赐，又无阁门许令服系关子，安可自擅服系。其吝惜名器皆此类，亦可尚也。(周密《癸辛杂识》别集卷下《卫王惜名器》)

上引三例表明，宋代有钱人尽管可以持有金带、玉带，但是没有官方颁给的关子，是不能服用的。官员要想在朝会上佩戴金带、玉带，则必须有阁门司颁发的关子。关子在这里也同钱财不发生直接联系。日本僧人成寻，于北宋神宗熙宁五年（1072）来华参礼天台山、五台山。他撰写的《参天台五台山记》卷四中，也涉及“传法院准客省关子”，“右关送传法院详阅关子内事理施行”，

“仰依客省关子内理事具知委子状”等（《大日本佛教全书》第72卷《史传部》第11，铃木学术财团编集刊行版）。其关子也与钱财无涉。以上所引记载之共同点，即是所述关子均为官司之间往来文书。这不能不使人联想到，自南北朝时期以后，官司之间互相通达事务多称“关”，故有“关文”“关牒”“关”等，疑关子之得名即本于此，其最初乃是官司之间互通事务的一种文书。

（二）赈灾中应用的关子

文献记载中，有时关子虽与钱财有涉，但明显地不是有价证券性质。宋代赈济灾民的活动中，时时能见到关子，请看下引：

> ［熙宁三年］三月一日……其后［韩］琦又言：……臣详制置司此说尤为不实，盖自来常平仓遇岁不稔，物价高、合减元价出粜之时，乡村则下诸县取逐乡近下等户姓名印给关子，令执赴仓，每户粜与三石或两石，坊郭则每日粜与浮居户每口五升或一斗，故民受实惠，甚济饥乏，即未尝见坊郭百姓有物力户乃来零粜常平仓斛斗者。……（《宋会要辑稿》食货四之二八。另见［宋］赵汝愚编《宋朝诸臣奏议》卷一一二《财赋门·新法四》韩琦《上神宗论条例司画一申明青苗事》、董煟《救荒活民书》卷下）
>
> ［隆兴二年］十二月十二日，权发遣临安府薛良朋言：“本府奉诏取拨常平米，委两通判赈给饥贫之人。今措置：分委曹职官同厢官，于在城并城南北厢巡门抄札，实系饥贫别无经营之家及流移人，开具姓名，支米半月，大人每口一斗五升，小儿减半。委两通判踏逐城南、北厢宽阔寺院置场，照关子支给。常平米见管不多，照得昨来于省仓下界粜场封桩米内，借拨二万石，除拨到一千二硕，外有一万八千八百硕未曾取拨。欲望行下省仓照会，据本府今来赈给米数，逐旋应副，候散讫，具帐销破。”诏依，令户部每料支二千硕，

俵散尽绝，接续支给。（《宋会要辑稿》食货六〇之一二至一三又六八之一四七）

赈济饥民，今请自本州县当职官多方措置，从实抄札，实系孤老残疾并贫乏不能自存阙食饥民，大人小儿数目，籍定姓名，将义仓斛斗各逐坊巷、逐村、逐镇分散赈济。不必聚落，逐处劝请乡官或士人各三人，乡村无上户士人处请税户主管，置立收支，给散关子，每五日一次并给，内大人日支一升，小儿减半。（[宋] 董煟《救荒活民书》卷下《徐宁孙建赈济三策》）

申县讫，一面出榜排定日分，分都支散，晓示人户，各依日限具状结保，正身赴仓请米。仍仰社首保正副队长并各赴仓识认面目，照对保簿，如无伪冒重迭，即与全押保明。其日乡官同入仓，据状支散给关子，具本息耗米数付令收执，一人户所贷官米至冬纳还。（[宋] 董煟《救荒活民书》卷下《崇安社仓条约》）

上引四例中，关子都是官方颁发给贫民的领取救济粮的凭证，上面载有领取粮数、应纳利息等。北宋神宗时，有的官员竟想出了一个独特的救灾办法，即官方作保，强制富人借粮给饥民，再强制借贷者归还。下引即属此类：

[熙宁七年冬十月戊辰] 检详枢密院兵房文字、太子中允刘载监杭州龙山税。坐前知司农寺丞，京东体量赈济灾伤，擅立关子式，牒诸州军付饥人，于积蓄之家假贷违法也。（《长编》卷二五七）

先是，御史蔡承禧奏……臣前论升卿疏中，备言惠卿之恶。顷杭州监税刘载作司农丞，升卿使京东，载尝签其役法之不善者。而载往京东体量灾伤，以承例用关子散饥贫斛斗，

> 自是州县不奉其法止约百姓，却以不合散关子罪载，自密院检详官谪之监税……（《长编》卷二六九熙宁八年冬十月庚寅）

上引二则记载虽涉及的是同一件事，但表明了当时人对此看法有异。无论此事的是与非，此处关子是一种官方颁出的特殊公文，饥民持它可从富人处借到粮食渡灾。下引事例中的关子虽也应用于赈灾中，其用途却又有不同：

> 照得赈粜场近缘住粜，米船客人结计牙人，虚解牙钱，夤夜搬传米斛往过税米船之内隐瞒，官司有此欺弊，遂出榜河岸约束。今来尚虑住粜客人虽依晓示在市出粜，切虑关防不尽，合行下本场，自今后遇有住粜米船，即令城下税务看验，具数关报赈粜场。本场权住出粜，令客人搬米赴场，从本场差人监，用本场升斗自行出粜，接济细民。日报粜过米数，粜足，为给关子放行。庶几杜绝隐瞒官司之弊。（［宋］朱熹《晦庵别集》卷六《行下场所革住米船隐瞒》）

此关子又是官方的证明文书，证明米船已按照官方要求粜粮足额。

（三）盐酒茶禁榷和榷场交易中的关子

宋代盐、酒、茶实行禁榷，相关的交易活动受到官方的严密限制，需要官方出具公文的情况较多。榷场是宋与辽、夏、金、元贸易的场所，这种交易必须在官方的严格监视下进行，需要官方出具公文的情况也较多。于是，关子的应用也就较多。请看下引：

> ［乾道九年三月］十四日，诏："已降指挥，令福建路转运司，将诸州军纲盐并依旧官般官卖，其卖钞指挥更不施行。及已行下，提刑司觉察，转运、提举司并所属州县，将官卖

盐不得擅自增价，科扰于民。窃虑逐州军旧来官卖各有体例，尚恐有未便事件理合措置。可令福建转运傅自得、杨由义分定卖盐州、军，逐一躬亲前去，照应各处旧来官卖体例，将未便事件措置以闻。”其后傅自得措置下项：“一、逐州县运纲多就产借本，印给关子付税户，候纲到，拨盐准还，或自行科纳。……”（《宋会要辑稿》食货二七之四三）

引文讲，福建官方预先按产钱摊征买盐钱，发给民户关子作为凭证，等食盐运达再付盐给民户。此种关子既是民户预先缴纳买盐钱的凭证，又是民户领取食盐的凭证，上面应载有所缴钱数和应得盐数。又如：

欲乞特敕两路：应贩盐小客截自三百斤以下，并与权免收税，仍官给印本空头关子与灶户及长引大客，令上历破使，逐旋书填月日、姓名、斤两与小客，限十日更不行用。如敢借人为人影带分减盐货，许诸人陈告，重立赏罚，候将来秋熟日仍旧。（［宋］苏轼《东坡全集》卷五二《论河北京东盗贼状》）

此关子是官府事先印制的，发给灶户和长引大商，令其转发给小贩，同时填写日月、姓名、斤两等，以为执照，有证明盐货的合法性的职能。它们与盐钞的区别是：（1）数量少；（2）数额不固定，临时填写；（3）填写商人姓名；（4）时限短。所以，它们不具有一般有价证券的某些特征，不能流通。又如：

合同场之法出矣。场置于产茶州军，而簿给于都茶场。凡不限斤重茶，委官司秤制，毋得止凭批引为定。有赢数即没官，别定新引限程及重。商旅规避秤制之禁，凡十八条，若一匿抄札及擅卖，皆坐以徒。复虑茶法犹轻，课入不羡，定园户私卖及有引而所卖逾数，保内有犯不告，并如煎盐亭户法。短引及食茶关子辄出本路，坐以二千里流，赏钱百万。（《宋史》卷一八四《食货志·茶下》马端临《文献通考》卷一八《征榷考五·榷茶》）

引文是讲合同场茶法，其中涉及茶长引、茶短引的食茶关子。所谓食茶关子，是指官方开具的持有自产茶只用于自身消费、不用于贸易的证明文书。又如：

臣本军酒务及公使库，旧例遇正旦、寒食、冬至，各印关子付居民，令户户纳钱赴官沽酒，自一百至一贯。军城数百家，每一节出钱二百贯，只是略得些小恶酒。（[宋] 洪适《盘洲文集》卷四九《荆门应诏奏宽恤四事状》）

引文中的关子是荆门军官府发给百姓的，百姓缴钱才能领取，持它可获得一定数量的酒，其钱数、酒数都因人而异。宋人李石《方舟集》卷三有《九日类试院雨中制司送酒关子二首》诗，其中的“送酒关子”，应是制置司酒库的酒发给有关官员所附公文，它可能也具有证明酒的合法性的意义。

关于榷场应用关子，请看下引：

[绍兴十二年] 十二月二十日，户部言：“主管淮东盱眙榷场曹泳札子：客人于本场博买到北货，从本场出给关子，从便前去货卖，仍兑（免?）半税。其经由税务既收税后，更不契勘有无本场关引，及阙（关?）引内同与不同，即便放行措置。欲将本场关引从提领司印给，排立字号，付本场置历消破，旬具支破数目、客人姓名、物货名件，申提领司照会

点检。傥或本场开具不同，及于关引内影带数目，许经由税务径申提领司根究，将本场官吏重赐行遣。如或经由州县税务点检得有客旅将带北货无本场关引，及关引内数目不同，不即根究，容纵放行，致有透漏，其税务官吏并乞依透漏私茶盐法科罪。仍却许本场觉察，庶几有以关防。”从之。(《宋会要辑稿》食货三八之三六至三七)

[隆兴二年] 十二月十八日，诏盱眙军依旧建置榷场。于是淮东安抚周淙、知盱眙军胡昉言：“绍兴十二年创置榷场……旧制：客人自泗州易到回货，令尽数于场安顿，本军选差监官一员看验收税，关报榷场出给关引付客人，赍执沿路税场照验，与免一半税钱。如官司奉行违戾，许客旅陈诉，具申朝廷。……旧制：客人贩物货到本军，赴税务投纳税钱讫，给标子付客人收执，赍所贩物货上场博易。其南客所贩物货，到本军先经税务投税，给关子收执前去。泗州榷场博易，每甲不得过十人，物货不得过三百贯。应诸军将校有官人及西北归正人，并不许过淮。旧例每日一次发客至绍兴，二十九年缘诸路废罢榷场，止有本军一处通放客旅，当时令五日一次，遇有过淮客人，具人数姓名赴措置司，每名请牌子并空名关子各一，赴本场批凿货物名件付客人收执，候过淮，从本渡拘收牌子赴军回纳。已上事件，今乞并依旧例施行……”诏户部先次支降见钱五万贯，余并从之。(《宋会要辑稿》食货三八之三九至四〇)

上引两则记载中，关子都是一种证明文书，商人持它到对方榷场贸易，又持它携贸易到的北货到内地，可免一半商税。其中有两点值得注意，一是每次关子内要临时“批凿货物名件”（可能还要加上商人姓名），二是引文中“关子”“关引”互用，说明在此种场合下，“关子”与“关引”是等同的。在宋代，“引”是许多种证明文书的通称，如“路引”“交引”等。关子可称为关引，进一步证明了它的公文和官方证明文书性质。

（四）其他财经方面应用的关子

关子在涉及财经方面的应用有相当的广泛性，例如在宫廷买卖中就可以见到它：

> 景德三年五月九日，特奉诏内东门买卖司：“应内降出卖匹段，自今明上簿历，令使臣当面差人印记，具关子送下杂买务出卖。所有金银，印封记交付，更不得私将抵换匹帛下行出卖；所有诸宫院，亦令依此置历抄上。又内中自来有直卖诸般物色，并令抄上簿历拘管，依例具关子下杂买务取索供纳……”（《宋会要辑稿》食货五五之一五又六四之四〇）
>
> [大中祥符七年十一月] 是月，诏杂买务：“应下行买物人，价钱不得住滞邀乞，其外催受得买物关子等物价（‘等物价’一作‘次日须’），通下行户置历，于监官处书押。”（《宋会要辑稿》食货五五之一七又六四之四二）

上引两例都是宫廷买卖方面的，前者为出卖物品时使用，关子载有事由、物品名、数额等。后者用于购物，载有物品名及价钱等，其公文性质明显。

宋朝与西部少数民族进行茶马贸易中也使用关子，这种关子与钱财的关系较为直接和密切，请看下引：

> [元丰四年] 七月九日，奉议郎、权发遣群牧判官公事郭茂恂奏：“臣近准诏，访闻陕西转买蕃部马并斛斗所用钱物，不如蕃部所欲，致收买数目不多，差臣相度，若专以茶博马，以彩帛博籴斛斗，及将茶场买马并为一司，如何措置可以经久施行，详具画一闻奏……贴黄称：……一、蕃部牵马赴场，

候拣中，据合请茶数，限当日出给关子，赴场请茶，画时支给。所有愿贴请银、紬、绢及见钱等，只就买马场，亦限当日支给。已上如稍稽滞，干系官吏并从严断……”（《宋会要辑稿》职官四三之五三至五五）

嘉祐以银绢博马价皆有定，提举官既旁缘作奸，擅买珠犀，交结权幸，马入无以偿，则空出资次关子，虚抬马价以给夷人。夷人不能留俟，即贱市关子以去。知黎州范洪复将所得关子不循资次搀支价，由此益落夷人怨恨，聚众欲生变。诸司共劾洪而转运司更于额外分认马价，遣官监还，事乃得息。（［宋］杜大珪编《名臣碑传琬琰之集》中卷三二李焘《赵待制开墓志铭》）

［绍兴二十六年］十二月十二日，枢密院言：“黎、文、叙州、长宁军、南平军等处互市买马，以银、绢、锦、彩折博，近年茶马官韩球等或拘收正色银、绢，辄将他用，却以积欠物数兑博马，致欠少客人马价，或大估银绢价充数，或先给关子，银、绢后时方到。及诸州知、通、买马官不法，又借那支用，或巧作从物等，或贱买所博马银绢关子，以致蕃客不肯将马出卖。”诏令茶马司将博马银绢等并预期排办，即不得依前大估价钱及擅将他用，留滞客人。如诸州有违戾去处，按劾闻奏。仍令四川制置司常切觉察。（《宋会要辑稿》职官四三之一〇八至一〇九）

在上引三例中，首例中的关子上应载有马价和折计茶数。次例引文中强调了关子的时序性，即持关子请领马价有先后顺序。关子中应载有关于时序的内容（即缴马时间、批次等）。最后一例中讲以银绢博马，其关子被称为“博马银绢关子”，与首例不同的是，首例与茶联系，此则与银绢联系。三例的共同点是，关子都是证明马价的官方文书，持它可以领到相应的钱或物。所以，此种情况下的关子已很接近有价证券，已能转让，只是它没有固定面额，时效性过强等限制了它的流通性。

我们还可查见零散的应用于其他场合的关子，如：

> ［元丰］三年五月七日，诏止蔡州客户请射田，追收已给关子。以权提点京西北路刑狱张复礼奏，“根括民契外地，及夺下户闲田，募客户自占，境内搔扰”也。（《宋会要辑稿》食货一之二九又六三之一八八、《长编》卷三〇四）

这里的关子是购买官田者得到的官方发给的凭证，类似临时地契。又如：

> 臣恐圣意不欲兑借，免他时为例，辄有一说，未审可否：每年诸军得衣随手卖了，户部亦自置场收买，今若就支衣日令户部计欠数出给关子，如愿卖赴买……（［宋］周必大《文忠集》卷一五〇《奉诏录五·论户部借绢》）
>
> 今岁春衣仰户部依条限支散，如有纲运未足之数，仰就左藏库先次给关子，许卖赴户部买绢场，依年例立便支还实价，不得分文除克。其不愿入中者候纲到缴……（《文忠集》卷一五〇《奉诏录五·拟春衣支价钱指挥》）

上引二则记载讲的是同一件事，即周必大建议：给军兵的衣绢士兵常常卖掉，官方也常收买，不如官方直接颁给关子，让士兵用关子领取价钱。以免不必要的麻烦。

> 省司云：近日册宝银绢既未见赍关子来请……（［宋］周必大《文忠集》卷一七三《思陵录下》淳熙十五年戊申三月辛亥）

这里的关子是官方颁发的请领赏赐银绢的凭证。又如：

[天圣四年] 闰五月，勾当店宅务朱昌符等言："左、右厢帐案点检并各地分舍屋多有差（牙）[互]，盖是累界因循，致亏课利。见管曹手分十人，掠房钱亲事官四十四人……其本务月帐只拘辖官钱，夫著地步帐，只拘管疆界，务司却每月须写造舍屋间数，与退赁课利衮同供申，虚烦写造。今欲将十厢地分案、分厢执行，每一年轮替，了换交割。所贵递相觉察，不至作弊。其亲事官……依例供申舍屋、户地、步帐一本……其每月课利帐，只写所收管钱、退赁房屋关子、送纳官钱月日供申，比附增亏数申省。候至年终，供地步、舍屋、官物、界至帐各一道……候二年界满，即攒造末帐……"（《宋会要辑稿》食货五五之八）

所言"退赁房屋关子"，似也是一种证明文书，应载有退赁房屋的位置、面积、时间等。值得注意的是文献中的"内引关子"：

神宗熙宁七年正月一日，诏："诸仓库所收课利钱钞数，封送本县。若受纳别州支移官物，每季逐州县所纳数对历开项，具状二本，并实封钞申本州。内一状留充案，一状出内引关子与钞同封，递送支移处。其逐处收领点对讫，登时缴回关子照会。以上候都大数足，本仓库出给收附申州，亦依旧封送衷私取领，收附并给。违者，各杖一百……"从编敕所定也。（《宋会要辑稿》食货四一之四又五三之四〇）

引文讲当时规定，各仓库如收到别州支移钱物，要具状二本，其一留作档案，其一连同"内引关子与钞"发给原地官府，原地官府核查无误，将关子发回。上引记载表明，内引关子即往复关子，发出后要收回的关子。

记载中还有“印纸关子”：

> 熙宁五年四月，详定编修敕令所言：“乞今后坊监送纳死马，各具印押关子，开坐匹数，并马赴皮剥所，验认交纳关子，即本所申省帐前粘连，委三司并管勾院磨勘司点检，及将坊监文帐对会。数目不同，即行遣根究情弊。及将里、外务合作一局，以皮剥所为名，只就旧外务舍屋监专公人管勾。里务除拨手分一名赴外务同祗应外，余并减罢。外务所纳坊监及开、祥两县头匹，除死马外，诸杂头匹并各用印纸关子送本务照会。内外务价高者，并就价高处施行。”从之。（《宋会要辑稿》职官六之三六至三七）

引文中的关子中坊监发给皮剥所的，载有死马匹数、时间，所谓“印纸”除押有官印外，还应包括格式是固定的，有些内容是相对固定的，这相对固定的东西是事先印好的。另有些内容是需临时填写的。但以上包含我们的推测，限于记载，无法得到一一确认。

综合以上论述，关子在宋代相当广泛地被运用，而且在上述情况下，它们都是作为一种官方文书被使用。尽管它们时时同钱财发生这样或那样的联系，但它们的性质都不是纸币，甚至不是能长久流通的有价证券。

明代人陆容说：

> 钞之名始见《宋史》，盖即今盐引也。今文移中有关子，僧道簪剃有度牒，乡试举人投礼部有公据，茶盐等货俱有引，皆公文耳。（《菽园杂记》卷八）

他的话有两点值得注意：一是据他讲，到明代，仍有作为文移（即公文）的关子，二是他认为盐引、关子、度牒、公据都是公文。

二、作为有价证券的关子

（一）北宋末年榷货务关子

北宋末年，出现了一种榷货务关子，它与前述关子有较大区别，它是关子由普通官方文书变为有价证券的一个过渡形式。请看下引：

> ［宣和四年秋七月］时盐□□□□□□陕西钱四百万缗以代解盐课，又河朔岁赐亦不下三百万缗，皆自榷货务出见钱以寄廊，而后给关子付诸路籴买，俟商贾来请，故谓寄廊钱……（《皇朝编年纲目备要》卷二八）
>
> ［政和五年］初，蔡京……令作料次关子百万进入，上大喜，特以示左右曰："此太师所与我俸料也。"（《皇朝编年纲目备要》卷二六；又《宋史》卷四七二《蔡京传》记此事，关子作钱券，可参见）
>
> ［靖康元年十二月二十八日］《日记》曰：初京城未陷时，有进士何烈者为监察御史张所谋，于朝廷遣吕刚中、时中兄弟二人溃围出城，赍蜡书往河北招效用。王在相州日，刚中、时中过相州，王取所差札子帛书观之，乃言：委刚中、时中兄弟起兵，不属元帅府节制，所给钱粮，其末云：招集民兵保义郎閤门祗候吕时中、提领监察御史张所、都大总领右仆射何栗，更携御前降到榷货务兑便盐钱空头关子三十万缗。

王笑而遣之……问所携榷货务关子，所存无几。（［宋］徐梦莘《三朝北盟会编》卷七三《靖康中帙》）

在上引三例中，关子都具有汇票或支票职能。首例中，关子用于边疆籴粮，商人持关子到京师领钱。这种关子与一般钞引的区别是，钞引通常以实物抵偿，而关子是以现钱偿付的。次例中，宋徽宗之所以称蔡京献给他的关子为俸料，是因为可以用关子兑换现钱。第三例中的关子与前二例性质相同，只是用于紧急情况下的军需调配。另外，其中的“空头”值得注意，这表明此种关子上有需要临时填写的内容，而这又是它与纸币相区别的重要特征。时人李纲的著作中也可看到这种关子：

既罢花石、营缮、制造、赐予、燕游、应奉等事，明诏有司将常日逐项钱物尽归版曹别项椿管，专给军费。御前不复取索，有司不进关子，有不如诏，重置于法。（［宋］李纲《梁溪集》卷四一《上道君太上皇帝封事》宣和七年十二月，诏求直言，时任太常少卿，上封事）

这是讲钦宗即位后，不应再像往日蔡京那样，给皇帝进献关子。

御笔：已令快行赍关子与河东转运银绢折钱金，令内臣蒋尧卿押付折可求银绢，令李伦赴河东转运司，银绢令秦同老押赴卿。各有数，不能具写，俟到，卿一一差点检取会数奏来，如更阙少，亦具奏。（［宋］李纲《梁溪集》卷五二《河北河东路宣抚使司札子一御笔批答附》）

臣得刘韐咨目，与解潜、张灏等议定二十八日进兵，会合解围。臣元约二十五日以前，以潜、灏称威胜军、汾州两路军马器甲钱粮未备，故展三日不出。此月使事稍办集，亦所不争。臣已催趁元降付河东器甲，及截拨陕西器甲，过怀州界，度如期可以至军前。又以本司银绢见钱关子札次应副，已再行约束解潜、张灏、折可求令如期会合前去，所有刘韐诸目及臣约束今同缴进，谨具奏知。（［宋］李纲《梁溪集》卷五三《河北河东路宣抚使司札子二·御笔批答附·奏知约束解潜等会合札子》）

以上二则是李纲任河北河东路宣抚使他本人的上奏和皇帝给他的亲笔信，其中关子是朝廷给李纲调配前线军需的承载者。其中两处“银绢见钱关子”如何断句存在疑问，即究竟是“银绢”与“见钱关子”是二物，还是“银绢见钱关子”一物，仅据引文难以判定。如是二物，则此关子与前引相同；如是一物，则此关子不只以现钱为抵偿物，银、绢也加入其中，即较前有所改变。这种兑便关子南宋初也见于记载，如：

［建炎元年］十月二十三日承议郎李则言：“闽广市舶，旧法置场抽解……乞将前项抽解粗邑，并令本州依时价打套出卖，尽作见钱桩管，许诸客人就行在中纳见钱，赍执兑便关子前来本州支请。”诏依旧，余依所乞。（《宋会要辑稿》职官四四之一二记）

［建炎三年］八月十八日，行在都茶场言：“欲依在京例，如客人愿将榷货务关子并请茶引者听，仍送榷货务勘会毁抹，令本务将上件筭关子钱桩作本场茶引钱。”从之。（《宋会要辑稿》食货三二之二一）

上引前例明言“兑便关子”，其汇兑功能明显。后一例用于购买茶引，其中官府收回关子后“勘会毁抹”，说明其不能循环使用。

以上关于北宋后期关子的记载说明，此时期的关子与绍兴元年所行现钱关子已无本质的不同，它们同为官府发放，以解决应急的现钱之需，都是商人持以于异地请领钱物，而属兑便文据，即类似今天的支票或汇票的文据。

三、南宋前期的现钱关子

南宋的现钱关子实有两个阶段，一为前期（绍兴年间至淳熙年间）的现钱关子，一为末期的金银现钱关子，两个时期的现钱关子性质不同，这里只讨论南宋前期的关子，因为此时期的关子，仍不是纸币。

（一）绍兴元年关子及关子用为籴本

南宋绍兴元年始行现钱关子，记载此事最详者乃《建炎以来系年要录》（以下简称《系年要录》）卷四八：

> ［绍兴元年冬十月］壬午，尚书省言："近分拨神武右军往婺州屯驻，合用钱理须桩办，缘行在至婺州不通水路，难以津搬。契勘便钱之法。自祖宗以来行于诸路，公私为便……今来军兴……理当别行措置。"诏户部印押见钱关子降付婺州，召人入中，执关子赴杭、越榷货务请钱，每千搭十钱为优润。有伪造者依川钱引抵罪。东南会子法，盖张本于此。（又见《皇宋中兴两朝圣政》等书）

此处明言行"见钱关子"是重修"祖宗""便钱之法"，故此时关子之性质为一种便钱券无疑。然此后现钱关子又有一些重要变化：

《系年要录》卷五九、八三等处记绍兴二年以后。现钱关子用为籴本，同书卷八四、八五则记州县将籴本现钱关子抑配民间之事，其中卷八五所述较详：

［绍兴五年二月乙亥］殿中侍御史张绚言："……户部之意止谓搬运见钱脚重，民间却有愿来临安府就请者，乃以关子为公私两便之用。今乃不然，民间多有不愿兑便者，州县不免以等第科依……"

有人将此种事看作关子性质转为纸币之关键，其实是不确的，宋代不但现钱、楮币可作籴本，度牒、钞引等也可作籴本。从引文也可看出，关子是作为便钱券而不是作为楮币而加以抑配的。关子作为籴本抑配民间，造成了在民间作为交换媒介发挥作用的条件。

（二）关子已成流通手段之迹象

关于关子的流通，《系年要录》卷一〇一绍兴六年五月乙酉所记言臣之语谓：

……窃见前年和籴用见钱关子，已而赴榷货务请钱者以分数支，民间行使亦以分数论。去年和籴关子一百三十万，先令和（按当为榷之误）货务桩足见缗，日具数申省部，民间行使亦依见缗用……

对"民间行使"的理解，固然如加藤繁所讲，主要是指和籴官司用关子向商人等兑换现钱，但也不能完全排斥关子在民户之间转移的可能性。关于关子的转移，请看下引：

契勘自来朝廷行下转运司籴买斛斗，如有籴本则官中得米，民间得钱，两为利便。近年多是颁降官告、敕牒与见钱相兼，已是难以行使。今来朝廷降下本路和籴专用一色关子，虽有许拨经制总制钱指挥，缘应副赡军多无见管钱物，深虑籴买不行，州县不免抑配，重困民力。窃缘商贾兴贩斛斗赴官粜纳，犹可给与关子，令赴所属支请。今来客旅兴贩稀少，唯是籴于乡村，民户积累升斗以足额数，乡民中粜得些小关子，岂能前去数千里外官司请领，必为兼并之家以贱价取之，赢落官钱，规图厚利。朝廷所费则一，小民受害，徒为富商大贾之资，深属未便。伏望圣慈特降睿旨，令朝廷支降见钱与关子相兼籴买，籴于乡村即给见钱，籴于商贾即给关子，庶几小民获受实惠，不至重困，一路不胜幸甚。（［宋］李纲《梁溪集》卷九八《条具利害奏状》）

这是李纲绍兴六年前后任江西安抚大使时给朝廷奏状中的文字。其中言及普通百姓因粜粮得到的关子，贱卖给兼并之家的情况，说明此时的关子是可以转卖的，而转卖就是一种流通。关子既被抑配民间，持之者又不能人人都去榷货务请领，势必造成关子在民间转移。这样就可能造成以关子为交换媒介的情况，而具备货币职能。但如上述记载，关子的价值一直不太稳定，又须到遥远的异地方能领到钱物，故其投入流通的机会是很有限的。

（三）有三年期限、不同面额的关子及合同关子的出现

绍兴元年以后，现钱关子在其形式上和发行制度上也有一些重要变化。《系年要录》卷一〇六记录了其发放手续的简化：

［绍兴六年冬十月］庚申，右司谏王缙言："州县和籴关子，勘合缴连，多所阻滞，乞令只于关子背批凿年月日州，州用印给付，任其行使。"从之。

手续的简化似也造成了关子形式的简化，关子上除了粮数、钱数、日期和州名州印以外，已无其他临时填写的东西了，从而又使关子由普通文据向纸币方向演进。然日期的填写显然是约束持有者请钱的时间的，而州印毕竟不同于榷货务印、会子务印，其信用程度大受限制，这又显示出不同于纸币之处。又《系年要录》卷一八二绍兴二十九年五月丁卯载：

> 户部侍郎赵令詪等言："诸路屯驻大军例当贴降钱应副，欲下榷货务印给公据、关子，赴三总领所招诱客人等，请淮西、湖广各关子八十万缗……皆自十千至百千凡五等……作三年行使……"从之。

此处明确记载了关于关子行使期限的规定，前此似不见记载，这次当是比以往有所延长。行使时间的延长，对于关子在民间充当流通手段提供了方便条件。但行使期限与会子等的"界"并不相同，会子等随界以旧换新，关子则须在行使期限内请领钱物。此次发行的关子印有面额，这是重要变化。但印发带面额的用于和籴等的便钱券并非始于此时。早在北宋元丰年间即有此种性质的现钱公据（参见《长编》卷三三四）。然分印成不同面额，毕竟使关子在形式上更加接近纸币。

然而随后便出现了所谓"合同关子"。关于合同关子，首见于下引记载：

> ［绍兴三十年八月］十六日，湖广总领所言："节次降到临安府一合同关子共三十万贯余，已卖到钱一万九千贯外，其余并无客人请买，却有降到三合同关子八十万贯，令本所卖钱桩管，比之一合同，颇为快便。乞许本所于三合同关子内已卖到银钱，对换一十八万一千贯，应副支用；乞缴还一合同关子，却行换给支末茶长短引共二十八万一千贯，应副支遣。将卖到钱拨还所借支过三合同关子钱，仍旧却揍八十万贯，依已降指挥桩管。"从之。（《宋会要辑稿》职官四一之五〇。李心传《建炎以来朝野杂记》甲集卷一七《财赋四·

淮东西湖广总领所》讲："凡三总领所，岁用户部经常钱九百万缗，而榷货所支不预。湖广始发三合同关子。"或即指此）

此记载表明，当时有一合同和三合同两种关子，其中三合同关子因其"快便"而较受欢迎，但什么是一合同、什么是三合同（我们可以推测，是榷货务、总领所、和籴官司一式三份，或是榷货务、和籴官司、粜粮者各一份。但找不到依据。这种一式三份的形制较前背离纸币），却未做说明。特别是它们同此前后发行的行用期三年、有面额的关子是什么关系，也无从知晓。另外"快便"也可做两种解释：一是手续简单，二是较易领到钱。引文言及"客人请买"，却未言及籴粮，说明这里的关子大约只是便钱券，还不是籴本。下引两则中，关子似是用作籴本的：

［隆兴元年］九月十四日，户部言："今年两浙州军田亩灾伤数多，所用粮斛浩瀚，又有淮南添屯大军，用度增广。江西累岁丰熟，米价低平，乞收籴米一百万石以备支使，合用本钱并起纲水脚、縻费钱，共约计二百万贯，于左藏西库桩管银内支降四十万两，并下礼部给降空名度牒八百道，榷货务印造三合同见钱关子三十五万贯，差枢密院使臣五员管押前去，专委本路沿流州军守臣置场和籴。限至今年十二月终，尽数起到镇江府总领所桩管。"从之。（《宋会要辑稿》食货四〇之三六）

［淳熙二年］十二月二日，诏："户部支降三合同关子一十万贯，应副湖广总领所，量州军事力均拨收籴。其已给降茶引二十五万贯，仰本所相度，如委实变转不行，即尽数缴纳赴行在。"从本路总领钟世明请也。（《宋会要辑稿》食货四〇之四七又四一之五）

知长沙王师愈论和籴之弊疏曰：臣窃见和籴之法，本欲

> 利民而足用。湖南行之乃大不然。其名则美，其实则重为民害。始也无见钱以为籴本，或给官告、度牒，或给三合同关子，或给乳香、茶引，令州县变转现钱，不免强敷之于民。（［明］杨士奇等《历代名臣奏议》卷二四七《荒政》）

虽有如上三则记载，却仍没有给我们提供关于“三合同”具体含义的新信息。尤其使我们困惑的是，合同关子发行后，是否还存在其他类型的关子。下引事例是关子被用于修建军营的，较为罕见：

> ［乾道］四年二月六日，诏令户部支降三合同五分优润关子三十万贯，旧会子三十万贯，付郭振（克）［充］修盖营寨等使用。（《宋会要辑稿》兵六之一九）

此种关子有“五分优润”，这应是给兑换者的优润，这种关子，仅此一见。

下引记载涉及了合同关子、关子的衰落：

> 希颜姓陈氏，讳从古……监行在榷货务都茶场。丞相虞雍公问君终岁出纳几何，君曰：“国家利源，鹾茗居半。自合同关子行，遂亏常额。”丞相命君即都堂条救弊之策，于是关子罢而岁入增矣。（［宋］周必大《文忠集》卷三四《省斋文稿·朝散大夫直秘阁陈公从古墓志铭》［淳熙十一年］。又见佚名《京口耆旧传》卷六）

据此，合同关子妨碍了盐钞、茶引的发行并造成禁榷收入减少，使得朝廷下决心将其罢行。可惜所述过略，我们无从知晓为什么合同关子会妨碍盐钞、茶引的发行，及造成禁榷收入减少，为什么发行会子就没有这方面的弊病。限于记载，我们无法更深入、具体地了解合同关子。

（四）关于关子的法偿能力

《宋会要辑稿》食货四〇之四一记，籴本现钱关子官府“例许之还以输官”，虽然此许诺常不兑现，却说明关子有时可用以代钱输官完纳赋税。但史籍中可查见可用会子与钱一同完纳税赋的正式规定，却不见有关关子的相应记载。疑此处所记仅为朝廷或地方官府出于权宜的临时措施，故不具普遍性。

但关子在购买禁榷商品时表现出一定的法偿能力，据载：

> [乾道二年] 六月十一日，户部言：“被旨：诸路发纳纲钱，以二分会子、八分见钱起发。本部今参酌到见行筭请钱引旧法下项：一、行在榷货务都茶场筭请，依自来指挥，茶、盐、矾见系六分（经）[轻] 赍，谓金银关子，四分见钱，目今多用会子。乳香八分轻赍，谓金银关子，二分见钱，目今多用会子。至左藏阙少见银品搭支遣。今欲将前项合纳四分、二分见钱分数，各以搭分为率，许用五分见钱、五分会子筭请。一、建康榷货务都茶场，自来除每袋五贯文通货钱并纳见钱外，余以金银、公据、关子入纳，所有合纳通货见钱五贯文，其间多用会子。今欲令纳一半见钱、一半会子筭请。一、镇江务场应入纳茶、盐、香矾，并听客户以金银、见钱、公据、关子从便筭请，欲只依旧法。”从之。（《宋会要辑稿》食货二七之二二）
>
> [乾道] 九年五月二日，杨倓又言：“乞将行在榷货务都茶场筭请茶盐内六分轻赍，许用关子三贯外，并用四分本色银两，余听用余银、会子从便入纳，余并依见行条法。镇江、建康务场依此。”从之。（《宋会要辑稿》食货二七之四一）

上引记载表明，关子在购买禁榷商品时，可以在一定限制下代钱使用。这个限制就是按一定比例。也就是说，关子的法偿能力被限制在购买禁榷商品这一特殊场合，又限制在一定的比例内。顺带说，宋代的纸币也不是无限法偿的，也是受限制的，但比起关子来，其法偿能力却要大得多。

（五）关子的衰落

绍兴末年朝廷大量发行楮币会子，会子发行后关子仍存在，但其信用劣于会子，因而日趋衰落。由于持关子不能按时领到足额钱物，持有者受到坑害，关子信用大失。此后关子在各处愈难推行（详情参见《宋会要辑稿》食货四〇之四六、四七，四一之四、五、六及《文献通考》卷二一等处）。前引记载言及，淳熙末年由于合同关子（可能也代指榷货务关子）妨碍盐钞茶引等，被朝廷下令停止发行。淳熙以后，榷货务现钱关子便不见记载，当是确实被废罢不用。但作为能请领钱物的关子，却仍有存在：

> 今城中无以犒士，权宜造关子以济用度，而求偿于督府。必欲得京交七十万缗、银三万两、金一万两。（［宋］魏了翁《鹤山集》卷二八《督府奏陈·奏外患未靖二相不咸旷天工而违时几》）

上引记载中的关子，是宋理宗端平年间用于犒赏将士的，因为钱物不能及时供应，有关官署只好“权宜造关子”支给有功人员，等朝廷运到钱物再兑现。

为了说明南宋前期现钱关子尚不是纸币，我们不妨把它和楮币会子做一简要对比。

首先，会子有法定的货币符号的地位。如《续宋编年资治通鉴》卷六绍兴三十年十二月记：“令临安府印造会子于城内外与铜钱并行。”又《建炎以来朝野杂记》甲集卷一六《东南会子》记：

“［会子］凡上供军需并同见钱。”而史籍却无关子相应的作为法定流通手段的记载。各书又记官吏军兵薪饷按比例支发会子，以之作为强制推行的重要手段，而史籍却无以关子支发薪饷的记载。仅可查见的是犒赏有功军兵有时支现钱关子，但得关子后即可赴相应的总领所兑取现钱，并非用此关子去买物，这反倒说明此关子不过是一种领钱证明。如岳珂《金佗续编》卷一〇《照会支拨收复郑州激赏钱省纪》记朝廷因岳飞军收复郑州，令榷货务印“见钱关子”二十万贯，其中十万用于犒赏。又记“其钱仰鄂州总领司疾速桩垛，候到，照验即时支始”。此记载虽言用现钱关子犒赏，但它此时所起作用仅仅为领现钱之证明文据而已，与纸币相差甚远。关子有时被时人称为“关引”（《宋会要辑稿》食货四〇之四七），说明在当时人观念中，它还只是一种钞引。

另外，《系年要录》卷一八五绍兴三十年八月辛酉载，时朝廷给湖广总领所现钱关子三十万缗，因商人不愿兑换，一年之后尚余二十八万缗，形同废纸，无利军须，只好原样退回，也可说明关子并未作为强制的流通手段。

其次，会子在民间交易中相当普遍地被行用，特别是土地买卖中经常可以看到用会子结算的事例，而史籍中却似不见有关子在民间交易中代货币流通的明确记载。

再次，会子同交子、钱引一样，设有专务，而关子却由主管钞引兼管便钱事务的榷货务发行。会子有“界”（《宋史》记其三年一界），界有定额，而关子的发行属临时决定。

最后，会子的面额较小，最小至二百文，利于商业特别是普通民户小额交易使用。而关子最小面额为十千，不便于交易。这些情况都说明南宋前期的现钱关子虽曾以其自身的变化为会子的发行张本，然而它却始终不是纸币。

由此可见，关子是从最初官司之间的往来文书，渐演变为官府发予民户的某些种证明文据，再从中分化出一种专门用以请领钱物的证明文据（如前述《长编》二五七、二六九，《宋会要辑稿》职官四三之五四及同书食货二七之四三等处所载），以致后来又从用以请领钱物的关子分化出兑便关子、现钱关子等，据此我们便看到了关子一步步向纸币演化的清晰轨迹。但在南宋景定年以前，关子始终是一种官府文书，有时是一种有价证券，但并不是纸币。

四、不是楮币的会子

会子，由于得名于会计，所以，它与关子有所不同，天生地与钱财有关。虽然如此，却不代表它天生就是纸币。不是纸币的会子，在宋代有两类：一是作为会计凭证的会子，二是作为汇票、支票性质的会子。

（一）作为会计凭证的会子

说到作为会计凭证的会子，首先看下引记载：

［元祐五年八月乙未］提点广南东路刑狱程之元言："臣僚上言：韶州郡县官吏交给蔡硕于油粮主处每一千照帖，止以数百售之，遂冒法越次给库钱与硕，获剩利千余缗。下本路体访诣实以闻。臣询究硕买韶州思溪密赛等场铅锡会子内，有买炉户未纳铅，作诡名卖纳。其炉户虽已立券卖铅与人，合请五分之直，而官无钱可给。转运司令支四分，而硕乃请十分，共一万六千余缗，计获剩利七千余缗。又金部言：硕欠军器材料等钱万余缗，金五十五两，银六百三十八两，纱罗等。"诏硕所买铅锡会子本钱并填纳见欠官钱，剩利钱七千余贯没官。韶州官吏并额（硕?)，各令提点刑狱司取勘以闻

（《政目》五月十八日已书勘蔡硕，八月四日又书广刑程之元按蔡硕买支还四分价钱铅锡会子，三次请十分钱一万六千余贯，赢官钱七千余贯，下本司勘，将本钱还见欠官钱，余钱并纳官，不合支官吏勘奏。五月十八日盖缘孙升章，八月四日程之元又具奏也）。（《续资治通鉴长编》卷四四六）

细体文意，引文中的会子应是坑冶户向官方缴纳矿产品（锡、铅）后，官方给的一种凭证，内载矿产品的品质、数量及缴纳的时间等。坑冶户持它领取应得报酬。由于官方用于购买矿产品的钱常常不能按时足额拨下，致使坑冶户的利益受到很大伤害。又如：

乐安县二十六万一千七百斤。盐场在州东南，元祐间，出会子与民间请盐，以折和买，崇宁中废。（《宋会要辑稿》食货三二之三二至三三）

引文中的会子，是官府发给百姓的凭证，百姓先付钱，然后持此凭证领盐。因此盐价高，所以官方规定可抵销百姓负担的和买绢。又如：

［绍兴二十八年七月］八日，右正言朱倬言："访闻诸邑多有违法，凡民户入纳，第令柜头给会子用领，未肯给钞。期年之间，忽有追呼，有钞者则曰簿书未销，执会者则曰此曷为信？俾捣维之，必其再赋。欲望敦谕大臣措置行下，倘有相习承前之弊，小则罚月俸，大则展磨勘。罪虽惟轻，要在必行。俾守令岁取其甚者罢一劾百，以戒欺绐。"……既而户部言："凡入纳税赋未肯给钞，或给钞，簿书未销，而受乞财物，及抑令重纳，并有条令断罪。今欲备坐条法指挥下诸路州军出榜晓谕，仍令监司觉察违戾去处，按劾施行。"刑部

言："户部已行检坐［条］法申严行下，内乞取其甚者，罚一劝百。欲令诸路转运司将违戾最甚去处，开具当职官职位姓名，申朝廷重作施行。如监司盖庇不举，即依条互察。"从之。（《宋会要辑稿》食货一〇之九又七〇之四七）

引文中的会子，是官方给缴税者的一种凭证，按规定本来应是给税钞的，税钞是官方印制的，上面盖有官印，比较正规，而现在给会子，又由柜头给，应只是一种没有法律效力的收据，所以会引出许多恶果。

在出土文献中也可见到这种性质的会子，黑水城出土的宋代边境军政文书中，有关于寄仓会子的记载，请看下引：

［前缺］
贰拾石口口寄仓［会子］
知得本官后来请了见
色斛斗或籴本，因依是［实］。
一、根问得专典康辉等称：有监押［杜］
从义买了曹司王期交
旁，出外支会子。［辉］［等］□
差出，不在本城，不知得［本］
官请了本色或籴本。［其］
时专典张潜、康永安
勾当。乞勾追指说。
一、狱司合要专［典］张潜、康永［安］
［后缺］
（孙继民《俄藏黑水城所出〈宋西北边境军政文书〉整理与研究》，中华书局 2009 年 3 月版，第 59—60 页，31.《北宋宣和七年（1125）十月廿二日延安府牒为合要人并公案文

历分付与差去人赍监前来赴府出头等事》[八])

[前缺]

杜肇[委][实]曾无外支了[斛]

斗贰拾石。如曾于甚年月[日]

支了，系是何色额斛斗？如[何]

外支了？取责诣实文状及[返]

取杜肇元买了王期交旁，并[所]出寄仓会子，支本[色]

或籴本赤历照凭，须管[齐]

足，封记分付与差去人赍

监前来，守要送狱照勘公[事]

一、李適元状内称：监押杜肇于本[城]

寄[居庞四郎处][阙]

[后缺]

(同书第67—68页，35.《北宋宣和七年（1125）十月廿二日延安府牒为合要人并公案文历分付与差去人赍监前来赴府出头等事》[四])

……

一、合要城司韦诜并支知城李[成]，

买韦诜守火烽火人口食交

旁文凭，及转运司、提刑司

收支见在斛斗文历照勘

……

(同书第89—90页，46.《北宋宣和七年（1125）延安府牒本路第七将冯武□为从义郎男李適状论金汤城监押杜肇不公等事》)

[前缺]

指挥勘会。杜都监元于王期处[买]□□

壹伯贰拾硕交旁，并所出寄仓会子。即
本官先已管勾西人行李，[赴]
阙未回本城，即不见得系是何名色人合[请]
交旁；所出会子系是何名字，致难以检□
亦不见得若干支本色或籴本。所有籴本□
历见在保安军，供攒运使取索。及出[给]□
本收附，已差人前去请领去讫。[阙]
[后缺]

(同书第180—181页，95.《北宋宣和七年（1125）十一月金汤城申第七将状为勘会管下烽火八铺兵士口食等事》[四])

上引四则记载中，都涉及了“寄仓会子”，会子上有姓名，有粮食品种、数量，它与交旁同时使用，交旁是作为军兵俸饷券发放的，上面也载有军粮的品种、数额等。从引文看，交旁可能不一定同具体的持有者及具体的仓库联系，而会子则载有仓库名称和持有者名称，更带公文色彩。特别是“寄仓”二字，更突出了会子的会计凭证的性质。

（二）作为便钱券、汇票、支票性质的会子

说到作为便钱券、汇票、支票性质的会子，人们会首先想到吕惠卿《日录》中的话：

熙宁八年八月十三日，进呈皮公弼乞钱收籴事。上曰：“皮公弼奏言交子事，莫却言得是。”余曰：“莫是如此。交子合散于诸州军，则是却是赵瞻要如此。”[王安]石曰：“到了妨盐钞。”上曰：“交子自是钱对，盐钞自以盐对，两者自不相妨。”[王安]石曰：“怎得许多做本。”上曰：“但出纳尽使民间信之，自不消本。”佥曰：“始初须要本，俟信后然后带得行。”余曰：“自可依西川法，令民间自纳钱请交子，即是会子。自家有钱便得会子，动无钱，谁肯将钱来取会子。”［王安］石曰：“终是妨盐钞……”（［宋］李焘《续资治通鉴长编》卷二七二神宗熙宁九年春正月甲申注）

他讲交子即是会子，有钱便得会子，无钱就没人要会子，说明当时虽禁止民间经营汇兑，但实际上仍存在经营汇兑的情况，所以才有吕惠卿如上的话。引文中的会子是以钱兑换的，这一点与交子相同，至于它与交子的差异，引文中未涉及，只能推测是便钱券、汇票、支票性质的东西。又如：

陶宣幹《河东逢敌记》曰：“靖康元年八月十二日，余被差宣抚司干办公事，到覃怀。十三日，参李［纲］宣抚。十七日，差往河东汾州，观河东访察使兼制置军马张灏军并斩统制官冀景，并至汾州介休县见置军马王以宁……九月初一日起发，宿孝义县。初二至汾州……士每日支米二升半，止得一升八合，请米钱七十文，铜铁相半。是时官中已不使铁钱，但以此充数耳。或攒聚数日阙乏，止支钱会子，一纸钱会子止得三四百……”（［宋］徐梦莘《三朝北盟会编》卷五七《靖康中帙》靖康元年十月十日壬寅）

引文中的会子，是官方发给军兵的一种凭证，证明其有若干俸饷未领，等到军饷拨达，持此领取拖欠的钱物。这里的会子，很像是前述北宋末年的榷货务关子。又如：宋陈东《少阳集》卷四《答江西提举监丞蒋宣卿书》：

七月七日，太学生丹阳陈东谨再拜，奉提举、监丞、朝议阁下，即日秋暑，伏惟抚部多暇，尊候起居百福。东伏蒙特遣急足远赐书翰，并示到照牒一道，举东应诏赴行在所，仍给会子一纸，计钱一百千，助东路费，并差兵士三人随行……东岂敢贪冒公举以累阁下之贤乎，不敢不敢，所有照牒、钱券谨具别状投连粘封，授来价缴纳。伏望提举、监丞、朝议阁下亦哀其诚，而谅其无他，而俯从之幸甚未有参见之期，伏祝为国保重，不宣。

引文中明确称会子为“钱券”，而以此会子可以领到一百贯钱。陈东被召、被杀都在建炎元年，此时显然不会有纸币会子，我们只能推测此会子是一种便钱券。

前人已注意到，南宋楮币会子就是从私营会子转化成的，而私营会子的性质就是便钱券、汇票、支票，请看下引：

［政和三年］十月一日，尚书省言：“访闻诸色人，多将京城内私下寄附钱物会子之类出城，及于外处行使，有害钞法。”诏：寄附钱会子辄出新城外行用者，徒二年，许人告，赏钱以会子所会钱赏之。（《宋会要辑稿》刑法二之六〇）

［绍兴五年九月乙酉］诏：“临安府在城寄付兑便钱会子毋得出门，仍依在京小平钱法立定刑名。”用守臣梁汝嘉请也。都人不以为便，翌日遽罢之。（《建炎以来系年要录》卷九三）

所谓“寄附钱物会子”“寄附兑便会子”，从名称上看，就表明是持有者先将钱寄托于商铺，再由商铺开具会子，持有者可到“外处行使”。记载中没有讲可以直接以此会子购物，购物前大约还要先兑成现钱。所以，此时段的会子大抵不具备后代银行券的职能，其性质还只是便钱券、汇票、支票。在出土文献中，也可见到此种性质的会子。孙继民《俄藏黑水城所出〈宋西北边境军政文书〉

整理与研究》（第46—47页）24.《北宋宣和七年（1125）十一月金汤城杜肇申第七将状为马彦照对今年正月内请荞麦及据状备申延安府照会马彦趓走事》中即有如下内容：

[前缺]
据仓司马彦状：先于今年[四月内]蒙
[延]安府右狱[勾]追，摊认制戎[城][备]赏斛斗。直至[今]
年九月内，妨（方）始到城勾当。近[於][十月]二十八日，蒙本城[差]
彦往延安府已来，体探延川县，承点检常平斛
斗次第，未回到城。间蒙
延安府左狱行下
第七将，勾追彦照对今年正月内请乔麦事。彦□
实于今年正月内，有将领潘大夫、将副已俸[交]
旁一纸计白米壹拾陆石。要请本色白米为□。[时]
并无见在米麦，彦与专典高仲等于户人处先[资]
借掇应副纳讫。自后将所请白米壹拾陆石[交]
旁于省仓监押李承信处折请出粗色乔[麦]
贰拾陆石陆斗，有知城苗武节嗔为不先取[覆]
将彦等各决臀杖拾贰，将所请乔麦并支与诸[军]
指挥讫。逐指挥批到会子，逐旋于结借人户[倒]
兑。支粗色了当。其本将所□□□是时不知本[城]
将彦差出，为见不在本[城]，[是致]作勾追不[到]
[缴申]了当。[彦即今见]患[作理不得]
[后缺]

引文中的交旁，是军兵领取俸粮的凭证，而引文中的会子，则应

是可以在异地领到钱的文据，文中讲“批”，则会子的有些文字是临时批写的。文中讲“倒兑”，则是用会子可兑钱或粮。

综上所述，关子在宋代大部分时间里，并不是纸币的名称，而是一种官方文书的名称。而会子在北宋及南宋初，曾是会计凭证的名称及便钱券的名称。

（据《宋代的关子》［载《宋辽金史论丛》第一辑，中华书局 1985 年版］修改补充而成）

税钞、粮草钞和盐钞

人们习惯上把纸币称为钞。在我国，把纸币称为钞已有数百年历史了。但在这以前有一个时期，钞却并不代表纸币。本文想就最初的并非纸币的几种钞及其相互联系做一些探讨。

一、税钞

本文所要讨论的“钞”，似最早见于五代。《五代会要》卷二五《租税·杂录》引周显德四年二月六日敕节文：

“诸道州府所管属县，每年秋夏征科了毕后，多是却追县典上州会末文钞，因兹科配敛掠，宜令今后秋夏征科了足日，仰本州府但取仓场库务，纳欠文钞。如无异同，不在更追官典。”（又见《文献通考》卷四）

这里的“文钞”显然已是代表某种文据的专用名词。查唐代文献，还没有发现作为专用名词的“钞”或“文钞”。过去虽有关于唐代楮币“大唐宝钞”的说法，但前人已指出其伪谬，且多有论驳，无须赘述。因此，据现有材料可以断定，上述记载中的“文钞”当是最早的“钞”。此处“文钞”显然不是纸币，而是用于税收方面的一种文据，与收纳赋税的仓场库务有关。

北宋建隆四年重申了周的这项敕令，同年又有一项诏令也讲到“钞”，见《宋会要辑稿》（以下简称《宋会要》）食货七〇之一、二：

每遇起纳税赋……仍令逐县每年造形势门内户夏税数文帐申本州，写送合纳仓库，才至起纳时点检户钞封送本州，委本判官销注住，促内顽猾逋欠者。

这里讲到税收上有“户钞”，李焘《续资治通鉴长编》（以下简称《长编》）卷四乾德元年冬十月条也讲到“户钞”：

庚辰，诏诸州版簿、户帖，户钞，委本州判官、录事掌之，旧无者创造。

又《长编》卷三五淳化五年三月戊辰条讲的似也是“户钞”：

诏：“两京、诸道州府军监管内县……民所纳夏税余租，随其数各异己名以输，不得异户合钞……”

由上引史料我们不难看出，“户钞”即是用于税收方面的“文钞”，而税收方面的“文钞”是按户分立的。《宋会要》食货七〇之六景德三年正月所引诏令中，明确使用了“输税文钞”这一名词，我们以下就用它概指税收方面的钞，或更进一步简称为“税钞”。

《宋会要》食货七〇之三乾德五年七月条记要求县令佐一起点检由纳税仓库发来的税钞（《长编》卷八记此事大致相同，唯“钞”作“抄”），开宝四年正月条记形势户的税钞要由州通判亲自过目。同书七〇之一一熙宁元年十二月的诏令要求：“诸县催税，依条逐户下销凿足，将簿、钞上州驱磨。”又同书七〇之一六元祐元年七月十五日臣僚上言：“税赋自五季以来……有他处送纳，误发文钞于别县，未能画时尽数勾销者……愿诏诸道州县催税纳毕之外，更与限两月销簿，直候诸处发到文钞勾销了毕……”由此可知，输税文钞要由收税的仓库发到县里，于“逐户下销凿”，有时还需经州审核。

通过上引记载，我们对用于税收方面的“文钞”（当时又简称“钞”，为叙述方便我们称之为“税钞”）有了初步的了解：它是民户缴纳赋税后官府开发的文字凭据，它又要由仓库发到县官署，注销县里的征税簿账。为了对税钞有更具体的了解，再看宣和七年八月二十五日尚书省奏文中的一段：

> 凡输纳租赋，有官钞，有仓库钞，有监生钞，所有关防去失互相参照。其户钞给散人户。（见《宋会要》食货七〇之二八。按另外《文献通考》卷五绍兴十三年、《宋史·食货志》绍兴十五年、《宋会要》食货七〇之一四四绍兴三十年、《庆元条法事类》卷四七《受纳税租》等处均有类似记载，有的还载有关于加盖印章等方面的规定）

从上引史料看，税钞和我们今天的多联收据非常相像，而二者有一处明显的区别：今天的多联可以一次复写而成，而在宋代却一式抄写数份。（抄写系指其中数字、品种等内容，其他内容往往同今天一样也是事先印好的。）这说明“钞”这一名称的起源与抄写有关。述及子此，不能不联系到唐代税收方面的“抄”：

> 执（衣）曹伏生，纳久视元年闰七月课钱肆拾贰文。其年八月廿八日典记成抄。（转引自池田温《中国古代籍帐研究》三四〇页）

周祝子纳廿八年杨［别］青麦壹硕贰豆斗并口八日典杨住抄。（同上书四三七页）

类似的文据在《中国古代籍帐研究·诸种文书》中收集有几十件，都是从唐代西域遗存的文物中整理出来的，它们在文字内容的结尾处都有一“抄”字。这些文据几乎全部是民户向官府缴纳赋税或变相赋税之后官府所发给的文字凭据，有专典的署名，有的还留有官府印记的痕迹。其中有十几张缴纳者的姓名相同，似是某一民户自己收存的不同时期纳税后得到的文据。固然，我们无法确知此种文据当时是否已称为“抄”或“钞”，也无法确知其行用范围以及它们是否一式几份等，但我们可以十分肯定地说，五代、宋的税钞是由唐代的这种结尾都有“抄”字的文据发展而来的。因为就其担负的主要职能——收据——来说，二者是完全一样的。另外，宋代的钞、文钞常常又作抄、文抄，这也进一步证实了二者的继承关系。大约是“抄”这种文据经常与钱财发生联系，故逐渐改用“钞”。查《唐六典》卷一九司农卿条有“主簿掌印省署抄目，勾检稽失”之语，又五代人所撰《旧唐书》卷四四《职官志》记王府官署和州县官员中，司录、录事参军的职责中有“勾稽省署钞目”一条，联系前引史料中宋代税钞归通判、录事掌管的情况，使人感到此处“钞目”有可能包括有赋税收纳方面的“抄”。

现在我们再回到宋代的税钞。《庆元条法事类》卷四七《受纳税租》又收录了“输纳税租钞”的格式，大致如下：

某县　某乡　某村　某色户

某人姓名　送纳某年夏或秋某色税或税物若干（目下不得空字，有空纸者用墨勾抹）

若干纳本色（有合零就整数者仍开析。下准此）

若干折某色

若干耗（有仓省及官称耗者各别具数总计）

右件如前

年月　日钞　县钞

另据《宋会要》食货七〇之七〇所记："在法……［赋税］既纳之后，官司必给赤钞，一付本户，一关本县。"据此，税钞中给民户的和给县销簿的两份又称赤钞。赤钞又称朱钞，因其上盖有红色印章而得名。

税钞到元代还在沿用。如沈刻《元典章》卷二四《户部·征纳税粮》：

如粮送纳到仓，当日即便出给朱钞，毋得取受分文加耗钞物。

此处"朱钞"显属税钞，而后一"钞"字当指楮币。

以上就是我们最先接触的钞即税钞的源起及其概貌。税钞在其发展中是逐渐完善的，最初的税钞与后来的必定有许多不同之处，但就其作为收据这一点上，则是始终一致的。

这里需要补充的是，税钞是一种收据，但作为收据的钞却不仅有税钞。如《宋会要》职官六之三九引绍兴八年十月十日诏：

皮剥所受纳官物合给钞，木团印一颗，以"行在皮剥所绍兴八年分受纳官物团印"一十六字为文，逐年一易，从文思院给降。

这里把钞及钞上加盖的团印都讲得很清楚，钞在此处的作用也是收据。另《庆元条法事类》卷三〇《上供》、卷三七《厩库敕》和《宋会要》职官二一之一四等处都载有纳钱物于库后出给“朱钞”之事。所言“朱钞”的作用也是收据，且与前述税钞中的“赤钞”相类似。

上面我们接触到的是第一类钞，它们都具有收据的职能，常常又兼有会计凭证的作用。

最后，让我们看一个比较特殊的例子，见《宋会要》职官一三之三四：

> [绍兴] 三十一年二月二十五日诏：“复卖度牒，每道五百贯，绫纸钱一十贯，两浙东西路就行在左藏库纳钱给钞，缴赴礼部书填……”

这里的“钞”无疑是一种收据，但它又有别的功用，即要凭它领取度牒。这里的钞就其能作为领物凭据这一点说，很接近我们下面要讲的两类钞。

二、粮草钞

戴裔煊《宋代钞盐制度研究》言及宋代有一种名为交钞的文据，这为我们认识不同于前述第一大类钞的另一种钞提供了线索，见此书第二编第一章第一节《交引释义》：

宋代商人凭以易取茶盐，有一种凭证，一般上称为“交引”，或称为“交钞”。原书此处有注文：

> 按《续资治通鉴长编》二二〇神宗熙宁四年条，吴充对语“立法之初，许商人人粟边郡，执‘交钞’至京师”云云，

观此可知“交引”亦称“交钞”。

“钞”亦写作“抄”，如《宋会要》食货三六《榷易》天禧二年十一月条：“三司言，陕西入中刍粮，请依河北例每斗束量增直计实钱给‘抄’入京，以见钱买之。”又同前大中祥符七年二月条：“三司言陕西入中粮斛交钞并多，富民折其价直。”又《宋文鉴》四七张方平《论国计》有“在京支还交抄”之语，“钞”“抄”实通用。原书正文以下又引南宋章如愚《山堂群书考索》后集卷五七《茶盐》对交引所作的诠释：

入中刍粟于沿边，以券至京师江淮给茶盐，谓之“交引”。

又真宗时，林特请依旧于京师入纳见钱金帛，交引于解州取盐，亦谓之“交引”。

（又谓）西北用兵，又募商人入中粟麦竹木于边郡，给文券谓之“交引”。

原书意在说明交引，但我们可借以得知，宋代为了筹集边疆地区的军粮等物，实行入中制度。人们缴纳粮草等后，官府发给的文据有时称交引，有时则称交钞、文钞或简称钞。钞又作抄。此种钞系为筹办粮草等而发放，故宋人又称之为“粮草钞”“入中粮草文钞”等，如《宋史》卷一八二《食货志》记崇宁四年侍御史毛注言：

朝廷自昔谨三路之备……河北粮草钞至京，并支见钱……

又《宋会要》食货三六之一三、一四：

……又李迪等言，陕西州军入中粮草文钞……七月，定夺茶盐所请罢买陕西刍粮文抄……

又《山堂群书考索》后集卷六四《财赋》：

至和元年八月癸巳……入内供奉官、勾当御药院张茂则置司以市河北入中军粮抄。

类似例子难以遍举。总之，摆在我们面前的是与第一类钞不同的另一类钞，我们以下按宋人的讲法称之为粮草钞。那么，入中粮草等所得的文据为什么也称为钞呢？仅仅是与唐代的“抄”，特别是五代以来的税钞碰巧名字相合吗？显然不是。二者共同之处何在呢？就在于二者同为向官府缴纳钱粮等物后所得到的文字凭据。但二者又有明显不同：税钞（抄）较粮草钞出现的时间要早得多。税钞拿在民户手里除了防止重复征税之外没有其他用途，因为纳税是民户的义务。而粮草钞拿在手里却可以据以换取茶、盐、现钱等，因为入中粮草等是民户与官府之间两相得益的一种交易，需要给民户以报酬。粮草钞是从单纯作为收据的钞（抄）脱胎而来的，这不仅在名称上而且在其职能上都显示出二者之间承继关系的痕迹。但粮草钞有了新的职能，即领据的职能，而且又有了新的名字即交钞。

另外，粮草钞似也是一式几份的，见《宋会要》食货三六之二六至二七：

［天圣七年］十一月三司言：“准六年九月敕，许客旅于在京入中大豆三十万硕，粟二十万硕……仰折中仓招诱客人入纳新好斛斗，书填客人姓名、斛斗数目、时旬价例并添饶

钱数、附帐月分，出给合同，收附开抄。内一本仓抄给付客人，令具状声说乞支物色名目去处，赴省投下；余一本收附开状逐日上历，具状缴连实封，于三司开拆司投……”从之。

此处“抄”应即是粮草钞。当然这里讲的不是边境入中，而是京师入中，但同为入中，从制度上讲，边境与京师当是一样的。这也说明，粮草钞名称的来源与誊抄相关。

戴文所讲的粮草钞同交引互相混用，或代指同一文据的情况是存在的，但（粮草）钞与交引这两个词在运用上又有区别，有些记载中钞与交引同时出现，但二者显然并不彼此等同，请见下例：

［景德二年］十二月，监榷货务供备库副使安守忠等言：“解池盐元许客人从本务入中金银丝帛，博买交引，就两池请盐，于南路唐、邓等十二州军通商地分货卖。自因河北阙钱银粮草，许客人只就彼入中，赍文抄赴京翻换省帖，下本务支给解盐。又因陕西许客人（人疑为入之误）中粮草，取客从便算射茶盐交引，算解盐者亦从本务翻换支给交引，赴两池请盐。”（《宋会要》食货三六之五、六）

这里“文抄”显指人中后所得文据，而“交引”则指赴盐茶产地领取货物之文据。从上引史料看，用“文抄”似不能直接赴产地领货，要赴京“翻换”交引才能得到茶盐等。又：

［天禧二年］十一月三司言：“陕西人中刍粮，请依河北例，每斗束量增直计实钱给抄，入京以见钱买之。如愿受茶货交引，即依实钱数给之。令榷货务并依时价纳缗钱支茶，不得更用刍粮文抄贴纳茶货。”诏：“每入百千增五千茶与之，

余从其请。”（《宋会要》食货三六之一四、一五，又见《宋史》一八三《食货志》）

此处粮草钞（抄）也不能直接用以领取茶货，领取茶货的文据是交引。又：

天圣元年三月诏：“……所有将河北、陕西交抄贴算得茶交引并给乾兴元年以前茶，其今来全入钱物买到交引即给天圣元年已后新茶……”（《宋会要》食货三〇之五、六）

此段与前段情况类似。又：

[大中祥符] 六年七月诏：交引铺户，榷货务给与印历，逐名抄上客钞纽算交引、请钱，以三五名为一保，具物产抵当，每铺户据名具申三司，开封府取责门铺晓示客人，许令下钞贴算，牙保人须得引客于王名铺内下钞，不得邀滞。（《宋会要》食货五五之二三）

此段是讲交引铺，“客钞”即粮草钞，此处言及商人可于交引铺用“客钞纽算交引”，客钞与交引自然不能混同。另外《宋史》三二六《蒋偕传》：

[仁宗时] 属兵粮乏绝，朝廷方募民入粟，增虚直，给券诣京师射取钱货，谓之交钞，患未有应令者。[蒋] 偕使州仓谬为入粟数，辄作钞，遣属官持至京师转贸，得缗钱以补军食。

此处虽没言及交引，但募民入粟所给券也称为交钞、钞，而不称为交引，说明了钞与交引在概念上的差别，即钞偏重指谓入中粮草等后得到的凭证，交引则偏重指谓用以领茶盐等物的凭证，尽管这两种凭证有时可能表现为同一文据。钞的这种情况，与钞在成为纸币代称之前一直具有收据职能的情况紧密相关。正因为有这种情况，故而钞便较多地代指那种只标有入中物价钱的入中文据。入中粮草等除一些地区有时实行三税、四税法之外，一般很少直接发给盐茶交引，而所发放的，就是这种标有入中物价钱的粮草钞，并且许多时候都是用京师现钱支付的，这样，粮草钞与现钱的关系就愈加密切了。《长编》卷二二〇熙宁四年二月戊辰条：

吴充曰："……立法之初，许商人人刍粟边郡，执交钞至京师，或使钱、银、绸绢，或香药、象牙，惟所欲，商人便之，故法大行。至祥符初，限以三税之法，定立分数，不许从便……此其所以大坏……"（另见《宋会要》食货三〇之一一，其中钞作抄）

这里讲执交钞至京师，任从所欲，在钱、银、绸绢、香药、象牙等中选择请领，可见此处之交钞不是专用于请领某一种特定物品的交引，而是那种如前所述只证明入中价值的文据。这种文据又有一个专用名称，叫"粮草价钱交钞"，如《宋会要》食货三六之二七、二八：

[景祐三年五月十四日] 详定茶法所言："……昨自天圣四年许令陕西路将粮草价钱交抄直从本地批画往彼算买，遂致东京榷货务更无见钱入纳，隳坠旧法。今请举行天圣旧制……其陕西商人人中粮草并勒执抄赴京请领见钱，如愿算请茶货、香药之类及换外州军见钱不等，并听商人从便，毋

得更于抄内批画去所。”并从之。

这里明言不许在粮草价钱交抄（钞）上批画直接去请领茶、香药等，只许赴京请领见钱，或根据应领见钱数在京师榷货务算请茶、香药等。可见，所谓粮草价钱交钞，似就是多数情况下入中后直接得到的文据。此处讲到陕西粮草钞可以到京请领见钱，河北粮草钞支还见钱的情况更多，如《宋会要》食货三六之一七：

［天圣元年］二月，定夺所言：“……在京榷货务将河北交抄并依见钱出卖价例支还实钱……”

又如前引《宋会要》及《宋史》天禧二年条：

陕西入中刍粮，请依河北例，每斗、束量增直计实钱给抄，入京以见钱买之。

另外，《宋史》卷一八二《食货志》记侍御史毛注云：

朝廷自昔谨三路之备，粮储丰溢，其术非他，惟钞法流通，上下交信……如河北粮草钞至京，并支见钱，号飞钱法……

可知河北粮草钞素有飞钱之誉。

于是我们自然要进一步联系到金代的交钞。金代的交钞是我国最早以“钞”命名的纸币。我国历史上最早的纸币——宋代的交子——固然比金代交钞要早，宋人却不称之为钞。金代的交钞与宋代的粮草钞（交钞）有相同的名字当非偶然。金朝统治的黄河流域，正好是北宋行用粮草钞的地区，金发行交钞之前，北宋的粮草钞已经在上述地区行用了至少有数十年之久。北宋的交钞，不但如上所述早有飞钱之称，而且很早就作为一种特殊商品在市场上流通（《宋会要》食货三六之一三、一七等处都记录了粮草钞在“街市”上的价格），尽管它还不是纸币，却与纸币相当接近了。因此，说金代的交钞的产生与北宋的粮草钞有着密切的联系不是没有根据的。广泛行用的元代交钞与金代交钞之密切关系，则更是不言而喻的。

粮草钞一直到北宋末年仍然存在，例如《宋会要》食货四〇之一二靖康元年五月十九日条记：

> 河北、河东路安抚司言：“朝廷近兴复陕西解盐钞、河北粮草钞，已令榷货务过数装给钞本，遇客人投钱，（按：钱应为钞之误）即时支给。所有未降新钞已前逐路给降过籴本见钱公据文钞，亦乞措置支还商贾，以示大信。”

又李纲《靖康传信录》卷三也记有此时关于粮草钞的情况。较此稍前，《宋会要》职官二七之一七、一八言及崇宁中除解盐钞、末盐钞外还有“河北文钞”，应也是指粮草钞。

三、盐　　钞

关于盐钞，戴先生《宋代钞盐制度研究》已有相当详备的论述，本文只想就盐钞的产生及其与粮草钞的关系做一些补充。

关于盐钞的产生，戴先生同意明代丘浚《大学衍义补》卷二八《山泽之利》所提出的看法：

陕西河东颗盐，旧法官自般运，置务拘卖。兵部员外郎范祥始为钞法，令商人就边郡入钱，售钞请盐，任其私卖，得钱以实塞下。臣按盐钞之名始于此。

但有些记载初看似与之矛盾，例如《文献通考》卷一五引止斋陈氏语：

国初盐荚（按：荚疑为筴之误，筴通策。“盐筴”为宋代专用术语，特指国家关于盐的制度、法令等）……初未有客钞也……端拱二年十月置折中仓，令商人入中斛斗，给茶盐钞，盖在京人中斛斗算请始见于此。

按此说法，似在宋太宗端拱年间即有盐钞了，较丘浚所言庆历八年范祥始制钞法差不多要早五十年。但我们如果了解到钞为入中后所发给的文据名称，就可以进一步推断，这里讲的“茶盐钞”，即是指用以请领茶盐的粮草钞。除了这里的“盐茶钞”外，我们还可以见到称粮草钞为“茶钞”“茶交钞”“末盐交钞”的情况：

昨准敕节文，三司奏，据榷货务擘画，以河北客人入纳及配率斛斗，给过三色交钞，内茶交钞每一百贯贴纳三十四贯支与一百贯茶货。近又准敕，命应买下庆历五年分茶钞减十五贯，每一百贯只贴纳十九贯。其皇祐元年茶钞，依旧贴纳三十四贯……（［宋］包拯《孝肃包公奏议》卷八《论茶法》）

这里所讲“三色交钞”“茶交钞”“茶钞”无疑是河北实行“三税法”时所发行的粮草钞，其中“茶钞”显然即是“茶交钞”。沈括《梦溪笔谈》卷十一关于“三税法”的一段所言“茶钞”疑与此处相同。又范仲淹《范文正公奏议》卷下《奏论陕西兵马利害》讲到“末盐交钞”：

> 臣所以请放行向南盐客，使客旅入纳粮草并金银钱帛……纳及得万数，除给与向南末盐交钞外，更与恩泽……

这里所讲“末盐交钞”自应也是粮草钞。从情理上说，“茶交钞”既可称“茶钞”，“末盐交钞”似也可称为“末盐钞”，那么，粮草钞与盐钞似就难以区分了。

若想知道粮草钞与盐钞的区别，就要先对盐钞有所了解，而要了解盐钞，又必须先了解范祥所创始的钞法，这之后我们将盐钞与粮草钞加以比较，结论将不言自明。

关于范祥所制定的盐法，根据《宋史》《长编》《梦溪笔谈》《涑水纪闻》《东源录》《乐平集》《随手杂录》《宋会要》等并参考戴裔煊《宋代钞盐制度研究》，我们可以归纳出以下几点：

（1）旧解盐行销区域改变官般官卖办法，全部实行通商，允许解盐入蜀，解除各种妨碍通商的禁令。

（2）罢九州军入中刍粟等，令全入实钱，以解盐偿付。官府用钱再去筹办军需。

（3）规定每张钞的价格及所领盐数量。

（4）设法稳定钞价。

（5）严禁西夏青白盐入境。

由此我们可以推知范祥推行的新钞有如下特点：1. 由于在解盐行销区内完全通商，原来通商区与禁贩区的界限没有了，因此交引所具有的运销证明的职能也就不必要了，而“引”的当时的含义就是运销证明（如《宋会要》食货四六之二、一七之一七等所记情况即是如此），后来也泛指其他方面的证明文书（如胡太初《昼廉绪论·催科篇》所言用于税收的“引”等。另“钱引”的命名或亦源于此），因此新的文据称为“引”已不那么合适了。既然仍旧是要完成筹办军需的使命，新的文据便沿用粮草钞的名字而以“钞”来命名了。2. 由于禁止用粮草等实物直接换取领盐凭证，而改为缴纳实钱，原来的钞与粮草的直接联系暂时被割断了。因此，这时的钞再冠以“粮草”二字似也不甚合适了。3. 原来粮草钞与盐直接发生联系的情况较少，如前所述，入中粮草后给只标有价值的钞的情况较多，如果商人入中后愿得盐茶，有时需到京师榷货务“翻换”交引（参见《宋会要》食货三六之五、六景德二年十二月条等），有时则须在粮草钞上批写文字（参见同上书食货三六之二七、二八）。这两种情况下的粮草钞都与盐无直接联系。入中实行“三税法”时的钞有固定属性，可直接领取茶、盐，故有“茶钞”“末盐交钞”之分，但庆历八年以前行三税法所发三色交钞中没有盐交钞，盐交钞出现时恰好范祥的解盐钞也出现了。三税法及盐交钞都很快被废止了。范祥的盐法使新钞与盐长期地不可分割地结合在一起了。4. 由于规定了每张钞的价格，使得它更票券化了。粮草钞固然也被称为券，但实际上它更接近收据或文牒，一般上面要书写入中者姓名、籍贯、入纳数量、价值等（参见《宋会要》食货三六之一四、二七），新钞则比较接近票券的形式。由于上述各种原因，盐钞作为一种不同于粮草钞的新的钞出现了。这里，应提到戴先生对盐钞的释义似未令人满意，见《宋代钞盐制度研究》第二编第一章第一节《盐钞释义》：

> ……其所以称为盐钞，实由于盐钞代表实钱。因范祥改法以后，并边不入刍粟而入实钱，入实钱之后所取得换请盐货之券，与前此入刍粟请盐之券，有此差异。是以在案牍上称之为盐钞。

此说不仅片面，而且很容易让人理解为钞的本义与实钱有关。如前文所述，钞最初乃是收据，并非仅与实钱相连，因此，“盐钞”一语就字面上讲，并无任何“代表实钱”之义。盐钞与粮草钞同有钞之称，粮草钞中又有茶钞、末盐交钞，此外还有税钞等，足见称为钞的并不一定就与实钱直接关联。范祥以前，用见钱、金银换取领盐文据的情况不少，例如彭百川《太平治迹统类》卷二九、王称《东都事略》卷五在天圣八年项下均有记载，但当时并不称之为盐钞。

由此可见，用实钱而不是用粮草来换取，固然是盐钞产生的重要条件，但并不是唯一的条件，甚至不是最主要的条件，最主要的条件似应是新钞与盐的紧密结合。

应当指出，前面所讲盐钞种种特点，都是特指最初的情况而言，后来的情况则有相当变化。首先是用实钱买钞的制度很快就遭到破坏，出现了如同旧日用入中粮草等物直接换取盐钞的情况。（参见彭百川《太平治迹统类》卷二九嘉祐三年七月壬辰条及《长编》卷二五四熙宁七年六月壬辰条）其次，后来出现了各种末盐钞，末盐大致始终没有完全通商，因此末盐钞有时就具有交引的运销凭证职能。这样，钞与交引就难以区分，常被统称为“钞引”，南宋更有人认为钞与交引只是同一事物不同时期的不同名称罢了。

盐钞与粮草钞同为解决筹办粮草等问题而产生，它们之间的承继关系是显而易见的。但盐钞到了南宋，成为解决政府财政困难的主要手段，它不但完全取代了粮草钞，而且其作用大大超过了筹办粮草的范围，它和粮草钞的区别就更大了。尽管如此，盐钞却始终具有粮草钞所具备的收据兼领据的职能，只不过前者原则上为现钱的收据、实物的领据，而后者则为实物的收据、现钱又兼有实物的领据。

综上所述，钞在未成为纸币之代称之前，在相当长的时期是一种收据，后来则又兼有领据的职能。在两宋前后，曾经存在过税钞、粮草钞、盐钞等几种重要的钞，它们在我国经济发展史上都发挥过相当作用，值得认真加以研究。

（原载《文史》第15辑）

《宋史》标点本举正

《宋史》部帙浩大，于元代仓促撰成，流传中又颇有刊抄之误，错讹甚多。近年经专家们校勘，加以新式标点，面貌一新，学者颇得其益。然金无足赤，点校中也或有失当之处。笔者近年涉猎《宋史》，有所留意，不揣谫陋，欲于玉中剔瑕，敷衍成文，以求就正大家。

标　点

（一）当断未断或不当断而断句者

今人句读古人文字，固有可断可不断者，不应苛求。但有时当断不断、不当断而断，却会影响读者对文义的理解。标点虽小，关系非轻。以下试举若干例（引文以一九八五年六月新一版中华书局标点本为准）。

（1）“丁卯，诏吴璘措置马纲、水路。”（第三册631页）

按关于南宋四川马纲水陆路，李心传《建炎以来朝野杂记》甲集卷一八《纲马水陆路》记述颇详，其中明载马纲分水路、陆路两种。引文系述诏令吴璘主持筹措水路马纲，故“马纲水路”

实指一事，不是并列两事，不应用顿号断开。

(2)“辛未，罢尚书省，创置呈白房。”(第三册 847 页)

依现标点，似是宋朝用呈白房代替了尚书省，这显然是没有发生的事。事实上被罢废的是尚书省创设的呈白房。故“尚书省”后的逗号必须删除。

(3)“皆户(当为吏，详下文)部南曹给印纸、历子。”(第十一册 3758 页)

按“印纸”与“历子”间不应顿开。《宋会要·食货》四二之一六“各给印纸五千张充历子”。《长编》卷六六“内出御前印纸为历”。可知印纸此处为历子的修饰限定语，印纸历子是一物而非二物。

(4)“掌茶、盐、酒税场务征输。”(第十二册 3983 页)又“真宗嗣位，诏三司经度茶、盐、酒税以充岁用……乃令诸路茶、盐、酒税及诸场务……”(第十三册 4349 页)

按引文中“酒”指榷酒收入，“税”指商税，实为二事，二字中间依例应加顿号，否则易使人误解。

(5)“[公使钱]岁给者：尚书都省，银台司，审刑院，提举诸司库务司，每给三十千，用尽续给，不限年月。”(第十二册 4144 页)

引文依现标点理解，显然前后矛盾。前言尚书都省等公使钱均为“岁给”，后文又述各官署公使钱“每给三十千，用尽续给，不限年月”，实在令人不解。按《宋会要·礼》六二之二三至三〇载北宋时各官署公使钱钱额颇详，其中尚书都省、银台司、审刑院各有岁额，唯提举诸司库务司没有岁额，采取“每给三十千，用尽续给，不限年月”的支发办法。显然，前引《宋史》文字应在“审刑院”后句断，表示“岁给”者仅包括尚书都省，银台司和审刑院。下文依本书体例，当另起一段，表示提举诸司库务司支领公使钱乃月给、岁给之外又一种颁给类型。

(6)“有司请以府界、诸路在京库务及常平等文帐悉归户部。”(第十三册 4356 页)

按引文中“府界”库务指隶属开封府者,“诸路”库务隶属各路转运司,“在京”库务则隶属在京各官司及提举诸司库务司,三者并列。故“诸路”后应依例用顿号断开,否则易使人理解为府界、诸路各有在京库务,与史情不符。

(7)“京师出纳及民间贸易,并大小钱参用,而私铸小平钱辄行用。立搜索告捕罪赏,越江、淮入汴钱至京者,一依当十钱法。”(第十三册 4389 页)

引文中“私铸小平钱辄行用”后句断,不文,令人费解。细体文义,“私铸小平钱辄行用立搜索告捕罪赏”实述一事,中间不应句断。且此句与下文关系密切,下文“钱”亦指“私铸小平钱”,故“入汴”后若加逗号断开,似较佳。

(8)“陛下诚以景德中西、北二边通好最盛之时一岁之用较之,天禧五年,凡官吏之要冗……”(第二十八册 9977 页)

原文意显为以景德最盛之岁与天禧五年比较,故“较之”后不应用逗号断开。

(9)“然开、庆受兵……”(第三十八册 13281 页)

“开庆”为宋理宗年号,不应从中断开。

(二)标点位置及选用种类等失当

前文所述大体属于单一性失误,只涉及一个标点的使用,以下所述一般涉及面稍宽,相应地从标点助读功能的角度看,其重要性或许更大些。

(1)“乙丑,前签书枢密院事邹应龙薨,赠少保、监察御史。胡清献劾淮西提刑徐敏子三罪……”(第三册 830 页)

一位前执政大臣去世,竟被赠给监察御史的官,岂非奇闻!显然,监察御史是胡清献的头衔,当从下读。少保后的顿号应去掉,“胡清献”前的句号应移于此。

（2）“［三司常平案］大中祥符七年，置主吏七人。”（第十二册 3809 页细文）

按《宋会要・食货》五六之九“大中祥符七年，别置［三司］常平案”。据此，大中祥符七年所置者乃三司常平案，而非“主吏七人”，故逗号应移于“置”字后。

（3）“已上奉随本官，衣赐如本官例，大即依本官例，小即依逐等。”（第十二册 4102 页细文）

如此标点，文义前后矛盾：前言衣赐如本官例，后又加否定，称大则依本官，小则依逐等，欠妥。或应断为“已上奉随本官，衣赐如本官例大，即依本官，例小即依逐等”，则矛盾可除，前后可一。同册 4130 页相同细文似也应如此标点。

（4）“‘学士提举在京官，除本身请给外，更请帖职，并差遣添支，比六曹尚书、翰林学士承旨几及一倍以上，非称事制禄之意。’诏并依元丰法，御史中丞二十千，察案御史十千，籍田令七千；并依元丰三年诏，司农寺丞十五千，主簿京朝官十二千，选人十千。熙宁三年，诏广亲、睦亲宅记室、讲书十五千，教授十二千，军巡使十七千，权使及判官七千。已上并元丰制，已下惟增散宫而已。”（第十二册 4130 页细文）

按“学士提举在京官”不可解，当从《宋会要・职官》五七之六一，作“学士提举在京宫观”。又同书五七之四〇熙宁三年八月二十六日诏：“司农寺丞月添支钱十五千，主簿京朝官十二千，选人十千。”可知上引《宋史》文中“熙宁三年诏”当从上读，“诏”后句断，“诏”前逗号去掉。以此类推，“诏并依元丰法”，“并依元丰三年诏”后均应句断，从上读。再者，此段文字经如此改动标点，仍难以阅读，笔者私心揣度，应是正文、细文相混所致。“御史中丞二十千”以下至“籍田令七千”，“司农寺丞十五千”，至“选人十千”，“广亲、睦亲宅记室”至“权使及判官七千”三段疑应为正文，现误作细文，故增加了阅读的难度。又顺带附言，本册 4134 页“添给羊，凡外任给羊”从下与上文联系不紧，系另述一层意思，依本书体例，当另起一段排印。

（5）“时藩郡有阙，稍命文臣权知所在场务，或遣京朝宫廷臣监临。”（第十三册 4347 页）

依现标点，“时藩郡有阙”失去呼应下文，使人费解。细体文义，实则文臣权知者乃藩郡，京朝宫廷臣监临者为所在场务，故引文正确标点应为：“时藩郡有阙，稍命文臣权知；所在场务，或遣京朝宫廷臣监临。”此乃宋初加强中央集权两项重要举措，前项主旨削弱藩镇军权，后项削弱藩镇财权。标点不当，文义顿失。

（6）“应奉司两浙诸路置局及花石纲等，诸路非泛上供抛降物色……应斋醮道场，除旧法合有外，并罢道官及拨赐宫观等房钱、田土之类。六尚，并依祖宗法。……河坊非危急泛科，免夫钱并罢。”（第十三册 4364 页）

引文中首句“花石纲等”系“渚路非泛上供抛降物色”的修饰限定语，故不应断开，为避免句子过长，可在“及”字前加逗号，标点改为“应奉司两浙诸路置局，及花石纲等诸路非泛上供抛降物色……”下文“应斋醮道场”依现标点，缺少呼应文字，明显不妥。查《长编纪事本末》卷一四六《钦宗·内禅》相应文字为：“应斋醮道场，应旧法合有外并罢，罢道官及拨赐宫观道官等房钱、田土之类。”显然，《宋史》此处遗一“罢”字，造成标点者将“并罢”误从下读，遂使上句成为无着落之辞。又据《长编纪事本末》，引文中“河坊”当作“河防”。由此则“河防非危急泛科”乃修饰限定“免夫钱”之语，此免夫钱指因修治黄河而摊征的免夫钱，故“河防非危急泛科”与“免夫钱”之间的顿号应去掉。《宋会要·方域》一五之三二载同事作“河防免夫钱并罢”，可证。

（7）“严立告赏禁。建州卖私末茶，借丰国监钱十万缗为本。”（第十三册 4505 页）

依现标点理解文义，存在如下问题：建州卖私末茶何以借丰国监钱十万缗之资为本呢？通读上下文，乃知引文中“禁”当从下读，即“严立告赏，禁建州卖私末茶……”“借丰国监钱十万缗为本”乃承前文“欲尽买入官”而言。引文及前后文系讲建州茶行禁榷法，禁卖私末茶，茶叶尽买入官，借本地丰国监钱十万缗为本。

(8)“开禧元年，兴元都统秦世辅言：‘……’参知政事蒋芾言：‘……’。”(第十四册 4821 页)

依原文标点，秦世辅似与蒋芾为同时人，二人同就一件事各抒己见。查《宋史·宰辅年表》等有关记载，蒋芾任参知政事乃乾道二年事，后乾道四年入为宰相。开禧年中任参知政事者并无名蒋芾者。可知，引文中秦世辅乃是在上言中引用前日参知政事蒋芾的话，故原标点法不妥，应改为将蒋芾语包含于秦世辅语内的标点法，或加校说明。

(9)“费不可胜。会髹漆，至灰人骨为胎。”(第三十二册 11208 页)

依此断点，“费不可胜”不文，“会”须解为“恰逢”，又与上下文不合。此处“会”当解为计算，从上读，引文应标点为：“费不可胜会，髹漆至灰人骨为胎。”

(10)“祖宗朝……诸道利源各归漕计，故官省事理。并废以还，漕司则利害可以参究，而无牵掣窒碍之患矣。”(第三十三册 11597 页)

依现标点，“并废以还”令人费解。按《琬琰集删存》卷二李焘《赵待制开墓志铭》述此事作：“祖宗以三司总诸路转运司……熙宁后因事设官纷然，各自封殖，而转运司至有穷乏不足处。”据此，“还”字后逗号应移于“漕司”后，则“漕司”成为“以还”之受语。文意为，并废损侵漕司之职官将权事归还漕司，那么漕司就可通观利害，不受诸司的妨碍掣肘了。

（11）“其钱分隶诸司，［郑］清之奏罢其并缘渔取者，盖数倍公家之入，合分隶者从朝廷偿之。”（第三十五册 12422 页）

如此断句，“盖数倍公家之入”无主辞，似应在“奏罢”后加逗号。如此，则“其并缘渔取者盖数倍公家之入”成为插入的说明性文字，全句以“其钱”为主辞，“合分隶者”也乃承“其钱”而言。

（12）“［钱］俶贡白金五万两、钱万万，绢十万匹、绫二万匹、绵十万，屯茶十万斤……”（第四十册 13901 页）

“屯”为绵之计量单位，唐杜佑《通典》卷四《食货·赋税》《新唐书》卷四八《百官志》均载：“绵六两为屯。”此制五代、宋初仍沿行。故引文应去掉“屯”字的专名线，从上读，标点为：“［钱］俶贡白金五万两、钱万万，绢十万匹、绫二万匹、绵十万屯，茶十万斤……”

（13）“建炎三年，以南郊恩制授阇婆国主怀远军节度、琳州管内观察处置等使、金紫光禄大夫、检校司空、使持节琳州诸军事、琳州刺使兼御史大夫、上柱国、阇婆国王、食邑二千四百户、食实封一千户；悉里地茶兰固野可特授检校司徒，加食邑实封。以南郊加恩也。”（第四十册 14093 页）

点校本校勘记：“司徒原作‘司空’，据《宋会要·蕃夷》四之九七、《系年要录》卷一九改。”

首先，应当说明引文中“琳州刺使”应校改为“琳州刺史”，上引校勘记征引的两种文献均作“琳州刺史”。宋綦崇礼《北海集》卷七《除阇婆国王悉里地茶兰固野特授依前检校司徒使持节琳州诸军事琳州刺史充怀远军节度使琳州管内观察处置等使兼御史大夫阇婆国王加食邑食实封散官勋如故制》、周麟之《海陵集》卷一一《除阇婆国王悉里地茶兰固野加食邑制》也载为“琳州刺史”。且“刺使”官衔他处不见，其错误明显。不过，此处点校者的更大失误还在于“悉里地茶兰固野”前的分号。根据这一标点，分号前的官职，都是建炎三年南郊后新授给阇婆国主的，然而令人不解的是不载国主为谁。后面记“悉里地茶兰固野”被授司徒，而又看不出他是否为阇婆国主。客观地讲，出现这样的问题是有原因的，那就是在引文中既出现了“阇婆国主”，又出现了“阇婆国王”，既出现了“制授”，又出现了“特授”。但如此点校就出现了如上的问题，也是不妥的。请看李心传记此事：

> ［建炎三年春正月己丑］怀远军节度使、检校太保、占城国王杨上麻迭加检校太傅，大同军节度使、检校司空、真腊国王金裒宾深，怀远军节度使、检校司空、阇婆国王悉里地茶兰固野，并加检校司徒，皆用南郊恩也。时占城以方物来献，因有是命。（《系年要录》卷一九）

再看《宋会要辑稿》蕃夷四之九七所载：

> 光尧皇帝建炎三年正月十日，制：“怀远军节度、琳州管内观察处置等使、金紫光禄大夫、检校司空、使持节琳州诸军事、琳州刺史兼御史大夫、上柱国、阇婆国王、食邑二千四百户、实封一千户悉里地茶兰固野，可特授检校司徒，加食邑一千户、食实〔封〕四百户。”以南郊礼成加恩也。

再看马端临所记：

> 建炎三年，制授怀远军节度、琳州管内观察处置等使、金紫光禄大夫、检校司空、使持节琳州诸军事、琳州刺史兼御史大夫、上柱国、阇婆国王、食邑二千四百户、食实封一千户悉里地茶兰固野，可特授检校司空（徒?），加食邑实封。以南郊加恩也。（《文献通考》卷三三二《四裔考九》）

引文清楚地表明，“悉里地茶兰固野”前的一大串头衔，都是其原有的，不是建炎三年新加的，这次改变的是检校司空改检校司徒，另增加了食邑、食实封户数。所以，“悉里地茶兰固野”前的分号必须去除，以免误导读者。

校　勘

（一）错字失校

现标点本《宋史》内，还存在一些错字，未能校改，影响阅读。

（1）“[乾道四年六月] 戊戌，蠲诸路逋负乾道元年二月和市、折帛、杂色钱。”（第三册643页）

按《宋会要辑稿》食货六三之二九乾道四年：“六月八日诏：诸路州县乾道元年、二年人户各有拖欠畸零夏税、和买、折帛、折麦、折盐、茶租、养士、白地、职田、僧道免丁钱物……可令户部日下并予除免。”蠲免逋负不当蠲某月赋税，所引《宋史》“乾道元年二月”当从《宋会要》校改为“乾道元年、二年”，其中“月”为“年”之误。

（2）“出祠牒、会子共七百万纸，给四川制司为三年生券。”（第三册818页）

按宋代祠牒价格颇高，时价每纸八百贯以上，会子面额因多少有数种，故不应合称若干纸。“纸”显为“缗”字形残缺之讹。即使不改，似也当出校说明。

（3）“建宁府……贡火箭、石乳、龙茶。”（第七册2208页）

按石乳、龙茶均为茶叶名，与火箭不类，故火箭当为火前之讹，火前亦茶名。宋王观国《学林》卷八“茶之佳晶……其次则火前，谓寒食前也”，可证。

(4)“皆户部南曹给印纸，历子。”(第十一册 3758 页)

自唐至末，户部无南曹，吏部乃有南曹。《宋史·职官志》吏部“南曹掌……给历之事”。《长编》卷一八：“诸州椽曹及县令、簿、尉，皆吏部南曹给印纸历子。”事又见王称《燕翼诒谋录》卷一。可知“户部”为“吏部”之误。

(5)“［内客省使］春绢各十匹，冬十匹，绵三十两，惟客省使春冬各一十匹。”(第十二册 4104 页细文)

引文有两点可疑：一是内客省使春冬绢额相同，依例应作“春冬绢各十匹”，不当分述；二是内客省使与客省使春冬绢额相同，不当分述。查《宋会要·职官》五七之六相应文字作内客省使“春各绢七匹”。史文中“十”当为“七”之残误。

(6)“学士提举在京官。”(第十二册 4130 页细文)

按《宋会要·职官》五七之六一相应文字作“学士提举在京宫观”，史文“在京官”显为“在京宫观”之误。

(7)“孝宗受禅赦：‘凡官司债负房赁、租赋、和买，役钱……自绍兴三十年以前并除之……’”(第十三册 4217 页)

按言“官司”债负房赁等令人费解，此“官司”当作“官私”，言无论欠官欠私之债以及住官私房的赁金，一概免除。此乃五代两宋一奇特现象，即遇赦时不但免除百姓欠官府之钱，而且免除百姓欠私人债及赁房等钱，详参见洪迈《容斋三笔》卷九《赦放债负》、俞越《茶香室丛钞》卷六《私债以思诏免》等。

(8)“偿以小钱。”(两处)(第十三册 4389 页)

按《长编纪事本末》卷一三六、《皇宋十朝纲要》卷一六、《通考》卷九等述此事“小钱”均作“小钞”。小钞乃北宋末年临时性楮币，史文因“钱”“钞”形近而误。

(9)“斛输钱三十，头子钱二十二。”(第十三册 4520 页)

按《宋史·赵开传》述此事作“凡一石米输三千，并头子杂用等二十二”。《名臣碑传琬琰集》卷三二李焘《赵待制开墓志铭》全同。《朝野杂记》甲卷一四《四川酒课》作“米一斛输钱三千”。可知上引史文“斛输钱三十”之“十”为“千”之误，另“头子钱”也可校补为“头子杂用等钱”。

（10）“天圣以来，晋、慈二州矾募民鬻之，季鬻矾一盆……四分输一入官，余则官市之。无为军亦置务鬻矾，后听民自鬻，官置场售之，私售矾禁如私售茶法。”（第十三册 4534 页）

细读引文，颇有不通，即募民卖矾，却又四分之一入官，四分之三官买，岂不矛盾？无为军既听民自卖，官又置场卖，复又禁私售矾，岂不又矛盾？细品文义，不难发现引文中“鬻”皆为“鬻”之形近误。鬻乃煮之古字，宋人时时用之。引文大意为：晋、慈二州矾募民煎煮，季造矾一盆，四分之一入官为税，其余官买。无务军置务制矾，后任民自制，官置场收买，私卖矾如私卖茶法处罚。又前页“鬻造入官”类推应作“鬻造入官”。

（11）“初从邢恕之议，下令创造兵车数十乘。”（第十四册 4918 页）

《皇朝编年备要》卷二六述此作“初，知渭州邢恕建兵车之议，下诸路创造，凡数千乘”。史文之“十”似为“千”之形误。

（12）“时薛居正子惟吉妻柴氏无子早寡，尽畜其货产及书籍论告，欲改适［张］齐贤。”

引文中“论告”不文，查《长编》卷五三、《宋会要辑稿》职官七八之九、杜大珪《名臣碑传琬琰之集》下卷二《实录·张文定公齐贤传》并作“纶告”，即朝廷颁发的各种证书等。可知“论”乃“纶”之形近讹，当校改。

（13）“姚铉纳部内女口及鬻钔器抑取其直。”（第二十九册 10090 页）

按《长编》卷六四述此事作“鬻铅器多取其直”，《宋会要·

职官》六四之二〇作“鬻银多取直”，史文“钔”显为“铅”或“银”之残误。

(14)“岑水铜冶废，官给虚券为市，久不偿。人无所取资，群聚私铸。”(第三十册 10577 页)

《长编》卷一九七嘉祐七年十月己丑载同事作：“先是，岑水铜冶大发，官市诸民，止给空文，积逋巨万。奸民无所取资，群聚私铸。”复查《长编》卷一七九、《宋会要·食货》三四之二〇都载至和二年“韶州岑水场铜大发”事，《武溪集》卷一五《韶州新置永通监记》载皇祐年中韶州铜大发事，《长编》卷二四〇载熙宁五年王安石言“今岑水聚浮浪至十余万，所收铜已患无本钱可买”事，可知岑水铜冶自仁宗皇祐以后至神宗熙宁年中大体兴发未衰，《宋史》“废”字当为“发”之形近误。

(15)“助役法行，[乐]京曰：提举常平官言不便。使之条析，又不报，且不肯治县事，自列丐去。提举官劾之。”(第三十册 10665 页)

从上下文看，反对助役法言新法不便者乃乐京本人，并非提举常平官(此事参见《长编》卷二二八所载)，引文显有误。其实引文仅一字有误，即“曰”当为“白”之残误，应校改为“京白提举常平官言不便”。若此，则文义可通，文气可贯。

(二) 系时有误失校

新标点本凡遇系时有误，依例出校说明，然也有遗漏者。

(1)“[景定]三年春正月戊子朔，诏申饬百官尽言。”

“戊子”，《宋史全文》卷三六作“戊午”。史文言“戊子朔”，则与下文“壬戌”“甲子”“乙丑”等均不协，它们不可能同在一个月中。而如是“戊午朔”，则“戊午”与“壬戌”“甲子”“乙丑”等恰是应在同月。可知“戊子”应校正为“戊午”。陈垣《二十史朔闰表》景定三年正月也是“戊午”朔。

(2)“嘉定元年三月戊寅，行都大火……二年六月己卯，临安

府火……四年三月丁卯，行都大火……”（第五册 1382 页）

按原书引文后又有开禧二年二月一条，系时不合顺序。又查《宋史·宁宗纪》嘉泰元年三月戊寅、二年六月己卯、四年三月丁卯各载临安发生火灾事，可证引文“嘉定”当为“嘉泰”之误。

“重和元年，京西饥。五年，河北、京东、淮南饥。”（又同册 1463 页）

按重和无五年，此“五年”当为宣和五年，应加说明。

（3）“十二年，右正言胡卫请：自今宗室监试，无官应举，照锁厅例七取其二：省试则三举所放人数如取应例，立为定额。”（第十一册 3678 页）

原书于“十二年”后出校谓：“十二年，承上文当指乾道十二年，乾道无十二年，疑有误。”

查南宋刘克庄《王牒初草》卷下嘉定十一年十一月壬戌条载：“臣僚奏：‘今后宗室监试，无官应举，照锁应例，以七人取二人省试。乞下礼部，将三举所放数上之朝廷，如取应例，立为定额。’”将此段文字与上引史文对照，不难看出，二者大同小异，所述为同一事无疑。据此可推断：一、史文之“十二年”应为嘉定十二年，原校记中存疑可释。二、“省试”当从上读，前句讲取参加监试者的七分之二参加省试，后句讲取三年所放具体数立为定额，此定额是从参加监试者中选放参加省试者的人数，而非从参加省试者选放参加殿试者的人数。

（4）“［三司判官］五年，废十道，三部各置判官二人。”（第十二册 3808 页细文）

按引文“五年”前失书年号，依前文则应作太平兴国五年，误。考计司分十道乃淳化四年事，岁余罢。《宋史》之《太宗纪》《陈恕传》《皇宋十朝纲目》《玉海·淳化总计使》等均有载。应据以校补“淳化”年号。

（5）“［都磨勘司］端拱九年置。”（第十二册 3809 页细文）

按端拱无九年，《长编》卷三〇端拱二年十二月辛亥：“诏置三司都磨勘司。”引文“九年”当为二年之误。

（6）“元符三年，诏罢北外都水监，以河事委之漕臣，三年复置。”（第十二册 3922 页）

按引文中“三年”两出，可疑。查《宋会要·方域》一五之二〇元符二年九月十九日“水部员外郎曾孝广言：今河事已付转运司……则北外都水丞别无职事，请并归转运司。从之”。又《宋史·河渠志》元符三年七月“复置北外部水丞司”。则北外都水监系元符二年罢，三年复置。文中“元符三年”当为“元符二年”。

（7）“熙宁……九年……是年，杭，明、广三司市舶，收钱、粮、银、香、药等五十四万……”（第十三册 4560 页）

按《通考·市籴考·市舶互市》系此三市舶司岁收数于元祐元年，而元祐元年前又有熙宁九年事。《通考》成书早于《宋史》，《宋史》对其文字多有转录，疑上引史文系年为撰史者疏忽，将元祐元年事误系熙宁九年，依例当出校说明。

（8）“景德四年……明年，［丁谓］召为右谏议大夫，权三司使，上《会计录》，以景德四年民赋户口之籍较咸平六年之数……”（第二十七册 9567 页）

按引文言丁谓于大中祥符元年（景德四年之明年）以右谏议大夫、权三司使，有误。《长编》卷六〇系此事于景德二年，“权三司使”作“权三司使事”。又卷七〇大中祥符元年九月癸亥，“以权三司使事丁谓为行在三司使”。卷七一大中祥符二年二月甲寅，“以枢密直学士、权三司使事丁谓为三司使”。又引文记丁谓上《会计录》也是祥符元年，亦误。据《长编》卷六六，《宋史·真宗纪》等，丁谓上《景德会计录》系景德四年八月丁巳。又引文言《会计录》系“以景德四年……之籍较咸平六年之数”，亦有误。据《长编》卷六〇、《玉海》卷一八五等载，《会计录》系以景德三年之籍较咸平六年之数（文多不录）。

（9）［郑侠］“哲宗立，始得归……以为泉州教授。元符七年，再窜于英。”（第三十册 10436 页）

按“元符”无七年，显有误。《长编》卷五〇二载，元符元年九月壬戌，“诏……郑侠追毁出身已来文字，除名勒停，依旧送英州编管，永不量移”。《皇朝编年纲目备要》卷二五、《宋史全文》卷一三也系此事于元符元年九月，可知“元符七年”当为“元符元年”之讹。

（10）“徽宗召对。”（第三十一册 10711 页）

按原文述此次召对后，李琮被擢任江东转运刘官，行部至宣城，括民田税。元祐初，言者论此次括税之弊，黜知吉州。时间前后顺序舛错。又召对前李琮任职阳武县，乃吕公著荐举，吕氏死于元祐三年。因此，引文中“徽宗”应为“神宗”，校勘者忽略了原文因这一错误导致的时间上的矛盾。

（11）“嘉泰二年入太学。十年，登进士第……”（第三十五册 12419 页）

按嘉泰无十年，下文又有“十六年”，南宋中叶一年号长达十六年以上者只有淳熙和嘉定，此处显然应是嘉定，故郑清之登进士第应为嘉定十年。佚名《南宋馆阁续录》卷七《官联》、罗濬《宝庆四明志》卷一〇《叙人·进士》均载郑清之为嘉定十年吴潜榜进士，可证。其若嘉泰二年入太学，至嘉定十年登第，间隔十五六年，疑其过长，或嘉泰二年为嘉定二年之误，无论怎样，此处依例当出校说明。

（12）“熙宁元年入贡，求买金字《大般若经》，以墨本赐之。六年复来，补其首领五人为军主，岁给彩二十匹。神宗问其国种落生齿几何，曰三十余万；壮可用者几何，曰二十万。明年，敕李宪择使聘阿里骨，使谕回鹘，令发兵深入夏境。宪以命殿直皇甫旦。旦往，不得前，而妄奏功状。诏逮旦赴御史狱抵罪。”（第四十册 14117 页）

今按，《宋会要辑稿》蕃夷四之九、《长编》卷三四一及卷三四六载“复来”，“补其首领……为军主”及神宗与使者问答是元丰六年事，而李宪派皇甫旦入回鹘，为元丰七年事。故应于“六年”前应补入“元丰”年号。

（三）史事记载文字差误失校

（1）“［端平三年二月甲辰］诏史嵩之淮西制置使兼副使。”（第三册 810 页）

宋代正使兼副使的事似极少见。查本书卷四一四《史嵩之传》，乃作“进宝章阁学士、淮西制置使兼沿江制置副使兼知鄂州”。南宋后期，淮西制置使兼沿江制置副使兼知鄂州是一重要官职，赵范、贾似道等都曾担任此官职。又时人许应龙《东涧集》卷五有《史嵩之除淮西制置使兼沿江制置副使兼知鄂州制》，卷二有《宝章阁学士太中大夫淮西制置使兼沿江制置副使兼知鄂州史嵩之乞祠禀不允诏》，均可证明引文“副使”前应校加“沿江制置”四字。

（2）“淳熙九年，始诏：‘减任子员数。自宰相、执政、侍从、卿监。正郎。员外郎，分为五等，每等降杀，以两酌中定为止数，武臣如之。宰相十人……中散大夫至中大夫四人，带职朝奉郎至朝议大夫三人，通减三分之一。’”（第十一册 3734 页）

按《皇宋中兴两朝圣政》卷五九淳熙九年八月庚子：“侍从台谏集议闻奏：自宰相、执政、侍从、卿监、正郎、员外郎分为五等，除致仕遗表已行集议裁减外，将逐郊荫补思泽每等降杀以两，酌中定为止数，武臣比类施行。宰相十人，开府以上同执政八人，太尉同侍从六人，观察使……四人，右武大夫……三人……武翼大夫至武功大夫同非侍从官无遗表外，见行条格致仕遗表通减三分之一，余分不减。绍兴初，中书舍人赵思诚上任子限员之议。诏从官集议，至是始用廷臣集议行之。”将此段文字与前引史文对照，不难发现：首先，史文有一处标点错误。“每等降杀”后不当断，而应断为“每等降杀以两”，系指下文所述各等人数差为两人（十人、八人、六人……）。更为重要者，史文遗漏了两处限定说明性文字，遂使文义大谬而不可通。遗漏之一是“逐郊荫补恩泽”，系指“每等降杀”的人数乃是遇郊祀时官员因荫补恩泽所可使子弟入仕的人数，而非指一般任子员数之总额。遗漏之二是“致仕遗表”，系指“通减三分之一”者并非所有任子员数通减三分之一，而仅是官员致仕（退休）和死亡时依规定其子弟入仕的人数通减三分之一。前引史文因有二处遗漏，遂将二事混为一事。查《宋史·孝宗纪》载：淳熙九年八月庚子，“立文武臣遇郊奏荐员，限致仕、遗表恩泽，视旧法捐三之一”。言简意赅，可证《圣政》所载之正确及前引史文之差误、失校。

（3）“［政和二年］诏依熙，丰旧制，［户部］本部置都拘辖司，总领户、度、金、仓四部财赋。”（第十二册 3848 页）

按《宋会要辑稿》食货五六之二六元祐元年八月：“先是，户部言，乞于尚书厅置都拘辖一司……从之。”同书五六之三五政和二年六月六日：“参照官制格目所奏：户部具到熙宁三司敕式许置催辖司，本部称，官制奉行，不曾分隶。至元祐元年承敕依熙丰旧三司条制，于本部置都拘辖司，总领户、度、金、仓四部财赋。后来承朝旨删去元祐指挥。契勘都拘辖司虽是沿袭三司事务，缘系元祐元年立名。今欲乞遵依熙宁三司敕式，以催辖司为名，其应主行事务即并依见行条贯。从之。”两则记载翔实而可靠，据此，都拘辖司乃是元祐元年依熙丰旧三司催辖司条例创设，政和二年复设时因都拘辖司系“元祐元年立名”，有涉“元祐更化”之嫌，故改称催辖司。史文记载有误，当出校说明。“左曹分案三：曰户口，掌……索取妻男之讼。”（同页）按“索取妻男”令人费解，《宋会要辑稿》食货五六之四〇作“索取妻男借贷钱物之类”，疑史文有阙误，或应出校说明。

（4）“曰课利［案］，掌诸军酒课，比较增亏，知、通等职位

姓名。”（第十二册 3849 页）

按课利案“掌诸军酒课”，颇可疑，户部课利案专掌军队酒课不掌各地方酒课可能性不大。《宋会要辑稿》食货五六之四一作“掌诸州军酒务课利”，故所引史文“诸军”当作“诸州军”。又依现标点，课利案掌“知、通等职位姓名”，显有不妥，“知、通……”前逗号应去掉，作“比较增亏知、通等职位姓名”。

“人户买扑盐场酒务祖额酒息。”（同页）

按《宋会要辑稿》食货五六之四一作“人户买扑官盐场酒务祖额酒息”。盐场不应有酒息，又宋制百姓不得买扑盐场，两处文字显然有误。疑《会要》“官盐场”为“官监场”之形近误。元丰改制后，官监酒场隶户部左曹，也可令百姓买扑，非官监场则隶户部右曹坊场案。“官盐场”改为“官监场”，则与这些制度正好吻合，且与上下文吻合。上引史文应也依此校改，即使为了谨慎维持现状，也当出校说明疑点。

（5）“厘正仓部，勾覆，理欠、凭由案及印发钞引事归比部。”（第十二册 3861 页）

按印发钞引事归入比部不合情理。《长编》卷四〇九、《宋会要辑稿》职官二七之一四述此事，均谓将勾覆、理欠、凭由及印发钞引诸事归比部和太府寺，宋代太府寺掌印发钞引多见记载，故史文当据以在“比部”后校补“太府寺”。

“诏帐司每岁具天下财用日出人数以闻。”（同页）

按宋朝疆域广阔，财政收支项目繁多，掌握财政日出人数既无必要，也无可能。《长编》卷二五述此事作：“诏三司帐司会计熙宁六年天下财用出入数以闻，仍自今每岁如此。”《宋史·神宗纪》作：“诏三司岁会天下财用出入之数以闻。”据此，所引史文中“日出入数”之“日”为衍文当删。

（6）“枢密都承旨……副都承旨，副承旨……”（第十二册 4106 页）

按引文“枢密都承旨”后无“承旨”，而《宋会要·职官》五七之八“枢密都承旨”后有“承旨”，且所引《宋史》下文于细文中也言及枢密承旨与枢密都承旨待遇基本相同，故应于所引史文“枢密都承旨”后校补增入“［枢密］承旨”。

（7）“开宝三年，令西川州县官常奉外别给铁钱五千。四年十二月，诏：节、察、防、团副使权知州事，节度掌书记自朝廷除授及判别厅公事者，亦给之……”（第十二册 4115 页）

按仅就史文看，似乎开宝四年十二月诏令扩大了津贴铁钱五千的范围。实则从《长编》卷一二等处记载可知，开宝四年十二月诏令内容完全是关于给官员“回易料钱俸户”的规定，与“常奉外别给铁钱五千”全无干系。依新标点本体例，显然于此应加校说明，以利阅读。

“三司、御史大夫……各增十千。”（又次页细文）

按此处所列官名皆为本官阶名，独三司为差遣名，且言俸禄时应称三司使而不当称三司，故此处显有误。《宋大诏令集》卷一七八《（大中祥符五年十一月甲寅）定百官俸诏》及《职官分纪》卷五〇《俸禄》述此事“三司”均作“（东宫）三少”，故上引史文当依此改“三司”为“三少”。

（8）“［熙宁九年免役钱］见在八十七万九千二百六十七贯、石、匹、两。”（第十三册 4308 页）

按此数《宋会要辑稿》食货五六之一七至一九、《永乐大典》七五〇七均记为八百八十七万余贯石匹两，显然史文漏刊“八百”两字，当校补。

（9）“故以金部右曹主行内藏受纳。”（第十三册 4372 页）

按此系引元祐元年上官均奏语，原文系照录《长编》卷三七四文字。赵汝愚《国朝诸臣奏议》卷五八载上官均此奏此处作“故以金部右曹案主行内藏受纳宝货”。《群书考索》后集卷六四《续本朝内藏库》同。查宋代金部既无右曹，也无右曹案，户部有右曹又不见有内藏职掌，金部负责内藏事务者则有右藏案。《国朝诸臣奏议》卷五八蔡蹈奏言及“内藏库隶右藏案”。又南宋汪应辰《文定集》卷二《应诏陈言兵食事宜》：“元丰更定官制，以金部右藏案主行内藏之出纳。”据此，《国朝诸臣奏议》“右曹案”乃为“右藏案”之讹，《长编》《宋史》以讹传讹，遂作“右曹”。上引史文“金部右曹”当校正为“金部右藏案”。

（10）“每当二钱千，重四斤五两，小平钱千，重四斤十三两，视旧制，铜少铅多，钱愈锲薄矣。”（第十三册 4396 页）

按铜少铅多，不会造成“钱愈锲薄”的后果，此“钱愈锲薄。与前文不联，令人生疑。此段史文实乃据《建炎以来朝野杂记》甲一六《铸钱诸监》改写而成，《杂记》原文在“视旧制铜少而铅多”后，详列了北宋天禧年和南宋绍兴年铸钱所用原料构成及重量的差异，然后又讲以上所列两种原料构成及重量“盖七百七十文为一千者也。今（按当指原书作者撰文的嘉泰年间）小平钱一千足乃用此料，则钱愈锲薄宜矣”。撰史者将此句谬加删节，遂成不通之文，新标点本于此未作校记说明，似有欠缺。

（11）“［张述］后以尚书职方员外郎为江、浙、荆湖、福建、广南路提点坑冶铁钱事，行至万州，道病卒。”（二十九册 10044 页）

点校本校勘记：“提点坑冶铁钱事，据《宋会要·职官》四三之一一九‘旧坑冶、铸钱隶转运司，元丰初间以他官兼领，至元祐元年以坑冶、铸钱通为一司’。同上书《职官》四三之一二〇，崇宁时有‘江、淮、荆、浙、福建、广南路提点坑冶铸钱司’，疑‘铁’为‘铸’之误。”

今按：校勘记征引不当，引文所述为北宋英宗时事，征引的却是关于此后神宗、哲宗、徽宗时的情况。实际上，《长编》卷一九三注文载：“……《英宗实录》：治平元年二月己巳……职方员外郎张述提点江、浙等路铸钱坑冶……”同书卷二〇三治平元年十二月丙午：“录故江浙等路提点银铅铜锡坑冶铸钱事、职方员外郎张述男甫侯为太庙斋郎。”两处都可证明是“铸钱”而不是“铁钱”。

（12）“［薛向］入为开封度支判官，权陕西转运副使、制置解盐。”（第三十册 10586 页）

按宋无“开封度支判官”之官职。查《长编》卷一九二嘉祐六年八月丁巳朔：“度支判官、金部员外郎薛向权陕西转运副使、兼制置解盐使。”官衔中无“开封”二字。而王称《东都事略》卷八二《薛向传》：“入为开封府判官，三司度支判官，陕西转运副使兼制置解盐。”则薛向是先任开封府判官，又任三司度支判官，再任陕西转运副使兼制置解盐。可知引文“开封”后应加“府判官”三字。

（13）“会河北转运判官王广廉奏乞度僧牒数千为本钱，于陕西漕司私行青苗法。”（第三十一册 10822 页）

按此事苏辙《龙川略志》卷三《与王介甫论青苗盐法铸钱利害》记为：“广廉常上言乞出度牒数十道，鬻而依关中漕司行青苗事，春散秋敛以侔利，与惠卿所造略相似，即请以之出施河北……”又《宋史·食货志·常平》：“会河北转运司干当公事王广廉召议事，广廉尝奏乞度僧牒数千道为本钱，于陕西转运司私行青苗法……至是，请施行之河北。”显然，在吕惠卿提出青苗法草案之前，王广廉已曾在陕西任职时施行过青苗散敛。而当吕惠卿提出草案时，王广廉又请求在河北施行此法。前引史文将王广廉两次施行青苗散敛混为一谈，以致难以读通，当出校指出其差误。

又同册 10832 页“若专听所谓”，10833 页“且言姚勔亦言之”，令人费解。《栾城集》后集卷一三《颍滨遗老传》相应处分别作“若专听其所为”，“左正言姚勔亦言不当”，从《宋史》有关上下文看，似均应依《栾城集》校正。又 10832 页两次出现元祐“六年”，也有问题，《颍滨遗老传》相应处第二个“六年”作“六年六月”，似也当依《栾城集》校补。

（14）“［嘉泰元年，吕祖泰上书，略曰：］……不识陛下在潜邸时果识［苏］师旦乎……愿亟诛［韩］侂胄及师旦、周筠，而罢逐［陈］自强之徒。独周必大可用，宜以代之……”（第三十八册 13372 页）

“不识”，宋刘时举《续宋编年资治通鉴》卷一二、佚名《续编两朝纲目备要》卷六、《宋史全文》卷二九均作“不知”，此处作“不知”较通顺，且一句中“识”字不当重出，似可校改。又引文“独周必大可用”一句较突兀，且讲文武满朝独周必大一人可用，也令人生疑。上引诸书此句前均有限定语“故大臣在者”，较合情理。或应出校说明。

附录：《宋史・地理志》补校

读中华书局点校本《宋史・地理志》，偶见几失校处，现试作补校。

（1）“邠州……淳化［县］（细文：中。淳化四年，升耀州云阳黎国镇为县……宣和元年，自耀州来隶）。”（《宋史》卷 87，2153 页）

查中华书局点校本王存等《元丰九域志》卷三《陕西路》：“耀州……县七（细文：淳化四年，以云阳县梨园镇为淳化县）。”又丛书集成本《宋朝事实》卷一八《升降州县》：“耀州……淳化四年，以云阳县之梨园镇置淳化县。”宋欧阳忞《舆地广记》卷一四《陕西永兴军路下》：“中淳化县，本云阳县之梨园镇，皇朝淳化四年置县，属耀州。”马端临《文献通考》卷三二二《舆地考八・古雍州》：“耀州……淳化四年，升云阳梨园镇为淳化县，属永兴军路。”宋曾巩《隆平集》卷一《郡县》：“淳化四年，以耀州黎园镇为淳化县。”上引除《隆平集》作“黎园”外，均作“梨园”，则上引《宋史》“黎国镇”当为“梨园镇”之讹。

（2）衡州……县五：衡阳……耒阳……常宁……安仁……（《宋史》卷88，2199页）

前言“县五”，下面只列四县，显然遗落一县。《元丰九域志》卷六《荆湖南路》《舆地广记》卷二六《荆湖南路》所载衡州五县，在衡阳县之后均为茶陵县，故此处遗落茶陵县，当出校说明。

（3）“宝庆府，本邵州，邵阳郡，军事。大观九年，升为望郡。”（《宋史》卷88，2200页）

大观是宋徽宗年号，仅四年，不可能有大观九年。查《舆地纪胜》卷五九《荆湖南路》：“宝庆府……升为望郡（细文：《国朝会要》：在大观二年）。”《宋会要辑稿》方域六之二八：“大观元年十二月十二日，诏：‘潭州居三江五湖之中，地大物众，亦尝僭窃；邵州最处极边，外制溪洞。除邵州已降敕为望郡，潭州为帅府，兼湖南路马步军总管。’”同书六之三〇：“邵州：大观二年升为望县。”据此，则“九”应为“元”之形近讹。大观元年州升为望郡，次年治所所在县升为望县。

（4）武冈军……县三：……绥宁（细文：中。本邵州莳竹县地。熙宁九年废，崇宁九年复。……）（《宋史》卷88，2201页）

崇宁也是宋徽宗年号，仅五年，所谓“崇宁九年”必误。《舆地纪胜》卷六二《荆湖南路》：“武冈军……绥宁县（细文：……《国朝会要》云：元溪洞徽州之地。元丰四年，诏以其地建莳竹县，隶邵州。《都梁志》云：寻罢。崇宁元年复置县，赐名绥宁。又临口寨……并入绥宁）。”则“九年”应为“元年”之讹。然宋李攸《宋朝事实》卷一九《升降州县一》：“武冈军：崇宁五年，升武冈县为军，以莳竹县分为绥宁、临冈二县隶焉。”马端临《文献通考》卷三一九《舆地考五·古荆州》：“武冈军：本唐邵州武冈县。崇宁五年升为军，以莳竹分为绥宁、临冈二县隶焉。”既然是崇宁五年才从莳竹县中分出绥宁县，则绥宁县的复立应在崇宁五年。又李𡌴《皇宋十朝纲要》卷一五《徽宗·升改废置州府》："崇宁四年……十月，升武冈县为军。"三者孰更可信，似难最终判定，但崇宁九年是错误的，这是确定无疑的。

(5)"邵武军……县四：邵武，望。有黄土等三盐场。"(《宋史》卷89，2209页)

邵武军远离海岸线，不应有盐场。查《元丰九域志》卷九《福建路》："邵武军……县四：望，邵武（细文：……黄土、邹溪、寺城三银场)。"《宋会要辑稿》食货三三之二也载邵武军有黄土场银场。据此，"三盐场"当作"三银场"。

(6) 容州……贡银、珠砂。(《宋史》卷90，2240页)

乐史《太平寰宇记》卷一六七《岭南道十一·容州》："土产朱砂、水银……"《元丰九域志》卷九《广南路·容州》："土贡银一十两，朱砂二十两。"《文献通考》卷三二三《舆地考九》："容州……贡银、朱砂。"可知引文"珠砂"当校改为"硃砂"。

（原载《古籍整理与研究》第4期）

《宋史》人名补校

中华书局点校本《宋史》，摒除了以往各种版本《宋史》中的大量讹误，是迄今为止最具权威性的《宋史》版本。但金无足赤，现行中华书局点校本《宋史》中仍有失校或校勘失当的情况。笔者因长期与《宋史》打交道，发现现行点校本《宋史》中有一些人名失校或校勘失当的现象，以下试做分析，以求就正于专家。

一、幵赟与亓赟

关于“幵赟”，《宋史》卷一五《神宗纪》载：（第2册第279页）

[熙宁四年夏四月]壬戌，遣环庆都钤辖幵赟以兵屯邠泾、河中，以备西夏。

点校本校勘记：“幵赟　《长编》卷一七三作‘丌赟’，卷二二二又作‘亓赟’。按郑樵《通志》卷二九《氏族略》‘亓氏’条说：‘古其字，音其’，‘宋又有诸司使亓赟’。郑樵南宋人，所说当较可靠。‘亓’‘开’二字形似，疑此处误‘亓’为‘开’；《长编》卷一七三也误。”

《续资治通鉴长编》卷二二二载：

> ［熙宁四年夏四月壬戌］环庆路都钤辖亓赟、秦凤路钤辖刘舜卿、永兴军路钤辖刘斌，专管勾训练陕西权驻泊军马。赟驻邠州，供备库副使郭需副之。舜卿驻泾州，西京左藏库副使白玉副之。斌驻河中，内殿承制郝旻副之。时环庆新经兵变，且西戎未庭，故遣赟等训兵万五千人，分屯要郡。上令特与赟等公使犒设，并支散银楪子教阅。

可知《长编》卷二二二所载与《宋史·神宗纪》在内容上是对应的，即所述为同一事。然查点校本《长编》卷一七三所载如下：

> ［皇祐四年九月］丙辰，降广南东西路体量安抚经制贼盗、起居舍人、直史馆、同知谏院杨畋知鄂州，落知谏院。同体量安抚经制贼盗、西上閤门副使曹修为荆南都监……初，畋与修闻智高徙军沙头，将济江，即命偕弃英州，焚储粮，及召内殿承制亓赟、岑宗闵、西头供奉官閤门祗候王从政退保韶州，仍移文御史台及谏院，故并责之。时偕死既九日矣。从政，开封人也。……［丁巳］再降起居舍人、直史馆杨畋为屯田员外郎，西上閤门副使曹修为洛苑使兼閤门通事舍人，宫苑使韶州团练使蒋偕为北作坊使忠州刺史。又降内殿承制亓赟为内殿崇班。（第13册第4172—4173页）

引文中两处皆作“亓赟”，且无校记，说明所用点校底本即如此，又表明并不是所有版本的《长编》卷一七三都作“丌赟”的。上引点校本校勘记讲“《长编》卷一七三作‘丌赟’”并不准确。另外还应指出，亓赟在《长编》卷一五三至卷三〇二中出现凡 12 次，在《宋史》卷四九三《蛮夷一·西南溪峒诸蛮上》（第 40 册第 14184 页）、卷四九五《蛮夷三》（第 40 册第 14215 页）出现 3 次，均可作为校勘参考。此外，宋李攸《宋朝事实》卷一六《兵刑》载：

> 皇祐元年寇邕州。明年，广西转运使萧固遣邕州指挥使亓赟往候之，而赟擅发兵攻智高，为其所执。且问中国虚实，赟颇为陈大略，说智高内属。由是遣赟还，并奉表愿岁贡方物。许之，遂赍金函书请献金银朱砂。

另宋郑獬《郧溪集》卷四有《亓赟责授崇仪副使制》，均说明“亓赟”的正确性。

《宋史》卷一二一《礼志·阅武》（第 9 册第 2831 页）又出现了“开斌”：

> 神宗阅左藏库副使开斌所教牌手于崇政殿，乃命殿前步军司择骁健者依法教习。

查《续资治通鉴长编》卷二一四载：

> [熙宁三年八月甲子] 手诏：“今日亓赟引呈所教排手，观其进退轻便，不畏矢石，诚为利器。可令殿前马军司于出军诸军步人指挥内，择枪手伉健者百人，依赟法教阅艺精，与免本指挥差役。仍留广捷排手二人为教头。”（点校本作亓，第 16 册第 5201 页，无校记）

可知“开斌”亦为“亓赟”之讹，应校改或出校说明。

二、乙逋与梁乙逋

点校本《宋史》卷一七《哲宗纪》载：

> ［元祐二年八月］癸巳，以夏国政乱主幼，强臣乙逋等擅权逆命，诏诸路帅臣严兵备之。（第 2 册第 325 页）

查李焘《续资治通鉴长编》卷四〇四同年月日则载："三省枢密院言：夏国……乾顺不治国事，有梁乙逋者擅权立威……"诏："……令诸路帅臣各严兵备……"二者所载有"乙逋""梁乙逋"之异。又《梦溪笔谈》卷 25 载：西夏"有梁氏者，其先中国人，为讹咙子妇……［西夏主谅祚］以梁氏为妻，又命其弟乞埋为家相，［谅祚死］梁氏自主国事，梁乞埋死，其子移逋继之"。据此，西夏太后梁氏原是中原人，梁乞埋是她的弟弟，梁移逋（当即是梁乙逋）是她的侄子，姐弟侄三人均以梁为姓。又《宋会要辑稿》兵八之三〇载元祐二年八月十四日诏书中虽几次言及"乙逋"，但随后记"三省枢密院言"，却明言"梁乙逋擅权立威"。同书八之三一元祐六年五月二十八日条、八月六日条，八之三二元祐六年十月五日条同，均言及"梁乙逋"。可知"乙逋"乃为"梁乙逋"之省称。据上引，点校本《宋史》中的"乙逋"应补"梁"这一姓氏。

三、章复、章夏与章厦

关于章复，《宋史》中可查见如下四则记载：

《宋史》卷三〇《高宗纪七》（第 2 册第 574、575 页）

［绍兴二十二年夏四月］辛巳，以御史中丞章复签书枢密院事兼权参知政事……九月……癸丑，章复罢。

《宋史》卷二一三《宰辅表》（第 16 册第 5563 页）

［绍兴二十二年］四月辛巳，章复自御史中丞迁端明殿学士，除签书枢密院事兼参知政事……九月癸丑，章复罢签书。

《宋史》卷四三五《儒林传・胡安国附子寅》（第 37 册第 12922 页）

寅字明仲，安国弟之子也……右正言章复劾寅不持本生母服不孝，谏通邻好不忠，责授果州团练副使、新州安置。

然而，《宋史》卷四七三《奸臣传三・秦桧》（第 39 册第 13765 页）却载：

自其独相至死之日，易执政二十八人，皆世无一誉、柔佞易制者，如孙近、韩肖胄、楼照、王次翁、范同、万俟卨、程克俊、李文会、杨愿、李若谷、何若、段拂、汪勃、詹大方、余尧弼、巫伋、章夏、宋朴、史才、魏师逊、施巨、郑仲熊之徒，率拔之冗散，遽跻政地，既共政则拱默而已。

秦桧独相时期任执政的二十八人中，只有一位姓章，则章复、章夏应是同一人，“复”“夏”二字中，应有一字是形近而误。

文献中关于“章复”“章夏”的记载真不少，先看“章复”。

宋熊克《中兴小历》卷三五载：

> ［绍兴二十一年］右谏议大夫章复、殿中侍御史林大鼐共论参知政事余尧弼倾邪奸险，朝廷有大议论则默而不言，望贬之以清政府。尧弼亦奏乞祠，十一月庚戌，诏除资政殿学士，提举外祠。复等再论，遂诏落职。复，宣城人也。
>
> ［绍兴二十二年二月］癸酉，以右谏议大夫章复为御史中丞。初，复论端明殿学士签书枢密院巫伋执政无补，而林大鼐亦论伋黩货营私，丙子，诏伋以本职奉外祠。复等再论，遂落职。辛巳，以中丞章复为端明殿学士、签书枢密院事。

宋刘时举《续宋编年资治通鉴》卷六载：

> ［壬申绍兴二十二年］夏四月，签书枢密院巫伋罢，以章复代之。

《宋会要辑稿》职官七七之七五载：

> ［隆兴二年］十月七日，殿中侍御史晁公武言：“……宋朴、汪勃、章复果相继陈乞致仕，朝廷并与复龙图阁学士……谨按宋朴、汪勃、章复执政之时，其无善状与董德元一体……欲望睿旨将来宋朴、汪勃、章复复职指挥依董德元例寝罢……”

《宋会要辑稿》职官七七之七七载：

［乾道元年］三月二十二日，左朝散郎章复隆兴二年九月内陈乞致仕……诏章复许守本官致仕。

《宋会要辑稿》食货六八之四至五载：

［绍兴二十年］六月二日，右正言章复言："夏秋人户所纳二税，或在州或就县……乞应人户输纳二税不拘州县许从其便，或有出剩之数，并附赤历，不许擅拨归公使库。如有违戾，严正典刑。"从之。

元刘壎《隐居通议》卷三一载：

绍兴十八年二月十二日，锁院……左奉议郎主管官告院章复……

此外，元陈桱《通鉴续编》卷一七也两次言及章复。

文献中也有不少处载及"章夏"，如宋李攸《宋朝事实》卷一○《宰执拜罢》：

章夏：绍兴二十二年四月自朝散郎谏议大夫除端明殿学士，本官签书兼权参知政事。十月罢，落职提举太平兴国宫。

宋徐梦莘《三朝北盟会编》卷二二○载：

《遗史》曰……桧两居相位，凡十九年，每荐执政必选世无名誉、柔佞易制者，不使干与政事，备官而已……若孙近、韩肖胄、楼照、王次翁、范同、万俟卨、程克俊、李文会、杨愿、李若谷、何若、段拂、汪孛、詹大方、余尧弼、

巫伋、章夏、宋朴、史才、魏师逊、施巨、郑仲熊，皆不一年半年，诬以罪罢之。（同卷引《中兴姓氏录》略同）

黎靖德《朱子语类》卷一三一《本朝五·中兴至今日人物上》（中华书局标点本）载：

秦桧在相时，执政皆用昏庸无能者，如汪勃、章夏、董德元皆一类人。太上一日问处州兵反事。秦久未对，章夏在后恐秦忘之，因对一句。后秦语之曰："桧不能对时，参政却好对。桧未对，参政何故便如此。"实时逐去之。

《宋绍兴十八年同年小录》载：

绍兴十八年二月十二日锁院，敕差……点检试卷官……左奉议郎、主管官告院章夏……

宋杨万里《诚斋集》卷一二五《刑部侍郎章公墓铭》（公讳焘，字彦溥）载：

自刑部副郎擢为大理少卿……大忤其旨，因恶，签书枢密章夏谕言者击去。

周密《齐东野语》卷六《胡明仲（寅）本末》载：

［胡寅］为右正言章夏所劾，会秦丞相亦恶之，遂谪新州安置。

《文献通考》卷五《田赋考五·历代田赋之制》：

［绍兴］二十年，用正言章夏奏，诏州县收纳二税出剩数并附赤历，无得拨归公使库。

尤其值得注意的是宋周麟之《海陵集》卷一三《章夏除端明殿学士签书枢密院事》、卷一九《章夏除御史中丞》二制书稿标题都用的是“章夏”。

文献中还出现有同书“章复”“章夏”同时存在的情况，如四库本宋刘时举《续宋编年资治通鉴》卷六绍兴二十二年夏四月载章复代巫伋任签书枢密院事，八月载章夏罢（点校本作章复）。四库本宋周必大《文忠集》卷九四《掖垣类藁一·［绍兴］三十二年九月六日敕陈诚之、董德元、余尧弼并与复端明殿学士，宋朴、郑仲熊、巫伋、章复、魏师逊、汪勃、史才并与复龙图阁学士，见任宫祠人依旧，汪勃与宫观》，然而分标题却是《余尧弼、宋朴、郑仲熊、巫伋、章夏、魏师逊、汪勃、史才》。

以上情况说明，“复”“夏”由于字形近似，非常容易出现差误。然而最令人吃惊的是，前引《宋史》中关于“章复”的记述，李心传《建炎以来系年要录》对相同事件的记述中却全作“章厦”，请看下引：

《建炎以来系年要录》（以中华书局点校本为准）卷一六三载：

［绍兴二十有二年夏四月］癸酉，右谏议大夫章厦试御史中丞……辛巳，拜厦端明殿学士、签书枢密院事。……［九月］己酉，殿中侍御史兼崇政殿说书宋朴为侍御史。朴甫受命，即劾端明殿学士签书枢密院事章厦多纳贿赂，引致市井小人，以为肘腋，平居备位充数……癸丑，章厦以本职提举江州太平兴国宫。章再上，遂夺职，厦入枢府才九十三日。

《建炎以来系年要录》卷一六一载：

> ［绍兴二十年三月］壬寅，右正言章厦奏右承议郎致仕胡寅天资凶悖，敢为不义。寅非胡安国之子，不肯为亲母持服，士论沸腾，此其不孝之大罪也。寅初傅会李纲，后又从赵鼎建明不通邻国之问，其视两宫播迁如越人视秦人之肥瘠。后来梓宫既还，皇太后获就孝养，寅自知前言狂率，乃阴结异意之人相与睥睨，作为记文，以为今日仕进之人将赤族而不悟。此其不忠之大罪也。伏望陛下为宗庙社稷长虑，特赐威断。诏寅责授果州团练副使、新州安置。

此书对章厦（章复）的记述比《宋史》要详细，但人名却有如此差异。此外，《建炎以来系年要录》对章厦的其他事迹也记载颇详，“章厦”前后在此书中出现25次。

除《建炎以来系年要录》外，“章厦”还出现在如下文献中：

《宋史全文》卷二一（下）：

> ［庚午绍兴二十年三月］壬寅，右正言章厦奏左承议郎致仕胡寅“天资凶勃，敢为不义。寅非胡安国之子，不肯为亲母持服……”

《宋史全文》卷二二（上）：

> ［壬申绍兴二十二年夏四月］丙子，签书枢密院事巫伋罢。伋与秦桧居同乡，一日，桧在都堂偶问伋云里中有何新事，伋不敢对，徐云：“近有一术士自乡里来，颇能论命。”桧色变，谓伋曰：“是人言公何日拜相？”伋皇恐而罢。章厦闻之，即劾伋阴怀异意以摇国是。林大鼐亦奏伋黩货营私。

于是并迁二人，而仅提举江州太平兴国宫。辛巳，拜厦为签书枢密院事。

宋李幼武《宋名臣言行录》别集上卷八《胡寅》

章厦奏公天姿凶勃，敢为不义，寅非安国之子，不肯为亲母持服，此其不孝之大罪也。寅初傅会李纲……

那么，在“章复”“章夏”“章厦”三者中，孰是孰非呢？恐眼下还难以判断，但出校说明还是必要的。

四、王彦博、王彦传与王彦傅，杜思旦与杜师旦

《宋史》卷三一《高宗纪》（第2册第582页）

［绍兴二十五年冬十月丙申秦］桧薨。丁酉，桧姻党户部侍郎兼知临安府曹泳停官，新州安置，朱敦儒、薛仲邕、王彦傅、杜思旦皆罢。

引文中有“王彦傅”，“博（愽）”“傅”“传”三字文献传写时很易致误。“王彦傅”在文献中即有“王彦博”“王彦传”“王彦傅”三种情况。即以四库本《建炎以来系年要录》而言，三种情况即同时存在，而在卷一六九中，就先后有两种：

［绍兴二十有五年冬十月丁酉］权尚书户部侍郎兼知临安府曹泳特勒停，新州安置；右朝散郎、守鸿胪少卿朱敦儒令

依旧致仕；枢密院编修官兼权检详文字薛仲邕、右朝请郎江淮等路提点坑冶铸钱王彦傅，左奉议郎提举两浙西路常平茶盐公事杜师旦并放罢，日下押出门。秦桧既死，右正言张扶乃奏："泳肆为凶悖，傲诞不逊，招权怙势，以收人情。监司、郡守必欲出其门下，广为死党……如朱敦儒者乃赵鼎之心友，杜师旦者李光之上客，王彦传者赃污淫滥专事刻剥，薛仲邕乃泳之甥，踪迹诡秘，唯务躁进，而泳悉致之门下……"

引文的前一半内容大致与上引《宋史》对应，引文中的"王彦傅""王彦传"，分明是指同一人。同书卷一七五却又载：

[绍兴二十有六年闰十月壬寅]御史中丞汤鹏举奏："右朝散郎王彦博、郑楠赃污逾滥。"诏并勒停，彦博送靖州，楠辰州编管（彦博起赵令衿狱，楠请秦熺为相）。

而"起赵令衿狱"的"王彦博"，在同书卷一六八中却又作"王彦传"。在《中兴小历》《宋史全文》等中，也不统一。在时人赵蕃、王质的诗作中，"王彦博"多次出现，但无法证明他与史籍中的"王彦傅"等确是同一人。所以，就现有记载而言，可以肯定"王彦博""王彦传""王彦傅"是指同一个人，但似难确定"王彦博""王彦传""王彦傅"三者孰是孰非，或以出校说明为好。

前引《宋史》中又有"杜思旦"，而前引《建炎以来系年要录》卷一六九与之对应的却作"杜师旦"。关于杜师旦，在《建炎以来系年要录》卷一六三绍兴二十有二年八月壬申、卷一六八绍兴二十有五年六月甲午、卷一七七绍兴二十有七年五月丙子中都有记载。又《宋史全文》卷二二绍兴二十五年冬十月丁酉、宋徐自明《宋宰辅编年录》卷一六、宋范成大《吴郡志》卷七《官字·提举常平茶盐司》、宋张淏《会稽续志》卷六《进士》、宋陈耆卿《赤城志》卷六《公廨门三·仙居》、宋洪迈《夷坚志丙》卷一《余干县楼牌》、宋叶适《水心集》卷一九《袁声史墓志铭》、元方回《桐江续集》卷三六《余干州学记》也都有关于“杜师旦”的记载，而“杜思旦”则不见别处。可知“杜思旦”应校改为“杜师旦”。

五、任敬德、任得敬与任德敬

《宋史》卷三四《孝宗纪》：“［乾道四年五月］是月，西夏任敬德遣使至四川宣抚司，约发兵攻西蕃。”（第三册第643页）

点校本有校勘记：“西夏任敬德　按本书卷四八六《夏国传》、《金史》卷一三四《西夏传》都说这时任得敬为夏国相而专权，‘任敬德’疑为‘任得敬’之误。”

《宋史》卷四八六《夏国传》：“乾道三年五月，夏国相任得敬遣间使至四川宣抚司，约共攻西蕃……七月，得敬间使再至宣抚司……四年……得敬以谋篡伏诛。”

点校本有两则校勘记：“三年五月　按本书卷三四《孝宗纪》，任得敬两次遣间使至四川，都在乾道四年。”“四年　据上文天盛改元时间及下文天盛改元年数，乾祐改元当在乾道六年；又据《金史》卷六《世宗纪》、卷一三四《西夏传》，诛任得敬事在大定十年，即宋乾道六年，此处作‘四年’误。”

点校本疑“任敬德”即是“任得敬”，考定其被诛是在乾道六年，都是正确的。但讲《孝宗纪》载任得敬两次遣使都在乾道四年不妥，因为《孝宗纪》只记了一次，且名字是“任敬德”，而不是“任德敬”。任得敬在《金史》中凡8次出现，除上引《世宗纪》《西夏传》外，卷八八《纥石烈良弼传》也记有任得敬事。但恰恰是在《纥石烈良弼传》中，“任得敬”却又被写作“任德敬”（点校本第六册第1956页）。不仅如此，宋李心传《建炎以来朝野杂记》乙集卷一九《西夏扣关》、明王鏊《姑苏志》卷五一《人物·范成大》也作“任德敬”。这些情况或应补入校记中。

六、彭任与彭惔

《宋史》卷四一《理宗纪》（第3册第785页）：

> ［史］弥远奏遣殿司将彭任讨之，至则盗平……

本书卷二四六《宗室传》、佚名《宋季三朝政要》卷一同，然周密《齐东野语》卷一四《巴陵始末》、元刘一清《钱塘遗事》卷二《济王》、明董斯张《吴兴备志》卷一九《战守征》均作“彭惔”，鉴于后几种书的重要性，似有必要出校说明。

七、朱朴与宋朴

《宋史》卷三八四《叶义问传》（第34册第11817页）：

> ［叶义问］迁侍御史。朱楪、沈虚中奉祠里居，义问劾其附秦桧，皆移居。

但在《宋史》的其他处记载中，“朱朴”却作“宋朴”，如《宋史》卷三〇《高宗纪》：“［绍兴二十二年］冬十月甲戌，以御史中丞宋朴签书枢密院事兼权参知政事。”卷三一《高宗纪》：“［绍兴二十三年冬十月］戊辰，宋朴罢。”《宋史》卷四七三《奸臣传三·秦桧》：“自其独相至死之日，易执政二十八人，皆世无一誉、柔佞易制者，如孙近、韩肖胄、楼照、王次翁、范同、万俟卨、程克俊、李文会、杨愿、李若谷、何若、段拂、汪勃、詹大方、余尧弼、巫伋、章夏、宋朴、史才、魏师逊、施钜、郑仲熊之徒，率拔之冗散，遽跻政地，既共政则拱默而已。”李心传《建炎以来系年要录》卷一七九也记述了叶义问弹劾沈虚中等的事，谓：

> ［绍兴二十有八年三月］戊子，左朝奉郎、提举江州太平兴国宫宋朴，左朝请大夫、提举江州太平兴国宫沈虚中并罢宫观。朴令于徽州，虚中筠州居住。时二人皆奉祠里居，殿中侍御史叶义问并奏二人阿附秦桧之罪，且言朴肆为怪诞，布衣芒屦，与担夫同群俚唱街谈，有识骇异。虚中不量过恶，侥求宫祠，复希进用。望窜之远方。乃有是命。

则也作“宋朴”，而非“朱朴”。此外，宋徐自明《宋宰辅编年录》卷一六绍兴二十一年至绍兴二十三年、宋李攸《宋朝事实》卷一〇《宰执拜罢》、宋洪迈《容斋四笔》卷一二《仕宦捷疾》、宋周麟之《海陵集》卷一三《宋朴除端明殿学士签书枢密院事》都有关于“宋朴”的记载。可知上引《宋史·叶义问传》的“朱朴”为“宋朴”之形近讹。

八、关于徒孤且乌歇

点校本《宋史》卷二二《徽宗纪》载："［宣和四年九月］己未，金人遣徒孤且乌歇等来议师期。"（第2册第410页）查《金史》卷二《太祖本纪》载："［天辅六年（按即宋宣和四年）四月］壬辰，遣徒单吴甲、高庆裔如宋。"显然，徒单吴甲就是徒孤且乌歇。然而二个名字中"单"与"孤且"对应关系较差。又查徐梦莘《三朝北盟会编》卷一〇宣和四年十月二日丙戌载"赵良嗣与乌歇等赴金人军前"条细文："金人……闻南朝委童贯举三路大兵趋燕地，遂遣徒姑旦乌歇、尚庆裔等来使以修好为名且以窥觇我也。"可知徒孤且乌歇、徒单吴甲即是徒姑旦乌歇，这第三个名字与史文所载名字差别在于"孤且""姑旦"之别。如果我们注意到"且"与"旦"形近而"单""旦"音近，就可以断定，"且"为"旦"之形误，史文中"徒孤且乌歇"应校正为"徒孤旦乌歇"。这样，《宋史》《金史》《三朝北盟会编》记载的三个音译名字的语音就彼此接近了。

九、卢知翰与卢之翰

"卢知翰"出现于《宋史》卷二六八《王显传》（第26册第9231页）：

［王显］移知秦州。初，温仲舒知州日，开拓山林，讽蕃

> 部献其地。后朝廷虽尝给还，而采伐如故。转运使卢知翰请量给蕃部茶彩，以酬所献。诏遣张从式与显同往规度。显言……议遂罢。咸平初……

查《宋史》卷二七七《卢之翰传》：

> 卢之翰字维周，祁州人……又改陕西转运使，迁吏部员外郎。至道初，李顺乱蜀，命兼西川安抚转运使，贼平还任……副使郑文宝议城清远军，又禁蕃商货盐……及文宝得罪，之翰并前愆左授国子博士，领使如故，寻复旧职。会调发刍粮输灵州……为李继迁邀击于浦洛河，大失辎重……之翰坐除名，贬许州司马。明年，起为工部员外郎、同勾当陕西转运使。真宗即位，复吏部员外郎，充转运使。

可知卢之翰自宋太宗淳化年间（据《长编》卷三四，是淳化四年五月）至咸平元年以前，大抵都在担任陕西转运使。中间有两次离任，时间都很短，仅止数月。又据《长编》卷三六，王显任知延州是在淳化五年，其“移知秦州”则在此后，而引文所述应也在淳化五年以后，正是卢之翰担任陕西转运使期间。故“卢知翰”与“卢之翰”当为同一人。而“卢之翰”在《宋史》卷二八六《薛奎传》、卷三〇七《凌策传》中也曾出现，在《长编》中出现凡 4 次，而“卢知翰”不见他处有载，似作“卢之翰”是。

十、翟恩与翟思

《宋史》卷四七一《奸臣传·蔡确》（第 39 册第 13700 至

13701页）：

> 确在安陆，尝游车盖亭，赋诗十章……遂贬光禄卿、分司南京，再责英州别驾、新州安置。宰相范纯仁、左丞王存坐帘前，出语救确，御史李常、盛陶、翟恩、赵挺之、王彭年坐不举劾，中书舍人彭汝砺坐封还词命，皆罢去。

《宋会要辑稿》职官六七之一元祐四年五月十二日条载："侍御史、新除太常少卿盛陶知汝州，殿中侍御史翟思通判宣州，监察御史赵挺之通判徐州、王彭年通判庐州。先是，吴处厚缴进蔡确《车盖亭》诗……［刘］安世又论陶居风宪之地曾不纠劾……翟思以下仍无章疏，于是陶等被黜。"显然，两处文字虽异，讲的却是同一件事，而对应人名有"翟恩""翟思"之异。查《长编》卷四二七亦载此事："［元祐四年五月辛巳］又诏侍御史、新除太常少卿盛陶知汝州，殿中侍御史翟思通判宣州，监察御史赵挺之通判徐州，王彭年通判庐州（《政目》云：陶、思、挺之、彭年坐观望不言蔡确，五年七月二十二日改差遣）。"可知"翟恩"应为"翟思"之讹。其实翟思见于记载颇多，检读相关记载，可以进一步证实该结论。

十一、卢士敏与卢仕闵

《宋史》卷三六六《吴璘传》：

> ［绍兴三十二年］四月，原州受围。［吴］璘命姚仲以德顺之兵往援。璘自趋凤翔视师，诸将虽力战，敌攻益急，增

兵至七万。五月，仲与敌战于原州之北岭，仲败绩。初，仲自德顺至原，由九龙泉上北岭，令诸军持满引行。以卢士敏兵为前阵，所统军六千为四阵……

《建炎以来系年要录》卷一九九详记此过程谓：

[绍兴三十有二年] 夏四月丁卯朔，四川宣抚使吴璘得本司副将兼知德顺军张舜忠报，金人七千余骑至九龙泉，距原州十五里……时原州受围五日矣。敌势益壮，民人粮畜俘掠殆尽……都统制姚仲亦言金人更益兵寇原州……已令张舜忠遣步军五百增戍，又卢仕闵领元留德顺兵五百人往援原州……癸酉……是日，四川宣抚司令右军统制卢仕闵领山外四将、山里四将兵及冀演所领部落，趣程尽往守德顺之东山寨……甲戌……是日，吴璘命姚仲即日趣程之德顺，统制官卢仕闵、姚志并听节制……知镇戎军秦弼又言……段彦报[金军] 兴格率渭州兵围原州，增至七万余众。卢仕闵谓泾渭距德顺镇戎地远，而原州势急，闻于姚仲，乞分遣所统制前马步军一千七百有四援原州……五月戊戌……四川宣抚使吴璘自河池往凤翔视师……金二百余骑又驻开边寨河滩，右军统制卢仕闵战退之，追击至九龙泉……壬寅……是日，兴元都统制姚仲……以统制官卢仕闵所领马步军及陕西兵合为头阵，次以己所统部军六千四百十有八为四阵……

两处记载有“卢士敏”“卢仕闵”之异。《建炎以来系年要录》卷一三五、卷一三六、卷一九八也有关于此人的记载，两次作“卢仕闵”，一次作“卢士闵”。又《宋会要辑稿》兵一九之三：“[绍兴三十二年] 十九日，诏左武大夫、忠州团练使卢士闵特与阶官上转行一官。以士闵言：‘建炎间三立战功，蒙枢密行府出给公据，除解围环州已转三官外，有却寨夺到将官郝端及生擒金人首领郭浩翼等两项功赏乞推思。’故有是命。”其中“卢士闵”当即此人。在“士敏”“仕闵”“士闵”三者中，前者错误的可能性最大，应出校说明。

十二、毛叔庆与毛叔度

《宋史》卷四七三《奸臣传·秦桧》（第39册第13756页）：

> ［绍兴］九年，金人归河南、陕西故地，以王伦签书枢密院事，充迎奉梓宫奉还两宫交割地界使……他如秘书省正字汪应辰樊光远、澧州推官韩纲、临安府司户参军毛叔庆皆言金人叵测。

而《建炎以来系年要录》卷一三三载：

> ［绍兴九年十二月］丙辰，诏临安府司户参军毛叔度令引对。叔度奏疏曰：“臣窃见乃者蓝公佐还自敌中，王伦独留……自宣和以来，敌人常以反复变诈困中国，啖我以土地，要我以厚利，一旦兵力得骋，则长驱深入，暴犯宫阙，震惊陵寝，邀迁两宫，竭取金币，中原之民肝脑涂地，所谓不共戴天之雠，何可和也……”

《建炎以来系年要录》卷一三七又载：

> ［绍兴十年八月壬申］诏秘阁修撰、提举江州太平观张九

成与知州军差遣，左奉议郎喻樗、左奉议郎陈刚中令吏部与合入差遣，尚书刑部员外郎凌景夏、秘书省正字樊光远与外任差遣，临安府司户参军毛叔度与对移一般差遣……叔度为嘉州司户参军……（《宋史全文》卷二〇所载略同）

另《宋史》卷二九《高宗纪六》载：

［绍兴十年］八月壬申朔，以张九成、喻樗、郑刚中、凌景夏、樊光远、毛叔度、元盥等七人尝不主和议，皆降黜之。

显然，上引四则记载中的“毛叔庆”“毛叔度”为同一人。又宋徐梦莘《三朝北盟会编》卷二二五载：

毛叔度，临安府司户参军，专论金使难测，和议不可保，移嘉州司户。

再宋王十朋《梅溪前集》卷一八《祭毛叔度主簿文》，言毛叔度受到不公待遇，怀才不遇，英年早逝。上引除《宋史·秦桧传》作“毛叔庆”外，其他均作“毛叔度”，可知“庆”字应为“度”字之形近讹。

十三、刘旴与刘旴

《宋史》卷六《真宗纪》载：

［至道三年八月］庚申，西川广武卒刘旴逐巡检使韩景

祐，招安使上官正、钤辖马知节讨平之。（第1册第106页）

此事同书卷二七八《马全义附子知节传》有载，而“刘旴”作“刘旰”（页9451）；同书卷三〇八《上官正传》亦载，作“刘旴”（页10138）；同书卷三二四《李允则传》涉及，却作“刘旰”。可知“刘旴（旰）”在《宋史》中凡四见，两处现标点本作“刘旴”，而另两处作“刘旰”。

“旴”（xū，音需）与“旰”（gān，音干，或hàn，音汗）字形极为相近，却非一字，义亦不同，前者为日始出貌，后者为晚、迟（gān）或盛貌（hàn）。因“旰”作盛貌解时须叠用，所以，仅从字义看，人名用“旴”的可能性较用“旰”的大。笔者查阅宋人文献中关于此事的记载，大抵“刘旴”“刘旰”互见。如四库本《临川集》卷八七《马知节神道碑》作“旰”，而四库本《东都事略》卷四三《马知节传》却作“旴”。四库本《东都事略》卷四五《张永传》作“旰”，而中华书局本《续资治通鉴长编》卷四一却作“旴”。四库本黄休复《茅亭客话》卷六、吴处厚《青箱杂记》卷一〇均作“旴”，而上海古籍版《宋朝事实类苑》卷一四、丛书集成本赵善璙《自警篇》却作“旰”。由于抄手、刊工随时都可能将旴、旰致讹，所以我们难以根据古籍记载判定何为正、何为误。但是，同一人名在同一书中有不同写法，必须出校加以说明，这是点校本《宋史》所欠缺的。

十四、豔般与艷奴

点校本《宋史》卷八《真宗纪》载：

[大中祥符七年五月乙未] 泾原言叶施族大首领豔般率族归顺。(页 156)

而同书卷四九一《外国传·党项》记同事却谓:

[大中祥符七年] 五月 [泾原钤辖曹] 玮言叶市族大首领艷奴归顺。(页 14147)

其中“叶施族”与“叶市族”音近,“豔”“艷”为同字异体,而有“般”“奴”之异,应当出校说明。查《长编》卷八二大中祥符七年五月辛亥载:“泾原都钤辖曹玮言叶市族大首领艷奴率其族自北境归顺。”也作“艷奴”,似“般”为“奴”之形近误。

十五、王鈇与王铁、王鐵

点校本《宋史》中“王鈇”先后出现过三次,其中卷一六七《职官志·提举茶盐司》载:“[绍兴] 十五年,户部侍郎王鈇言:‘常平之设……’乃诏诸路提举茶盐官改亢提举常平茶盐公事。”“王鈇”处有校记:“原作‘王铁’。按本书卷一七三《食货志》、《宋会要·食货》六之四〇、《咸淳临安志》卷五〇、《玉海》卷一七六《绍兴经界法》条所载的王鈇,都是此人,王明清《挥麈录》后录卷一一:‘王鈇,字承可,会之舅氏。’据改。今本《系年要录》卷一五四作‘王鐵’。当因‘鈇’‘铁’形近转讹为‘鐵’。”笔者在复审此条校记时发现了许多疑问。一是笔者发现《宋会要辑稿》食货六之四〇所载是“王铁”而不是“王鈇”。二是今本《挥麈后录》所载确是“王鈇”,但丛书集成本即国学丛书本《建炎以来系年要录》卷四四自注文引录的《挥麈后录》(与前述校记引录的是同一段文字) 却作“王铁”。这说明《挥麈后录》中有关记载究竟是“王鈇”还是“王铁”还是个问题。三是校记仅言及《宋会要辑稿》《建炎以来系年要录》(以下简作《系年要录》) 各一处记载，而笔者发现此二书中“王鈇”“王铁”“王鐵”反复出现，讲的都是同一个人。

在王德毅《宋会要辑稿人名索引》指引下，笔者在《宋会要辑稿》中找到“王鈇”“王铁”“王鐵”共22处，其中“王鐵”7次，“王铁”7次，“王鈇”8次。在日人梅原郁《建炎以来系年要录人名索引》指引下，笔者在国学丛书本《系年要录》中找到“王鈇”“王铁”“王鐵”共24处，其中“王鐵”12次，“王铁”6次，“王鈇”6次。应当说明，台湾影印的文渊阁四库全书本《系年要录》只有“王鈇”，而无“王铁”“王鐵”，显然是经四库馆臣统改，或非本书原貌。二书中“王鐵”19处，“王铁”15处，“王鈇”14处，前二者之和大大多于后者。

我们再把考察范围扩大，可以查见：《宋史全文》卷21作“王鈇”(1次)，熊克《中兴小纪》卷三二（丛书集成本、四库全书本均同）作“王鐵”(共3处)，张扩《东窗集》卷七、八、九《外制》3次出现“王鈇”，而张嵲《紫微集》卷一一却有“王铁辞免广东经略不允诏”。(以上均为四库全书本)

综上所述，古籍中代指同两个人的“王鈇”“王铁”“王鐵”同时存在，数量不少，源流复杂。而古籍中不同书籍、不同版本的“王铁”“王鐵”如此多的存在，恐怕不是简单地用“‘鈇’‘铁’形近转讹为‘鐵’”所能解释清楚的。或许平心而论，由于“铁”失去小撇即为“鈇”，所以由“铁”缺讹为“鈇”的可能性要比“鈇”加撇为“铁”而转讹为“鐵”的可能性大得多。所以，古籍中的“王鈇”“王铁”“王鐵”似以保留原状而加校记说明为稳妥。

十六、任升与任弁

点校本《宋史》卷二〇三《艺文志》载：

> 任升《梁益记》十卷。（第 5120 页）

查宋人晁公武《郡斋读书志》卷八载："《梁益志》十卷。右皇朝任弁撰。天禧中，游宦于成都，以蜀记数家其言皆无所据依，乃引书传刊正其事。"陈振孙《直斋书录解题》则记："《梁益记》十卷。著作佐郎益州知录事参军任弁撰。天禧四年自为序。"马端临《文献通考》卷二〇五《经籍考》引用晁公武文字。可知《梁益志》即《梁益记》，而"任升"乃"任弁"形近误。

十七、任正言与任尽言

标点本《宋史》卷 208《艺文志》载：

> 任正言《小丑集》十二卷又《续集》五卷。（第 5374 页）

查南宋文学家杨万里《诚斋集》卷八三《眉山任公小丑集序》，载："公讳尽言，字元受，忠敏公讳伯雨之孙，待制公讳象先之子。"南宋陈振孙《直斋书录解题》卷一八、元马端临《文献通考》卷二三九《经籍考》所载略同。又岳珂《桯史》卷 13《任元受启》载："时有选人任尽言者……字元受，有集名《小丑》，杨诚斋为之序。"另明曹学佺《蜀中广记》卷九九《著作记第九·集部》：

> 《小丑集》十二卷，续集三卷。直秘阁眉山任尽言元受撰。元符谏官伯雨之孙，绍兴从臣申先之子。中甲科，仕为太常寺主簿，终于闽宪。杨诚斋序谓其诗文孤峭而有风棱，雄健而有英骨，忠慨而有义气，盖将与唐之贞元、元和，本朝之庆历、元祐诸公并辔而先，终非近世陈陈相因、累累随行之作也。

可知"正"字乃"尽"字之讹，"任正言"应为"任尽言"。

十八、赵从照与赵从煦

点校本《宋史》卷二四四《宗室传》载："庆历四年，诏封十王之后，以惟叙于从照封安国公，终左金吾卫大将军，归州团练使，赠同州观察使、齐国公。从照卒，以惟能于从古封安国公……惟叙……子从照，封安国公。"（第8685至8686页）《宋史·宗室世系表》所载惟叙子中没有从照。查王称《东都事略》卷一五《世家三》载："秦王德芳，子惟叙……庆历中，以惟叙子从煦封安国公，终左金吾卫大将军、归州团练使。从煦卒，以惟能子从古封安国公。"文字与史文颇有类似处，显著的区别是史文"从照"此作"从煦"。查《长编》卷一五一庆历四年秋七月戊寅条、《宋会要辑稿》帝系四之七庆历四年七月十六日条都记载了封十王之后事，均载封赵从煦为安国公。《宋会要辑稿》帝系三之二七又载："赠观察使、追封国公、大将军团练使、皇侄从煦庆历五年六月赠同州［观察使］、齐国公。"又马端临《文献通考》卷二七七《封建考》载："［赵］从煦，惟叙子，归州团练使、齐国公。世逸，从煦子，耀州观察使、赠惠国公。"据上引，史文中的赵"从照"，《长编》《宋会要辑稿》《通考》中均作赵"从煦"。似应校改，或出校说明。

十九、司徒翊与司徒诩

点校本《宋史》卷二七〇《赵逢传》载：

> ［后］汉乾祐中，侯益为开封尹，礼部侍郎、集贤殿学士司徒翊典贡举，擢赵逢登甲科。（第26册第9257页）

查《旧五代史》卷一二八《司徒诩传》载司徒诩"字德普，清河郡人……汉初，除礼部侍郎，凡三主贡举……"同书卷一〇一《汉书·隐帝纪》载："［乾祐元年二月丙午］以工部侍郎司徒诩为礼部侍郎。"卷一一一《周书·太祖纪》载："［广顺元年二月丁未］以礼部侍郎司徒诩为刑部侍郎。"据此，司徒诩在乾祐年间（共三年）始终担任礼部侍郎，且三次主贡举。显然，《旧五代史》中多次出现（除上引三处外，另有十四处）的司徒诩就是前引史文中的司徒翊。"翊（yì）"为"诩（xǔ）"之讹，应出校说明。

二十、赵屼与赵岏

《宋史》卷三一六《赵抃传》附有其子赵岏的附传，而卷三二一《丰稷传》所载哲宗时的“御史赵岏”（第 10424 页），显然与赵屼是同一个人。实际上，新标点本《续资治通鉴长编》中，“赵岏”“赵屼”也是交互出现，如卷四〇二第 9791 页作“岏”、卷四〇九第 9970 页作“屼”、卷四四五第 10712 页作“屼”，卷四九八第 11864 页和卷五二〇第 12384 页又作“岏”。《宋会要辑稿》中也是“岏”“屼”互见，如崇儒六之三七作“屼”，而礼四四之一七作“岏”，等等。“岏”“屼”字形接近，但毕竟是两个字，前者音 jī，后者音 wù，含义也有别。那么，二者哪一个是正字呢？查《东坡集》卷三八《赵清献公神道碑》（此为苏轼奉宋哲宗命所撰），文中几次述及赵岏，且述赵抃：“子二人，长曰岏（按或作‘岏’‘屼’），终杭州于潜县令，次即岏也，今为尚书考功员外郎。”（按杜大珪《名臣碑传琬琰集》上集卷八所引同）另《东都事略》卷七三《赵抃传》亦载：“子岏，亦笃行君子也，尝为御史，论事知治体，后为太仆少卿以卒。”据此，大约“岏”是正字，“屼”为形误。当然，如果认为仍有疑问，可不必轻改，但应出校说明，像现在点校本《宋史》《续资治通鉴长编》这样“赵屼”“赵岏”并存而不加任何说明的情况，似是有欠妥当的。

二十一、李植与李稙

点校本《宋史》卷三七九有《李稙传》，而李稙在同书卷一八〇《食货志·钱币》中出现（述李稙任提点坑冶铸钱时事，参《李稙传》）时，在同书卷三七七《向子諲传》中出现（述李稙受向子諲之命押运钱粮事，参《李稙传》）时，却都作“李植”。“稙”与“植”有时虽可相通，但毕竟不是一个字，且在同一书中一个人的名字有两种写法，明显不妥，应校正或出校说明。顺带讲，除《宋史》外，《建炎以来系年要录》中曾先后8次记载此人事迹，除一次作“李祯”外，其余都作“李植”（丛书集成本）。《宋会要辑稿》也出现8次，均作“李植”。《新安志》卷九《叙牧守》也作“李植”。宋代另有二“李植”，与上述“李植”“李稙”无关，此不赘言。

二十二、卢越与卢钺

《宋史》卷四一七《谢方叔传》载：

> 度宗即位，方叔以一琴、一鹤、金丹一粒来进。丞相贾似道恐其希望，讽权右司郎官卢越、左司谏赵顺孙……相继请夺方叔官职封爵。（第36册第12512页）

同书卷四六《度宗纪》则载：

［咸淳四年夏四月］上曰："谢方叔托名进香，擅进金器诸物，且以先帝手泽，每系之跋，率多包藏，至以先帝行事为己功，殊失大臣体，宜镌一秩。"于是卢钺等相继论列方叔昨蜀、广败事，误国殄民，今又违制擅进，削一秩罚轻。诏削四秩，夺观文大学士、惠国公，罢宰相恩数，仍追《宝奎录》并系跋真本来上。（第3册第900页）

将两处记载比较，会发现咸淳年间带头弹劾谢方叔使其再次遭贬黜者，前者记为"卢越"，后者记为"卢钺"，这显然是同一个人。那么两个名字哪一个更正确呢？查《南宋馆阁续录》卷八载："卢钺，字伟节，福州人，淳祐四年留梦炎榜进士及第"，咸淳"三年正月除著作佐郎，四月二十三日兼权侍右郎官"，"十月以著作佐郎兼权侍右郎官兼枢密院编修官"。（另参《宋史翼》卷17《卢钺传》）据此，带头弹劾者是卢钺，"越"乃"钺"之形误或借字，应予以校正。

二十三、孙益与孙翊

关于"孙益"与"孙翊"，《宋史》中可查见如下记载：

《宋史》卷三七三《朱弁传》（第33册第11553页）：

弁……及归，述北方所见闻忠臣义士朱昭、史玩、张忠辅、高景平、孙益、孙谷、傅伟文、李舟、五台僧宝真、妇人丁氏、晏氏、小校阎进、朱绩等死节事状，请加褒录，以劝来者。

《宋史》卷四四六《忠义一》（第 38 册第 13172 页）：

> 孙益，不知其所以进。宣和末，以福州观察使知朔宁，被命救太原。时敌势张甚，或言不若引兵北捣云中，彼之将士室家在焉，所谓攻其所必救也。益曰："此策固善，奈违君命。"因跃马冒围至城下。张孝纯不肯启门，遂死之。益天资忠勇，每倾赀以赏战士，能得人死力……初，益在朔宁，察郡人孙谷可用，奏为掾属，待之异于常僚。益出师，属以后事。益死，敌骑来攻，且别命郡守，众议欲开关迎之，谷争弗得，叹曰："吾身已许国，又不忍负孙公之托，诸人不见容，是吾死所也。"或举刃胁之，无慑容，遂见杀。

《宋史》卷四四七《徐徽言传》（第 38 册第 13194 页）

> 建炎二年冬……太原路兵马都监孙昂……孙昂亦引刀欲自刺，金人拥至军前，不屈而死。至是，赠成忠郎、团练使。……昂父翊，宣和末知朔宁府，救太原，死于阵，各世着忠义云。

前两则主要记述孙益事，后一则涉及"孙翊"。第二则中"孙益……宣和末，以福州观察使知朔宁，被命救太原"。第三则中孙翊"宣和末知朔宁府，救太原"，二者官职、事迹相似，"翊""益"音同，使人不能不怀疑"孙翊"即"孙益"。

这三则记载中有两则在李心传《建炎以来系年要录》中可以分别找到相应文字。

《建炎以来系年要录》卷一四九：

> ［绍兴十有三年八月］乙巳，修武郎朱弁自金还行在，奏朱邵、史抗、张忠辅、高景平、孙益、孙谷、傅伟文、朱勣、李舟、僧宝真、妇人丁氏晏氏、卒阎进节义于朝，乞优恤……益为福州观察使，知朔宁州。谷，朔宁人，为益府属。皆以宣、靖间死事……至是，弁裒其事上之，疏入不报。

《建炎以来系年要录》卷二〇：

> ［建炎三年二月壬戌］武德大夫、太原府路兵马都监、岚石路统领军马孙昂率残兵与［徐］徽言共守，及城破，昂引所部三百人巷战，自夜达旦，格杀数百人，士卒死亡殆尽。昂自度不免，引刃欲自刺，金兵拥至军前，以甘言诱之，昂终不屈而死。昂父翊，宣和末，以右武大夫、相州观察使、知朔宁府，救太原，死于阵。后赠昂左武功大夫、成州团练使。

此书还可找到如下记载：

《建炎以来系年要录》卷一八五：

> ［绍兴三十年八月甲寅］少师、领殿前都指挥使职事杨存中上故左武大夫、相州观察使、知朔宁府孙翊及其子武德大夫岚石路统制军马昂死节状于朝。诏赠翊昭信军承宣使，昂右武大夫成州团练使，以其事付史馆。

三则记载表明：此书中同样同时存在“孙益”与“孙翊”，二人很像是同一个人，与《宋史》略有不同的是，《宋史》记孙益的本官阶是福州观察使，而《要录》则是相州观察使。

然而，宋陈均《皇朝编年纲目备要》卷二九乙巳宣和七年十二月却载：

> 粘罕陷朔、武、代、忻等州，围太原府。朔州守将孙翊者，勇而忠，出战胜负未决，义军开门献其地，进至武州，义军亦为内应，遂失朔、武。长驱至代州……粘罕遂引兵围太原，知朔宁府孙翊来救，兵不满二千，与金人战于城下。张孝纯曰："贼已在近，不敢开门，观察可尽忠报国。"翊曰："但恨兵少。"乃复战数日，其兵皆尽，为金人所杀。

此记载同上引《宋史·忠义传·孙益》在内容上颇相似，只是主人公有"孙翊""孙益"之异。又《三朝北盟会编》卷二五《政宣上帙》宣和七年十二月十八日乙卯载：

> 粘罕兵至太原，知朔宁府孙翊来援，战败被杀。《封氏编年》曰：粘罕兵至太原，知朔宁府孙翊来援，兵不满二千，与金人战于城下。张孝纯曰：贼已在近，不敢开门，观察可尽忠报国。翊曰：但恨兵少力乏。乃复战数日，五兵皆尽，为金人所杀。粘罕屯太原北陈村，既败朔州守将孙翊于太原城下，又败府州守臣折可求于交城。《节要》曰：孙翊，河东名将也，守朔有声，金人亦惮之。粘罕既至太原，反据雁门，翊自朔不得入，遂由宁化、宪州出天门关以援太原，营于城下。粘罕忌之，翊之离朔旬余之间，朔守以城降于贼，而翊麾下多朔人，至是粘罕驱朔之父老以示翊军，于是翊军变，翊方战，为叛徒害之归贼。

此则记载所述内容也与《宋史·忠义传·孙益》相似，而同样的引文是"孙翊"，《宋史》是"孙益"。又《大金国志》卷四《纪年·太宗文烈皇帝二》：

粘罕败宋朔州守臣孙翊于太原城下，翊没于阵。继败府州守臣折可求于交城。翊，河东名将也，守朔有声，我师亦惮之。粘罕既侵太原及据雁门，翊自朔来，不得入，遂由宁化、宪州出天门关以援太原，营于城下。粘罕忌之。翊离朔仅旬余，朔以无守，已降于我，而翊麾下多朔人。至是，粘罕驱朔之父老以示翊军，于是翊军皆降。翊方战，竟为其下所杀。

所述孙翊事也与《宋史·忠义传·孙益》中的孙益事迹相符。此外《靖康要录》卷九靖康元年十一月十五日条、《宋史全文》卷一四乙巳宣和七年十二月条、宋徐梦莘《三朝北盟会编》卷二三《政宣上帙》宣和七年十二月七日条引《茆斋自叙》所记述的孙翊的事迹也与《宋史·忠义传·孙益》中的孙益事迹相符。这些记载均可证明“孙翊”与“孙益”是同一个人。至于“孙翊”“孙益”二者中哪一个更确切，实难判定。大约作“孙翊”的可能较大。

二十四、米光绪与朱光绪

点校本《宋史》卷四七九《世家·西蜀孟氏》载乾德二年米太祖决意伐蜀，选任各路将帅，其中“御厨副使朱光绪充［归州路］马军都监”，出校说：“朱光绪，原作‘米光绪’，据《长编》卷六，《宋朝事实》卷一七改。”（第40册第13875页、第13895页）查《长编》卷六，所载系王全斌遣朱光绪将七百骑招抚全师雄，朱光绪尽灭全师雄之族，纳其爱女等事。而《宋史》卷二五五《王全斌传》、卷二七五《刘福传》也记述此事，然灭全师雄族纳其女的却是“米光绪”。（点校本第8921页、第9867页）这表明，《宋史》中记同一事原有三处出现“米光绪”，点校本校改了一处，而另两处却没有校改。又校“米”为“朱”是否准确无误也不无疑问，查宋杜大珪《名臣碑传琬琰集》下编卷一《王中书全斌传》（实录）、《宋会要辑稿》兵七之二五记此事也都作“米光绪”。据此，似作“米光绪”是，不应校改为“朱光绪”。

二十五、德诏与德韶

点校本《宋史》卷四八〇《世家·吴越钱氏》载：

> 晋开运中，［钱俶］为台州刺史。数月，有僧德诏语俶曰：“此地非君为治之所，当速归，不然不利。”俶从其言，即求归国……”（第40册第13897页）

查宋钱俨《吴越备史》卷四（大元帅吴越国王俶》载：“开运四年三月庚寅，出镇丹丘（原注；即台州也），下车数月，有僧德韶语王曰：‘此地非君为治之所，当归国城，不然将不利矣。’王从其言……”看来史文很可能源于《吴越备史》，或则二者同源，而二者有“德诏”“德韶”之异，又查《宋高僧传》《景德传灯录》各有僧德韶的传记，前者卷一三《大宋天台山德韶传》载：“释德韶者，姓陈氏，缙云人也……汉南国王钱氏尝理丹丘，韶有先见之明，谓曰；他日为国王，当兴佛法……每有言时，无不符合……”后书卷二五《台州德韶国师》所载略同。二书虽未言德韶劝钱俶返国都事，但都记载了在台州时二人之间的密切联系，二书记德韶有先见之明也同《吴越备史》契合，故二书可为史文“德诏”乃为“德韶”之讹之佐证。

二十六、嵬啰嵬悉是一个人还是两个人

点校本《宋史》卷四八五《夏国传》载：

> 至道初……继迁表郑文宝诱其部长嵬啰、嵬悉，遂贬文宝蓝山令。（第 40 册第 13987 页）

据此处标点，嵬啰、嵬悉为两个人。同书卷二七七《郑文宝传》记此事道：

> 继迁酋长有嵬啰嵬悉俄者，文宝以金帛诱之，与手书要约留其养子为约，令阴图继迁，即遣去……而嵬啰等尽以事告继迁，继迁上表请罪。上怒文宝……下御史台鞫问，具伏，下诏切责，贬蓝山令。（第 27 册第 9247 页）

此处将“嵬啰嵬悉俄”视为一个人，没有从中顿开。但“嵬啰等”的写法使人对“嵬啰嵬悉”是否是一个人仍发生怀疑。查《东都事略》卷一一五《郑文宝传》，其载：“文宝尝以金帛诱继迁酋长嵬啰嵬悉，俾图继迁，而许以刺史，嵬啰嵬悉以告继迁……”据此，嵬啰嵬悉是一个人而不是两个人，点校本《宋史·西夏传》将“嵬啰嵬悉”视作两人是错误的。

二十七、僧翟、僧翟大秦、僧翟大泰

《宋史》卷四九〇《外国传·回纥》(第40册第14115页):

> 景德……四年……[夜落纥]又遣僧翟入奏,来献马,欲于京城建佛寺祝圣寿,求赐名额。不许。

"僧翟",《长编》卷六七景德四年冬十月戊午条作"僧翟大泰",《宋会要辑稿》蕃夷四之三、宋章如愚《群书考索》后集卷六四《四夷方贡》、《宋史》卷七《真宗纪》均作"僧翟大秦"。且宋代史籍中,少数民族政权首领少有"入奏"事,而"入奏"又与"大秦"字形接近,故"入奏"有可能为"大秦"之讹。似应出校说明。

最后,必须说明,笔者之所以能发现点校本《宋史》人名的一些失校处,重要的原因是借助了近年出版的各种人名索引。其中尤其重要的中华书局版的《宋史人名索引》、台湾王德毅先生的《宋会要辑稿人名索引》、王德毅等先生的《宋人传记资料索引》、日本梅原郁的《建炎以来系年要录人名索引》等。这些"人名索引"中有不少是现行点校本《宋史》的点校者们当时所没能见到的。目前,不少古籍已有了可检索的电子版,笔者相信,今后通过检索电子版古籍,将发现《宋史》和其他古籍中的另一些失校处。这说明手段的不同,是今人能超过古人的重要条件。

(原载《文献》2000年第4期)

《宋史全文》（理宗部分）点校商榷

《宋史全文》是宋代重要史籍，以前学界主要使用文渊阁四库全书影印本（以下简称四库本）和台湾文海出版社影印本（此影印本未说明影印的是哪种古代版本，但从文字风格看，应是元代书坊刻本，以下简称文海本），这两种版本印量有限，流行不广，近有黑龙江人民出版社出版了李之亮先生简化字点校本（李之亮先生此次整理的工作底本是四库本），使本书流行量大为增加，且李先生的点校给读者也提供了巨大的便利，这些都有利于学术研究。但是，金无足赤，此书的点校整理及排印也存在一些问题，本文拟就此书宋理宗部分（原书卷三一至卷三六）与整理者进行商榷（以下卷数、页码、原文并依黑龙江人民出版社 2004 年 8 月版，讨论所依据的版本则主要是四库本和文海本）。

此书卷三一 P2128　嘉定十四年八月“戊寅，授果州团练使，立为皇弟，沂靖惠王嗣”。“皇弟”后逗号应删，因为此时不是立贵诚为皇子，而是立为皇弟沂靖惠王后嗣。

卷三一 P2129　嘉定十五年五月己未条后，有“《讲义》曰……”查四库本、文海本，“讲义”均作“谥义”。

同卷 P2129　嘉定十七年八月“壬辰，召右丞相弥远参知政事，宣缯签书枢密院事。薛极入禁中，宁宗颔使前曰：‘……’”宋朝官制，无宰相兼带参知政事衔者，故“参知政事”当从下读，是宣缯的官衔,而“签书枢密院事”则是薛极的官衔。据此,此句当标点为:“壬辰,召右丞相弥远、参知政事宣缯、签书枢密院事薛极入禁中,宁宗颁使前曰:‘……’”

同卷 P2130　嘉定十七年闰八月辛丑条后,有“《讲义》曰……”查四库本、文海本,“讲义”均作“谥义”。

同卷 P2131　嘉定十七年闰八月庚申,“以宣缯为攒宫总获使”。“总获使”令人费解,查四库本、文海本,“获”均为“护”,二字繁体形近致误。总护使,总监护工程的使者也。P2181“总护使”可参。

同卷 P2132　嘉定十七年九月“辛卯,皇帝越绋,大享于明堂,赦天下”。“越绋”指暂停服丧举行祭典,此处是说明“大享于明堂”的,故其后逗号应删。

同卷 P2133　嘉定十七年十二月“癸丑,间经筵辅臣观讲”,义难明,查四库本、文海本“间”作“开”,繁体形近致误。另“开经筵”后应加逗号。

同卷 P2134　宝庆元年正月“丙子,湖州申齐王惊悸得疾……齐王竑,宗室希瞿子”。查赵竑前后文都作济王,唯此两处作齐王,且无论《宋史全文》还是《宋史》都不载其改封齐王事,故两处“齐王”当为“济王”残讹,当出校说明。

同卷 P2135　宝庆元年二月“戊戌,诏福州、温州、温州各添教官一员”。此处“温州”重出,四库本、文海本均无此,当为此次排印致误。

同卷 P2137　宝庆元年六月丁未,“三省同奉御笔:‘……囊对面奏……’”“囊对”不文,查四库本、文海本“对”均作“封”,“囊封”指上密封奏疏,当为此次排印致误。

同卷 P2140　宝庆元年八月“戊申,诏侍从、两省、台谏、三衙、知阁、御带环卫官……”“御带”为“带御器械”之简称和惯称,与环卫官是两个系列,故应用顿号分开。

同卷 P2141　宝庆元年九月丙寅“诏：胄试仍旧制，职事官牒同，居五服内亲；厘务官牒同，居小功亲……”此段文字内两次出现“同居”，是宋代常用语，不应断开。又此处“牒”意为申报。故原文应标点为：“诏：胄试仍旧制，职事官牒同居五服内亲；厘务官牒同居小功亲……”

同卷 P2142　宝庆元年十一月癸亥，“诏邵州系今上皇帝潜藩，陛为宝庆府”。“陛为”不文，查四库本、文海本“陛”实为“升”之繁体，形近致误。

同卷 P2143　宝庆元年十一月“己卯，干办诸路司审计司王自适进对”。四库本、文海本均同。南宋都城有“干办诸司审计司”和“干办诸军审计司”二官，而无“干办诸路司审计司”，故“路”字实衍，应出校说明。又同页同年月“良庚，干办诸司粮料院赵彦覃进对”。“良庚”，四库本及文海本均作“庚辰”。似为此次排印致误。

同卷 P2144　引《龟鉴》语：“至如己丑，则又以取人、器识、得士、忠厚为衡鉴”，四者并列不当，似应断为“取人器识，得士忠厚”。

同卷 P2145　宝庆二年四月己丑，“先是，上览尚书省所进，请给册，以辅臣俸微……”“上”所览者，“请给册”也，故“请给册”三字前逗号当去掉。

同卷 P2153　宝庆三年“闰五月己卯朔，梁成大奏：‘乞严饬州县击罪囚不实，书历郡守编隶，囚徒未经结录，辄行特判，宪司详覆所部狱案，淹延岁月，重置典宪。’从之”。据四库本及文海本，引文中“击”实为“系”之讹，二字繁体字字形相近致误。“书历”当从上读。“编隶”后不当加逗号。原文应标点为：“闰五月己卯朔，梁成大奏：‘乞严饬州县系罪囚不实书历，郡守编隶囚徒未经结录辄行特判，宪司详覆所部狱案淹延岁月，重置典宪。’从之。”引文系载宋廷对州县、郡守、宪司做了三种刑事方面的规定，不能相混。

同卷 P2156—2157　绍定元年正月“壬午，赵至道奏：‘江淮州郡妄征经过米舟、芦荡沙产，一例官租，山漆鱼池，创立约束，禁止商人买贩，乞下宪司严戢。’至道又奏：‘霪雨倾注，科拨赈恤，而监司、守令奉诏下虔……’”引文中赵至道前奏实言三事，即州郡妄征经过米舟、向芦荡沙产一例征官田租、不许商人买贩山漆池鱼，现标点太碎且有失当，使人不得要领，故似赵至道前奏应改标点为：“江淮州郡妄征经过米舟，芦荡沙产一例官租，山漆鱼池创立约束禁止商人买贩，乞下宪司严戢。”或使读者更便理解。赵至道后奏中“下虔”不文，显为“不虔”之讹，查四库本不误，应为此次排印误。

同卷 P2161　绍定二年二月辛巳，“一曰”，四库本、文海本均作“上曰”，当为此次排印误。

同卷 P2162　绍定二年三月己亥，臣寮奏：“……将中榜及卖贴人一例殿举。”查四库本、文海本“卖贴人”作“卖帖人”，与前文“鬻帖”一致。故应将“贴”改正为“帖”，或亦为此次排印致误。

同卷 P2165　绍定二年十月丁卯，莫“泽奏：‘义役乃民间自乐为，州县不能扶助耳’”。文海影印本“不”作“但”是，与前后文贯通，且与句末“耳”相合。

同卷 P2166　绍定二年十二月丙午，知安吉州赵必观“奏楮卷破损腐烂”，据文海本“卷”当作“券”，“楮券”即纸币，似应校正。

卷三二 P2176　绍定四年九月壬辰、戊午二次出现殿前司副都指挥使冯某，一作“冯时”，一作“冯坩”。四库本同，文海本前者同，后者作“冯树”。“冯时”“冯坩”“冯树”显为一人。查《宋史》中“冯树”凡四见（中华书局点校本卷四〇P776、卷四二三 P12639、卷四四九 P13244、卷四五五 P13380），则此处应据

《宋史》统一校改为“冯榭”。

同卷 P2178　绍定五年“四月壬子，陈贵谊等奏：‘取应宗子弟一名时中……’”四库本、文海本同。“宗子”即宗室子弟，而“宗子弟一名”就令人易生误解，“弟”应为“第”之假借或形近误。当出校说明或以理校正，以利阅读。同页同年月“壬戌，诏……今后补试文臣外任带朝职与放牒，试武臣外任带阁职与在外帖职同，不许放行”。“牒试”为专用术语，不应断开，逗号应后移至“试”后，以便读者正确理解文义。

同卷 P2183　绍定六年四月甲辰，监察御史李日迈奏：“……日下发出，兑便无执，留为囊橐……”似应标点作“……日下发出兑便，无执留为囊橐……”

同卷 P2186　绍定六年十月丁亥，“……乔行简参知政事，签书枢密院事陈贵谊参知政事兼同签书枢密院事”。陈贵谊不应由签书枢密院事降为同签，“签书枢密院事”实为乔行简官衔一部分，即应断为“……乔行简参知政事、签书枢密院事，陈贵谊参知政事兼同签书枢密院事。”

同卷 P2186　绍定六年“十一月辛巳朔，命中使王资之视史弥远丧事。子宅之等辞免，寻以命权刑部侍郎赵杭夫、礼部太常寺检照典故，出殡日用本品卤簿、鼓吹、仪仗。从之”。史宅之所辞者乃中使监丧事，故“丧事”后不当句断。赵杭夫受命监理丧事，而非检照典故，丧事检照典故例由礼部太常作，不须另委专员。故此段应断为：“十一月辛巳朔，命中使王资之视史弥远丧事，子宅之等辞免，寻以命权刑部侍郎赵杭夫。礼部、太常寺检照典故，出殡日用本品卤簿、鼓吹、仪仗。从之。”

同卷 P2188　绍定六年十一月“己巳，赵葵入奏，上曰：‘二边交争，和好如何？’……”文海本“二边”作“金、鞑”，此处显为四库馆臣所改，应恢复原貌。

同卷 P2191　端平元年三月（此年双三、四月，此为前三月）

癸未“诏以太常寺主簿朱扬祖、阁门班祗候林拓……”“阁”文海本作“閤”，是；四库本、文海本于“班”前均有“看”字，似为此次排印所遗，当补。

同卷 P2192　端平元年［后］三月丁未，“礼官援俘获鬼章事宜结故事来上，令赴都堂呈引，救大理寺审实……甲子，诏刑部饬州县禁纲捕”。“救”四库本、文海本均作“敕”，“纲”四库本、文海本均作“网”，为此次排印之误。另“鬼章事宜结故事”，四库本同，文海本作“鬼章青宜结故事”，“鬼章青宜结”又作“青宜结鬼章”，“鬼章”在《续资治通鉴长编》《宋史》中出现不下数十次，故可断定此“鬼章事宜结故事”当据文海本校正为“鬼章青宜结故事”。同页同年月“庚寅……陈一荐、路分、江海……”路分为官名路分都监之简称，故后一顿号应去掉。

同卷 P2193　端平元年五月丁未，张“烨奏：‘金人世仇……’”文海本“金人”作“金虏”。当据回改。同页同年月“己酉……诏武翼郎、添差两浙东路兵马副都监希丞换授，皇叔右监门卫大将军、高州刺史、提举祐神观、成忠郎、监潭州南岳庙与苏换授，皇弟太子右监门率府率，皆以荣文恭王近属也”。查文海本于两“换授”后各有“○”，这可能是点校者误点的原因。然此句实应点为：“己酉……诏武翼郎、添差两浙东路兵马副都监希丞换授皇叔、右监门卫大将军、高州刺史、提举祐神观，成忠郎、监潭州南岳庙与苏换授皇弟、太子右监门率府率，皆以荣文恭王近属也。”同页同年月日，“进带御器械孟拱三秩，主管侍卫马军行司公事”。“孟拱”四库本、文海本均同，然据前后文，此孟拱即孟珙，当校正或出校说明。

同卷 P2194　端平元年五月壬戌，章谦亨奏：“绍圣间以铅山赡泉浸铁为之……”“赡”四库本、文海本均同，然胆水浸铁为铜，是宋代著名的科技成果，此处“赡泉”显为“胆泉”之讹。“赡”与“胆”繁体形近致误，当校正或出校说明。

同页引《龟鉴》曰:“《中庸》九经修身在诚,《大学》八条修身在敬，皆所以操履乎理义之正，而不为物欲所挠也。而理宗率循此理，以修吾身。书殿楹之东曰‘思无邪’，即正心之本领也。而宰相为之铭曰:‘心居中虚，五官听命。动以毫厘，万物交竞。惟正此心，所适靡他。正心伊何?曰思无邪。帝于广居，相止清明。在躬龟鉴之，非自大学正心之敬充之乎?’书殿楹之西曰‘毋不敬’，此修身之纲要也。而宰相又为之铭曰:‘视听言动，复礼之端。四非未屏，决我性端。惟修此身，砥柱斯正，修身伊何?曰毋不敬。’帝于黄屋，孔夷庸敬。存存佩服之，非自大学修身之敬发之乎?”比较点校者对殿楹东西二处御书及宰相铭的处理有差异、不统一:楹东宰相铭不但包括四字铭，而且引号内包括了对宋理宗的一句赞颂的话。楹西引号内则仅有四字铭，而将赞颂宋理宗的一句话置于引号外。笔者认为后一种处理较妥，故应改为:“[《龟鉴》曰:]《中庸》九经修身在诚,《大学》八条修身在敬，皆所以操履乎理义之正，而不为物欲所挠也。而理宗率循此理，以修吾身，书殿楹之东曰:‘思无邪。’即正心之本领也。而宰相为之铭曰:‘心居中虚，五官听命，动以毫厘，万物交竞。惟正此心，所适靡他，正心伊何，曰思无邪。帝于广居，相止清明。’在躬龟鉴之，非自大学正心之敬充之乎!书殿楹之西曰:‘毋不敬。’此修身之纲要也。而宰相又为之铭曰:‘视听言动，复礼之端。四非未屏，决我性端。惟修此身，砥柱斯正，修身伊何，曰毋不敬。帝于黄屋，孔夷庸敬。’存存佩服之，非自大学修身之敬发之乎!”

同卷P2197　端平元年七月癸卯，诏:“……洪惟本朝肇造区夏，忠夏相传于家法……”“忠夏”四库本、文海本均作“忠厚”，应是本次排印失误。

同卷P2197　端平元年八月“乙亥，以范用吉为宁远军节度使、左骁卫大将军、和州防御使、忠节诸军都统制，李伯渊为保顺军节度使、右骁卫大将军，皆以东京来归故也”。依宋朝制度，一位官员不能既任节度使又任防御使，故上引标点应更正为："乙亥，以范用吉为宁远军节度使、左骁卫大将军，和州防御使、忠节诸军都统制李伯渊为保顺军节度使、右骁卫大将军，皆以东京来归故也。"

同卷 P2198　端平元年八月"庚戌，新除权户部尚书真德秀乞进《大学行义》二十二秩……""大学行义"四库本、文海本均作"大学衍义"，是，当系本次排印之误。

同卷 P2200　端平元年十一月癸未，诏："……战功补授人未得放令离军已参注者，不许收使……""离军"后应加逗号。"离军""参注"是二事，应区别。同页同年十二月"辛丑，尚书吏部郎中兼权左司郑寅言：'兹摄都司，典领封桩，储蓄极少，楮券并无。见管印造及门即充支遣，犹且弗给……'""见管"应从上读，且应改逗号，即"……楮券并无见管，印造及门即充支遣，犹且弗给……"

同卷 P2201　端平元年十二月庚寅，"进邹成之、李复礼、乔仕安、刘淳官各二等，以使蒙古国有劳也"。四库本、文海本均同。查《宋史》卷四一《理宗纪》同年月"辛卯，遣邹伸之、李复礼、乔仕安、刘溥报谢，各进二秩"。《续通鉴》卷一六七略同。《宋史全文》P2195 端平元年七月辛丑，上曰："小使邹伸之尚未回。"据此，"邹成之"应为"邹伸之"之讹，若认为理由尚欠充分，则可出校说明之。

同卷 P2208　端平二年闰七月丁亥，"诏［全］子才夺二秩，瑞衡州居住……"查四库本、文海本均无"瑞"字。《宋史》卷四二《理宗纪》亦作全子才"谪居衡州"。"瑞"字当也为此次排印新衍。

同卷 P2209　端平二年九月"己巳，都省言：'……每亩输十六界会子一贯，愿纳十七界者，并从各州截角类解……'"现标点容易使人误解为须截角者只是十七界会子，实则所纳二界会子都要截角。关键是"并从"二字当从上读，原文义为规定缴十六界会子，如有人愿意缴十七界会子也可以（因十七界会子比十六界价值高）。

同卷 P2212　端平三年四月"戊申，新权知梧黄亦奏二广兵备"。"新权知梧黄亦"令人不解，查四库本、文海本"梧"后有"州"，此次排印遗漏。同页同年月癸丑诏："……示曩岁而尤惨……补卒搜乘，以严守御之备。……"查四库本"示"作"眎（视之异体）"，是。此处"视"是比的意思。"补卒搜乘"中的"搜"四库本、文海本均作"蒐"，"搜""蒐"二字有时可通用，但此处不宜，因此处是化用《左传》成公十六年"蒐乘补卒，秣马利兵"中的成句，且此处"蒐"是检阅的意思，不是搜索的意思，故应用"蒐"。按癸丑条文海本有"淮楚之逆雏为妖"。

卷三三 P2227　嘉熙二年四月"戊戌，诏户部及财用司应折帛沙田酒息盐袋租谷丝绢钱、团田没官、田米未催者，悉行拘催……""团田"不文，四库本、文海本同，疑应为"围田"，形近致误。"没官田"为宋代常见专用语，不应于中顿开。故引文应标点为"戊戌，诏户部及财用司，应折帛沙田酒息盐袋租谷丝绢钱、团（围?）田没官田米未催者，悉行拘催……"

同卷 P2228　嘉熙二年七月甲戌朔，诏曰："……凡朕躬之阙违……极言与隐……""与"四库本、文海本均作"无"，当系排印误。

同卷 P2229　下页嘉熙二年九月"丁亥，诏故龙图阁侍制……""侍制"四库本同，文海本作"待制"，宋朝诸阁无"侍制"而有"待制"，似当据文海本校正。

同卷 P2231　嘉熙三年正月"戊戌，诏：'四川连年扰攘，州县阙官。其赴铨人年二十已上者免试，发还漕司帘引故行，注授一次'"。四库本、文海本同。其中"发还漕司帘引故行"一句令人费解，四库本同。查《续通鉴》卷一六九亦载此诏，"故行"作

"放行"，则"放行"应从下读。故最后一句应改为"发还漕司帘引，放行注授一次"。似差强。

同卷 P2241 淳祐元年"四月丙寅，吏部侍郎杜范等奏：省试考到取应宗子弟一名祟袍附正奏名廷试，从之"。此引文中"弟"字与上述 P2178 引文类似，当校改为"第"。

同卷 P2242 淳祐元年"十二月丙寅，太学博士刘应起进对，言：'大有为之君，常使近幸畏宰相。今宰相畏近幸；使宰相畏台谏、令台谏畏宰相。'愿陛下官府事一以付之中书，而言官勿专用大臣所引，则权一归于公上矣"。现标点法令人难解其义。关键是其中一对仗句式出了问题："常使近幸畏宰相，今宰相畏近幸；使宰相畏台谏，今台谏畏宰相。"后一"今"字被误读为"令"，故未能很好理解文义。

同卷 P2252 淳祐三年十二月"辛丑，枢密院言待卫马军副都指挥使……""待"显为"侍"之讹，四库本、文海本不误，系此次排印误。

同页引《龟鉴》曰："……莫不知莫羊祜御边之善……"句中第二个"莫"四库本、文海本均作"慕"，是。此又为此次排印新误。

同卷 P2253 淳祐四年四月"丁亥，以淮东制司言榷总管王德……""权"字四库本同，文海本此字不清。宋无"榷总管"之官名，"榷"当为"权（權）"之形近误。

卷三四 P2265 淳祐五年正月丁酉，诏："国家以仁立国，其待士大夫，尤过于厚台谏。乃因得言而释私憾，摭细微而遗巨奸，迁谪降黜，或出非辜……"依现标点，诏书似认为朝廷待士大夫比待台谏更厚，这显然不合情理。

同卷 P2268 淳祐五年六月"丙戌，徐元杰特增四官"。时无"增官"之说，文海本此字模糊。查《宋史》卷四三《理宗纪》作"赠官"，当据校正。同页同年七月"己酉，诏刘伯玉、金渊落职罢祠……”查前文未见“刘伯玉”其人，查金渊淳祐四年任签书枢密院事，刘伯玉既列名其上，则也应为执政大臣。查与金渊同任执政的有参知政事刘伯正，他于淳祐五年正月刚刚被罢，则此“刘伯玉”显为“刘伯正”之讹，“玉”为“正”之形近误。

同卷 P2280　淳祐八年二月“丙午，周坦奏：乞申明十七、十八界会子并永行用，以坚民信。左司赵汝既土请更造十九界。太博黄洪请不用会子，停卖盐钞，狂言惑众，乞正妄诞之罪。诏各免所居官”。从文义看，“诏”以前大致都是周坦奏的内容，赵汝既、黄洪的“罪行”也都是周坦讲的，前后二“乞”也都是周坦“乞”，故应用引号将上述内容统统引起，以免读者误解。

同卷 P2281　淳祐八年四月“甲午，以太堂寺……”“太堂寺”显为“太常寺”之误，四库本不误，系此次排印误。

同卷 P2282　淳祐八年八月（实为六月）丁亥，“诏知建昌军南丰县黄端亮夺官一等放罢，以其增收苗赐……”“苗赐”不文，四库本同，文海本作“苗赋”，作“苗赋”是，宋二税之一是秋苗（税粮），苗赋当即指秋苗税粮。

同卷 P2283　淳祐八年八月“壬寅，侍御史周坦言：……以广浦博之仁”。“浦博”四库本作“溥博”，是。亦为此次排印之误。

同卷 P2284　淳祐八年十一月甲寅，监察御史陈垓言：“礼者，国之大事，三岁明禋肸乡，多非本物，皆是自科，市户仰尹臣监督，各备正色，毋以他物代充……”“礼者”四库本、文海本均作“祀者”，是，应又是排印误。“市户仰尹臣监督”不文，“市户”当从上读，“自科”四库本、文海本同，疑是“白科”之讹。全句似应标点为：“祀者，国之大事，三岁明禋，肸乡多非本物，皆是自（白?）科市户。仰尹臣监督，各备正色，毋以他物代充……”同页淳祐九年“闰二月癸卯朔，诏安南国王陈日照……”四库本同，文海本作陈日“□”。按据《宋史》卷四八八《外国传·交阯》，此时安南国王为陈日煚，本书 P2379 也出现了安南国王“陈日煚”，故此处“陈日照”当为“陈日煚”之形近讹，应校正或出校说明。

同卷 P2285　淳祐九年四月“丙午，诏丘岳阃职修举，除宝阁直学士……”“宝阁直学士”四库本、文海本均作“宝章阁直学士”，是。系此次排印遗漏“章”字。

同卷 P2288　淳祐十年二月甲辰，“丘迪嚞”（人名），“嚞”（音哲）字形为三个“吉”字，现排成上面一个“吉”下面两个“古”，系造字未造好。

同卷 P2291　淳祐十年十一月甲戌，郑清之乞归闲，诏“……谍可轻为去就……”四库本、文海本“谍”均作“岂”，又为此次排印新误。

同卷 P2293　淳祐十一年三月戊子，“……申儆百司，度府监司……”“度”，四库本同，“度府”不文，文海本作“庶”，是。当校正。

同卷 P2295　淳祐十一年六月“乙卯，秘书省言：‘乞避校勘、检阅等官……’”“避”四库本、文海本均作“辟”，是。辟举官员校书为常见事，误为“避”则难通，又为此次排印新误。

同卷 P2298　淳祐十一年十二月“壬申，诏令诸路监司、帅守但干摊赖支蔓靰罣之人，并日下释之”。“靰罣”不文，查四库本、文海本均作“罥罣”，是。“罥罣”乃指牵连。不知点校本何以致误。同页同年月“癸酉，上谕辅臣曰：‘……五兵所先，莫如孤矢……’”“孤矢”显为“弧矢”之讹，查四库本不误，亦系本次排印新误。同页同年月“己卯，诏：‘……应有官屯民田耕种去处，并令围结队伍……’”“围结”不文，四库本、文海本均为“团结”，亦为此次排印新误。

同卷 P2299　淳祐十二年春正月丙戌朔，“诏诸路官司违禁、罔私、害民事悉罢之”。“罔私”不文，四库本同，当依文海本及

《续通鉴》卷一七九作“罔利”，又违禁、罔利、害民似不是并列三事，故两个顿号似以去除为宜。同页同年月甲午，“上曰：‘救楮事不可绥……’” “不可绥”不文，查四库本、文海本均作“缓”，亦系此次排印形近误。

同卷P2300　淳祐十二年春正月庚戌，诏宰执曰：“……开沟以限戎马之遗意也。”四库本、文海本“沟”下均有“浍”字，应为此次排印所遗，应补。同页同年二月壬戌诏：“朕惟明日张胆……”“日”四库本、文海本均作“目”，是，亦为此次排印致误。同页同年月日，“废……雇迳……五酒库……”（P2300）“雇迳”地名，此前曾出现过，作“顾迳”（P2187），两处应统一。

同卷P2301　淳祐十二年五月“庚戌，罢诸郡今界……故相［郑］清之奏行今界于六郡，会玉山饥民啸哄，言者归咎焉”。二“今界”四库本、文海本均同，然义不可通。查《宋史》卷四三《理宗纪》同年月乙巳“盗起信州玉山县，罢诸郡经界”。事另见《宋史》卷四一一《牟子才传》。《续通鉴》卷一七三同年月庚戌亦载“罢诸郡经界”。引文中二“今界”显为“经界”同音讹，应校改。经界法为南宋清查田亩之法，曾几次推行，引文言停止在六郡推行经界法。

同卷P2302　淳祐十二年六月癸酉，“上令学官免□□齐”。“免”查四库本、文海本均作“勉”，《续通鉴》卷一七三同年月日作“上令学官勉入斋”，似可出校说明，以供读者参考。同页同年月丙子“乞置□□于禁严”，四库本、文海本同，二空字《续通鉴》作“小学”。似也应作相同处置。

卷三五P2315—2316引《龟鉴》：“……理宗劝亲一意，亦素依乎道理之所宜者，考祖宗待近戚之定法而干请不行，未尝开觊幸之门，以滋滥分之弊，革近年近戚干堂部注之弊而夤缘不行，未尝希批降之旨以重添换之。冗少保之命，若私懿亲也。然威仪有则，宠利弗居，虽畀以高牙大纛而不惭都尉之除，亦疑其为私戚属也。然棨戟三世，琳琅一门，虽宠以环尹副骓而奚私？……”此段文字标点问题较多，最突出的是“冗”当从上读，“旨”后应加逗号，此句讲近戚没有谋求宋理宗特批，以加重官员添换的冗多。此以下讲两个实例，句式大抵对应，故“不断”后应或用句号或用分号断开，表示以上为第一个事例。“都尉之除”与前“少保之命”相对，以下各句一一对应。还有一些小的失当。整段文字似可重新标点为：“……理宗劝亲一意，亦素依乎道理之所宜者。考祖宗待近戚之定法，而干请不行。未尝开觊幸之门，以滋滥分之弊。革近年近戚干堂、部注之弊，而夤缘不行。未尝希批降之旨，以重添换之冗。少保之命，若私懿亲也，然威仪有则，宠利弗居，虽畀以高牙大纛而不惭。都尉之除，亦疑其为私戚属也，然棨戟三世，琳琅一门，虽宠以环尹、副骓而奚私？……”

同卷 P2320　宝祐三年六月丙午，宋理宗谕辅臣曰：“修筑江岸，军兵不易。闻补工值，雨多不给食，可令特支。”“值雨”似指遇雨，不应中断。此言军兵遇雨不出工即停供给食物，宋理宗下令特予支给。

同卷 P2322　宝祐三年九月乙未，上谕辅臣：“昨日缴进黎州报，云南果有干兵。”“干兵”，四库本、文海本均作“鞑兵”，则亦为此次排印之误。

同卷 P2332　宝祐五年正月丁亥朔，“诏戒饰郡臣：凡可以疏瀹弊源、剔除蠹穴、兴起天下之治者，其仪图之武，副朕内修外攘之志。” “仪图之武”不文，查四库本、文海本“武”均作“式”，当从下读为“式副”，即“以副……” “仪图之”系套用《诗・大雅・烝民》“我仪图之”用语。此处字误标点亦误，似非简单的排印致误。令人不解的是，同页宝祐四年十二月甲戌敕文：“……以图万全，武副朕意。”“武副”，四库本、文海本亦作“式副”，点校本同样误“式”为“武”。

同卷 P2333　宝祐五年二月“庚申，御笔：‘蜀境奏凯，而俞兴城下之捷尤为奇伟，朕甚嘉之。’兴，大忠之子也，向以父罪，聊示薄惩，今尽释前过，仍令制司具立功守将以下姓名来上，等第推赏”。细绎文义及联系前后文，宋理宗御笔内容应包括除释俞兴前过及推赏有功将士，故应将“嘉之”后的后引号移至“推赏”之后。同页同年月“乙丑，右正言戴庆炣言：‘……严与禁战军债’”。“禁战”不文，查四库本、文海本“战”均作“戢”，是，又系此次排印误。

同卷 P2338　宝祐五年九月壬子朔，“诏曰：‘言路不常，厥官其来已久。’……”“言路不常”令人费解，“厥官”当从上读，应断为“诏曰：‘言路不常厥官，其来已久。’……”讲言官经常换易，久来如此。

同卷 P2345　宝祐六年八月戊寅朔，丁大全奏：“孟轲有曰：‘固国不以山谷之险。’”据四库本、文海本，另据《孟子》，“山谷”应作“山谿”。同页同年月癸卯，丁大全奏：“已下诸阃招刺，期足示额。”“示额”不文，四库本同，据文海本，当作“元额”，形近致误。同页同年月日，都省曰：“……比岁庆元舶，可但知怵于博易抽解之利，听其突来……”“可但知”不文，四库本同，然据文海本，“可”作“司”，形近致误，当从上读为“庆元舶司”，此处所指责者，庆元市舶司（简称“庆元舶司”）也，言其处置失当。同页同年九月“己巳，诏出城弊楮不堪行，用于封桩库支拨两界好会，尽数收换”。“出城”，四库本同，“出城”范围不明，如何能“尽数收换”？且后句依现标点令人费解。据文海本，“出”为“京”，“京城”范围明确。又“用”当从上读。全句应改标点为：“己巳，诏京城弊楮不堪行用，于封桩库支拨两界好会，尽数收换。”意为诏令封桩库支拨两界新好会子，将京城地区弊旧会子全数兑换。

卷三六 P2348　开庆元年正月乙巳朔，都省言：“蜀报日急，寇犯忠、涪……”又同页同年月“庚申，李曾伯言：‘蒙古犯邕管……’”上引文中“寇”“蒙古”文海本分别作“虏”“鞑”，似也为四库馆臣所改，当复旧。

同卷 P2352　开庆元年“八月壬申朔，上曰：‘薄择之……’”“薄”显为“蒲”之讹，查四库本、文海本均不误，亦为此次排印误。

同卷 P2353　开庆元年八月壬申朔，丁大全奏：“……印造多折阅之患，不容不预为之虑。”此处标点失当，似应标为“……印造多，折阅之患不容不预为之虑。”讲纸币印造得多，贬值的恶果不能预先考虑到。同页同年月乙巳“是日，蒙古犯浒黄州……”查文海本“蒙古”作“鞑兵”，当为四库馆臣所改，应复原。

同卷 P2368　景定元年六月乙丑御笔：“……登朊朊仕……”查四库本、文海本，“朊”不重出，当为此次排印增衍一“朊”字。

同卷 P2368　景定二年正月癸亥，诏：“……贪官充斤……”“斤”四库本作“斥”，文海本此字不清，显当作“斥”，亦当计为本次排印误。

同卷 P2370　景定二年五月“己卯，上曰：‘昨观李庭芝申逆邹突至淮安对境……’”“逆邹”容易让人误解为姓邹的“逆贼”，查文海本，“逆邹”作“逆雏”，指李全的儿子。应据校正（P2376景定三年二月丁亥条“逆邹”亦应据文海本作相同处理）。又“申”字后似加逗号为宜。

同卷 P2371　景定二年六月“癸卯，上曰：‘杨蕃孙屡盥馈之礼……’”“屡盥馈之礼”令人费解，四库本、文海本，“屡”后均有“辞”字，此次排印误漏。

同卷 P2372　景定二年七月壬午，吴“潜死非其罪，人心不报”。“不报”不文，四库本、文海本均作“不服”。同页同年月丁亥，“上”曰：“戚里为太尉，方赐此带（按方团一字金带）。今以赐亲臣者待之，用异数也。”“待之”当从下读，表示赐此带实为异宠。下文“诏有违年阙正官处”，“违年”不文，四库本、文海本均同，据文义当作“连年”，形近误。

同卷 P2373　“商确”，四库本同，文海本此字不清，据文义当作“商榷”。

同卷 P2387　景定四年十一月壬午，方演孙奏：“……熟不服陛下之圣?”“熟”显系“孰”之讹，四库本、文海本均不误，也是此次排印误。

同卷 P2390　景定五年二月辛未，“诏梁椿选右正言程元岳、朱应元并监察御史”。依宋制，右正言高于监察御史，监察御史不能由任何官员而只能由皇帝亲自选任，故“右正言”是梁椿的新官名，此三字后应加逗号。此句讲任命梁椿为右正言，任命程元岳、朱应元为监察御史。同页同年四月“乙丑，诏知枢密院事兼参知政事休梦然罢……”“休梦然”四库本、文海本均作“何梦然”，当也是此次排印新误。

同卷 P2392　景定五年七月“丁酉，命……祷雨……，郎官请霍山”。“请霍山”费解，查四库本、文海本，“请”均作“诣”，当也系排印错误。

同年同页八月“甲辰，诏：‘壬戌别院董试，台臣纵游士假手，物论喧哗。令春铨闱复然，尤为无忌……’”“令春”费解，查四库本、文海本实为“今春”，当也是排印错误。

同卷 P2394　景定五年十月乙丑，贾“似道请秤提楮币，改造金银、见钱、关子，以一准十八界会子之三十七界废不用……”此处言贾似道想改造的，不包括金银、现钱，而只是纸币，故句中两个顿号当去除（或去除一个，把金银关子和现钱关子作为两种纸币，亦有此一说），引文下句言关子与十八界会子的兑换比例是一比三，而将十七界会子废弃不再行用，故“三”字后应用逗号断开。故引文应标点为：“似道请秤提楮币，改造金银见钱关子，以一准十八界会子之三，十七界废不用……”

又，本书四库本、文海本中作为武官名一部分的“阁门”“閤门”互见，点校本大抵统一为“阁门”，如P2191端平元年三月癸未“阁门选官”“阁门［看］班祇候”，P2249淳祐三年四月癸丑“阁门宣赞舍人”“阁门祇候”，P2344宝祐六年七月庚戌“阁门宣赞舍人”，P2376“阁门宣赞舍人”等，文海本、四库本“阁”均作“閤”，点校本改为“阁”，似未妥。应据《宋史·职官志》统改为“閤门”。点校本“彻乐”（如P2175、P2214、P2371）、“撤乐”（如P2180、P2228）互出，虽“彻乐”较为多见，然“彻乐”有将音乐从头到尾演奏完的意思，而此处为停止演奏音乐的意思，故似依文义统改为“撤乐”为宜。点校本“签书（枢密院事）”（如P2142、P2160）、“佥书（枢密院事）”（如P2194、P2254、P2276、P2292）互出，似应统改为“签书”。

除上所列举者外，该书人名、地名不用专名线，不利阅读，是一较大缺憾。该书文字竖排，书名却用横排的书名号，也欠正规。书中书名号多阙。如P2135《高宗宝训》，P2153《高宗皇帝宝训》，P2203陈均编类《本朝长编纲目》，李寘专一提领《高宗皇帝正史》，P2244右丞相史嵩之等进呈《中兴四朝史》、孝宗皇帝《经武要略》、宁宗皇帝《玉牒》《日历》《会要》《实录》、今上皇帝《玉牒》，P2385《徽宗皇帝长编》《宁宗皇帝实录》《日历》《会要》《自淳熙至嘉定国朝会要》《皇朝长编》，P2387《徽宗皇帝长编》这些书名号点校本一概未加。有些书名号使用失当，如《敕令所淳祐条法事类》（P2293），应把编撰此书的“敕令所”从书名号内移出。《宝祐编类》《吏部七司续降条令》（P2316），不该将一书标为两书，应将两书名合而为一（至于该书系时问题，笔者拟另撰专文另述）。

另外，李之亮先生于该书《前言》中说：“据《四库全书提要》称，原书第三十六卷内度宗、少帝及益王、广王有目而无文。究竟是作者没有写出这十几年的事迹，还是原文亡佚，今已无从考索，但有一个问题很值得注意：假若是原有文而亡佚，那就可以肯定此书的作者是元代人；如果此书原来就只录到理宗之末，而度宗等目为后来刻本者所补，那就很难说此书作者不是宋末度宗时人。”李先生此处的表述是颇可商榷的。首先，一个人完全可能既是“宋末度宗时人”又是“元代人”。假定一个在南宋灭亡时五十岁，那他在元朝统治下完全可能再活二十年或更长的时间。假定《宋史全文》的作者正好是这种情况，那么他在南宋灭亡时完成了理宗及理宗以前的内容，则在元朝统治下他可以接着续写度宗及宋季三王部分。其次，李先生的表述很容易给人如下印象：假如《宋史全文》仅记载到宋理宗末年，则该书很有可能成书于南宋末年。这就容易误导读者。事实上该书成书于南宋末年的可能性是很小的。从书中内容可知，该书对贾似道事迹的记述及评议说明作者已了解到贾似道的失势，而贾似道被罢免是在宋度宗去世、贾似道率兵迎敌大败之后，时距元军攻占南宋都城仅有数月。在此兵荒马乱的环境下，很难想象有人还能静下心来写史书。所以，此书成书于宋末的可能性是很小的。

（原载《典籍文化研究》，万卷出版公司 2007 年版）

《大冶赋》注释商榷

《国学研究》第四卷刊出了华觉明、游战洪、李仲均三位先生的大作《〈大冶赋〉考释与评述》(前此《中国钱币》1994 年第一期曾刊此三位先生的大作《宋代的铸币和币政——〈大冶赋〉研究之五》，因刊于《国学研究》者较此文有所改进，且更完备，故现拟仅就刊于《国学研究》者进行讨论)。《大冶赋》是研究货币史的重要文献。此文对《大冶赋》全文做了注释。这些注释为阅读《大冶赋》扫除了许多障碍，特别是从冶炼技术、典故两方面所做的说明尤为精彩，对于有关研究具有重要推动作用。但是，此文也有不足，尤其是涉及宋代史情的部分失误稍多，以下试提出商榷。

讨论仅限于对《大冶赋》的文字注释，即三位大作中的《考释》部分，对其《评述》部分中与考释无关的内容将不予涉及(以下为叙述方便，简称三位先生的大作为《考释》。凡论及《考释》者用括号注明页数，斜线前为本文页数，斜线后为《国学研究》的页数。引录《大冶赋》文字也注在《考释》[《国学研究》]中的页数)。

一

关于本文的写作时间，《考释》谓“当是洪咨夔中进士后任如皋主簿期间据耳闻目睹和实地考察所作”（1/547）。这似是对序文的误解。序文（《考释》亦加引录）称：“余宦游东楚，密次冶台，职冷官闲，有闻见悉纂于策。垂去，乃辑而赋之。”（2/548）《考释》认为“东楚”指“如皋”，但宋代如皋似未有大坑冶，洪咨夔如何“密次冶台”呢？其实“东楚”是指饶州。《舆地纪胜》卷二三《江东路·饶州》载：“《晏公类要》云：【饶州】春秋时为楚东境。”又载范仲淹任知饶州时曾建“楚东楼”，这说明饶州久有“东楚”之称。自南宋淳熙年间至南宋末，都大坑冶司一直在饶州，也即是说，序文中所讲“冶台”就是都大坑冶司。都大坑冶司在宋代属“监司”系列，监司有权监察州县，俗称“外台”，故坑冶司称“冶台”也是顺理成章的。所以，《大冶赋》是洪咨夔担任饶州教授（教授恰是“职冷官闲”的）即将结束时写的，而不是担任如皋主簿时写的。《大冶赋》结尾一段“客”言“子来自番”（28/574），所谓“番”即番（鄱）阳，也即饶州，也即明确讲出作者当时身在饶州。故《考释》关于“东楚”“冶台”的注释显然也是存在问题的。

《考释》关于《大冶赋》写作时间诠释的失误，实际反映了作者对宋代提点坑冶铸钱司的考察尚不够深入，类似的问题似也反映在《考释》对下引一段文字的诠释上。《大冶赋》中有如下一段话：“漕轺兼统，肇于兴国。都提命官，昉于咸平。合江淮荆浙闽广而建一台，则景祐之宪度。”（11/557）《考释》为“漕轺”作注道：“……此处指用舟车水陆联运矿物，其法见《宋史·食货志上·漕运》。”为“都提”作注道：“宋代官署名。都，指都转运使。提，指提举坑冶司。……”为“景祐之宪度”作注道：“景祐，北宋仁宗年号（1034—1038）。宪度，即法度。《宋史·仁宗本纪》：‘（景祐元年）冬十月庚申，罢淮南、江、浙、荆湖制置发运使，诏淮南转运兼发运事。’”（并12/558）这些注释都是不确切的。

上面《大冶赋》的引文实际是概述提点坑冶司的演变过程。“漕轺”这里是代指转运司和发运司的，它们都有转输财赋的职能，其中转运司更被称为“漕司”。宋人章如愚《群书考索》后集卷一三《官制·监司·都大提点诸路坑冶》述：“自开宝平吴之后，因其旧置钱监于鄱阳，既而江淮荆浙闽广之地皆有监，系发运使兼提点。”（《古今合璧事类备要》《文献通考》等书有相同记载）据此，宋初发运司曾兼管坑冶铸钱事务。但其中也有疑问，即发运使的正式设置时间略迟于太平兴国年间。而据《续资治通鉴长编》（以下简称《长编》）记，太平兴国二年主持“升、鄂、饶等州大铸铜钱”的是江南转运使樊若水（卷一八，另参《宋会要辑稿·食货》一一之四）太平兴国八年经营饶、信、虔等州铜、铅、锡于饶州铸钱的是江南转运使张齐贤（卷二四，参《名臣碑传琬琰集》下编卷二《张文定公齐贤传》）则“漕轺兼统，肇于兴国”，指的应是太平兴国年间转运使兼管坑冶铸钱事务的情况。“漕轺”应是指转运使，《考释》对“漕轺”的诠释是不恰当的。《考释》在“评述”部分讲“‘漕轺兼统’表明了兴国军的重要地位”云云，把“兴国”说成是兴国军，自然更是不妥的。

《群书考索》（篇目同前）又记：“咸平三年，以冯亮为江南转运副使兼都大提点江南福建路铸钱事，内供奉官白承睿同提点铸钱事。”（引文以《通考》校正。另参《长编》卷四七）显然，这就是《大冶赋》所谓“都提命官，昉于咸平”的真实含义。也就是说，“都提”是“都大提点”的简称，它同后日的都大提点坑冶铸钱有联系又不完全是一回事，故曰“昉”。《群书考索》接着又述：“至景祐二年，始置江浙川广福建等路都大提点坑冶铸钱一员，以魏兼为之。”这显然又是《大冶赋》所言“合江淮荆浙闽广而建一台，则景祐之宪度”的正解了。不过《群书考索》所记似有不准确处，即景祐二年创置的提点坑冶铸钱官官衔中可能并无“都大”二字。《长编》卷一一七记：景祐二年八月己卯“初命朝臣为江浙荆湖福建广南等路提点银铜坑冶铸钱公事……（原注：……《实录》是月己卯书，徙知楚州屯田员外郎魏兼为浙江荆湖福建广南等路提点银铜坑冶铸钱公事……）”文中两次出现此官名，都无“都大”二字，从此后见于记载者看，大约不带“都大”是正确的。《考释》所引文字，显然与《大冶赋》原文无直接联系（当然，撤消发运司是导致设置提点坑冶铸钱司的重要原因，此不赘述）。这里应提及，《大冶赋》接下去的一句话是：“东治于饶，西治于虔，则元丰之章程。”（11/557）《考释》对此句的解释基本是正确的，但其中两次讲“治为‘冶’之刊误”（12/558、13/559），则是错误的。此处“治”与“州治”“郡治”的“治”的含义相近，是讲负责东部地区的提点司官署设于饶州，负责西部地区的提点司官署设于虔州。故此处之“治”并非刊误。这里还应提及，《大冶赋》本段开头有“矧火德之王离”一句，《考释》未能说明宋朝自称以火德立国这一情况，此情况对正确理解文义影响较大，具体情况请参见《宋史》一〇三《礼志》，此不赘述。

二

《大冶赋》提到了宋代许多重要钱监的名字（8/554），《考释》

对这些钱监名称一一做了注释，这无疑是必要的。但《考释》对各钱监设置时间的介绍大多数都不准确，有些错得还较为严重。以下依次做一考析。有些地点不确切者也顺带做些补正。

永平监：《考释》讲此监“宋真宗天禧时（1017—1021）始置”。但又引《宋史·食货志·钱监》：“旧饶州永平监岁铸钱六万贯，平江南，增为七万贯，而铜、铅、锡常不给。”（并 8/554）《考释》作者或许没有觉察，上面两段文字是彼此矛盾的。因为下引《宋史》文字表明，永平监在宋平江南之前（即宋太宗在位初年以前）就已经存在了，既如此，则它的始置时间就不是宋真宗天禧年间了。关于此监，《元丰九域志》卷六载“伪唐置，铸铜钱，国朝因之”。它与前引《宋史》文字是一致的，即都讲此监是在宋朝占领饶州以前就已存在了。但《元丰九域志》的记载还有问题，因为唐代的《元和郡县图志》里已经有了关于永平监的如下记载：“永平监，置在［饶州鄱阳县］郭下，每岁铸钱七千贯。”（卷二八）可知此监始置的时间应在唐宪宗时或更早。当然，此后可能一度被裁撤，到五代南唐时又恢复。后来宋朝又从南唐手中接管了此监。无论如何，讲此监始置于天禧年间是不正确的。永丰监，《考释》也讲此监“宋真宗天禧年间（1017—1021）始置”。据《元丰九域志》卷六载：“池州……监一（原注：至道二年置，铸铜钱），永丰。”又《续资治通鉴长编》（以下简称《长编》）卷四〇载：“［至道二年］冬十月己未，诏以池州新铸钱监为永丰监。先是，饶州有永平监，兵匠多而铜锡不给。知州马亮请分其工之半，别置监于池州。诏从之。于是岁增铸数十万缗。”事另见《太宗皇帝实录》，《宋会要辑稿·食货》一一之四，《宋史》卷五《太宗纪》、卷二九八《马亮传》，《舆地纪胜》卷二二等多处文献。可知此监始置于至道二年（996），而不是天禧年间。

永通监，《考释》讲此监“宋仁宗庆历末（1041—1048）始置”。这一注释大体是对的，但不精确。《长编》卷一六五载：

“［庆历八年九月］癸亥，三司言：‘韶州天兴场铜大发，岁采铜二十五万斤，请置监铸钱。’诏以为永通监（原注：赐名‘永通’在皇祐元年二月，今从本志并书）。”《舆地纪胜》卷九〇所记略同，而又明载此监在“州水西一里”。可知此监始置于庆历八年（1048）九月，于次年（1049）二月正式命名。

阜财监，《考释》讲此监“宋神宗熙宁年间（1068—1077）始置”。这一注释也大体是对的，然也不精确。查《元丰九域志》卷一载：此监“熙宁七年置，铸铜钱”，又载其在“［西］京西北四十里”。《宋史·地理志》所记略同。则此监始置于熙宁七年（1074）。

阜民监，《考释》讲此监“宋太宗太平兴国年间（977—984）始置。设于洛南县，治所在今陕西洛南”。又引《宋史·食货志下·钱币》：“军兴，陕西移用不足，始用知商州皮仲容议，采洛南红崖山、虢州青水治（冶）铜，置阜民、朱阳二监铸钱。”且谓：“《宋会要辑稿·食货十一》题，阜民监有二：一在商州（今陕西商县，产铁钱；一在惠州（今广东惠阳），铸铜钱。”《考释》的文字是前后矛盾的。注释中讲了两个阜民监（或讲至少两个），却只讲了一个始置时间；关于置于陕西的钱监，前面说在洛南，后面说在商县。实际情况是怎样的呢？《长编》卷一三三载：“［庆历元年九月］是月……又以商州洛南县铸钱监为阜民监。”这一钱监是铸铜钱还是铸铁钱，记载较为混乱。《长编》卷一六四载：“［康定元年十二月］戊申，屯田员外郎、通判河中府皮仲容知商州兼提点采铜铸铁钱事。仲容尝建议铸大钱一当十，既下两制及三司议其事，谓可权行以助边费，故有是命。初，韩琦安抚陕西，尝言陕西产铁甚广，可铸钱兼用。于是［三司使］叶清臣从仲容议铸当十钱……（原注：本志云：军兴，陕西移用不足，始用皮仲容议。采洛南县红崖山、虢州青水冶青铜，置阜民、朱阳二监以铸钱，按《实录》，乃铸铁钱，与本志不同，当考……）”显然，洛南县阜民监究竟是铸铜钱还是铸铁钱，宋人已经搞不清楚了。上引《长编》文字，显然与《考释》所引《宋史》文字内容接近。由它们我们不难看出，洛南阜民监始置时间应是宋仁宗庆历元年（1040），而不是《考释》讲的宋太宗太平兴国年间，不知《考释》所言根据何在，估计是对引文中的“军兴”发生了误解。《长编》卷一六四、一六八又载：皇祐二年（1050）“诏商州罢铸青铜钱”。这是意味着阜民监被罢，抑或只是讲阜民监此后只铸铁钱不铸铜钱，史无明载，但铸铜钱的阜民监此后应当是不存在了。到了宋神宗时，商州出现了两个铁钱监，据《元丰九域志》三载，商州上洛县有“阜民一铁钱监”。洛南县也有“铁钱一监”。值得注意的是，此时阜民钱监已转移到了上洛县，而不再在原先的洛南县。据《长编》卷二六〇载，熙宁八年（1075）宋廷决定在“商、虢、洛南增置三［钱］监”。由此我们可以做出推断：这以前一段时间里商州没有钱监，此回一次便设置了两个铁钱监，而阜民监的名称便由南洛移到了上洛。

确如《考释》所讲，惠州另有一阜民监，但《考释》没有讲它的始置时间。《长编》卷二五四明载：“惠州阜民钱监，治平四年（1067）置。”

熙宁监，《考释》讲此监“宋徽宗大观年间（1107—1110）始置”。此监始置的确切时间不见记载。但毕仲衍《中书备对》（见《宋会要辑稿·食货》一一之八、《通考》卷九引）及《元丰九域志》已载此监，故此监始置应在元祐年以前，不会在此后很久的大观年间，则是毫无疑问的。查熙宁六年（1073）宋廷“诏京西、淮南、两浙、江西、荆湖六路各置一铸钱监”（《长编》卷二四六），则其始创时间当距此不远（因宋代湖南只有此一钱监），而元丰元年（1078）“衡州铸钱监”（《长编》卷287）已见记载，又监名为熙宁，也说明它始置于熙宁年间。

广宁监，《考释》讲此监“宋真宗天禧年间（1017—1021）始置”。北宋人王禹偁有《江州广宁监记》（《小畜集》卷一七）明确说：“咸平二年（999）夏五月，诏尚书郎冯某、中贵人白某乘驿而周视南土。自番禺闽越吴会荆蛮，相土之宜，度舟车之便，设局署吏，大兴鼓铸。于是建阳首焉，浔阳次焉。明年，敕［置］江州广宁监，奏以秘书丞、知吉州太和县李某总领之。”《宋会要辑稿·食货》一一之五引《九朝通略》也记咸平二年“命虞部员外郎冯亮等至建州置丰国监、江州置广宁监”。《元丰九域志》卷六记广宁监始建于咸平三年。据此，此监筹建于咸平二年，正式命名于咸平三年（1000），而非天禧年间。

神泉监，《考释》讲此监“宋神宗熙宁年间（1068—1077）始置”。这样注释也是正确却欠精当。据《元丰九域志》卷五，神泉监在“州东五里”，“熙宁七年置，铸铜钱”。又《（淳熙）严州图经》载：“神泉监，在望云门外。（细文：）熙宁七年置。旧取婺州永康县铜山场铜以铸钱，今取信州铅山县铜锡为之。”而《长编》卷二七〇则载：“［熙宁八年十一月］壬申，令睦州铸钱监以‘神泉’为名。”大约神泉监同前述各监类似，熙宁七年（1074）筹建，八年（1075）正式命名。

宝泉监，《考释》所注始置时间正确，此不赘言。

丰国监，《考释》讲此监“宋真宗天禧年间（1017—1021）始置”。亦误。前引王禹偁文及《九朝通略》文字已言及，建州丰国监也是咸平二、三年（999—1000）间设置的，具体时间且略早于广宁监。

丰远监，《考释》讲此监“宋真宗天禧年间（1017—1021）始置”。误。据《元丰九域志》卷七记，此监在“州北五十步”，“景德二年（1005）置，铸铁钱”。

富民监，《考释》讲此监“宋宁宗嘉定年间（1208—1224）始置”。误。《宋会要辑稿·职官》四三之一六一载：“［乾道六年十一月二十八日］诏今后鼓铸钱发运司及许子中每岁各认三十万贯，立为定额。其兴国军富民监六万理充发运司三十万贯之数。”又载同年十二月“十九日，吏部状，准批下［发运使］史正志札子……本司已兴置铁钱场四处，权差……右迪功郎蒋庄监兴国军大冶县富民监”。可知此监始置于乾道六年（1170），而非嘉定年间。又钱监设在兴国军属下的大冶县，而不在军治，故今址实为湖北大冶市境而非湖北阳新。

惠民监，《考释》讲此监“宋真宗天禧年间（1017—1021）始置”。误。查《元丰九域志》卷七，此监实始置于咸平四年（1001）。

显然，《考释》把大部分钱监的始置时间都搞错了。之所以会如此，主要是因为《考释》的作者长于科技史，对钱币史，尤其是宋代的一些情况不甚熟悉，这完全是可以理解的。但既然形成文字，供人参考，就可能误导读者，故以上不嫌繁赘地予以考析，以求有以弥补。

三

除以上所列以外，《考释》还有一些零散的失误。如：《考释》对“谶白水”一语做了如下诠释：“即白水之谶。东汉光武刘秀生于南阳白水乡，谶称白水真人。《后汉书·光武帝纪》：‘光武避吏新野，因卖谷于宛。’”宛人李通等图谶说光武曰：“刘氏复起，李氏为辅。”（6/552）《考释》的上引文字，讲了刘秀与“白水真人”的关系，讲的是对的，但没有讲刘秀及白水真人同钱币的关系，真让人有行百里而半九十的遗憾。其实这里应引证《后汉书·光武帝纪》的另外一段文字：“王莽篡位，忌恶刘氏，以钱文有金刀，故改为货泉。或以为货泉字文为白水真人……其王者受命，信有符乎?”即是说，这“谶”是王莽替刘秀造的，表现在王莽发行的钱币上。只有指出这一点，人们才能了解“谶白水”在此处的真实含义。

又如，《大冶赋》：“虽会昌因州以辨名，不易开元之旧模。”(6/552)《考释》注释说：“开元，指开元通宝钱。《旧唐书·食货志上》：‘高祖即位，仍用隋之五铢钱。武德四年七月，废五铢钱，行开元通宝钱（以下言此钱形制，略）……’开元通宝钱是唐朝最早铸造的钱币，至武宗会昌年间始铸造新钱。”（7/553）熟悉唐钱的人都知道，唐武宗会昌年间铸行的钱币同以往唐钱最显著的差异是背文标明铸造州名，至于面文则仍是“开元通宝”，这就是“因州以辨名”“不易开元之旧模”的含义。《考释》的注释对这两个主要方面都没有涉及，显然是有欠缺的。且“铸造新钱”的说法极易使人理解为所造已非开元通宝钱。又如，《大冶赋》有“济阳九之厄岁”（4/550）句，《考释》正确地注释了“阳九”一语，但随后引了《汉书·食货志上》一段关于王莽的文字，这就不够妥当。因为《大冶赋》前面的文字是讲大禹、汤的，接下去的文字是讲“姬姜”的，这里引一段关于王莽的文字不利于读者对文义的理解。相反，笔者认为，这里应当让读者了解关于中国古代铸币赈灾的记载。如《国语·周语》载，周大夫单旗说：“古者天灾降戾，于是乎量资币（指铸币），权轻重，以振救民。”又《管子·山权数》记，夏禹时一连五年水灾，乃“以历山之金铸币”，用以帮助因灾卖掉子女的人赎回亲人。商汤在位一连七年旱灾，“汤以庄山之金铸币”，也用于赈灾。《竹书纪年》载：“殷商成汤二十一年大旱，铸金币。”《周礼·司市》也载：“国凶荒札（指瘟疫流行）丧，则市无征，而作布（指钱币）。”这些记载说明中国古代遇灾铸币赈灾的说法流行得相当广（这种说法是否可靠此不赘言）。说明这一点或许对于读者理解文义是必要的。

再如，对《大冶赋》个别语句的标点也有失误。如“其或用取鹿皮，制参飞钱”，这里是暗指纸币，但《考释》误断句为“其或用取，鹿皮，制参、飞钱”（27/573），这样“制参”二字就无法讲通了。

复如，“赐蠡羊仪”（13/559）讲的是四位历史人物，其中后三位《考释》讲得都很正确，但把“赐”释为“子路”是个明显的失误（或许是个疏忽）。众所周知，此处讲的是子贡，姓端木，名赐，至今被商人奉为始祖之一。“冢宰”在宋代是指宰相，《考释》却释之为“吏部尚书”；“版曹”在宋代一般都代指户部，《考释》却讲它仅代指户部左曹。这些失当也是无须多辩的。

另外，《大冶赋》中不少语句应该作注而《考释》没有作注。如，《大冶赋》有“糟丘厌酒于步兵之厨”（23/569），《考释》未作注。而《晋书》卷四九《阮籍传》载：“籍闻步兵厨营人善酿，有贮酒三百斛，乃求为步兵校尉。”此句显然使用的是这一典故。不注似较难理解。如，《大冶赋》有“南风熏而民财阜”（28/574）一句，查《孔子家语·辨乐解》载，舜弹五弦琴而歌《南风》曰：“南风之薰兮，可以解吾民之愠兮；南风之时兮，可以阜吾民之财兮。”洪氏这里显然是用的这一典故，《考释》没有注出，似有缺憾。又如，《大冶赋》有“动之斯和者，坐诸庙堂”（28/574），其中“动之斯和者”一语典出《论语·子张》子贡之语：“夫子之不可及也，犹天下之不可阶而升也。夫子之得邦家者，所谓立之斯立，道之斯行，绥之斯来，动之斯和，其生也荣，其死也哀，如之何其可及也。”这里是用“动之斯和者”来代指像孔子一样的贤人，让他们坐在朝廷上议论政事。似也以加注为宜。再如，《大冶赋》有“金工铄之则有禁，蛮舶泄之则有辟”，《考释》仅注“辟”为“罪”，似不够。应当简单介绍一下宋代的钱禁和铜禁。此不赘举。

另外，有些历史传说人物如燧昊（4/550）、黄虞（4/550）、欧冶（17/563）、离娄（21/567）、易牙（21/567）等似也应作注，而《考释》都没有作注。

《大冶赋》是一篇很难注释的文章，《考释》做了开创性的工作，功不可没。但此项工作不可能一蹴而就，必须经过许多同好的共同努力。以上提出了不成熟的看法，目的只是想将对《大冶赋》的研究进一步推向深入，所言是否得当，有望于专家学者及《考释》各作者的批评。

（原载《中国钱币》1999年第1期）

《类编皇朝大事记讲义　类编皇朝中兴大事记讲义》点校商榷

我在看我点校的《宋史全文》校样的过程中，收到了张其凡先生惠赠的《类编皇朝大事记讲义　类编皇朝中兴大事记讲义》（张其凡、白晓霞整理，上海人民出版社 2014 年 1 月第 1 版），可谓如获至宝，因为我早就听说有《类编皇朝中兴大事记讲义》一书，却无缘得见，而张其凡、白晓霞整理《类编皇朝大事记讲义》所用善本，也为我所未见，于是赶忙用它补校《宋史全文》，颇有收获。此书经整理者高水平点校，给读者、使用者提供了极大方便。但比校过程中，我却也发现张、白二先生的大作中，颇有疏误，现选其突出者，以作商榷，以求有益于此书读者、使用者。

此书第 52 页：唐太宗欲平藩镇，张和靖以为先淮蔡而后魏博。

“唐太宗”当作“唐宪宗”，“张和靖”当作“张弘靖”。见《宋史全文》卷一引。张弘靖事可参见司马光《资治通鉴》卷二三九所载。

第 57 页：我太祖犹以为前朝宰相循规矩、重名器、持帘节，无出质之右者，但欠世宗一死耳。则士君子进退，岂可少哉。

似应从《宋史全文》卷一引，校改“太祖”为“太宗”，校改“持帘节”为“持廉节”，“士君子进退，岂可少哉”语不通，亦应从前书，校改为“士君子之进退，其可轻哉”。宋太宗讲范质“欠世宗一死”云云，事见《长编》卷五、《宋史》卷二四九《范质传》。

第59页：……任之久，则君子举得以任其职。……作坊至卑贱也，而曹丕典之至十余年，皆久任而成功也。

“任其职”，《宋史全文》卷二引作“尽其职”，因前有“任”字，故此当作“尽其职”。曹丕当依《宋史全文》卷二所引作“魏丕”，魏丕典作坊事可参见《长编》卷一七、《宋史》卷二七〇《魏丕传》。

第61页：国朝之制，宰辅宣召，侍从论思，经筵留心……太宗令宰执、枢密各述送军储至灵武，合送军粮多少，举兵深入，合用兵机，何人将领……

“经筵留心”当依《宋史全文》卷一所引，作“经筵留身”，此乃宋代专用术语，指讲罢该离去时单独留下与皇帝交谈。“合用兵机”，《宋史全文》卷一引作“合用兵几何”，似较佳。

第71页：古今言阴阳者失之泥，时事未判时属阳……

“时事”，当依《宋史全文》卷二所引，校改为“公事”。参见黎靖德《朱子语类》卷七四《易》、朱鉴《文公易说》卷一〇等。

第92页：……故普慨然以天下自任，而敢于事。

“敢于事”不文，当据《宋史全文》卷三所引，校补为“敢于任事”。

第111页：……或进呈申状，或陈阅军事……

此田锡系批评宋太宗“大体有所未究”，“视事太勤、忧民太过”，而“进呈申状”“陈阅军事”均非细事，故当依古本《宋史全文》卷三所引，校改为“或进呈甲仗，或陈阅军士”。田锡《咸平集》卷一《上太宗条奏事宜》、《宋朝诸臣奏议》卷一四五田锡《上太宗条奏事宜》均作“拣阅军人”，与之意同，或“陈阅”为“拣阅”之形近误。

第113页：愚恐无夷狄之骄，亦必有宦官之过矣。

“宦官之过”语不顺。《宋史全文》卷四作“宦官之祸”，“过”为“祸”之繁体形近讹。

第 147 页：盖监司为外台，御史为内台……以内朝而出外，则不惟侵外台之权，亦无以振内台之纲也。故自太宗令转运兼按察，而后外台正，自真宗令御史正名举职，而后内朝正。

引文二“内朝”与上下文不联，查《宋史全文》卷五征引，两处均作“内台”。本段文字始终言内台、外台，作“内台”是。

第 158 页：三载考绩，岳牧皆预。岁终废置，群吏咸在。

“群吏”，《宋史全文》卷五引作“群后”，查《尚书·商书》，恰作“群后咸在”。

第 160 页：绥州之议，当以孙全照之言为是，而以洪堪之言为非。洪堪不当言城绥州。

二“洪堪”当为“洪湛”之讹，《宋史全文》卷五所引即作“洪湛”，又洪湛建议城绥州事可参见《长编》卷五〇所载。

第 161 页：……策明德之可图，料元昊之必反……

“明德”当作“德明”，即赵德明，元昊之父。《宋史全文》卷六、《资治通鉴后编》卷三二引吕中曰均不误，当据校改。

第 176 页：丁谓之奸，真宗晚年欲去之矣，寇準被酒漏言，失于不密，反有崖州之行。至是谓之烽焰愈炽，内倚宦者雷允恭、贵戚钱惟演为奸，外与曹利用、林特等为党，若拔山矣，而曾一旦去之，其几密也。故虽以计倾之，而当时公论亦不以为祸焉。

《宋史全文》卷六引此文，“至是”作“坐是”，“若拔山矣”前有“势”字，“其几密也”前有“易”字，“不以为祸”作“不以为过”，均较得当，特别是“不以为过”用于王曾尤得体。

第 189 页：自安石执政，以京官王子昭除御史……

“王子昭”当作“王子韶”，王子韶《宋史》有传，其以京官除御史事可详见《长编》卷二一〇所载。

第 203 页：然嘉祐之前，谏人主者固甚易，言大臣者亦岂难哉。仲淹以言夷简去，而彦博亦以唐介罢，介犹御史职也，仲淹乃以待制知府而敢于言大臣，则当时容养敢言之气可知矣！

引文“仲淹以言夷简去，而彦博亦以唐介罢”两句前后不接。查《宋史全文》卷七引作：“然嘉祐之前，谏人主者固甚易，言大臣者亦岂难哉。仲淹以言夷简去，而夷简亦以仲淹罢。唐介以言彦博去，而彦博亦以唐介罢。介犹御史职也，仲淹乃以待制知府，而敢于言大臣，则当时容养敢言之气可知矣。”可知，引文遗落“而夷简亦以仲淹罢。唐介以言彦博去”十五字，当据补。

第 206 页：先儒论本朝人物，以仲淹为第一……观其论上寿之议，虽晏殊有所不能晓……

“上寿之议”，当从《宋史全文》卷九引校改为“上寿之仪”。范仲淹争“上寿之仪”，详可参见《长编》卷一〇八所载。

第 211 页：唐之文体，至韩愈而古。本朝之文，至欧阳子而古。谓欧阳与今之韩愈，非溢美矣。

“谓欧阳与今之韩愈，非溢美矣”一句令人费解。《宋史全文》卷九引作“谓欧阳子今之韩愈，非溢美矣”。意思豁然明了，可知当改“与”字为“子”字。

第 212 页：漕臣王总之特授岳麓书院山长……而石鼓书院淳熙中得潘侯时而复兴……

引文前句整理者出校谓：“‘王总之’原作‘黄总之’，库本作‘王总之’，据戴扬本《北宋转运使考述》页 349，熙宁间，任荆湖南路转运使者，‘王’姓者，仅王逵一人，而无‘黄’姓者。故当作‘王总之’。”

今按：引文讲漕臣王总之特授岳麓书院山长，令人生疑，因为宋代被任命为山长者，通常是官阶较低的人，而漕臣官阶较高。查南宋前期胡宏《与秦会之书》（《五峰集》卷二）：“……长沙湘西岳麓山书院……天圣八年，漕臣黄总奏乞特授山长进士孙胄一官，当时皆从之。”南宋叶某《爱日斋丛抄》卷四所载略同。可知引文前句原是残句，如何致残及原句详情已难推知，但源于上引胡宏文应没有疑问。则担任山长的是无官人孙胄，授予的是初级官而不是山长头衔。这就合乎宋代惯例了。而“漕臣黄总”之“黄”似也不当校改为“王”。又下句“潘侯时”当从朱熹《晦庵集》卷七九《衡州石鼓书院记》及卷九三《运判宋公墓志铭》校改为“潘侯畤”，“时”为“畤”之形近讹。

第224页：然其有钱以行楮，有楮以榷钱。

“榷钱”不通，当作“权钱”，宋元文献中“榷”“权”互讹较普遍，本书库本及《宋史全文》卷七引均作“有楮以权钱”，可证。

第225页：至荆公则直取二分之息，而督之以劳……

“督之以劳”令人费解。查《宋史全文》卷九引作“督之以势”，指靠政治强势督办。则“劳”应为“势”之形近讹。

第240页：惟我仁祖减膳撤乐，旱而撤盖，雨而徒跣，其祷祈之切，至露立于坛陛，其训辞之功，至移灾于朕躬……

“其训辞之功，至移灾于朕躬”不文。查《宋史全文》卷八引作“其训辞之切，至移灾于朕躬”，语义明畅。故“功”乃“切”之形近误。

第256页：韩魏公不动声色，垂绅正笏而措天下于太山之安者，盖自庆历、嘉祐之时，可属大事，重厚如盘，其德望服人心久矣。

整理者于“重厚如盘”处出校记谓：“‘盘’原作‘勃’，不通，据库本补。”（见第261页）

今按，此处校改错误，查本书第204页载：“石介作《庆历圣德诗》曰：……琦有奇骨，可属大事，重厚如勃……”（此诗亦见于石介《徂徕先生集》）而《宋史全文》卷一〇所引亦作“重厚如勃”。勃即指汉代周勃，大约整理者偶然疏忽，竟忘了此著名典故，惜哉。

第259页：……乃欲奉以高官大爵，但如期亲等属故事，则亦非至当之论也。

“期亲等属”令人费解。查《宋史全文》卷一〇引作“期亲尊属”，意义明确，似当从之改“等”为“尊”。两字形近致误。

第269页：熙宁之初，其阴阳升降之会，与曾公亮因地震之变而进阴阳之说。

引文中“与”字令人费解，查《宋史全文》卷一〇引作“欤”，从前读，句作“熙宁之初，其阴阳升降之会欤，曾公亮因地震之变而进阴阳之说”。立通。“与”当为“欤”之残。

第318页：惠卿祖安石之意而行之，蔡京又祖章惇之意而行之，其为祸百年不止也。

引文“惠卿祖安石之意而行之”与“蔡京又祖章惇之意而行之”两句似衔接不紧，查《宋史全文》卷一二引作“惠卿祖安石之意而行之，章惇祖惠卿之意而行之，蔡京又祖章惇之意而行之，其为祸百年不止也”。可知原文遗落“章惇祖惠卿之意而行之”一句。

第325页：变熙宁之法者，乃神宗本年之悔，太皇初年之盛心，天下人心之公论也。司马光谓：“先帝之法善者，虽百世不可改者，若安石、惠卿等所建，非先帝意也，改之当如救焚拯溺。”此正孔子三年无改于父道之意也。然谓太皇以母改子，则它日章惇之徒必以子不可改父之说进者，此绍述之论所由起也。当时吕公著之言曰：“保马之法，先朝已知有司奉行之谬，市易之法，先帝尤觉其有害而无利，福建、江宁等路配卖茶盐，俱非朝廷本意，当一切罢去。则是当变之法，皆出于神宗末年之意。推此意而行之，则无绍述之患矣。”吕公著又谓：“青苗之法但罢逐年比较，则百姓自免抑勒之患。免役之法，少取宽剩之数，则无下户虚纳之患；保甲之法，只此农隙教习，则不至有妨农之患。更张之际，当须有术，不在仓卒，此以所谓在所当改而可以未改者耳！推此意而行之，则无反复之虑矣！”故曰：“熙宁之小人不可以尽去，而熙、丰之法则不可以尽变。去熙、丰之小人不可以不急，而变熙、丰之法则不容以太急。青苗、均输所可罢，而雇役之法未可以遽罢也。保马户所可罢，而保甲之法未可以遽罢也。新经字法可废，而取经义、先论策之意不可废也。”

引文中“神宗本年之悔”不文，《宋史全文》卷一三引作“神宗末年之悔”，当是。乃“本”“末”形近而讹。本书第147页亦言及“神宗末年之悔”，可为佐证。“三年无改于父道之意”《宋史全文》引作“三年无改于父道之本旨”，“章惇”《宋史全文》引作“章蔡”，应出校记说明差异。“福建、江宁等路”，北宋无江宁路，当据《宋史全文》引及《长编》卷三五七载吕公着奏改为“江南”。“宽剌之数”不文，亦当据同上引书校改为“宽剩之数”。“只此农隙教习”《宋史全文》引作“只令农隙教习”，《长编》卷三五七作“止令就冬月农隙教习”，则“只此”似改为“只令”较妥。“熙宁之小人不可以尽去”，《宋史全文》引作“熙、丰之小人不可以不尽去”，即“熙宁”作“熙、丰”，又多一“不”字。考虑到下文均言“熙、丰”，则此亦当作“熙、丰”。而照顾到行文句式，此句内应有“不”字，故应校补。“保马户所可罢”有语病，查《宋史全文》引作“保马、户马所可罢”，保马法与户马法时人经常在一起议论，此处“马”字显为转录中遗落，当校补。应顺带言及，引文标点也存在较严重问题：两次引录吕公著语的后引号位置均不当。吕公著死于元祐四年，不可能言及“绍述”，“反复”。故前段话后引应移在“当一切罢去”后。后段话后引应移在“不在仓卒”后（改此处逗号为句号）。

第326页：世率吴、蜀之民，以雇役为便，秦、晋之民，以差役为便，荆公、温公不能周知四方风俗，故荆公主雇役。然差、雇二役轻重相等，利害相半，非关于民、土地然也。盖尝推原二法之故矣，夫差役之法行，民虽有供役之劳，亦以为有田则有租，有租则有役，皆吾职当为之事，无所憾也。其所可革者，衙前之重轻耳！官物陷失，勒之出官，纲费用责之供，农民之所不堪。苟以衙前之役募而不差，农民免任，则民乐于差之法矣。至雇役之法行，民虽出役之直，而阖门安坐，可以为生生之计，亦无怨也。其可去者，宽剩之过数耳！实费之用，固所当出，额外之需，非所当诛。苟以宽之，数散而不敛，下户免需，则乐于雇之说矣！因其利而去其害，则二法皆可行也。然士大夫进用于熙宁之时，以雇为是，进用于元祐之时，以差为得，公心不立，随声是非，可叹也！善乎邵氏之言曰："苏轼、范纯仁，温公门下士，以差役为未便，章厚，荆公门下士，以雇役为未尽……"

上引"世率吴、蜀之民"令人费解，《宋史全文》卷一三引作"世率谓吴、蜀之民"，意明语顺，可知引文当补"谓"字。言"荆公、温公不能周知四方风俗"，下文却只言"荆公主雇役"，不言温公，令人生疑。查前引《宋史全文》，此下有"温公主差役"。当据补入。又《邵氏闻见录》卷一一（赵善璙《自警编》卷九引）："吴、蜀之民以雇役为便，秦、晋之民以差役为便，荆公与司马温公……不能周知四方风俗，故荆公主雇役，温公主差役……"可为佐证。引文"非关于民、土地然也"一句不畅，前引《宋史全文》作"非关于风土然也"，与前文呼应，差强。"其所可革者，衙前之重轻耳"，前引《宋史全文》作"其所可革者，衙门之重役耳"，即"衙前"作"衙门"，"重轻"作"重役"。二相比较，"衙前"胜于"衙门"，"重役"胜于"重轻"，句似应作"其所可革者，衙前之重役耳"。引文"宽剩之过数"，前引《宋史全文》作"宽剩之过敷"，"敷"者，摊派也。"过敷"义也胜于"过数"，至少应出校说明。引文"苟以宽之，数散而不敛"令人费解。前引《宋史全文》作"苟以宽剩之数散而不敛"，语意顿明。因原书遗一"剩"字导致整理者断句有误，当补入。引文中"章厚"即章惇（字子厚），称"章厚"不合宋人习惯。前引《宋史全文》或作“章惇”，或作“章子厚”，以补“子”为宜。应顺带言及，引文“官物陷失，勒之出官，纲费用责之供”标点失当。似应标点作“官物陷失勒之出，官纲费用责之供”。

第328页：……则靖康岂止如后日而始见哉？

整理者有校记谓：“后日而始见　原作‘如今日之’，据库本改。”

今考元本（中华善本再造本）及台湾文海出版社影印本《宋史全文》卷一三引此均作“……靖康之祸岂止如今日之所观哉”。库本同书卷一三上引作“……靖康之祸岂止如今日之所叹（‘叹’似为‘观’之形近讹）哉”。即与《大事记》明本接近，故校改有武断之嫌。又“靖康”后均有“之祸”二字。而库本元陈栎《历代通略》卷三引吕中曰：“熙丰、绍圣之间，无元祐数年之润泽，其祸不待宣靖而后见矣。”语意略同，而文字差异稍大，也言“祸”。似补入“之祸”为妥。

第335页：居言路十年，充养备至。……立言洒落，近而易知，扣之则无穷，扣之则愈新也。人随其所见者不一，而不知先生道积于中，固纯乎而弗杂也。尝究极先生所以用力之地，谓心不可以一事留，学不可以一善止。有适有莫，戒其非天地之全，客气未消，防其非义理之胜。去新学之支离，非释氏之不相联属，志学者先立标準，斥记诵者之玩物丧志。游其门者，如群饮于洛，各充其量。故得先生之教者，如显道之诚笃，公掞之端厚。得先生之和者，如惇夫之安恬，中立之简易。随其所得，固已自足名世矣。

“居言路十年”整理者有校记谓：“‘言路’原作‘洛’，据库本改。”

今按：程颢熙宁二年八月破格被任为监察御史里行，三年四月被罢，出任监西京竹木务。直至熙宁十年五月，差遣未变。元丰二年正月，改任判武学，随以“趋向僻异”罢。元丰八年五月，任宗正寺丞，六月去世。所以，程颢没有“居言路十年”，而确是“居洛十年”。考《宋史全文》卷一二下亦为“居洛十年”。所校可谓改正确为错误，令人遗憾。又引文“扣之则愈新”，库本吕中《宋大事记讲义》卷一八作“出之则愈新也”，诸本《宋史全文》卷一二所引均同。《延祐四明志》卷五载臧格称赞程颢语亦作：“扣之则无穷，出之则愈新。”可知，应校改“扣”为“出”。“戒其非天地之全”，“防其非义理之胜”，《宋史全文》分别引作“戒非其天地之全”，“防其为义理之胜”，似应出校说明其差异。又“志学者先立标准”，“志”字诸本《宋史全文》均引作“忌”，《延祐四明志》卷五载臧格称赞程颢语亦同，另朱熹《二程外书》卷一二：“宗丞先生（程颢）谓伯温曰：为学忌先立标准。”可知“志”字当校改为“忌”。“如群饮于洛”，诸本《宋史全文》所引同，然库本吕中《宋大事记讲义》卷一八作“群饮于酪”。朱熹《伊洛渊源录》卷二、《二程文集》卷一二《明道先生行状》及王应麟《困学纪闻》卷一〇等均作“群饮于河”。“惇夫之安恬”，“惇夫”，诸本《宋史全文》均引作“淳夫”。考引文中“显道”指谢良佐（字显道），“公掞”指朱光庭（字公掞），“淳夫”指范祖禹（字淳夫，夫又作父、甫），“中立”指杨时（字中立），均为程颢学生。可知应改“惇夫”为“淳夫”。

第 338 页：人主之学，非徒涉书史而已。凡宫闱之中，九重之邃，无非学也。

诸本《宋史全文》卷一三引作：“人主之学，非徒涉书史而已。凡起居动作之间，无非学也。讲学之地，非徒曰经筵而已，凡宫闱之中，九重之邃，无非学也。”二相比较，引文遗落“凡起居动作之间，无非学也。讲学之地，非徒曰经筵而已”22 字，当据补，或出校说明。

第 366 页：［曾］布在熙宁之时，则附会安石、惠卿之议。至绍圣之时，乃诡请荐陈瓘、黄庭坚辈，又请毋毁光、公著碑。

今按，引文中“黄庭坚”应校改作“张庭坚”，《宋史全文》卷一四所引即作“张庭坚”，另《九朝编年备要》卷二六：曾布“荐陈瓘、张庭坚，又请毋毁司马光、吕公著碑”。《宋史》卷四七一《奸臣·曾布传》：“诡情饰过，荐引彭汝砺、陈瓘、张庭坚等，乞正所夺司马光、吕公著赠谥，勿毁墓仆碑。”可为佐证。

第 368 页：当元符末年，许人上书矣，未及一年，则籍元符上书姓名；当崇宁五年，因彗星而求直言矣。韩忠彦以一君子而对众小人，虽柔懦不能大有所为，然观其乞罢编类局，使其志得行，亦不至于召靖康之祸也。

细读引文，不难发现：“当元符末年……”与“当崇宁五年……”两句句式本应相同，现在却不同，且“当崇宁五年……”一句有意思不完整之感。查《宋史全文》卷一四相应文字作：“当元符末年，许人上书矣。未及一年，则籍元符上书班名。当崇宁五年，因彗星而求直言矣，未及一年，则论崇宁五年上书人罪。其迷国误朝一至于此。韩忠彦以一君子而对众小人，虽柔懦不能大有所为，然观其乞罢编类局，使其志得行，亦不至于召靖康之祸也。”可知引文遗落“未及一年，则论崇宁五年上书人罪。其迷国误朝一至于此”23 字，当补入。

第 386 页：师道方逞坚守，不战以困虏。

引文中“方逞”不文，查库本作“方请”，《宋史全文》卷一五引作“师道方请坚守，不战以老虏师”，似可据以改“逞”为“请”。

第 454 页：开府之初，宗泽自磁州至。王龄自潞州至，梁扬祖自信德府至，张浚、杨沂中皆已在麾下。

“潞州”，整理者出校谓：“‘潞’原作‘路’，据四卷本、八卷本改。”

宋陈均《九朝编年备要》卷三〇有文字与引文近似：“知磁州宗泽兵三千人，知潞州王麟兵一千，知德信府梁扬祖兵几万人、马千匹，张俊、苗傅、杨沂中、田师中皆在麾下。”两相比照，有两处差异值得注意：一是“王龄”作“王麟”，二是“张浚”作“张俊”。再查李心传《建炎以来系年要录》卷七建炎元年秋七月甲午条载：“先是，直宝文阁、知洺州王麟自将勤王兵千人至大名，既而以母老求去，上疑其有异志，然卒遣之。”宋徐梦莘《三朝北盟会编》卷七三靖康元年十二月二十四日条载：“知洺州王麟以兵至北京。王麟自将一千人至元帅府，自陈母老无兼侍，又以疾谒告，乞还守洺州。王语僚属曰：‘麟有异志耶。’卒许其归，以麟所部兵拨隶副元帅宗泽。”又查北宋末、南宋初投奔赵构者，除引文外，并无“王龄”其人。可知“王龄”乃“王麟”之讹，“潞州”乃“洺州”之讹。与杨沂中并列者应是武臣，故引文“张浚”应依《九朝编年备要》作“张俊”。

第 455 页：崇观以来，蔡京倡“丰亨豫大”之说，王黼开应奉享上之门，朱勔以花石纲结怨东南，李彦以括田结怨西北，童贯、谭稹等之用兵，孟昌龄父子河、湟之役，不仁之惑极矣。

今按，孟昌龄父子是北宋后期知名度颇高的人物，不过不是因为他们立功河、湟，而是因为他们的治理黄河工程（河防之役）。《宋史》卷四七二《奸臣传·蔡京》：蔡京“任孟昌龄为都水使者，凿大伾三山，创天成、圣功二桥，大兴工役无虑四十万，两河之民愁困不聊生，而京僩然自以为稷、契、周、召也”。《宋史》卷九三《河渠志·黄河》载：“靖康元年二月乙卯，御史中丞许翰言：‘保和殿大学士孟昌龄、延康殿学士孟扬、龙图阁直学士孟揆，父子相继，领职二十年，过恶山积，妄设堤防之功，多张稍桩之数，穷竭民力，聚敛金帛，交结权要，内侍王仍为之奥主，超付名位，不知纪极。大河浮桥岁一造舟，京西之民犹惮其役。而昌龄首建三山之策，回大河之势，顿取百年浮桥之费，仅为数岁行路之观，漂没生灵无虑万计，近辅郡县萧然破残。所辟官吏，计金叙绩，富商大贾争注名牒，身不在公，遥分爵赏。每兴一役，干没无数。省部、御史莫能钩考。陛下方将澄清朝著，建立事功，不先诛窜昌龄父子，无以昭示天下。望籍其奸赃，以正典刑。’诏并落职，昌龄在外宫观，扬依旧权领都水监职事，揆候措置桥船毕取旨。翰复请钩考簿书，发其奸赃，乃诏昌龄与中大夫，扬、揆与中奉大夫。”（事另见《宋会要辑稿》职官六九之二〇、宋许翰《襄陵文集》卷五《因时立政疏》）又《宋史》卷二三《钦宗本纪》载：“[靖康元年夏四月癸丑] 诏开经筵，令吏部稽考庶官，凡由杨戬、李彦之公田，王黼、朱勔之应奉，童贯西北之师，孟昌龄河防之役，夔、蜀、湖南之开疆……所得爵赏悉夺之。”据此，“孟昌龄父子河、湟之役”当校改为“孟昌龄父子河防之役”，否则会误导读者。

第 462 页：陷郑州，通判郑伯振死。

今按，“郑伯振”，《宋史》卷二五《高宗纪》、卷四五三《忠义传》，《系年要录》卷一二，《宋史全文》卷一六等均作“赵伯振”。下页“郭伯振”，应亦为“赵伯振”之讹。

第 463 页：如西京之孙昭远、同州之郑骧、维州之韩浩、颍川府之孙默、秦州之李积、淮宁府之向子应、相州之赵不试、大名府之郭永、濮州之杨粹中、开宁府之杨隶……长安之……曹谓……

引文中“维州”应从本书前页作“潍州”，参见《宋史》卷八五《地理志》。宋无“颍川府”，当从《宋史》卷二五《高宗纪》、《系年要录》卷一二、《续宋编年资治通鉴》卷一校改为“颍昌府”。“向子应”“杨隶”“曹谓”，亦应从前引各书及本书前页分别校改为“向子韶”“王棣”“曾谓”，前后两页竟有如此差误，足见整理者之仓促。

第 481 页：自宣和末，群盗蜂起。至是（建炎元年七月），祝友将邝忠闰、王存之徒，皆招安赴行在。

“邝忠闰”不见他处有载，“王存”非祝友下属，当有误。查

《系年要录》卷七建炎元年七月作“自宣和末，群盗蜂起。至是，祝靖、薛广、党忠、阎瑾、王存之徒皆招安赴行在”。似应出校说明。

第 481 页：丁顺等皆赴河北招抚司，自纠盗数万，袭常州，犯镇江，光世讨平之。

本书于“纠”下出校谓：“‘纠’四卷本作‘绞’，八卷本作‘绛’。”

今按，此言丁顺等既赴河北招抚司，又自纠盗数万闹事，前后矛盾。“自纠”，《皇宋中兴两朝圣政》卷二、《系年要录》卷七、《宋史全文》卷一六及李纲《梁溪集》卷一七九《建炎时政记中》均作“自效”，且从上读。则“袭常州，犯镇江”实与“丁顺等”无关。

第 481 页：盗杨郊犯处州……张用据淮阳军，赵延寿犯德安军。

“杨郊”，他处不见载。《系年要录》卷二五注引《中兴圣政大事记》、《宋史全文》卷一七注引《大事记》均作“杨勍”。《宋史》卷二六《高宗纪》、《系年要录》卷三三也记建炎四年六月，杨勍犯处州。此“杨郊”显为“杨勍”之讹。“淮阳军”，《系年要录》卷二五注引《中兴圣政大事记》、《宋史全文》卷一七注引《大事记》均作“桂阳军”。然《宋史》卷二六《高宗纪》、《系年要录》卷三五均记建炎四年七月“张用据汉阳军”。从张用行迹看，他主要活动于长江沿岸，故“汉阳军”近是。“德安军”，《宋史》卷二六《高宗纪》、《系年要录》卷三七均载建炎四年九月，赵延寿“犯德安府”。作“德安府”似是。

第 491 页：宣和末……是时，给事许世衡、左司员外郎吴给、殿中侍御史马伸皆号得［程］颐之学也。

熟悉宋代理学者可知，程颐学生中无“许世衡”而有“许景衡”，查宋李心传《建炎以来系年要录》卷八建炎元年八月壬申：

“宣和末……是时，给事中许景衡、左司员外郎吴给、殿中侍御史马伸皆号得［程］颐之学。”《宋史全文》卷一六所载全同。可知引文中“许世衡”为“许景衡”之讹。

第494页：十一月，窜李纲……以张浚论纲不已也。浚重论……且及于捐金帛以资张俊之妄费。……明年冬，中丞王绹劾纲：靖康中兴兵劫寨，结兵伏阙，两河师太原。凡二罪，请窜之岭海。

引文讲李纲“结兵伏阙”，这在宋代是不可赦之大逆之罪，李纲也并无“结兵伏阙”之事。查《建炎以来系年要录》卷一八、《宋史全文》卷一六等所载，王绹弹劾李纲者为“结众伏阙”，显然，原书误“众”为“兵”。“两河师太原”，令人费解。查上引两书，为“覆师太原”，显然，“两河”乃“覆”之讹。又王绹所言，分明是三事，上引两书即均作“三事”，“二”应为“三”之残讹。又引文前有“捐金帛以资张俊之妄费”，《建炎以来系年要录》卷一〇作“捐金帛以资张所、傅亮之妄费”，库本宋刘时举《续宋编年资治通鉴》卷一作“捐金帛以资张政、传亮之费”，考虑到张浚与张俊关系并不好，引文“张俊”似为“张所”之讹。

第499页：仍诏後族勿除从官……况待後家，又不敢与宣和皇後家等……然抑後家之私易……故高宗待後家，不与宣和皇后家等。

毋庸多言，引文中的“後族”“後家”，都应作“后族”“后家”。这种失误应是整理者过于粗疏所致。

第500—501页：谷粟之有税，米有义仓，有和籴，有斗而加耗之输焉，是谷粟之征，亦三也。……故自绍兴十年讲解后，岁时发车，弊出北门，中国无扰。

今按，引文首句标点有误，应作“谷粟之有税米，有义仓，有和籴……”下文“有斗而加耗之输”令人不解。查李心传《建炎以来朝野杂记》甲集卷一五《身丁钱》作“有斗面加耗之输”，语意豁然明了。下文“岁时发车，弊出北门”又令人不解。查张耒《柯山集》卷四〇《送李端叔赴定州序》：“有司如故事，岁时发币车马出门而北，顾无事矣。”（又见《宋文鉴》卷九一）上引疑应作“岁时发币车出北门”，指给金朝输送币，语意释然。

第506页：绍兴五年，置总管司，命孟庾兼领之。……既又请收耆、户长雇钱，抵当四分息钱。转运司移用钱，勘合朱墨钱，常平司七分钱，人户合零就整。二税钱免役一分，宽剩钱官户不减半，民户增三分役钱。常平司五文头子钱……

引文“总管司”当作“总制司”。“总管”宋代为统帅军队的官职，而“总制司”乃理财机构，下文所言乃“总制钱”窠名。下文因整理者不熟悉这些窠名，故标点有误。似应标点为：“既又请收耆、户长雇钱，抵当四分息钱，转运司移用钱，勘合朱墨钱，常平司七分钱，人户合零就整二税钱，免役一分宽剩钱，官户不减半、民户增三分役钱，常平司五文头子钱……”

第509页：仿政和都茶堪法，印给茶引，使商人即园户市之。每斤不过征一钱，住征一钱，有半置合同场，以试其出入。

引文多处令人费解。首先“都茶堪法”，其次“不过征一钱”，再次“有半置合同场”，最后“试其出入”。查《建炎以来系年要录》卷一八、《续宋编年资治通鉴》卷一、《宋史全文》卷一六相应处均作“都茶场法”，“所过征一钱”，“住征一钱有半”，“以讥其出入”。显然，“堪”为“场”之讹，“不”为“所”之讹，“试”为“讥”之讹，另有一处断句有误。

第516页：洎至江下，观湖中官供帐，赫然遮道。……承平故事，称制须二人同坐，胜非乞许独对论机事，贼亦不疑。

引文前句，《建炎以来系年要录》卷二一、《宋史全文》卷一七、《宋史》卷四六九《宦官传》均作“比至杭州江下观潮，中官供帐赫然遮道”，可知“湖”乃“潮”之残误，引文因字误导致标点随误。下文“称制须二人同坐”，据文意，当指小皇帝与太后同坐，然与下文不联，查上引书，乃作“母后垂帘须二人同对”，《中兴小纪（历）》卷五则作“母后称制须二人同对”，即讲因太后为女性，不方便与一位大臣单独会见，故须同时见二位。如此上下文即彼此呼应了。引文“坐”乃“对”之讹。

第 520 页：黄应和以监车诬奏边将矣……

今按，《历代名臣奏议》卷四七胡安国《时政论》此句作：“黄德和以监军诬奏边将矣……”即“黄应和”作“黄德和”，“监车”作“监军”。黄德和以监军身份诬奏刘平事（今人对此有不同看法），文献多有记载，如李焘《续资治通鉴长编》记述颇详，此不赘引，均可说明应改“黄应和”为“黄德和”，“监车”为“监军”。另同页“政和后，始有御笔持断刑名”，李心传《建炎以来朝野杂记》甲集卷四《绍兴乾道淳熙庆元敕令格式》、佚名《续两朝纲目备要》卷五均作：“政和后，始有御笔特断刑名”，即“持”字当为“特”字残讹。

第 524 页：不置官长，以左右仆射兼内省侍郎。

宋代无“内省侍郎”之称。查《建炎以来系年要录》卷二二、《续资治通鉴长编》卷五三、《宋史全文》卷一七等处，均作以左右仆射兼两省侍郎，则此“内”实为“两”之残讹。

第 528 页：……死则恤其妻孥帑……降敌则族其家……诱以犒设瞻军……陛下戴黄屋，建幄殿，驾明辇，出房，雉尾金炉，夹侍两阶，仗马街，分议式引……

引文为转引胡寅语，所引胡胡寅语又见于《建炎以来系年要录》卷二七、《三朝北盟会编》卷一五二、胡寅《斐然集》卷一六《上皇帝万言书》等处。两相比对，可知“恤其妻孥”后之“帑”字为衍文，“族其家”当作“戮其族”。“犒设瞻军”之“瞻”当作“赡”。上引文“……驾明辇，出房，雉尾金炉，夹侍两阶，仗马街，分议式引……”实令人费解，而上引书此句作“陛下戴黄屋，建幄殿，质明辇出房，雉尾金炉夹侍两陛，仗马卫兵，俨分仪式……”可知“驾”为“质”之讹，“阶”为“陛”之讹，“街分”为“卫兵”之讹，“议式引”当作“俨分仪式”。改正错讹，语意顿明。

第 528 页：浚与刘子羽谋，夜锁吏于浚府中，使作文书，皆称伪遣浚以千人渡江，若捕他盗者，因召浚、范琼、刘光世赴都堂计事。浚将其众甲以来……

引文几次言及张浚带兵事，张浚是文臣，尽管任武职，然一般不亲自带兵。查《建炎以来系年要录》卷二五、《中兴小纪（历）》卷六、宋李幼武《宋名臣言行录》别集下卷三《张浚》等，拟率“千人渡江”者，与范琼、刘光世一起被召者，“将其众甲以来”者，均是张俊，而非张浚。故三处“张浚”均应校改为“张俊”。又引文“皆称伪遣”不文，“皆称”据上引书当作“皆备”，从上读，即“使作文书皆备，伪遣张俊……”“张浚”“张俊”用同时人，“浚”“俊”又字形相近，极易致误，故须仔细分辨。本书中多有错用，恕不一一析辨。

第 530 页：通判杨邦义独不降……陷潭州，守臣向子禋遁。

“杨邦义”，据《宋史》卷二五，《高宗本纪》四四七《忠义传》，《建炎以来系年要录》卷二九、一五七等，应作“杨邦乂”。“向子禋”，据《宋史》卷三七七《向子諲传》、《建炎以来系年要录》卷三一等，应作“向子諲”。

第 533 页：失豫，则太母播越，六宫流离者，光世使之也。

“失豫”令人不解。查《建炎以来系年要录》卷三一、《宋史全文》卷一七、《三朝北盟会编》卷一三六均作“失豫章”。豫章，指隆兴府（南昌），故当据补“章”字。

第 537 页：冯长宁以淮宁而降于刘豫之齐……沿江分三路，置安抚大使……一置司鄂州，以岳、筠、袁、庆、吉、南安隶之。

今按，《建炎以来系年要录》卷三八、《宋史》卷二六《高宗本纪》均载，建炎四年冬十月，冯长宁“以淮宁附于刘豫”。则引文中“准宁”当为“淮宁”。宋代庆州在极北，不应隶鄂州，《建炎以来系年要录》卷三三、《中兴小纪（历）》卷八、《宋史》卷八八《地理志》均作“虔州”，“虔”“庆”形近致误。下页“衡、水、道、郴”中的“水”显为“永”之讹，或许为失校所致，不赘辨。

第567页：……虏全装陷泥淖中，遂擒挞辣也。

整理者有校记谓：“辣　原阙，据四卷本、八卷本补。”

今按：此校补错误。此处被擒者，《建炎以来系年要录》卷八一作“挞不也”，注文引赵雄《世忠神道碑》作“挞孛耶”。古本《宋史全文》卷一九作“挞也”，《三朝北盟会编》卷二一七作“挞孛耶”，《宋史》卷三六四《韩世忠传》作“挞孛也”。显然，此处应补的字是“孛”，“也”字下应加专名线。

第570页：是岁，四川收钱物总三十六千余万缗，支四千六十万缗，以宣补司趱剩钱补其处。……于大军岁计，涨一百六十一万。

引文中“三十六千余万缗”即三亿六千余万缗，数太大，远远超过全宋岁收入钱数，显有误。宋代又无“宣补司”之官司名。查《建炎以来系年要录》卷九五载：“是岁也，四川收钱物总三千六十余万缗，支四千六十余万缗，以宣抚司趱剩钱补其阙。”两相比对，“三十六千余万缗”实应为“三千六十余万缗”，“宣补司”应为“宣抚司”，“补其处”则应为“补其阙”。下文“涨一百六十一万”，此种表述，实所罕见，查同上书卷一一一作“于大军岁计，阙一百六十一万”，则“涨”实为“阙”之讹。当然，仅凭孤证改动原文或嫌武断，但出校记作说明是必要的。

第584页：赵开行隔糟法……自后累益增加，至五十万八千余缗，而外色及民户坊场又为三十九万余缗。于是隔糟之法坏，而都郡皆变为官监矣。

引文中两次言及“隔糟”，实应改为“隔槽”。其法因“听民就务分槽酝制”而得名，故不能作“隔糟”。引文“五十万八千余缗”，《建炎以来系年要录》卷一二四、《宋史》卷一八五《食货志·酒》、《文献通考》卷一七《征榷考·榷酤》均作“五十四万八千余缗”，此遗“四”字。“外色”不文，上引书均作“外邑”。“色”乃“邑”形近讹。宋无“都郡”，上引书均作“诸郡”，“都”“诸”也属形近讹。

第584页：三月，林季冲罢……季冲尝奏曰……

今按：“林季冲”似惟见于此，《宋史》卷三六〇《赵鼎传》，《中兴小纪（历）》卷八、卷二二，《宋史全文》卷一九、《三朝北盟会编》卷一八九及《建炎以来系年要录》各卷均作“林季仲”，应或校改，或出校说明。

第585页：今銮舆顺动，而天将五列。

引文“天将五列”在宋元文献中罕见。《宋史全文》卷二〇、《宋名臣言行录》别集一三《王庶》均作“大将互列”，则“天”似为“大”之讹，“五”似为“互”之讹。

第587页：密院编修赵雍亦奏疏极谏，著作胡理、司勋朱松、著作张广陵、景夏，正字常明、范如圭同上书……

今按，《建炎以来系年要录》卷一二四绍兴八年十有二月：“丙寅……枢密院编修官赵雍上书曰……癸酉……秘书省著作郎胡珵，尚书司勋员外郎兼史馆校勘朱松，秘书省著作佐郎张广、凌景夏……上书曰……”注引吕中《大事记》：“人心公议终不可遏，争之者，台谏则张戒、常同……侍从则梁汝嘉、苏符……郎官则胡珵、朱松、张广、凌景夏……”《宋史全文》卷二〇引《大事记》略同。另可参元吴师道《敬乡录》卷五。可知引文“胡理”乃“胡珵”之讹。因误“凌”为“陵”，致标点失误，“张广陵、景夏”应改作“张广（按‘张广’实为‘张扩’，因避宋讳而改）、凌景夏”。本书第595页：“戊午和议，争之者，台谏则张戒、常同……侍从则梁汝嘉、苏符……郎官则胡埕、朱松、张广陵、景夏……”据前，其中“胡埕”应作“胡理”，“张广陵、景夏”亦应改作“张广、凌景夏”。又本书第557页“陵景夏”亦应改为“凌景夏”，不赘言。

第588页：正字王应辰疏曰：“……今且肆赦中外，厚赍士卒……夫事是而葳之……”

引文中“王应辰”，《建炎以来系年要录》卷一二五、《宋史全文》卷二〇、《三朝北盟会编》卷一九二均作“汪应辰”，汪应辰在当时颇知名，不应误为“王应辰”。“厚赍”不文，据同上书可知，实乃“厚赉”之讹。又据上引前二书，“葳之”应作“臧之”，后一书作“咸宜”，亦通。

第589页：知广州连南夫疏：“……方且许还河南之地，许还圣躬……”

引文言及“许还圣躬”，“圣躬”通常指皇帝本人，此时应指宋高宗本人，如何“还”？令人生疑。查《建炎以来系年要录》卷一二五、《三朝北盟会编》卷一九二均作“许还梓宫”，即归还宋徽宗遗体及棺椁，此处“圣躬”为“梓宫”之讹。

第590页：武臣成希竦干张浚之策已言之……

“成希竦”，《建炎以来系年要录》卷一三一、熊克《中兴小纪（历）》卷一九均作“成希靖”，应出校说明。

第598页：闰六月，张俊遣张宪复宿州。……张应、韩清复两京、汝州、永安军。

引文讲张俊派遣张宪收复宿州，然而张宪是岳飞部将，照理张俊不该给张宪下命令。查《建炎以来系年要录》卷一三六、《宋史全文》卷二〇等均记王德收复宿州，王德此时是张俊部将。《宋史》卷三六八《王德传》载：“[张]俊檄德就取宿州。”可知应是张俊遣王德复宿州。当然，我们不宜替古人改错，但出校记说明却可避免误导读者。下文讲“张应、韩清复两京”，也不符事实，因此次并未收复东京。查《建炎以来系年要录》卷一三七、《宋史全文》卷二〇均载张应、韩清收复的是“西京”，显然，“两”是“西”的形近讹。

第600页：十二月，魏良臣偕虏使来议和，许以淮水为界，岁币良帛各二十五万匹两。又欲割唐、邓二州，故遣萧毅、邢其瞻来。

“良帛”，文献罕用。“各”字意不明。查本书下文“今岁币银、帛各二十五万匹两”，又李心传《建炎以来系年要录》卷一四二记此事谓：“［十一月辛丑］是日，金国都元帅宗弼遣魏良臣等还，许以淮水为界，岁币银帛各二十五万匹两。”《宋史全文》卷二一略同。可知“良帛”乃“银帛”之讹。下文“邢其瞻”，上引二书及《中兴小纪（历）》卷二九，《宋史》卷二四三《后妃传》、卷三八〇《何铸传》等均作“邢具瞻”，则“其”乃“具”之近讹。

第601页：李世辅不顾其亲来归，乌珠畏避其忠勇，乃置之敌籍，而中原豪杰之心失矣。

引文中“乌珠”乃清人所用，当回改为“兀术”。“置之敌籍”，令人费解。《宋史全文》卷二一引、《建炎以来系年要录》卷一四六注引吕中《大事记》均作“置之谪籍”，指贬逐李世辅（李显忠）不用。故当校改“敌”为“谪”。引文所在段落另有五“敌”字，元本、文海本《宋史全文》均引作“虏”，应是清人所改，亦应回改。

第605页：李若、何彦猷以辨其（岳飞）非辜而罢。士㒟以百口保任而幽之闽。

《宋史》卷四七四《奸臣传·万俟卨》：“大理卿薛仁辅、寺丞李若朴何彦猷言飞无罪，卨劾之。知宗正寺士㒟请以百口保飞，卨又劾之，士㒟窜死建州。”宋刘时举《续宋编年资治通鉴》卷五：“大理卿薛仁辅及李若朴、何彦猷等皆以飞为无罪，卨俱劾罢之。宗正寺士㒟请以百口保飞，卨劾之，死于建州。”其他如《建炎以来系年要录》《宋史全文》等所载略同。据此，“李若”应作“李若朴”。又“幽于闤”，查宋代既无闤州，亦无闤县，上引诸书均载赵士㒟被贬建州，后死于建州。又宋徐梦莘《三朝北盟会编》卷二〇六：“飞坐大理狱，判宗正司士㒟作文字欲解救之，不密漏其语，或闻之以告［秦］桧，令台官言士㒟有不轨心，责建州拘管，死于建州。”则“幽于闤”疑应作“幽于建”。

第 610 页：上……曰：“朕观人主欲消除释、老之教，或毁其徒，皆不适中……”十七年八月……上曰：“今田巢多荒……”

“毁其徒”，“田巢多荒”不文。前句《建炎以来系年要录》卷一四五、《中兴小纪（历）》卷三〇、佚名《群书会元截江网》卷三四等均作：“朕观人主欲消除释、老二教，或毁其像，或废其徒，皆不适中……”可知此处遗落“像或废其”四字。后句《建炎以来系年要录》卷一七七、《宋史全文》卷二二均作“今田业多荒……”，则“巢”为“业”之讹。另二书均系时绍兴二十七年八月，疑“十七年”前遗落“二”字。

第 611 页：胡舜跻病死。吕源以书抵桧，云舜跻非笑朝廷。

引文中二“胡舜跻”均当作“胡舜陟”。吕源伙同秦桧迫害胡舜陟致死事，可参《宋史》卷三七八《胡舜陟传》、《建炎以来系要录》卷一四七和卷一四八、《中兴小纪（历）》卷三一、《宋史》卷二〇〇《刑法志》等处记载，此不赘引。

第 613 页：赵葵奏曰：……

“赵葵”，《系年要录》卷一五一、《全文》卷二一、《通考》卷五《田赋考》均作“周葵”。

第 616 页：然当时胡五峰移书阏曰：“……窃自计曰：‘……斯人其不来。及见，请大学之表。’不意阁下有斯请而有斯言。……太母，天下之母，绎乃在夷狄之君……”

引文中“及见，请大学之表”令人费解。查宋胡宏《五峰集》卷二《与高抑崇书》作“及见请行幸太学之表”。《建炎以来系年要录》卷一五一、《宋史全文》卷二一均作“及见请视太学之表”。可知，“见”字后逗号应删，“请”字后应补“行幸”或“视”，意为“等到看到高闶请宋高宗行幸太学的表章”。据文意，标点也需调整，单引号应移至“斯人其不来”后。下文“太母，天下之母，绎乃在夷狄之君……”也令人不解。查胡宏《与高抑崇书》乃作“太母，天下之母，其纵释乃惟虏人之命”，《建炎以来系年要录》卷一五一、《宋史全文》卷二一则作“太母，天下之母，其纵释乃在夷狄之君……”据此，“绎”当为“纵释”之讹。

第626页：范仲以诸侯、卿大夫之孝书于资善堂之地……上曰：“方今兵革既息，饮恤庶狱，是为急务。”……淮南永平一路，上供内职䌷绢九十万疋有奇……

“范仲”当作“范冲”。范冲在资善堂《孝经图》后书写所撰文字事见《建炎以来系年要录》卷九〇、《宋史全文》卷一九。“饮恤庶狱”不文，《续宋编年资治通鉴》卷五作“钦恤庶狱”，《建炎以来系年要录》卷一五一、《宋史全文》卷二一作“钦慎庶狱”，“饮”当为“钦”之形近讹。“淮南永平一路”不文，“内职”令人费解，《建炎以来系年要录》卷一五载：“淮南平时一路上供内藏䌷绢九十万匹有奇”，则“淮南永平一路”当作“淮南平时一路”，“内职”当作“内藏”。当然，此乃孤证，可不改原文，但出校说明，有利读者。

第629页：太公以军旅制园法，而不以治安制园法。

此段文字是在议论钱币，而“园法”与钱币无关。此段文字不见他书征引，我们也无从知晓《类编皇朝中兴大事记讲义》各版本此处是否都是“园法”，然而熟悉经济史、货币史者都知道姜太公“九府圜法”之事，引文二“园法”显然均应作“圜法”。如认为改字武断，至少也应出校记说明。

第634页：置欧宁社仓。自范汝为窃发于欧宁，朝廷讨平之……魏掞之既行之于欧宁……

查本书目录有“一七五　置瓯宁社仓”（第409页）其中“瓯宁”上引文（连同小标题）却一律作“欧宁”，显有误。李心传《建炎以来系年要录》卷一六一、《中兴小纪（历）》卷三四均记作“瓯宁”，《宋史》卷八九《地理志》也记建州有“瓯宁县”，故应改“欧宁”为“瓯宁”。

第641页：自萬俟卨罢……

“万俟”为复姓，不当作“萬俟”。本书第644页三“萬俟”、第650页三“萬俟”、第817页一“萬俟”，亦当改作“万俟”。

第643页：桧阴结内侍及医师王继先，闯微旨动静，必具知之。

“闯微旨动静”不文。《三朝北盟会编》卷二二〇句作“桧阴结内侍及医师王继先，窥微旨动静，必具知之”。《建炎以来系年要录》卷一六九句作：“桧阴结内侍及医师王继先，伺微旨动静，必具知之。”《宋史》卷四七三《奸臣传·秦桧》作：“阴结内侍及医师王继先，伺上动静。”“窥”“伺”义近，则“闯微旨动静”当作“窥微旨动静”。第654页同此，不另辨。

第645页：章子厚虽去位，而韩忠彦、鲁存、李清臣杂用……

“鲁存”，史籍中他处不见此人。《宋史全文》引“吕中曰”“大事记”“讲议”文字找不到与此相同者，唯卷二二有一句略近似的话：“章惇虽去位，而所任曾布、李清臣之徒即惇之党也。”《建炎以来系年要录》卷一七二注引吕中《大事记》全同。故可推断，“鲁存”很可能是“曾布”之形近讹。

第648页：七月，复命令经两省之法，周麟言之也。

“周麟”当作“周麟之”，即引文遗落“之”字，参见《建炎以来系年要录》卷一七七、《续宋编年资治通鉴》卷六。

第649页：汪辙言：“《春秋》隐公时……”

“汪辙”当作“汪澈”。参见《宋史》卷三八四《汪澈传》、

《建炎以来系年要录》卷一八八、《宋史全文》卷二三、《续宋编年资治通鉴》卷七等。

第656页：二十八年，敌将叛盟……二十九年，黄中使回，言敌已治汴京……敌已定寇江之计……惟黄中以为："庙廷与敌通好……二公既决亲征之议，于是金将喀齐喀至渭河……倒伐矣……女真虽横而罗索死于兵，尼堪死于谗，达兰、乌实、萨拉噶之徒相继诛夷，亶方被弑，亮又送死，而阿固达之子孙殆尽，是人不能报中国之雠，而天能报之也。"

引文中被清人纂改的文字未能回改，应依元本、文海影印本《宋史全文》卷二三所引，将引文中六"敌"字都改为"虏"字，改"金将喀齐喀"为"虏酋合喜"，改"罗索"为"娄宿"，改"尼堪"为"粘罕"，改"达兰、乌实、萨拉噶"为"达懒、兀室、撒离曷"，改"阿固达"为"阿骨打"。本书整理者将大部分清人纂改文字都做了回改，但遗漏颇多，特别是从库本书辑入的文字，此为较突出者，余不一一列出。

第661页：虏将刘鄂引众犯襄阳，吴珙败之于襄水之上。……刘潸入襄阳，吴珙败之。

不难推断，引文中"刘鄂""刘潸"应是同一人。同页一人异名，应做处理。《建炎以来系年要录》卷一九三、《宋史》卷三二《高宗纪》、《金史》卷七八《刘萼传》均作"刘萼"，似应做说明。另据上引书，引文中两"吴珙"均应作"吴拱"。

第678页：陈康伯曰："顷虏每云只见蕃和汉……仰见圣德动天之应高宗。"宰执奏："近探报音，皆言黄河南北蝗虫为灾……"

引文中"虏每云只见蕃和汉"令人起疑，因《通鉴》卷二八四载五代时契丹太后曾讲一句颇有影响的话："自古但闻汉和蕃，未闻蕃和汉。"恰与此意相反。查《建炎以来系年要录》卷一九八、李幼武《宋名臣言行录》别集上卷二《陈康伯》均载："陈康伯奏曰：'顷年虏母有云：只见汉和蕃，不见蕃和汉。今日虏先求和，仰见圣德动天之应。’”可知引文实遗落“汉和蕃不见”五字，似应据补。另引文陈康伯语中出现“高宗”，亦有误，时赵构尚在，不可能以庙号称呼。上引二书都无“高宗”二字，或可据删。下文“探报音”不文，查《建炎以来系年要录》卷一九九、《中兴小纪（历）》卷四〇均作“近探报皆言黄河南北蝗虫为灾……”似应据删“音”字。

第 705 页：鲁怀谓：“虏之便，惟在乘骑……”

查《建炎以来系年要录》卷一九〇：“右朝奉郎、提举两浙路市舶曾怀献言曰：‘虏人之便，惟乘骑……’”熊克《中兴小纪（历）》卷四〇：“提举浙西市舶曾怀献言曰：‘……虏人之便，惟在乘骑……’”可知“鲁怀”乃“曾怀”之形近讹。第 705 页“鲁怀”亦“曾怀”之讹。

第 707 页：若以钱引折纳，则输称提堪合钱六十。……诏四川帅臣萧振与总财赋汤允恭、提举茶马李涧、东西路漕臣巫之望同措置。

“堪合钱”当作“勘合钱”。宋杜大珪编《名臣碑传琬琰之集》中卷三十二李焘《赵待制开墓志铭》、《宋史》卷三七四《赵开传》句均作“若以钱引折纳，别输称提、勘合钱共六十”，《中兴小纪（历）》卷一三无“共”字，余同。《建炎以来系年要录》卷五八作“应折钱引者每引别输提勘钱六十”。均可证。下文“巫之望”当作“王之望”。《建炎以来系年要录》卷一七六载：“潼川府路转运判官王之望言……诏制置使萧振总领财赋汤允恭、都大主管茶马公事李涧、成都府路转运判官许尹与之望同措置。”《中兴小纪（历）》卷三七载：“时敷文阁直学士萧振再为四川帅，上念蜀民久困供亿，诏振与总领四川财赋汤允恭、提举茶马李涧、东西漕臣许尹、王之望同措置。”可证。又“总财赋汤允恭”似应作“总领财赋汤允恭”，“领”字不应省。再既言“东西路”，则“许尹”似也应补入。

第708页：[绍兴] 三十二年，金虏使其臣乌陵赞谋至陕西，议分地界。川、陕宣抚使郑刚中出白马关外见之。

整理者有校记谓："'三'原作'又'，据四卷本、八卷本改。"

今按：此校改不当。因为郑刚中此时已去世多年。查郑刚中参与划界事实在绍兴十二年，《建炎以来系年要录》卷一四四、宋熊克《中兴小纪（历）》卷三〇均有记载。又郑刚中当时的官职是"宣谕使"不是"宣抚使"，似也应出校说明。另"乌陵赞谋"似是清人所改，应回改为"乌林答赞谟"。

第732页：建康师守王佐亦坐容纵，追两官敕停。……仁和知县坐赃，配信州，其元举主叶翥、齐庆胃、郭椿各降三官。

"师守"当作"帅守"，此指建康府知府兼江东路安抚使。"敕停"当作"勒停"，指罢免差遣官。《皇宋中兴两朝圣政》卷四五、《宋史全文》卷二四均载："建康帅守王佐坐容纵允升寻医离任，追两官勒停，建昌军居住。"《宋史》卷三三《孝宗纪》载："建康守臣王佐坐纵允升去官，夺三官勒停，建昌军居住。"可证。又《皇宋中兴两朝圣政》卷六三、《宋史全文》卷二七均载："仁和知县赵德明坐赃污不法，免真决，刺面配信州。其元举主叶翥、齐庆胄、郭棣各贬秩三等。"引文中"齐庆胃、郭椿"此作"齐庆胄、郭棣"，查"齐庆胃""郭椿"不见他处有载，"齐庆胄""郭棣"则较多见，可知作"齐庆胄、郭棣"是。

第743页："……不除授，只令兼领。"以节度使郎领左右金吾卫上将军，承宣使郎领左右卫上将军。

引文中二"郎"字令人费解。《续宋编年资治通鉴》卷八后句作"以节度使即领左右金吾卫将军，承宣使即领左右卫上将军"。则"郎"并作"即"。《宋史》卷一六六《职官志》、宋潘自牧《记纂渊海》卷三三《职官部》句均作"节度使则领左右金吾卫上将军，承宣使则领左右卫上将军"，"则""即"义近。可证"郎"字为"即"字形近讹。前句"……不除授，只令兼领"。《宋史全文》

卷二四作“……更不换授，止令兼领”。《续宋编年资治通鉴》卷八、元富大用《古今事文类聚》新集卷三五均作“……更不除换，只令兼领”。意含保留节镇官之义，似引文“除”字为“换”之讹。

第 745 页：故洪适于晚对而见御屏列监国郡守姓名，周必大、施师点于榻前而论辨可否。……陈睽论治赃吏当用祖宗法，此中书夜对之言也……

“监国郡守姓名”此种说法史所罕见。文海本、库本《宋史全文》卷二四所引与此相同，但元本《宋史全文》卷二四所引却作“监司郡守姓名”，周必大《文忠集》卷一五五《经筵故事》记孝宗“以监司郡守姓名列于御屏”，《宋史》卷三三《孝宗纪》载：“辅臣晚对选德殿，御坐后有大屏记注监司郡守姓名。”监司乃指路级官员。又下文言：“洪适以晚对，见御屏郡守监司姓名者……”可知当校改“监国”为“监司”。本书第 790 页“监国”同此。下文言“中书夜对”事，则“夜对”之人当为宰相，然查宋宰相中并无“陈睽”。而宋吴泳《鹤林集》卷一九《论今日未及于孝宗者六事札子》：“陈骙论治赃吏当用祖宗法，此中书夜对皇之言也。”可知“陈睽”乃“陈骙”之讹。

第 752 页：乾道五年，措置两淮屯田、无为军陈子实献屯田利害。是冬，子实言：“准指挥复置万弩营，乞并隶官田所。”

引文中的“陈子实”实应作“徐子寅”。但应说明，此一错误很可能是古人甚至可能是本书作者犯的。属不属校勘范围的事很久以来就有不同认识，不过说明历史真相总是有利读者的。首先，此错误可能源于《皇宋中兴两朝圣政》，因它成书时间较下面要提及的几种书要早。

《皇宋中兴两朝圣政》卷四七（《宋史全文》卷二五同）：

己丑乾道五年春正月戊午朔。是月，徐子实新知无为军陈献屯田利害。上以其可采，遂除大理正，充措置两淮屯田官。……

是冬，措置两淮陈子实言："准指挥复置万弩营，今乞以神劲军为名，合行事件乞并隶属官田所。兼乞下淮东漕司，就真州计置营寨。又遇招到万弩手，以本军忠勇使効为名，支给例物，并免户下科敷差役及三百亩税赋。"并从之。

将二则引文进行比对，不难确定，二则引文中的"徐子实""陈子实"是同一个人，他在乾道五年时有三个官衔：知无为军、措置两淮屯田、大理正。关于"徐子实"，宋刘时举《续宋编年资治通鉴》卷九载："己丑乾道五年春正月，以徐子实充措置两淮屯田官。"后者成书晚于《皇宋中兴两朝圣政》，应是取材于《皇宋中兴两朝圣政》。再看《宋史》卷三四《孝宗本纪》的记载："[乾道四年] 十一月壬戌，遣知无为军徐子寅措置楚州官田，招集归正忠义人以耕。""[乾道八年夏四月] 甲子，措置两淮官田徐子寅等坐授田归正人逃亡，夺官有差。"可知乾道四年至八年之间，徐子寅恰也有"知无为军""措置两淮官田"两个官衔。又李心传《建炎以来朝野杂记》甲集卷一八《淮南万弩手》载："淮南万弩手……乾道五年冬，上命措置两淮官田徐子寅领其事，复以神劲军为名。"据此，徐子寅在乾道五年任"措置两淮官田"，且负责万弩手、神劲军事。又宋王应麟《玉海》卷一三九《兵制·乾道民兵神劲军》："绍兴末，孝宗命张浚置御前万弩营于建康。……乾道中，令徐子寅复置于真州。"（《玉海》的这段文字，很可能是转录宋叶适《水心集》卷一八《华文阁待制知庐州钱公墓志铭》的，二者完全相同）也讲徐子寅重建万弩营事。同书卷一七七《食货·屯田·乾道屯田》："乾道……五年正月，徐子寅为大理正、措置两淮屯田官。"则讲徐子寅在乾道五年有"大理正""措置两淮屯田官"两个官衔。将上引《类编皇朝中兴大事记讲议》《皇宋中兴两朝圣政》《宋史》《建炎以来朝野杂记》《玉海》做比对，不难确定，"徐子实""陈子实""徐子寅"是同一个人，他在乾道五年以大理正、知无为军、措置两淮官田的身份，做了经营当地屯田、重建万弩营两件大事。徐子寅的好友和同乡楼钥，曾为徐子寅撰写行状，内言乾道四年“丐外，补除知无为军。十一月，陛辞，奏两淮议营田屯田……差往淮南楚州相视措置条具闻奏……寻兼权尚书驾部郎官，又奏仍旧置万弩营”。也言及任知无为军，措置淮南屯田、重建万弩营等事。（《攻媿集》卷九一宋《直秘阁广东提刑徐公行状》）我们还可以在《宋会要辑稿》中找到许多关于徐子寅的记载，其中言及“［乾道五年］九月八日，措置两淮官田徐子寅言……”（《宋会要辑稿》兵一之二八）“乾道五年十一月，大理正、措置两淮官田徐子寅……”（《宋会要辑稿》兵一五之二〇）“［乾道四年］十一月八日，诏差知无为军徐子寅前去淮南措置官田利害，仍以措置官田所为名。”（《宋会要辑稿》食货一之一七）“［乾道五年］十一月十日，大理正兼权驾部郎中、措置两淮官田徐子寅言：……”（《宋会要辑稿》食货一之一八）上引诸书中，除《皇宋中兴两朝圣政》《宋史全文》《类编皇朝中兴大事记讲议》《续宋编年资治通鉴》四书外，其他各书均作“徐子寅”，而宋元文献除上引四书外，再也找不到关于“徐子实”“陈子实”的任何记载。而徐子寅好友及同乡楼钥的《行状》，尤能说明“徐子寅”三字的可靠性。大约因《皇宋中兴两朝圣政》先是将“徐子寅”误为“徐子实”，又由“徐子实”讹为“陈子实”，其他三书又以讹传讹，致使由“徐子寅”派生出“徐子实”“陈子实”，这是应当辨明的。

第754页：淳熙三年……是秋，彭州奏奉诏拨上供钱对间本州岛三县酒课额……七年，赈旱灾，降会子代纳月钱。……淳熙二年，龚茂良谓：“……至十七年，所积尽绝，每岁告阕，不过二百万缗。至二十四年以后，阙乃至二百万缗。”

“对间”不文，《皇宋中兴两朝圣政》卷五四、《宋史全文》卷二六均作“对减”，当从校改。“月钱”当从《皇宋中兴两朝圣政》卷五八、《宋史全文》卷二六、《续宋编年资治通鉴》卷九补“桩”

字，作“月桩钱”。“告阕”不文，当从《皇宋中兴两朝圣政》卷五四、《宋史全文》卷二六校改为“告阙”。下文先言“不过二百万缗”，后言“乃至二百万缗”，彼此不合。实后“乃至二百万缗”应作“乃至三百万缗”，见同上引书所载。

第 755 页：乾道二年春，限军额。……楚州、武陵一万一千……合钱粮赐约二百缗可养一兵。

“乾道二年”，《建炎以来朝野杂记》甲集卷一八《兵马·乾道内外大军数》作“乾道三年”。“楚州、武陵”，查宋代楚州附近无称“武陵”之地。而上引《朝野杂记》及《续宋编年资治通鉴》卷八、《玉海》卷一三九《兵制·乾道兵额》均作“楚州武锋”，“武锋”乃军额，驻于楚州，故当校改“武陵”为“武锋”，且去掉“楚州”与“武锋”间的顿号。下文“合钱粮赐”不合宋人习惯，上引《朝野杂记》作“合钱粮衣赐”，《续宋编年资治通鉴》卷八作“合衣粮”，则应据补“衣”字。

第 757 页：……何人将领，何人将获……

“将获”令人费解。本书第 61 页引作“何人监护”，《宋史全文》卷一所引亦同，当据校改。

第 758 页：自准备将以上统制官……密院审察则试以边上，便宜承旨，拍试则阅其人物事艺……故有制领而召对内殿者，有兵铨而引见便朝者，虽三衙帅臣如敏如珙，素以武才自奋者，亦许之倚伏奏事……

引文是转用宋吴泳《鹤林集》卷一九《论今日未及于孝宗者六事札子》中的文字，其对应的文字为：“自准备将以上至统制官……密院审察则试以边上事宜，承旨拍试，则阅其人物事艺……故有制领而召对内殿者，有兵钤而引见便朝者，虽三衙帅臣如敏如琪，素以武才自奋者，亦许之倚仗奏事……”引文首句遗落“至”字。“便宜”当作“事宜”，因字误标点随误。“兵钤”是“兵马钤辖”之简称，引文误为“兵铨”，遂令人费解。“敏”

指陈敏，“琪”指王琪，均为当时三衙长官，引文误“琪”为“珙”，遂令人费解。“倚仗”指检阅时带武器上奏，引文误为“倚伏”，遂令人费解。

第 762 页：张栻在广西则行保伍，在湖北则修义勇，而民兵抢矣。

整理者出校记说明，此段文字乃据《皇宋中兴两朝圣政》卷四七，然查原文“而民兵抢矣”实作“而民兵强矣”。此当为整理者手误。

第 763 页：……后淳熙五年，胡元质奏：“两盐之害尤甚于酒……”

“两盐”令人费解。《皇宋中兴两朝圣政》卷五五、《宋史全文》卷二六均作“元质又云：‘盐之为害尤甚于酒……’”“两”似应作“云”，从上读。

第 774 页：周公抗世于于伯禽以示成王……世得以臣其宫寮属……

引文“于”“于”连用令人生疑。查《礼记·文王世子》：“成王幼不能莅阼，周公相践阼而治，抗世子法于伯禽，欲令成王之知父子君臣长幼之道也。”而宋苏辙《古史》卷一〇《鲁周公世家第三》：“成王方就学，周公使其子伯禽与成王处，抗世子法于伯禽，以示成王。”可知“于”字为“子”之形近讹，“子”后似又遗“法”字。据上下文，下文“世”后似亦遗“子”，指宫寮是世子的属下。

第 775 页：龚茂良言：“……”盖法者，一定不易，如规矩权衡，不可乱以方员轻重也。夫法本无弊，而例实败之。法者，公天下而为之者也；例则因人而立，以怀天下之公者也……

引文中“不可乱以方员轻重”《皇宋中兴两朝圣政》卷五三、《宋史全文》卷二六均作“不可私以方圆轻重”，即“乱”作“私”，“员”作“圆”，似差强。龚茂良既认为不当用例，则不应又讲立例是“以怀天下之公”，前引二书均作“以坏天下之公”，“坏”讹为“怀”，意思恰相反，须校改。又据前引二书，“盖法者，一定不易……”也是龚茂良的话，故后引号应移至“因例立法者，其害大”后。

第777页：韩彦古言：“自朝廷至郡县，皆有成数，不可得客私于其间。……贡籍之成，太平之籍立也。”……六年，太社令华大廉乞诏内侍，遇有宣索……差人置付历所，取库务官勘验支供，以绝奸弊。

“自朝廷至郡县，皆有成数”，《皇宋中兴两朝圣政》卷五五、《宋史全文》卷二六均作“自朝廷至郡县，取于民者皆有成数”，“取于民者”四字似不当省。“客私”不文，上二书作“容私”，指营私舞弊。“太平之籍”令人费解，上二书作“太平之基”，是。“华大廉”，上二书及《续宋编年资治通鉴》卷九、宋俞文豹《吹剑录外集》均作“叶大廉”，当据校改。下文“置付历所”，如何横出了个“历所”，令人费解。前引《皇宋中兴两朝圣政》《宋史全文》此句作“……差人置历，付所取库务官勘验支供……”本书误将“历”“付”二字颠倒位置，故生歧端，应据乙正。顺带言及，下段首句：“……后官赐予之费……”“后官”显当作“后宫”，不赘。

第779页：……常孝宽、杨素、慕容恪……

“常孝宽”当作“韦孝宽”，参见《续宋编年资治通鉴》卷九、《宋史全文》卷二六及《周书》卷三一《韦孝宽传》等。

第809页：尝闻真宗乳母秦国太夫人刘氏，本农家女，喜谈田野间事，真宗自幼闻之为甚详，所以即位以来，加惠农民。《景德农业救成书》最为详备，岂非见闲之有其素哉。

《景德农业救成书》不见于他处，令人生疑。《宋史全文》卷二九引此句作“《景德农田敕》成书最为详备”。《长编》卷六一：“［景德二年八月］先是，诏权三司使丁谓取户税条目及臣民所陈农田利害编为书。谓乃与户部副使崔端、盐铁判官张若谷、度支判官崔曙乐黄目、户部判官王曾参议，删定成《景德农田敕》五卷。庚辰，上之，令雕印颁行，民间咸以为便。”又《宋朝诸臣奏议》卷一一八司马光《上哲宗乞省览农民封事》：“……真宗皇帝乳母秦国夫人刘氏，本农家女，喜言农家之事，真宗皇帝自幼闻之，故……及践大位……《景德农田敕》至今称为精当。……”可知引文“农业”当为“农田”之讹，“救”当为“敕”之形近讹，因此二字讹误，导致标点失误。应从《宋史全文》所引校正。

第812页：皇帝火德当天，离明兴治……

依五行说称宋朝乃火德，参见《长编》卷一、卷四、卷二五等处记载，但不闻讲皇帝火德者。《宋史全文》卷二八引此句作“皇宋火德当天，离明兴治……”当据改“皇帝”为“皇宋”。

第819页：言路之通塞，不得系于人君之用否，而尤系于权臣之好恶。苟权臣无隐蔽之私，无娟忌之情，则谁不扬眉吐气，愿为吾君告哉。故赵高用事之中，则鹿马肆欺于朝；李林甫内怀意忌，则立仗下者皆不鸣之马，事势然也。嗟夫，人患不能言耳！口能宣之，莫或壅之，则无一言不闻于上矣。……庆元间贵戚纵横，群 惏根据，吕祖恭以布衣之贱，慷慨敢言，此祖宗涵养士气之余泽。

引文中“不得”与“尤”不对应，查《宋史全文》卷二九引作“不特”，“不特”，不止也，与下文“尤”对应。下文二“权臣”，上引《宋史全文》均作“贵臣”，“权臣”有贬义，“贵臣”较中性，玩味上下文意，似作“贵臣”稍佳。下文“娟忌”不文，上引《宋史全文》作“娼忌”，即嫉妒，是。“故赵高用事之中”，上引《宋史全文》作“故赵高用事于中”，两相比较，“于中”优于“之中”。“口能宣之”，上引《宋史全文》作“苟能宣之”，细研文意，“苟”亦优于“口”。下文“吕祖恭”，史籍他处无其名，上引《宋史全文》作“吕祖泰”，吕祖泰上书及受迫害事，多见记载，如岳珂《桯史》卷一一《周益公降官》、佚名《庆元党禁》、《宋史》卷四五五《忠义传·吕祖泰》等。可知“恭”乃“泰”之形近讹，错误明显，此当校改。上述其他差异至少应出校说明。

第827页：外戚不得与政，此祖宗家法也。自建隆至绍熙，列圣相承，不敢失坠。虽以曹佾之贤，处帝胄之重，神宗皇帝欲除佾为中书令，而吕申公力言其不可。

引文言曹佾“处帝胄之重”，而帝胄通常指宗室，曹佾不是宗室而是外戚，显有误。查《宋史全文》卷二九引作“处帝舅之重”，当是。又吕公著（封申国公）反对曹佾任中书令事见于《长编》卷三〇三，其载帝称曹佾为“元舅”。则引文中“处帝胄之重”当校改为“处帝舅之重”。

第831页：遂以陈自强兼国用使，费士寅、张严同知国用事。

“张严”当作“张岩”，参见《宋史》卷三八《宁宗纪》、卷一六二《职官志》、卷三九六《张岩传》及《续两朝纲目备要》卷八等。

本书整理者利用他书辑补本书之阙，颇有成绩，但也有失误，如第575页、第667页补入了相同的一段文字：“历观高宗之所以立孝宗……”

此外，书中还有些标点失误等，就不在此一一列举了。而《宋史全文》南宋部分引录的“吕中曰”“讲义”“大事记曰”有些已被整理者辑入本书，有些则未被辑入本书，辑入者有的造成内容的重复，这涉及的问题颇复杂，就不在此讨论了。

（原载《中国典籍与文化论丛》第十七辑，凤凰出版社2015年版）

《续编两朝纲目备要》点校议瑕

汝企和先生点校的《续编两朝纲目备要》（以下简作《两朝纲目》）于1995年7月由中华书局出版，最近在2013年11月又再次重印了。此书点校质量很高，受到学界好评。我多年来使用此书，多所得益。但金无足赤，我在使用此书时，陆续发现了一些点校的失误处或可供商榷处，这可能与汝先生当年点校此书，受到当时条件限制有关。现汇集如下，以供使用此书者及此书将来再版修改时参考（征引文字、页码、行数均以中华书局2013年11月版为基础）。

卷一第3页2行："非久于选德，当独与丞相议之。"

引文前半句令人费解，宋李心传《建炎以来朝野杂记》（以下简作《朝野杂记》）乙集卷二《上德二·己酉传位录》同，然《宋史全文》卷二八作："非久于选德殿还独与丞相议之。"意思明确易懂。可知选德二字应加专名线，"选德"后的逗号也以删去为好。

第8页倒5行："太子听政挟旬……"

"挟旬"不文，《两朝纲目》库本及中华书局点校本《朝野杂记》乙集卷二《上德二·己酉传位录》均作"浃旬"，当据校改。

第13页倒2行："时东南月桩钱岁为缗钱犹三百八十余万。"

《朝野杂记》甲集卷一五《月桩钱》："今东南月桩钱岁为缗钱

犹三百九十余万。”《宋史全文》卷二八：“时东南月桩钱岁为缗钱犹三百九十余万。”至少应出校说明差异。

第14页1行：“乃与提刑丁逢叔、漕判薛叔似……”

此句《朝野杂记》甲集卷一五《月桩钱》作：“乃与提刑丁端叔、漕判薛象先议。”《宋史全文》卷二八作：“与提点刑狱丁逢、转运判官薛叔似议。”查丁逢字端叔，则“丁逢叔”应为“丁逢端叔”之讹，此处当校删“丁逢叔”之“叔”字。

卷二第22页10行：“宫官侵夺权政……”

“宫官”，《两朝纲目》库本、《宋史全文》卷二八、宋潜说友《咸淳临安志》卷六七《人物·余古传》均作“宦官”。似为“宦官”为佳。又下文“随加宠赐，或至超迁内中。宫殿已历三朝”，“内中”后句号似应前移至“超迁”后，“内中”从下读。

第23页6行：“帝览书震怒，始议特旨编管，言者敕之，乃送秀州听读。”

“言者敕之”不文，本书库本、《宋史全文》卷二八、宋潜说友《咸淳临安志》卷六七《人物·余古传》（原注：以《朝野杂记》修）等均作“言者救之”，当校改。

“送秀州听读”，《宋史》卷三六《光宗纪》作：“诏送筠州学听读。”《会稽志》卷一五《相辅·莫叔光传》：“有旨筠州听读。”又《宋史》卷三九四《谢深甫传》：“进士俞古应诏言事，语涉诋讦，送瑞州听读。”按：俞古即余古，瑞州即筠州。清徐干学《资治通鉴后编》卷一二八：“送筠州学听读。”似作“筠州”是。

余古，前引《宋史》卷三九四《谢深甫传》、《会稽志》卷一五《相辅·莫叔光传》、《宋史全文》卷二九、佚名《庆元党禁》均作“俞古”。似作“余古”是。

顺带讲，本书关于余古的这一大段文字，同本书许多文字一样，似源于李心传《朝野杂记》，故《咸淳临安志》中的《余古传》标注“以《朝野杂记》修”，今本《朝野杂记》亡佚，辑佚时又未收入或说明，可惜。

第 25 页倒 4 行：“但永年本伶伦，而官极正，使前后迁补，乃无论列之人，亦未可晓。”

引文“官极正”令人费解。细读原文，则知断句有误，“正”后逗号应移至“使”字后。“正使”指武功大夫（皇城使，诸司使之首）。意为“胡永年本是艺人之流，作官做到诸司正使［之首］，前后屡次晋升，却无人提出异议，也让人搞不明白”。

第 27 页 7 行起：“［绍熙三年］秋七月……绍熙末，张孝芳代为帅，欲矫其弊……又杀节度推官杜羑……安抚司属官郭仲溥，使作奏言孝芳罪状……”

据本文，绍熙三年七月发生泸州军乱，张孝芳死于军乱中，而张孝芳代为帅的时间必在此前，不可能反在“绍熙末”（绍熙共五年），此处肯定有误。查本书库本无“末”字，而《宋史全文》卷二八前后文字略同，唯无“绍熙末”三字。应校改或出校说明。又“杜羑”，宋陈傅良《止斋集》卷一一《泸州被害官兵故节度推官杜美赠两资与一子下州文学……》作“杜美”。又“安抚司属官郭仲溥”，《止斋集》卷一一又有《儒林郎前泸州安抚司干官郭仲傅失觉察本厅虞候张信为乱首，乱作，复与贼宴饮，相为宾主，特降三资放罢》，所言“郭仲傅”应与“郭仲溥”为同一人，而有“傅”“溥”之异。而《宋史全文》卷二八亦作“郭仲傅”，当出校说明差异。

第 28 页 8 行：“世忠赠一官。”

原校记：“按本卷上文及《宋史全文》卷二八皆作‘世明’，疑此处‘世忠’误。”

所校颇是，尚可补充《止斋集》卷一一《泸州被害官兵，故节度推官杜美赠两资，与一子下州文学；故忠训郎、泸州驻泊兵马监押安彦斌赠三官，与一子承信郎；故下班祗应、潼州府钤辖司指使雷世忠赠承信郎》，其中也言及“雷世忠”。

第28页倒2行："密院葛邲、陈骙、胡□□进呈。"

原校记："按清抄本、四库本作'胡纮进呈'。"

今按，胡纮此时尚任级别很低的官，绍熙五年以京镗荐监都进奏院，终生未做过执政大臣，也未担任过枢密院长官。《朝野杂记》乙集卷一七《都统劾制置使擅兴》作："枢密院葛楚辅、陈叔进、胡子远进呈。"其中葛邲字楚辅，陈骙字叔进，胡晋臣字子远。查《宋宰辅编年录》及《宋史》卷《宰辅表》，绍熙三年，葛邲任知枢密院事，陈骙、胡晋臣任同知枢密院事。可知"胡□□"应为胡晋臣。

第29页2行起："四川经总制钱额，理五百四十余万缗，其一百三十一万缗赡军，一百三十四万缗应副湖广总领所，一百六十九万缗上供，六万余缗诸郡支用。"

按：后四数之和为四百三十余万缗，与五百四十余万缗相差较大，显然有误。查《朝野杂记》甲集卷一五《四川经总制钱》其他文字略同，唯第五分句作："二百六十九万缗上供"，这样，后四项之和就与总数接近了。然《宋史全文》卷二八却又作："四川经总制钱，额理四百五十余万缗，其一百三十一万缗赡军，一百三十四万缗应副湖广总领所，一百六十九万缗上供，余六万缗诸郡支用。"此记载总数少了，也实现了后四数之和与总数接近。尽管《宋史全文》成书比《朝野杂记》要迟得多，后者也比前者严谨，但我们也不便就断言《朝野杂记》所载就绝对可靠。这一疑问只好暂时留给后人了。

卷三第35页倒3行："日下昊……"

按："日下昊"应为"日下昃"之讹。本书库本及《宋史全文》卷二八均作"日下昃"。《左传》定公十五年九月丁巳："日下昃。"宋程颐《伊川易传》卷二："日下昃之明也，昃则将没矣。""日下昃"指黄昏时。"昊"与"昃"之异体字形近而致误。

第36页："……杨辅……乞择重臣镇蜀。乃以丘崈为制置使，密未入蜀……故事，帅臣阙以转运使权，至是，杨虞仲为利漕，密欲重其事，乃乞令辅往兴州摄帅，上许焉。以为朝臣出使，非制阃所当令，不欲行，而密以圣旨移文辅，重伤其意，即请虞仲权州事，而已遥领安抚事。”

引文中“以为朝臣出使，非制阃所当令，不欲行”主语不明。查本书库本及《宋史全文》卷二八，句前均有“辅”字（即杨辅）为主语，似较佳。《宋史》卷三九七《杨辅传》：“密檄辅权帅事。辅谓职为王人，若轻往，第疑军心，遂索印即益昌领事，复数月，奏以权兴州事杨虞仲兼权。”也明确不欲轻往者是杨辅。然点校本《朝野杂记》乙集卷九《时事二・赵子直丘宗卿杨嗣勋不欲吴氏世袭》亦无“辅”（“嗣勋”），故不必校改，而以出校说明为妥。又下文“而密以圣旨移文辅，重伤其意”，逗号移至“辅”前为宜。

第 36 页倒 2 行至第 37 页 1 行：“是夏，王溉自成都转运判官召还入见……王巽泽为益漕，始令分场，以革假手之弊。”

按：引文中“王溉”与“王巽泽”为同一人，依本书体例，“王巽泽”当改为“王溉”。《宋史全文》卷二八：“王溉为成都漕，始令分场，以革假手之弊。”之所以出现此情况，当是撰者传录《朝野杂记》甲集卷一三《取士・避亲牒试》文字时疏忽所致。同一书中，同一人前用名，后用字，易使读者困惑，似出校说明为妥。

第 37 页倒 3 行：“……阁门宣赞舍人傅昌期密制黄袍。”

原校记：“《宋史》卷三九二《赵汝愚传》作‘傅昌朝’，似得其实。”

原校正确。但可作补充。《宋史》卷四三四《儒林传・叶适》：“适告知阁门事蔡必胜曰：‘国事至此，子为近臣，庸坐视乎。’蔡许诺，与宣赞舍人傅昌朝、知内侍省关礼、知阁门事韩侂胄三人定计。”其中言及“宣赞舍人傅昌朝”。周密《齐东野语》卷三《绍熙内禅》：“［重华宫提举关］礼遂传旨［韩］侂胄，侂胄乃复命于［赵］汝愚，始往报陈骙、余端礼及郭杲并步帅阎仲。关礼使其姻党、阁门舍人傅昌朝密制黄袍。”（陶宗仪《说郛》卷五一下引周密《绍熙行礼记》同）可进一步证明“傅昌期”为“傅昌朝”之讹。另陈傅良《止斋集》卷二三《缴奏傅昌朝转官状》两篇。言及傅昌朝为外戚。

第 37 页倒 2 行：“甲子，禫祭。［殿帅郭］杲与步帅王仲先分兵卫南北内。”

库本馆臣案：“《赵汝愚传》作步帅阎仲夜。”

汝氏校记：“按刘鉴（刘时举《续宋编年资治通鉴》）卷一一同本书，但《宋史全文》卷二八作‘阎仲先’，《宋史》卷三九二《赵汝愚传》作‘阎仲夜’。”

查《宋史全文》卷二八作：“甲子，禫祭。殿帅郭杲与步帅阎仲先分兵卫南北内。”《宋史》卷三九二《赵汝愚传》作：“［韩］侂胄复命，汝愚始以其事语陈骙、余端礼，使郭杲及步帅阎仲夜以兵卫南北内。”显然，“先”“夜”均不是名字的一部分，而是时间副词，说明调兵的时间。馆臣及汝氏均有误读。步帅的姓名应作“阎仲”。宋叶绍翁《四朝闻见录》丁集卷四《宁皇即位·考异》亦记：“甲子，禫祭。［郭］杲与步帅阎仲先分兵卫南北面……”《宋会要辑稿》礼四九之六八记宁宗即位事，也言及：“［赵］汝愚、［陈］骙、［余］端礼遂传宣殿帅郭杲、步帅阎仲……”又上引周密《齐东野语》卷三《绍熙内禅》亦言及“步帅阎仲”。阎仲，史籍颇有记载。他于淳熙十二年至十六年在建康任副都统制、统制。这在《宋会要辑稿》兵一九之三六、食货六三之五七都有反映。而淳熙十二年孝宗亲赐阎仲御札，此札收于周必大《文忠集》卷一四八《付阎仲御札》中，事又见宋王应麟《玉海》卷一三一《官制·戒吏·淳熙戒谕将帅御书》、宋周应合《景定建康志》卷四《留都录四》。同书卷二六《官守志三》载：“阎仲：保义郎、殿前司选锋军统制，特授修武郎，差充建康府驻札御前诸军副都统制。淳熙十二年三月五日到任。任内转训武郎，于淳熙十五年七月二十七日就任，差充都统制。任内转武翼郎、武经郎。至绍熙元年四月二十四日赴行在奏事，转一官，差主管华州云台观。”而《宋会要辑稿》瑞异二之三九记绍熙三年阎仲任主管侍卫步军司公事。同书礼九之二五、三〇之一〇载绍熙四年、五年阎仲任步军都虞候，都说明他在绍熙末年是步军司的长官。宋楼钥《攻媿集》卷四八《阎仲、续康伯修奉攒宫，传宣抚问，并赐银合茶药，及喝赐一行官吏工匠等犒设口宣》、宋陈傅良《止斋集》卷一三《外制·武略大夫侍卫步军都虞候兼权侍卫马军司职事阎仲持转右武大夫忠州刺史》也记述了阎仲的行迹。总之，当时只有步帅阎仲，而不存在步帅“阎仲先”或“阎仲夜”。

第 40 页 8 行：“告词敕：‘……首辟经帏，详延学士眷儒。臣之在外，须召节以趣归……非不知政化方行，帅垣有赖试望之于冯翊……’”

按，首句句号应移至“眷”之前，“儒臣”之间不应句断。《攻媿集》卷四一《朱熹焕章阁待制侍讲》作：“眷儒宗之在外，颂召节以趣归。”《宋史全文》卷二八作：“眷儒宗之在外，须召节以趣归。”有“儒臣”与“儒宗”、“须”与“颁”之异。“试望之于冯翊”是用典故，《汉书》卷七八《萧望之列传》：“征入守少府。宣帝察望之经明持重，论议有余，材任宰相，欲详试其政事，复以为左冯翊。望之从少府出为左迁，恐有不合意，即移病。上闻之，使侍中、成都侯金安上谕意曰：‘所用皆更治民以考功，君前为平原太守日浅，故复试之于三辅，非有所闻也。’望之即视事……望之为左冯翊三年，京师称之，迁大鸿胪……为太子太傅……以《论语》礼服授皇太子……［宣帝将崩］受遗诏辅政……［元帝时］以师傅见尊重……饮鸩自杀……上乃却食，为之涕泣，哀恸左右。”可知汉宣帝想重用萧望之，为了检验其才能，特让他担任左冯翊这一地方官。因萧望之表现出色，又让他担任太子老师，最后受遗诏作新皇帝汉元帝的辅政大臣。既如此，“望之”字应加专名线，“赖”字后应加逗号。《宋史全文》卷二八引此文即作“师垣有赖”，“帅垣”如改作“师垣”，则应指以萧望之为太子师为喻。但《攻媿集》卷四一《朱熹焕章阁待制侍讲》与本书同，均作“帅垣”，则指朱熹时任帅臣（湖南安抚使），亦通。

第40页9行：“告词敕：‘……召贾傅于长沙，自当接以前席黄由行。’”

引文“接”《攻媿集》卷四一《朱熹焕章阁待制侍讲》作“待”。“黄由”作为人名，不应出现于给朱熹的诏敕中。因为黄由是朱熹同时人，淳熙八年的状元，时任中书舍人。《宋史全文》卷二八作：“告词敕：‘……召贾傅于长沙，自当接以前席。’黄由之词也。”即讲给朱熹的诏敕是由黄由起草的。查《攻媿集》卷四一《朱熹焕章阁待制侍讲》此处作：“……召贾傅于长沙，自当待以前席。慰兹渴想，望尔遄驱。”也无“黄由”二字。故此句或依《宋史全文》校改为“告词敕：‘……召贾傅于长沙，自当接以前席。’黄由之词也。”或保留“行”字，校加“词”字，末句作“黄由行词也”。但诏敕的后引号一定要置于“黄由”之前。不过，既言诏敕为黄由所撰，可为什么收入楼钥的文集中？这大抵有两种可能：一是误收，二是二人当时均任中书舍人，此文有可能为二人共撰。从诏敕的理学倾向看，由黄由撰写的可能性较大。

第41页7行：“李龙乾加思忠功臣。”

“李龙乾”，今点校本《宋史》卷三七《宁宗纪》、卷四八八《外国传·交阯》，《宋史全文》卷二八，元黎崱《安南志略》卷二均作“李龙翰”，似当校改。本书第238页“李龙乾”同此。

第47页2行：“……虽其志实美而其事实难。”

“实美”，《宋史全文》卷二八、《历代名臣奏议》卷一二五均作“甚美”，似较佳。

第48页倒2行："王安石用事，以为僖祖以上世次不可知，则僖祖之有庙，与后稷疑无以异……当时诸儒韩绛辈辩之，不从。"

"韩绛"，《宋史全文》卷二八、《文献通考》卷九四《宗庙考四》均同。《朝野杂记》甲集卷二《郊庙·太祖正东向之位》："当时诸儒韩持国辈辨之，不从。"韩持国乃韩维，非韩绛。明黄训《名臣经济录》卷二八、清秦蕙田《五礼通考》卷八二《宗庙制度》亦作"韩维"。韩维争宗庙事见《长编》卷二四〇，而未见韩绛有争宗庙事，似作"韩维"是。

卷四第65页2行："徐谊坐言汝愚，亦责团练副使，南安军安置。"

赵汝愚被贬，徐谊乃因言赵汝愚而被贬，令人生疑。查本书库本"言"字作"党"，既是赵汝愚同党，被贬乃是情理之中。查《宋史全文》卷二九、佚名《庆元党禁》亦均作"党"，当校改。另可参考《宋史》卷三九七《徐谊传》。

卷五第84页倒2行："……少焉有犬嗥于丛泊之下……"

"丛泊"，本书库本、宋刘时举《续宋编年资治通鉴》卷一二、《宋史全文》卷二九、佚名《庆元党禁》均作"丛薄"，似较佳。

第85页倒6行："……朕获承慈训，膺受内禅，阴谋坏散，国势复安，嘉兴（壬）［士］大夫厉精更始……"

"获承慈训"，《宋史全文》卷二九同，《宋史》卷三九四《高文虎传》作"旧承慈训"。"嘉兴"既加专名号，尤令人不解。查本书库本、上引《高文虎传》、《宋史全文》卷二九、佚名《庆元党禁》均作"嘉与"，显当据以校改，且去掉专名线。

第86页倒5行："……乃间见侂胄，序其知予之意及衰迟之状……"

"序其知予之意"，令人费解。《宋史全文》卷二九同，然本书库本、佚名《庆元党禁》作"叙其知遇之意"，《宋史》卷三九四

《许及之传》则作“序其知遇之意”。“知遇”似胜于“知予”。似当出校说明。

第87页……倒3行：……又更名恃……

“恃”，本书库本、《朝野杂记》乙集卷二《上德二·皇太子》、《宋史》卷二四六《宗室传》、元陈桱《通鉴续编》卷一九等均作“帱”。似为形近讹。

第88页8行：“……今无故补从官、朝士数十人付之有司……”

“补从官、朝士数十人付之有司”，句不通。本书库本“补”作“捕”，是。或为排印失校。

第90页倒4行：“今民间每兑钱引一千贴，纳钱引六十四文足……”

“贴”不是钱引的计算单位，而“贴纳钱”却是宋代常用术语，故逗号应移至“贴”字前，改为“今民间每兑钱引一千，贴纳钱引六十四文足……”

第94页2行：“……入内，内侍省押班甘昪……”

“入内内侍省”是与“内侍省”并存的官署，“入内”与“内侍省”中间的逗号应删除。

卷六第104页1行：“其后察官倪恩复以为言，［京］镗乃改谥庄定。”

“倪恩”不见他处有载，本书库本作“倪思”，但倪思此时似不任“察官”，《宋史》卷三九四《京镗传》作：“后以监察御史倪千里言，改谥庄定。”似是。

卷七第131页5行：“无为军李运言两淮铁钱、交子利害……”

《宋史全文》卷二九作：“无为军民李运言两淮铁钱、交子利害……”即多一“民”字。

卷九第158页9—11行：“乾道六年春正月二日夜，夷人高奴吉作乱，焚碉门，制置使晁□□调成都、眉、邛三郡禁兵三千往讨之。壬戌，深入沙平，荡其巢穴，而官军轻敌，贼势复振。□□又调汉兵千人益之……”

原校记：“制置使晁□□调成都眉邛三郡禁兵三千往讨之　按‘晁’字下所脱二字据《朝野杂记》乙集卷二〇似为‘子止’。下文‘又调汉兵’的‘又’字上所脱二字同此。”

今按所脱二字应是“公武”，“子止”是晁公武的字。《朝野杂记》通常记人或名、字连称，或单称字，而本书体例是称名不称字的。此事《宋史》有载。《宋史》卷三四《孝宗纪》：“［乾道四年］三月庚午，以敷文阁待制晁公武为四川安抚制置使。……六年春正月癸丑，雅州沙平蛮寇边，焚碉门砦。四川制置使晁公武调兵讨之，失利。……［三月］乙丑，以晁公武、王炎不协，罢四川制置司归宣抚司。”明记制置使是晁公武。或可据两处记载补足空阙，以利阅读。又下文“宣抚使王公明闻之”之“王公明”，依本书体例应改作“王炎”，“公明”是王炎的字，大约是撰者转录李心传《朝野杂记》时遗漏未改。据《宋宰辅编年录》卷一七，王炎自乾道五年至七年任四川宣抚使（参政、同知枢、枢使）八年召还，九年罢执政。时人周必大《玉堂杂记》卷中记：“乾道七年七月二十六日午后，快行家传旨下学士院，取从官为四川宣抚使体例。盖是时参知政事王公明炎在蜀三年，屡求归。”又黎靖德《朱子语类》卷一三三《本朝七》：“如王公明炎、虞斌父之徒百方劝用兵……”均可证明王公明即王炎。另《朝野杂记》可查见“王公明”十余次，均指王炎。

第164页2行：“……庶几中黎旧业之再光……”

“中黎”令人费解，查本书库本及《宋史全文》卷二九，均作“中兴”，似是。

第168页倒6—7行：“壬寅，陷随州，守臣遁，吉州人具香花迎拜……”

“吉州”库本作“随州”。吉州远离长江，金军不应如此快地到吉州。《朝野杂记》乙集卷一八《边防·丙寅淮汉蜀口用兵事》：“虏攻随州，守臣遁去，州人具香花迎拜。”虽无州名，从上下文看，“州人”也指随州人。故作“吉州”误。

卷一〇第183页3—5行：“南使中惟李壁、吴琚、朱致知、李大性四人言语可信……致知尝以右司郎中出贺庚申正旦……琚与致知时皆已死……”

其中“朱致知”“致知”点校本、库本《朝野杂记》乙集卷一〇《时事三·虏帅言李季章等四人可信》分别作“朱致和”“致和”。《金史》卷九三《宣宗三子·宗浩传》库本作“致和”，点校本作“致知”。卷九八《完颜匡传》“朱致和”二出，点校本改“和”为“知”，出校谓：“‘知’原作‘和’。按本书卷六二《交聘表》承安五年条，卷九三《宗浩传》宗浩复张岩书，《宋史》卷三七《宁宗纪》庆元五年条，皆作‘朱致知’，今据改。下同。”

另外，《宋史全文》卷二九：“[庚申庆元六年冬十月戊子] 遣右司郎中朱致知贺金主正旦（与《本纪》差一年）。”《大金国志》卷二一《纪年·章宗皇帝下》泰和七年六月言及：“南使中惟李壁、吴琚、朱致知、李大性四人言语可信。”宋范成大《吴郡志》卷七《官宇·提点刑狱司》：“朱致知：以朝议大夫、直徽猷阁、奉祠除。庆元五年四月到任，当年除枢密院检详。”宋楼钥《攻媿集》卷三九有《外制·四川茶马朱致知京西运判》。

据上引记载，在“朱致知”与“朱致和”二者中，前者的可能性要明显大于后者，但似仍无法完全排除作“朱致和”的可能性。特别是考虑到本书相当比重的文字源自《朝野杂记》这一情况，似应出校说明为妥。

顺带言及，前页倒1行“西元师”显为“西元帅”之讹，或偶失校所致。

第184页3—4行：“甲申，减极边官吏举员。”

“举员”义不明。查《宋史全文》卷二九、《宋史》卷三八《宁宗纪》均作“举主员”。义明确，似应加“主”字。

第 184 页倒 2—7 行：“……所谓不远之复……索场地而拟越封陲……鉴既往之莫追……各肩卫上之忠……”

此为诏书文字，同一诏书《宋史全文》卷二九也有引录，对应文字作：“……所冀不远之复……索壤地而拟越封陲……鉴往辙之莫追……各有卫上之忠……”似有出校说明之必要。

第 185 页 8 行：“……护圣步军准备将夏挺以帐下亲随三十四人拥侂胄军以出……”

“侂胄军”库本作“侂胄舆”，《朝野杂记》乙集卷八《朝事三・开禧去凶议和日记》、《宋史全文》卷二九、佚名《庆元党禁》均作“侂胄车”。似当校改。

第 187 页 2—4 行：“与逆曦结为死党，假之节前……坐用升龙牙床，饰以真红条结……”

“节前”“条结”本书库本分别作“节钺”“绦结”，《宋史全文》卷二九、《庆元党禁》均同，当校改。另《宋史》卷四〇五《王居安传》、叶绍翁《四朝闻见录》戊集卷五《又臣寮上言》均载韩侂胄：“与逆曦结为死党，假之节钺。”可参。另同页倒 4 行：“矧复（帖）[怙] 劫罔悛……废公恂私。”“怙劫”显为“怙恶”之讹，“恂私”显为“徇私”之讹，库本均不误，似为排校不慎所致。

卷一一第 200 页 7—8 行：“[蔡琏] 于庆元五年二月内放逐，便于嘉定元年四月内与降等，比换进武副尉。吏部供到蔡琏因磨勘见转承信郎，监江阴军江阴县令，节犒赏酒库。”

按，“放逐便”为宋代专用术语，指恢复其人身自由，不能从中断开。“监江阴军江阴县令节犒赏酒库”为差遣名，也不宜从中断开。故引文似宜标点为：“[蔡琏] 于庆元五年二月内放逐便，于嘉定元年四月内，与降等比换进武副尉。吏部供到：蔡琏因磨勘见转承信郎，监江阴军江阴县令节犒赏酒库。”

卷一一第200页倒4行：“……自后困仍不已……”

本书库本此句作“……自后因仍不已……”《朝野杂记》乙集卷一六《四川收兑九十界钱引本末》作：“……自后因循不改……”似应出校说明差异。

第201页倒2行：“[赵]吉行至葭明县……”

“葭明县”，本书库本、《宋史全文》卷三〇均作“葭萌县”。又《宋史》卷八九《地理志》载，利州下辖“葭萌县”。

第211页7行：“家子钦是岁知金州……”

“家子钦”在本书第178页、第201页已出现，此为第3次。但只有此处引文可以在《朝野杂记》乙集卷一七《关外诸军多私役》中找到对应文字。点校本《朝野杂记》所用底本原作“宋子钦”，点校者改为“家子钦”，出校记：“家子钦，‘家’原作‘宋’，据影宋本、函海本及《（续编）两朝纲目备要》卷一二嘉定二年末关外诸将私役诸军条改。”《朝野杂记》乙集卷九《蜀士立功立节次第》、卷一六《关外经量》也出现“宋子钦”，也被改为“家子钦”，而校记基本相同（三校记分别见第658页、第808页、第823页）。似乎这三处校记不甚令人满意，因为并没有讲清校改理由。“家子钦”在文献中还出现过两次。《宋史》卷四一二《陈咸传》：“初，咸自大安东下……李道传问咸计将安出咸……语家子钦曰……”（此段文字显与《（续编）两朝纲目备要》卷一一记载“家子钦”者史源相同）宋王象之《舆地碑记目》卷四《蓬州碑记》：“安康志（注：郡守家子钦序）。”后者大大增加了“家子钦”的可信性。但是，要证明“宋子钦”“家子钦”二者前者一定错误，后者一定正确，似仍无十分把握，或出校说明差异更稳妥。

卷一二第218页5行：“诘朝再战，贼兵数倍，[董]炤不能支，贼乃拔兵而去。”

贼兵既多，董炤既不支，贼兵反而退去，令人不解。《宋史全文》卷三〇作："诘朝再战，贼兵数倍，炤不能支，乃拔兵而去。"即无后一"贼"字，退兵者为董炤，似是。顺带讲本页9行："灭中右军更戍者之粮"之"灭（滅）"，本书库本作"減"，或为排误失校所致。

第222页6行："诏四川总领所毋受宣制。"

句义令人不解。查《宋史全文》卷三〇作"诏四川总领所毋受宣、制司节制。"即讲诏令四川总领所不再受宣抚司、制置司管辖。似应出校说明。

第222页倒6—7行："……事连武学生柯子冲、卢德宣……"

"卢德宣"处出校记："'德宣'原作'宣德'，据四库本及下文乙正。"理由似欠充分。

"卢德宣"，本书库本凡5次出现。出现次数多，不一定就正确。查宋梁克家《淳熙三山志》卷三二《人物类七·科名》："嘉定十三年庚辰刘渭榜武举正奏……卢德宣，上舍，字孝本，永福人。"宋俞文豹《吹剑录外集》："嘉定庚午，谢村锺明倚当张沂田产，为京尹赵师睪拘没价钱，馆客武学生柯子冲、卢德宣与之经营……今月十三日，武学生员为临安府擅将柯子冲、卢德宣挞逐……"以上两处（凡3次）记载说明作"卢德宣"的可能性较大，因为二者都成书于宋代，且前者为地方志。但《宋史》卷二四七《宗室传·赵师睪》、《宋史全文》卷三〇均记为"武学生柯子冲、卢宣德……"也不能不重视。所以，似也还是出校说明更稳妥。

第223页2行："杨和、王再造勋臣，为国招军，误刺辇官……"

此句专名线失误，会误导读者。引文"杨和王"实指杨沂中（后改名杨存中），死后追封和王。"再造勋臣"指杨沂中在辅佐宋高宗建立南宋政权方面建有卓越功勋，故不存在"王再造"其人。"误刺辇官"事参见《建炎以来系年要录》卷一七九、《中兴小历》卷三八。

第 223 页 5—6 行："当时讥之者曰：'奸邪谁不附韩王……叩头雅拜尊师旦，画膝为书荐自强。'更有一般人不齿也，曾学狗吠村庄。"

"昼膝"当为"画膝"繁体字之形近误（本书库本、《宋史全文》卷三〇均不误），画膝为书是古人常作之事。这首诗共八句，诗尾在"村庄"处。引号应移至此后。末句应是"也曾学狗吠村庄"。故引文应标点为："当时讥之者曰：'奸邪谁不附韩王……叩头雅拜尊师旦，昼膝为书荐自强。'更有一般人不齿，也曾学狗吠村庄。"

第 223 页倒 1—2 行："［学监］又偕国子监丞孙祁、博士林瑑、簿俞建正、张方录、虞万、太学博士姚师皋、臧辛伯、正宣缯录林垌俱诣宰执白之……"

引文标点颇有误。先看宋俞文豹《吹剑录》外集记同一事："又司业陈武、监丞孙杓、国博林瑑、太博楼观、姚师皋、国正张方、太学正宣缯、国录虞万、学录林垧、武博曾准、武谕刘靖之等状：今月十三日，武学生员为临安府擅将柯子冲、卢德宣挞逐，卷堂而去。"可知引文当标点为："［学监］又偕国子监丞孙祁、博士林瑑、簿俞建、正张方、录虞万、太学博士姚师皋、臧辛伯、正宣缯、录林垌俱诣宰执白之……"

第 232 页 4—5 行："自绍兴末年，钱良臣创行在会子……论其旧端……"

"钱良臣"，《朝野杂记》乙集卷一六《东南收兑会子》作"钱处和"，即钱端礼（字处和）。查《宋史》卷一八一《食货志·会子》、卷三八五《钱端礼传》，宋熊克《中兴小历》卷三九，《建炎以来系年要录》卷一八八绍兴三十一年二月丙辰条等处，都有关于钱端礼创行在会子的记载。可知"钱良臣"为"钱端礼"之讹。又"论其旧端"，本书库本、《朝野杂记》乙集卷一六《东南收兑会子》皆作"论其咎端"，似是。

卷一四第 258 页 9 行："蛮人大怒，取当子三人刳裂之。"

"当子"不文，本书库本、《宋史全文》卷三〇均作"质子"。《朝野杂记》乙集卷二〇《癸酉虚恨之变》原亦作"当子"，据影宋本及《续编两朝纲目备要》校改为"质子"。似作"质子"是。

第 265 页 8 行："［嘉定七年］八月癸巳朔，罢关外、四川所增方田税。"

按：本书库本、《宋史》卷三九《宁宗纪》均作："［嘉定七年］八月癸巳朔，罢关外四州所增方田税。""关外四州"在南宋实为常用词。似应去除顿号，改"川"为"州"。

第 266 页 3 行："［嘉定七年］冬十月戊戌，废卭州、嘉定监。"

按依此标点，邛州、嘉定监都被废，然邛州此后仍存在，显与实际不符。嘉定监应为设于邛州且隶属邛州的铁钱监，此前正铸造嘉定当五大铁钱，故被废罢者止是此铁钱监，而不连邛州一起被废罢。"邛州"后顿号当去除。

卷一五第 281 页倒 1 行："或者惟以纳张瑴结，余睹为造衅之由，而不知召侮取轻，其渐非一。"

引文"张瑴"为人名，又作"张觉"，《宋史》卷四七二《赵良嗣传附张觉传》即为他的传记。"纳张瑴"，宋真德季《西山文集》卷五《对越甲稿·江东奏论边事状》即作"纳张觉"。宋吕中《宋大事记讲义》卷二二载："辽张瑴以平州来降，金人陷平州，得朝廷所赐瑴诏，自是归曲朝廷（瑴犯讳，改名觉）。宣和六年，金人攻陷应、蔚等州。八月，童贯宣抚燕山，金人以纳张瑴为词，又借粮许之不与，遂绝山后六州之议。"可知张瑴因避讳而被改名"张觉"。而"纳张瑴"是金人毁盟攻宋的重要借口。此事《宋史全文》卷一四、《皇朝纲目编年备要》卷二九等都有记载，姓名作"张瑴"。"余睹"也是人名，又作"耶律余睹"。"结余睹"也是金人攻宋的重要借口。《宋史》卷二三《钦宗纪》："［靖康元年春正月甲寅］先是，粘罕遣人来求赂，大臣以勤王兵大集，拘其使人，且结约余睹以图之。至是粘罕怒……”《宋史》卷二四《高宗纪》：“金兵退，复遣给事中王云使金，以租赋赎三镇地，又以蜡书结辽降将耶律余睹，为金人所得。八月，金帅黏罕复引兵深入，陷太原，斡离不破真定……”此事成为李纲、邢倞的重要罪名，二人因此被重贬。所以，引文应标点为：“或者惟以纳张縠、结余睹为造衅之由，而不知召侮取轻，其渐非一。”

第284页倒5行：“［金］凤翔副统军元颜赟以步骑万人入寇四川。”第285页6行：“郭雄斩金将元颜赟。金副都统制元颜赟、包长寿遁去，沔州军士郭雄追斩赟首而还……”

“元颜赟”，本书库本、《宋史》卷四〇《宁宗纪》、宋刘时举《续宋编年资治通鉴》卷一五、《宋史全文》卷三〇等均作“完颜赟”，当据校正。

卷一六第296页倒1行：“十一月癸未，诏左翼军受泉州节制。左翼郎元隶殿司故。”

“左翼郎”，本书库本作“左翼军”，从上下文看，作“左翼军”是。

以上仅是我在使用此书中陆续发现的，我并未能从头到尾地仔细审读，如果有人能下这种功夫，相信会找到更多可商榷处。至于我的如上看法是否得当，也希望得到方家指正。

南宋楮币诗十首释读

南宋时期，楮币应用十分广泛，在社会生活中占有越来越重要的地位。可是，由于统治者管理不当，也给百姓生活带来很多痛苦和不便。当时有不少具有现实主义倾向的诗人，便写了一些反映楮币发行及相关问题的诗歌。对于这些诗歌的正确解读，对研究中国古代货币史、纸币发行史，特别是南宋楮币发行、钱币文化，具有重要意义。笔者不揣浅陋，选择其中十首试做析释，以求抛砖引玉之效。

一、刘学箕的《夏雨叹》

南宋发行楮币会子，在宋孝宗在位时期达到鼎盛，发行情况较为正常，此后逐渐出现问题，到宋宁宗开禧北伐前后暴发危机。刘学箕的《夏雨叹》所咏就涉及了这次楮币危机的情况。诗的全文如下：

君不见去年六月田作龟兆坼，祷祠乞雨遍村陌。
时当饥馑民不聊，谷贵有钱无处籴。

今年六月岁幸丰，十日一雨五日风。

市积粟米价不长，有谷无钱人更穷。

吁嗟此道孰识测，街头细听老农说：

往年兵兴锡赉多，官会颁行姑济急。

旧会既收新会降，所司称提苦无策。

朝廷明许同见钱，便当流转同货泉。

不应州县首逆旨，榜示墙壁徒纷然。

库头令卖小印龊，输纳租税私相权。（原注：迩来输纳租并用就官库买，否则弗受，反视官会为私物而不用）

非钱买龊用不得，执币啧啧烦有言。

遂令百姓愈惶惑，行之与否谁使然。

小臣空负济时术，阊阖九重无路入。

何当奏计承明庐，倾倒贾生长大息。（刘学箕《方是闲居士小稿》卷上《夏雨叹》）

作者刘学箕，字习之，建宁府崇安（今属福建）人，自号种春子。理学家刘子翚孙，似未仕，有堂曰方是闲，故又自称方是闲居士。时人刘淮谓其“诗靡香山之垒，词拍稼轩之肩”。此诗约撰于宋宁宗嘉定年间。当时第十一、十二、十三界旧会刚刚回收毕，第十三、十四界新会发行后，官方尽管多方努力，会价并没有达到预期水平。而且当时战争耗费也很大。嘉定初虽宋、金战事暂时停止，但嘉定八年后宋、金关系又趋紧张，军费开支随又加大。这就是此诗写作的大致背景。

诗中难懂的词不多。其中“龟兆坼（chè）”指古代用龟版占卜时产生的裂纹，宋人多用来形容天旱时土地龟裂状，如王安石诗：“遥闻青秧底，复作龟兆坼。”（《寄杨德逢》）“锡赉”即赐赉、赏赐。“小印龊”，联系下句后的注文，可以推定，是指往会子上加盖印章，“龊”似同“戳”。“阊阖”，天门，见《离骚注》。

此代指宫廷和君主。"贾生"指汉代贾谊。全诗说：君不见去年六月田地干旱得像裂开的龟版，每个村庄到处是祈祷求雨的人。逢上饥荒年景民不聊生，粮食贵得有钱也买不到。今年六月所幸年景丰登，十天一场雨五天一场风。收获的粟米运到市上却卖不掉，米价越来越低，有粮无钱人们反倒更加困难。唉，这种情况谁能理解，还须到街头听听老农是怎样讲的：往年战争兴起赏赐多，官会刚发行就用于战争了。虽说是回收了旧会，发行了新会，但是有关官署却苦于无法称提会价。朝廷明令会子可以同现钱等价行使，照理就应当与铜钱等价行用。想不到州县官府却带头抗旨不遵，尽管墙壁上还纷然地张贴着朝廷的公告。州县官令人在仓库前头收钱往会子上加盖官印，凡缴税者必须用盖了印的会子才收受，其他的会子则拒绝收受，用这种办法来私下增加收入。百姓没钱缴手执会子也不能完纳税务，自然是怨气冲天七嘴八舌地发牢骚。于是就使百姓更加惶惑，会子能使不能使究竟是谁的主意。小臣我白白地怀有济世救人的计策，皇上高高在上我没法面见陈述。什么时候能面见君主一抒胸臆，让贾谊因羡慕我而长长地叹息。

这首诗先是写了丰收后农民因无法及时出售农产品而苦恼，随后又写了农民用会子纳税时遇到地方官府刁难和敲诈勒索的情况。今天的人往往不理解农民因不能及时出售农产品而产生的痛苦。其实这种痛苦在中国是长久地存在过的，现代作家写的散文《多收了三五斗》其实也是讲这个问题。由于中国农村生产力低下，商品经济在很长一个历史时期里一直不发达，使得农民平时没有货币积蓄，到了收获季节，农民被迫一齐粜粮，期望得到货币来纳税、还债。然而那样多的粮食一齐涌到市场，市场一时无法消化，就使农民落入进退两难的境地。通常最终只能由农民降价出卖农产品来解决，农民的痛苦是可以想象的。所以，过早地在农村实行货币税，其害处是很大的。刘学箕在另外两首诗中也写了类似内容，但不如此首集中，请看下面摘引：

“……金穰屡丰岂不好，米贱更苦人无钱。太公九府法已弊，楮币印出私相权。所司转变无善策，低昂用否难流传。……”（《方是闲居士小稿》卷上《社日喜晴分韵得前字》）

“……秋收幸值岁稍丰，谷贱无钱私债重。连忙变转了官赋，霜雪冻饿愁穷冬。……”（《方是闲居士小稿》卷上《插秧歌》）

前一首除讲了丰收后粮卖不出去之外，也讲了地方官府“私相权”的问题。后一首则讲了农民急于粜粮的原因，即偿“私债”和“了官赋”，这一点《夏雨叹》没有讲明。

二、项安世的《寄湖北张总领六绝句》

《寄湖北张总领六绝句》是互相连贯的六首绝句。它们是以湖北会子为主题的，因而是研究湖会的重要资料。全诗如下：

故人天上厌晨趋，走向人间看五□，已煮大湖东畔海，更飞青草北边刍（原注：张自浙西盐使除湖北总领）。

六千里楚旧堂堂，六十年来尔许荒。败券殃民为第一，诸余报发总寻常（原注：总领官衔专一报发御前文字）。

只道军储入较量，谁知民命更禁当。增钱新有梁漕使，破产旧遭周侍郎（原注：“增钱”谓令民输官半会子半见钱，民艰于钱，大以为苦。“破产”谓以市价五十一钱之会予，令民作七十七文收受，于是中人之产丧其十之五）。

券贱官家币日轻，券高民失旧家生。辨中运指何年了，一度称提一度惊。

杭州之券每新抄，行地仍宽价——自豪。不出荆州三十载，烂如袍絮若为高（原注：行在会于每界换遣，又除四川外皆可用。湖北会子三十年不易，又不许出湖北外）。

吴楚如今共一天，两州分券亦堪怜。若教尽展杭州券，应不称提自真钱。（项安世《平安悔稿》后编卷九《寄湖北张总领六绝句》）

项安世，《宋史》卷三九七有传，言其为江陵人，淳熙二年进士，历秘书省正字、校书郎、通判重庆府等，庆元年间，因人伪学（按指朱熹理学）党籍被罢。开禧以后历知鄂州、湖广总领、太府卿，嘉定元年卒。诗中言“六十年来尔许荒”，注中言“湖北会子三十年不易”，则此诗应撰于绍熙末年，时距南宋初建国约六十多年，距湖北会子创行时约三十年。也可能更迟些，为庆元年间赋闲在家时所撰。

其第一首中，“晨趋”指朝参。此首讲自己的老朋友厌烦了在京城天天上朝，于是想到民间走走看看。已经在太湖沿海一带担任了提举浙西路常平茶盐，又来担任湖北总领。总领的全称是“总领大军钱粮”，南宋将都城以外的作战军队分为四川、京湖，淮东、淮西四部分，分别由四个总领所负责其军需供应。湖北总领负责京湖地区驻军的供给。

第二首中，“败券”指使用过久、磨损过甚的湖会。此首讲：方圆六千里的楚地旧日何等兴盛，六十年来却是如此荒凉。破旧的湖会祸害百姓是第一位的，作为总领，其他要向朝廷禀报的事相比之下都是寻常小事。这里作者用了一则掌故，即如原注所讲，总领官衔中带“专一报发御前文字”。这是因为，朝廷设置总领，目的是不让帅臣、军帅掌握财权，以防军队失控。但因总领官阶通常小于帅臣、军帅，所以官衔中带上前述文字，就明确了总领直接向朝廷负责，且可监察军队事务的地位，可避免总领被帅臣、军帅控制。

第三首中，“禁当”意为承担。此首的意思是：人们只知道军队供应要总领费心谋划，哪里知道百姓的生计更要总领担起责任。前头有姓梁的转运使（疑即《宋史·食货志》所载“饷臣梁总”）下令增收钱币，后头又有周侍郎让老百姓倾家荡产。诗中二则注释具有重要史料价值。其中“见钱”应指铜钱，百姓纳税置办铜钱非常困难，特别是那些官方强制推行铁钱的地区，筹集铜钱就更加困难。时人陆九渊等都议论过这件事。注中又言及，官方“以市价五十一之会子，令民作七十七钱收受”的情况。这大约指两种情况：一是官方买物、雇工偿价时，以湖会折算支给；二是强迫百姓收存湖会，而用现钱向官方兑换。这里讲的湖会会价，同时人彭龟年所言一致。（《止堂集》卷一《论雷雪之异为阴盛侵阳之证疏》）

第四首文意紧接第三首：湖会价贱官方发行的楮币一天天贬值，官方支出时所定会价太高又使接受者赔钱破产。在靴子中运指掐算的愚蠢做法何时才能罢休，一次称提就是一次对百姓的惊扰。

第五首中，“若为”意为怎能。此首讲：杭州发行的京会定期更换新券，行用地域宽广会价自然就高。湖会发行三十年来规定不许出京湖，又从不更换新券，破烂得像旧袍子中的败絮一样会价怎能高？诗中注文对诗句做了补充，也有较高史料价值。值得注意的是，据《宋史·食货志》，宋廷曾于淳熙七年、十一年、绍熙元年几次下令收换旧湖会，而此诗及注却讲三十年间没有以新换旧，二者记载差异不知何以这样大。或许宋廷的命令未能很好实行。但无论如何，此诗至少说明，湖会更新做得很差。

第六首又接第五首，讲：吴（指杭州）楚（此指京湖）如今同为大宋统治，两地却行用不同的楮币，京湖百姓受到这种不平等待遇也着实让人可怜。如果二地都行使杭州的京会，想必不用称提就能同铜钱等价行使。

宋代文献中，关于湖会的记述非常稀少，这六首诗连同诗人自己的注释为我们了解湖会发行情况提供了宝贵的资料。特别是诗中所讲湖会长时间不能以旧换新给百姓带来巨大不便，强制百姓接受高价湖会等，是其他文献中所未见到的。这六首诗所反映的情况，可能与绍熙初年的一次湖会危机有关。据时人彭龟年记，当时“会子（湖会）既轻，商旅不行，军人所得会子，愈难变转，而会子愈轻矣。诸军汹汹，颇以为言，特未有征行，未敢发耳”。（出处见前揭）诗中作者对官方人为地划分货币区的做法给予了抨击。事实表明，人为地划分货币区，妨碍区域间的经济交流，给人民生活造成巨大不便，是利少弊多的，作者的诗句表达了京湖地区人民要求取消货币区的强烈愿望。另应指出，诗人为了强调湖会发行中的问题，把京会发行状况说得过于美好，甚至讲只要吴楚都行用京会，连称提都不需要了，这显然是不恰当的。

三、刘克村的《送雷司法于法秤提结局》与李石的《黎墨》

下面引录的二首诗，与前面所引同是议论楮币，但角度独特，颇为新颖：

> 吏奉新书多刻峭，君于此事极忠勤。告缗鲜有丽三尺，投劾不如宽一分。重币稍权周旧法，大搜安用汉深文。先明最善言阴德，莫要人知耳自闻。（《后村先生大全集》卷三六《送雷司法于法秤提结局》）

刘克庄（1187—1269），初名灼，字潜夫，号后村，后改名。

兴化军莆田（今属福建）人。嘉定二年（1209）以荫入仕。后因诗案被劾。累迁秘书少监兼中书舍人。

此诗是友人担任有关称提楮币官职后刘克村写来赞扬友人的。全诗大意为：官员们执行新颁的命令时多冷酷苛刻，你做此事却极尽忠勤。朝廷颁有像汉代告缗法一样的法令，臣民们少有敢以身试法的，因而你知道检举犯法者可以略微从宽。周朝时就有货币过“重”时通过权变使之变轻的老办法，何必使用汉代那种严刑峻法去大事搜查呢！你最先懂得这些道理行善积了阴德，不要以为那些做了坏事的人能逃脱上天的惩罚。此诗最后一句似是活用了一则典故，《后汉书·杨震传》载：“震迁荆州刺史、东莱太守，昌邑令王密夜怀金十斤以贿震，言：‘暮夜无知进。’震拒之曰：‘天知，神知，我知，子知。何谓无知。’”诗中似是讲，做了亏心事，即使是不让别人知道，自己也不能欺骗自己。此诗从侧面反映了称提楮币给百姓造成的骚扰。

下引李石的诗是写置办印制钱引所用墨之艰难：

> 一朝污浊流，钱券满吾蜀（原注：黎州岁应副印钱引墨三千余斤）。童山要进取，万石压车轴。（《方舟集》卷一《黎墨》）

李石（1108—?），字知几，号方舟，资州（今四川资中）人。绍兴二十一年（1151）登进士第。历太学博士。成都通判。著有《续博物志》《方舟易学》等。宋人描述楮币，后人研究楮币，往往都仅注意其发行数量、区域、形制、是否贬值等，李石此诗却给我们提供了一些全新的视角。他的诗使我们了解到，由于楮币印制数量大，原料的供应也成为相当重要的问题。由于年年采集大量木材制墨，造成山都秃了。宋人不懂生态问题，但诗的字里行间却使我们感受到诗人对无节制地砍伐树木的忧虑之情。这确使人有耳目一新的感觉。在作者的《方舟集》中，还收有他就此事上奏朝廷的奏疏，可与诗互相参照阅读。

四、高斯得的《物贵》

物价问题从货币学的角度看，即是货币购买力问题。所以物价研究也是货币史研究的重要组成部分。南宋景定年间，楮币贬值、物价暴涨。高斯得的《物贵》诗，是专门描写此种情景的。全诗如下：

一从泉法乱，都野咸荒荒。片楮母偏重，无子相低昂。奸人窃其权，百物因大翔。握薪重寻桂，尺鱼贵河鲂。我闻辇毂下，鞅法半毛详。物物揭成价，大字悬康庄。朊鲍榷公肆，饼师聚官场。市易祖嘉问，均输肖弘羊，罻罗四面布，摇手触刑章。哀哉今之人，逢时何不祥。谷斛八钱汉，米斗三钱唐。安得生其时，鼓腹咏太康。（高斯得《耻堂存稿》卷六《物贵》）

高斯得，初名斯信，后改名。字不妄，邛州蒲江（今属四川）人。绍定二年（1229）登进士第。宝祐六年（1258）七月，被诬任福建转运副使时贪赃百万，被罢赋闲，自命其居为“耻堂”。宋度宗时重被起用，官至参知政事。《宋史》卷四〇九有传。此诗为景定年间被贬在家时所撰。

此诗大抵也是明白如话的。其中只有“朊鲍”稍少见。“朊鲍”为两种祭品，“朊”指肉块，“鲍”指鲍鱼。又“罻”意指小网，“罻罗”即罗网。全诗大意为：自从钱法混乱，无论是都城还是四野都是一片荒凉。楮币与铜钱本应是子母相权而行的，现在母重子轻，不能相权而行。利权本应由君主亲自掌握的，现在却被奸人（按指奸商）窃取，导致物价暴涨。一把柴薪比往常八尺长的香桂还要贵，一尺长的鱼比往常河鲂还要贵。我听说天子脚下，商鞅的苛法细密入微。每种货物官府都规定了固定的价格张榜公布，用大字抄写在交通要道旁。鱼肉也拿到公家的铺子里统一出卖，饼师一类的人都汇集到一起成了官场上的人物。市易法仿效北宋神宗时的吕嘉问，均输法效法汉代的桑弘羊。四面八方都像布下了天罗地网，举手摇足动辄触犯刑律。今天的人生不逢时，该是多么不幸！汉代有谷每斛八钱的时候，唐代有米每斗三文钱的时候。要是生在那个时代该有多好，可以吃饱肚子歌咏太康盛世。

南宋景定年间，国势急转直下，内外矛盾空前尖锐。宝祐、开庆间，元军三路大举入侵，虽然因蒙哥汗的去世而受挫，但宋朝不但失去了四川中部的许多州县，而且因元军打通了去往云南的通路，造成了北、西北、西南三面受敌的严峻局面。景定元年以后，元军重新对宋展开攻势，景定二年，南宋四川名将刘整降元，使得局势进一步恶化。军事形势的严峻，造成了军费开支的加大。战争造成了经济的破坏，经济的破坏导致税收减少。收入减少、开支增加，只好以多发楮币来弥补亏空。这势必导致会价的下落和物价的上涨。当时十七界会子会价每贯五十文，约为票面价值十五分之一；十八界新会会价也已降至每贯二百五十文上下，约为票面价值的三分之一以下。《物贵》反映的就是此种情况。作者在他的另一首诗中也咏及物价，现摘录如下：

> 客寓无田园，专仰买桑供。岂谓桑陡贵，半路哀涂穷。三百变三千，十倍价何穹。家赀已典尽，厥费犹未充。乃知楮法坏，流毒刀兵同。（高斯得《耻堂存稿》卷七《桑贵有感》）

此诗集中写桑叶暴涨给养蚕人造成的痛苦。最后一句讲，楮币发行不当给百姓造成的灾难同战争是一样的，讲得很精辟。由于这次物价失控，导致宋廷推出“回买公田”的非常举措，同时又企图用金银现钱关子取代会子。所以，这次楮币购买力暴跌，在南宋末年经济走向崩溃的进程中，是重要的一环。而《物贵》等诗为我们提供了具体生动的研究资料。

（原载《炎黄文化研究》第7期，大象出版社2008年版）

读书札记二篇

一、读《岭外代答校注》

算下来我研究宋史已有二十多年了，在这些年里，没少同《岭外代答》打交道。我下力量最多的是财经方面的问题，在探讨宋朝同海外各国的经济问题（如市舶贸易）、宋朝同西南各少数民族的经济关系（如茶马贸易）、宋朝地方财政问题（广西路财政）、宋代各地物价问题时都曾读过它，也曾从它里面摘录过不少资料。闲暇时，还曾在单位阅览室读《代答》消遣，书中诸如“路上行人口似羊”之类的奇事异俗，颇开阔我的眼界、驱赶我的倦怠。记得很早我就想得到此书，多次到书店寻觅，结果却空手而归。后来一问，才知道它没有点校本，只有丛书集成本、影印四库本和线装本，这些都是我“消受”不起的。一次，已故北京社科院研究员姜伟堂先生对我说，他点校了《岭外代答》，已送交某社准备出版。这事一直挂在我心上，为此曾在书店浪费了一些时光，但总也未见到此书出版。因怕有“索书”之嫌，也不敢去问，至今也不知此事的究竟。1997 年忽然在书店看到上海远东社出的

《岭外代答》，是“宋明清小品文集辑注”丛书中的一册，校注者是屠友祥先生。对于此书被列入“小品”系列，心中颇不以为然，但无论如何，既是盼望已久的《岭外代答》，就顾不得其他了，马上购回。今年听说中华书局也出了《岭外代答校注》，就借来看，一看之下，无可奈何，又得掏腰包，再买一册《代答》。

既已有了远东本《代答》，而且此本印得眉目疏朗、错字不多，标点大体正确，按照我的经济实力，本不应再买中华本。使我不得不掏腰包的原因，是中华本《岭外代答校注》的三大优点：一是校勘的精细，换言之，它是经过精细整理的典籍；二是注解中汇入了本书作者杨武泉先生的大量研究成果，即它带有学术著作的性质；三是本书经作者及编校者的共同努力，附上了序号和各种索引，使它具有了工具书的性质。既是如此“三位一体”，于是便“欲罢不能”了。

说此书校勘精细，只要将它同远东本《代答》稍加比较就可体察到。后者全书竟找不到校记，而前者书中的校记比比皆是，而且做得认真。《代答》历史上似长时间没有刊本，一度失传，直到人们从《永乐大典》重新辑出才得以刊刻流行，所以版本较少。这给校勘带来困难。杨先生为了弥补这方面的缺欠，较多地运用了外校的方法，除了同范成大的《桂海虞衡志》进行比校外，还广泛利用了宋代的各种史籍，为了纠正“滕□”中“滕”的错误（此书第194页），作者利用了今人孔凡礼先生的研究成果。但作者又指出孔先生将“□”误为“廧”的失误。为此，作者查阅了孔先生的《宋诗纪事续捕》、宋人《宋名贤五百家播芳大全文粹》、张孝祥《于湖集》、《宋会要辑稿》、清人厉鹗《宋诗纪事》等多种文献记载。这种认真态度是一般给古籍作注释者中所不多见的。又例如，为了考定地名“机榔县”的“机”是否为“桄”之讹（此书第62页），作者查考了范成大《志》、《宋会要辑稿》、《宋史·郭逵传》、宋魏泰《东轩笔录》、李焘《长编》、《宋大诏令集》、沈括

《梦溪笔谈》、今越南社科委员会编《越南历史》等多种文献。这些精细的校勘使我们对此书的文字产生了较强的信任感。

说此书带有学术著作性质，主要是讲此书的注释部分凝入了作者的许多研究成果。此书的注释文字从数量上远远超过了《代答》原文的数量。特别是同远东本比较，其注释的群书和深入尤其突出。远东本注释特点是笺注，它采取了目前较流行的“藏拙”办法，只注自己所长，即只在自己有把握说清楚的地方作注，而将一些自己无把握说清的难点留给读者。而杨先生却不是这样，他不藏拙，力图自己克服所有难点，所以出注的地方就多，注得就详细。从这些注释中，可以看到杨先生不但对此书及其作者，而且对书中涉及的许多人和事都做过专门的研究，在众多的领域杨先生都有较深的造诣。例如，此书在给“余襄公守钦”“富为吟咏，载在篇什”二句作注时（此书第39页），作者不但征引了欧阳修、蔡襄等人为余靖撰写的墓铭、碑铭及《宋史·余靖传》的内容，指出《代答》作者的失误，而且指出，今存余靖文集中并没有他写的与钦州有关的诗文，故“载在篇什”者或为他人之作。这说明作者对余靖本人及其全部作品都做过研究。就笔者浅见，该书注释最见作者功力的可能是关于地名、人名的考订。书中涉及的地名很多，有当时海外的国名和城市名，有广南边界地区的地名等，考订难度很大。例如，该书对“罗殿”“毗那”（第50页）、“阇婆国”（第89页）、“故临国”（第91页）、“大秦国”（第96页）等的注释，作者既介绍了学术界的一般认识，又分析了这些看法的欠缺，表示出作者对这些问题都做过专门的探讨。又例如，该书为陈永泰、凌铁、邓运使所作的注释（第438、440页）都旁征博引，不但介绍了他们的事迹，而且纠正了前人的失误。再例如，对“媚川都”的注释（第261页）尤见作者功力。作者不但指出“都”为军事组织名，而且指出，由“媚川都”演化出的“静江军”不是行政区划名，而是厢军名。还应指出的是，该书涉及不少宋代官制中的术语，这些术语即使是专治宋史者也常常感到头疼的，而该书的注释基本准确，这是很难能可贵的。如，“残零”这一吏部术语（第 167 页），既专且偏，该书作者就十分准确地作了注释。

说此书具有工具书性质，是因为它为每则文字加了序号，又编了人名、地名、物名、杂类四种索引。《岭外代答》与一般古籍不同，它是介绍宋代广西地方风土人情（因广西邻海，与海外交往多，故也顺带介绍海外各国）的著作，其中涉及的人名、地名、物品名、事物名较多，尤其是地名（含国名）、事物名特多。现在持有此书，当您遇到涉及宋代广西风俗（如鼻饮）、地名等或者遇到宋代海外国名时，就可很方便地在此书中查找到有关的解释。从事相关教学研究者案头备一部或许并非多余。

金无足赤。此书也有不尽如人意处。首先，作者既不藏拙，而每个人的精力有限，《代答》涉及的领域又那样广阔，势必有作者研究得不够的地方，难免会出错。例如，该书为“抽解”作注说：“按官价抽买其货物而解之朝廷。”（第 195 页）事实上，宋代市舶税分“抽解（抽分）”“抽买”两部分，“抽解（抽分）”是无偿的，“抽买”是有偿的。作者这里将二者混为一谈了。又如，作者在注释中讲：“南宋市马转向西南，以广马为主。”（第 135 页）事实上，南宋买马直到嘉泰末（1204）仍以川马为主（参李心传《建炎以来朝野杂记》有关章节）。又如，作者征引宋人“［唐朝］上供，今之户部所入是也”（第 189 页），来解释宋代“上供”，实是不妥的。因为唐宋财政体制不同，宋朝上供不但含户部财，还含朝廷财和内藏财。其次，将杨本《代答校注》同远东本《代答》比较，屠友祥先生所作注释也有其长处。突出的是杨先生对有些植物似平时关注不够，注释中只征引《简明生物学辞典》和《中东大辞典》，如对“桄榔”（第 294 页）、“斑竹”“葸劳竹”（第 297 页）、“蕉子”（第 305 页）等的注释。而屠注就比杨注显得丰满。最后，如果进一步苛求，作者对于《代答》作者的生卒事迹的考订等也还有些可以商榷处。然而，瑕不掩瑜，以上所言都是支流末节，与此书的成就相比，都是不值得提起的。

笔者这里想添一“蛇足”，即为该书的一处注释做些补充。《代答》中言及：“今雷州徐闻县递角场，直对琼管。”该书为“递角場”作注说：“见于《寰宇记》一六九，但不见于《代答》以后地志。”（第45页）笔者好事，请人用电子版《宋史》进行检索，结果发现《宋史》中三次出现遇雷州递角场。其中两次在卷一八七《兵志》，是讲北宋前期和中期雷州都驻有厢军“递角场”指挥。另一处是卷二八四《陈尧叟传》，中言尧叟任广西转运使，“海北岸有递角场，正与琼［州］对，忽有京师递角至……”文中虽未言及雷州，但从历史地图上可知，与琼州隔海相对的，恰是雷州徐闻县。又由此处记载可知，递角即邮筒，用于放置邮件者，递角场为邮递设施（顺带讲，本书第470页地名索引“递角场”后注条074应校正为024，且后失标页数）。将来该书再版时或可参考补入。

（原载《书品》2000年第4期）

二、读《续资治通鉴长编》

近期，标点本《续资治通鉴长编》（以下按惯例简称《长编》）第1册出版发行，它标志着此书（全部34册）出版的完成。作为一个热心于宋史研究的人，我是很高兴的。

我开始系统地阅读《长编》，那是十五六年以前，当时我是北京经济学院的助教。起初，为了读《长编》（当时《长编》只有线装书，影印本、标点本都未问世），我每天很早去图书馆占座位。那时读古籍的人很多，去得稍迟就得不到座位号，或者白跑，或者要等别人离去才能“替补”。中午到附近小饭馆匆匆“觅食”，下午往往是被管理员打扫卫生的扫帚“扫”走。时间长了，觉得很苦。想借回家看，又没有资格。恰在此时，首都图书馆贴出公告：凡全国级学术团体成员，可办专业借书证。我乘这个机会，开了中国宋史研究会的介绍信，几经周折，终于得到了一张阅读古籍的借书证。从此，我可以每次借一函《长编》回家读，每函读一个月，到期更换。用了两年时间，我终于通读了《长编》。现在，新式标点本《长编》出版了，像我一样的学子已经不必如我当初那样跑图书馆了，何况我们今天读到的是已经经过校勘、标点的排印本《长编》了。我为他们感到庆幸，也为包括自己在内的所有宋史研究者庆幸，新标点本《长编》给大家提供了巨大方便。

我读《长编》，从中得到了巨大益处，特别是在写作《两宋财政史》过程中，更从中汲取了营养，治北宋史，有三部大书不能不读，即《长编》《宋会要辑稿》与《宋史》。我读这三部书，有这样的体会：《宋会要辑稿》记录各种专项制度比《长编》详细，但它记录制度的变化不述背景情况，往往使人不明白为什么变化及为什么如此变化。另外，《宋会要辑稿》既是“辑稿”，就不完整，有许多记述重要制度的《宋会要》原稿佚失。就以宋代财政而言，关于三司、户部、钱币等方面的内容残缺尤甚，宋代是中国货币发展史上非常重要的历史时期，全世界最早的纸币产生于这一时期，铜钱最高年铸行量产生于这一时期，此时期又是大量铸行铁钱、划分货币区的时期。然而，《宋会要辑稿》的“钱币”部分只有寥寥数页，而关于纸币，则更无专项记载。相比之下，《长编》关于北宋货币的记载却相当详尽。既有关于铜钱的，也有关于铁钱、纸币的，还有关于货币区划分的。我写《两宋财政史》

货币一章的北宋部分，就主要依靠《长编》中的记载。

《宋史》与《长编》不同，前者是纪传体，后者是编年体，前者的优点是分《纪》《志》《表》《传》等部分，有利于分项研究，特别是研究人物时尤感便利。但是，同《长编》相比，《宋史》存在明显欠缺。首先，《宋史》记述北宋史情的文字总量比《长编》少，《宋史》全部四十册，其中约一半是记述南宋历史的，记述北宋历史的部分折算下来不会超过二十七八册，而《长编》则有三十四册。这样算当然比较粗略，但若仔细计算字数，其结果肯定也差不多。《宋史》的篇幅少，引录文字多经删减压缩，《宋史》又是元代人编撰的，对宋代某些情况不甚熟悉，编撰过程又很仓促，所以删减压缩得多有失当。相比之下，《长编》记述文字比较详细、准确，我将二书对比阅读，发现了《宋史》的多处失误。其次，《宋史》在述事时，往往对时间不甚讲究，有时不但不交代年月日，甚至连当时是哪个皇帝在位也不交代。记述大臣与皇帝交谈，仅笼统地记述某大臣与“上”交谈，这个“上”指哪个皇帝也不做交代。相比之下，《长编》系时相当准确，年月日分列。我在写《两宋财政史》时，多得益于《长编》的准确系时。

我读《长编》，感到它记录的许多历史资料是别的文献所未收（或者是从它里面转录、节录）的。例如，《长编》相当完整地收录了宋太宗末年、宋真宗末年的财政收支情况。又例如，《长编》全文收录了吕惠卿等人元符年间的几份奏疏，这些奏疏提供了有关当时西部地区的政治、经济（其中有物价）等方面的生动资料，历来为研究者所重视。这些是《长编》所独有的。

总之，我读《长编》，感觉它是各种宋史（北宋）文献中最重要的一种，如果让我将《宋史》《长编》《宋会要辑稿》三部书依重要性排顺序，我会把《长编》排在首位。

我读《长编》，也为现存本的不完整而遗憾。原书据说有九百八十卷，现本仅五百二十卷，其中英宗治平四年四月至神宗熙宁三年三月，哲宗元祐八年七月至绍圣四年三月以及徽宗、钦宗在位时期全缺，上述几个时期又恰是政治斗争较为激烈的时期。好在清人秦汀业编辑了《续资治通鉴长编拾补》，收集了《长编》的许多佚文。不过，《拾补》主要是从《续资治通鉴长编纪事本末》中“拾补”的，它“拾补”得很不全，近来研究者在《山堂群书考索》等书中又发现不少佚文，所以将来人们或许在《拾补》之外再搞“拾补”。

据说，《续资治通鉴长编拾补》也即将出版校点本，这可以补充《长编》的一些缺欠，特别是《拾补》中收集了宋徽宗、钦宗时期的重要史料，这将给治史者提供巨大的便利。我不禁产生出一个愿望，如果能及时地组织有关人员编一部《拾补》，在《拾补》之后或者附在《拾补》后与它一起出版，这无疑是读《长编》者所渴望的。

最后，还应当讲到，我读过线装大字的《长编》，也读了标点本《长编》，相比之下，深感后者因整理者的辛勤劳动而提供的便利。线装《长编》中不少因文字错讹而读不懂、存疑的问题在标点本《长编》中都得到了解决。那种认为有了影印本《长编》就足够了，进而贬低整理《长编》的意义的观点，是不足取的，是我所不能苟同的。

（原载《书品》1996 年第 1 期）

文献杂考

一、宋代地方会计录类著述

会计录这一事物大抵也是唐宋变革的产物，始见于中唐，盛行于两宋。《新唐书·艺文志》载，唐有韦处厚《大和国计》二十卷，王彦威《占额图》一卷，李吉甫《元和国计簿》十卷，性质与宋代的会计录可能较为接近。宋代大部分皇帝在位时期都曾令人编撰《会计录》，有的编成了，如《景德会计录》《庆历会计录》《皇祐会计录》《治平会计录》《元祐会计录》《绍兴会计录》《庆元中外会计录》等，也有些没有编成。这些会计录的出现反映了财政管理渐趋于理性化，有其积极意义，包括笔者在内，不少研究者都已有论述，此不赘言。值得注意的是，宋代有些地方官府或个人也编撰了一些内容类似《会计录》、反映地方财计的书，以下略加考述。

见于记载最早的似是大观年间的《河北根本录》，王应麟记：

大观中，河北漕臣任谅著《河北根本录》，凡户口升降、

官吏增损与一岁出纳奇赢之数，皆披籍可见。（《玉海》卷一八五《会计录》）

据引文，此《根本录》的内容与一般《会计录》大致相同，是较早的路级会计录类著述。王应麟又记，其后宣和七年八月，两浙转运副使程昌弼奏："漕司以计度经费为职，臣分别科科目，使多寡盈虚登耗之数可指诸掌，请诏臣编撰《宣和两浙会计总录》，颁之州县。"他的请求得到批准，但是否落实不得而知。（《玉海》卷一八五《会计录》）南宋中期，李焘"取未用兵前靖康元年及用兵后绍兴二十六年成都一路财用出入之数列为二图，凡物色之非钱者，皆以钱准之。未用兵时一岁之入总若干（原注：当令吏具出物色细折价例并钱数总计若干，实著之，盖收支两图元未具物色细折价例也），而出之不尽者犹五十七万四千三百有奇，既用兵，则一岁之入总若干（原注：此亦须具钱物价数实总计若干），而出之多者乃逾九十四万九千六百，虽巧算精思，一岁之入要不足以共一岁之出也"。其中还收录了本路二税收入、吏兵奉禄支出等，显然也同于本路的会计录。（《成都文类》卷二三李焘《比较图序》）

以上所述为反映路级财政的著述。南宋还有反映州县财政的著述。据陈傅良讲，桂阳军录事参军宋文仲，撰有《桂阳军会计录》，陈傅良曾根据它"蠲除宿负，罢弛斜科"（《止斋集》卷二〇《湖南提举荐士状》）。又《通考·经籍志》载："《长乐财赋志》十六卷。陈氏曰：知漳州长乐何万一之撰。往在鄞学，访同官薛师雍子然几案间有书一编，大略述三山一郡财计，而累朝诏令申明沿革甚详。其书虽为一郡设，于天下实关通问所从得。薛曰：外舅陈止斋修图经，欲以为财赋一门，后缘卷帙多，不果入，因借录之，书无标目，以意命之曰《三山财计本末》。及来莆田，谓郑寅子敬道之，郑曰：家有何一之《长乐财赋志》，岂此邪？复借观之，良是，其间亦微有增损，末又有安抚司一卷，并抄录附益为全书。”可知此为专述福州财赋的会计录类书。同书又记：“《平阳会》四卷。通直郎、知平阳县汪季良子驷撰。平阳号难治，为浙东三阳之冠，季良治之有声，乃以一邑财计自两税而下为二十一篇，终于岁会旁通沿革，本末大略备矣。又为外篇五条，如砧基副本、催科、检放及书手、除科敷之类，以为此财用所出也。季良，端明应辰之孙，佳士且能吏也，得年不永，士论惜之。”则《平阳会》为一县之“会计录”无疑，其作者汪季良是汪应辰的孙子，去世较早。叶适曾为此书撰序，见其《水心集》卷一二《平阳会书序》。《（宝庆）四明志》卷八载：周鄂字兼彦，元丰二年进士，系北宋名臣范镇外甥。“历官自濠州户曹以至提点江淮荆浙福建等路坑冶铸钱公事，为政皆有纲要。居漕幕，则著《会计录》《振领图》；宰县则著《日成月要会集》，守郡则著《承宣集》，阅其书可以知其政矣。”

二、宋代“钱”与“金”辨

秦汉时称黄金一斤或一镒为一金，宋人则惯称一钱为一金，这是很不同的。为了说明这一点，笔者以下特不厌其烦地多举一些宋人称“钱”为“金”的实例（共九则）：

秋霖过百日……津梁尽倾坏，商贩绝经过。斗米二百金，吾生将奈何。（王禹偁《小畜集》卷六《秋霖》）

晋邸岁终筹攒年费，何啻数百万，惟失五百金，屡筹不出。一苍头偶记之：“晋王一日登府楼，遥观寻橦（一作种），赏叹精捷，令某府取库金五百与之，时［陈从］信不在，后

失告之。”（释文莹《玉壶清话》卷八）

稔之秋，一斛所售不过三百金。（范仲淹《范文正公集》卷八《上资政晏侍郎书》）

既已出麦，则又折令纳钱，钱固难得于麦矣，于是有斗当三四十金而所纳至于百钱者……此所谓支移折变之苛也。（《宋朝诸臣奏议》卷一四九邢恕《上哲宗五事》）

今（绍圣三年）度牒直金二百千。（《宋朝诸臣奏议》卷一〇〇蔡蹈《上哲宗论杨琰度牒》）

临海鱼稻之乡，在东南一隅昔最号无事。余少时见米斗百金，鱼肉不过三十金，薪柴杂物极易得。（《赤城集》卷一陈公辅《临海风俗记》。此文撰于南宋绍兴八年前后）

[建宁] 米以五六升为斗，每斗不过五六十钱。其或旱及踰月，增至百金，大家必闭仓以俟高价。今岁五六月间，索价愈高，至于百八九十金，较之常年则是三倍其直矣。（黄榦《勉斋集》卷一八《建宁社仓利病》）

嘉定五年四月二十四日，臣僚言：“……[广南征商苛暴] 空身行旅，白取百金……”（《宋会要辑稿·食货》一八之二四）

今京师江淮尤竞植之（海棠花），每一本不下数十金。（陈思《海棠谱》卷上）

上引各例引文中的“金”并非黄金，而是指一文钱或一个钱，这是显而易见和不容置疑的。其实，称一“钱”为一“金”，宋人自己已有议论，北宋龚鼎臣说：“世俗谓一钱为金，百金为一镮，与古异也。”（《东原录》）则称一文“钱”为一“金”，实宋人习惯。

大约是受宋人影响，元人所修《宋史》中也时有以“金”代“钱”的现象，如：

[绍兴中] 为泰兴令，问民疾苦，皆曰："……漕司输藁秸，致一束数十金……"（卷三八九《尤袤传》）

以上所述为称一"钱"（实际是一文钱）为一"金"。"钱"自古又泛指金钱、钱财，宋人也以"金"泛指金钱、钱财，例如：

李丞相沆有长者誉，一世仆逋宅金数十千，忽一夕遁去。（释文莹《湘山野录》卷下）

余杭郡榷酤岁金二十万贯，为诸郡之剧。（《范文正公集》卷一二《宁海军节度掌书记沈君墓志铭》）

《宋史》中也颇有以"金"泛指金钱、钱财的，如：

绍兴二年，授富川主簿……满秩，士民丐留不获，相率馈金五十万，不告姓名，白于守曰：高君贫无以养，愿太守劝其咸受。（卷三九九《高登传》）

孝宗时论：赐田勋戚，豪夺相先，陵轹州县，惟当赐金，使自求之。（卷四〇〇《汪大猷传》）

大宝以囊金三十万，募民抉薮甃道十余里，行者便之。（卷三八六《王大宝传》）

过去有学者对上引文字中的某一则或某几则产生误解，认为其中的"金"是讲"黄金"，例如日人加藤繁《唐宋金银之研究》中即有此种情况（如第三章《宋代金银货币的用途》第一节《在私经济方面金银货币的用途》第十三项《物价的支给》）。其实上引各例中的"金"，都是泛指金钱或钱财的。

近年一些古籍整理者对宋代"金"与"钱""文"的关系不甚清楚，往往不适当地出校注，请看下列：

仍以千五百金（校："金"当作"钱"）偿之。（《夷坚甲志》卷七《张佛儿》。何卓点校，中华书局1981、10版）

［景德镇回香院黄牝鸡为一老妇人转世，院主］梦妇人著黄衫拜床下，敛袂请曰："老新妇欠院家钱，逐日旋还了，余欠只七金（校：'金'似当作'钱'）……"……丐［欲买鸡］探竹差中，惟存七钱……僧猛省梦。（《夷坚支戊》卷一〇《回香院鸡》。余同上）

薛大圭禹玉……淳熙中为湘潭令……湘乡县有富家女夜为人戕于室……历数月不获凶身……薛奋请效力……［扮为道士到凶手家］唱词乞索。两后生（凶手兄）与之十钱（校：原作金，据周本改），弃于地曰："何得相待如此?"增至五十及百钱（校：原作金，据周本改）……（《夷坚志支癸》卷一《薛湘潭》。余同上）

大观末，鲁公责宫祠，归浙右，吾侍公舟行，一日过新开湖……鲁公命吾乎得一艇来，戏售鱼可二十鬣，小大又匀齐，问其直，曰：三十金也（校：张本凡"金"字俱改作"钱"，案后云"竟还一钱而去"三本同作"钱"，则"金"字似误，今姑仍之）吾使左右如数以金畀之焉……未几忽遥见桨艇甚急飞趁大舟矣……则曰："始货其鱼，约三十金也。今乃多其一，用是来归尔。"鲁公笑而却之，再三不可，竟还一钱而后去。（《铁围山丛谈》卷三。冯惠民、沈锡麟点校，中华书局1983、9版）

荆公退居金陵，蒋山学佛者俗姓吴日供洒扫，山下田家子也……［荆公以一旧幞头赠其父］数日，公问幞头安在，吴曰："父村老无用，货于市中，尝卖得钱三百金供父……"（校：稗海本"金"作"千"。高本作"全"，校改作"文"。库本作"文"。疑作"文"是）（《墨庄漫录》卷一。孔凡礼点

校，中华书局2002、8版）

类似的校记显然是不必要或不正确的。

三、《续资治通鉴长编》校点商榷

由上海师院等单位点校、中华书局出版的《续资治通鉴长编》（简称《长编》）一书已出版。近读此书，偶见其第六册中校勘、标点的几处遗误，在此试一正之。

（1）标点本卷六九第一五四七页大中校符元年“六月壬辰”后有如下一段话：

> [安]守忠等掌榷货务，三司言其岁课比旧增八百四十九千余缗，遂赏之。

查各古本，此处文字均与标点本同。然文中岁课以“千缗”为单位，这在宋代史籍中从未见到，很是可疑。《宋会要辑稿》（以下简称《会要》）职官一一之六载：“大中祥符九年六月三日三司言：准诏检勘，监榷货务、香药库使安守忠，供奉官、阎门祗侯黎守中监临三年，都收缗钱比未改法增八百四万九千余贯……”《会要》所记与上引《长编》所言应是同一件事，然而却有两处龃龉：一为时间不同，二为所载增加岁课数有异。细分析，乃知两处不同实为辑录者或抄写刻印者等的失误所致。查《会要》引文相邻条目，前为景德四年七月四日诏，后为大中祥符四年八月十五日诏，《会要》各条都是按时间顺序排列的，此处把大中祥符九年之事系于大中祥符四年之前，显见有误。又“九”“元”两字形近。故不难推断，《会要》“大中祥符九年”乃是“大中祥符元年”之讹。《长编》所载岁课数“八百四十九千余缗”与《会要》“八百四万九千余贯”，其中只有“十”与“万”一字之差，而《会要》用“万”，符合宋人常以万缗、万贯为计量单位的习惯，当可信。故此处岁课文字应据《会要》予以校正。

（2）标点本卷七一大中祥符二年“六月丙午”后有如下一段：

> 增饶、池二州铸钱监，犒工匠缗钱，饶州岁十七万，池州三十万。

原文在“铸钱监”之后断开，可以有两种理解：一为饶、池二州原有钱监，此时又增之。但显系不妥。因北宋前期钱监极少，决无一州设几处钱监之理。二为饶、池二州原无钱监，现令增置。这也不妥。饶、池二州钱监早此已见于记载。饶州钱监五代已设，宋承之，太平兴国年中已见记载（《长编》卷一八）。池州钱监乃是至道二年所置（见王禹偁《小畜集》卷一七《江州广宁监记》）。又据《长编》卷四七宰相张齐贤之语，可知咸平年中饶、池两州钱监已为当时四大钱监中的两个。此后并未有废罢之事。故两州钱监并非此时新置。细体原文之意，当是讲增二州钱监犒工匠缗钱，所增者并非钱监。“铸钱监”后不应断，而应与下连读。

（3）有两处涉及“凭由”一辞的断句似也可商榷：

> ……一下尚书、内省降用印，凭由除破。（页一四八一）
>
> 内藏库言旧制宣取物色，皆降御宝，凭由除破。（页一五二五）

“凭由”即如今所言“证明信”。“用印凭由”即在其上加盖印章之凭由，“御宝凭由”即在其上加盖皇帝大印之凭由，将“用印凭由”“御宣凭由”拦腰断开，文义费解。当以不断为是。

（原载《文史》第23辑）

四、宋史文献中的“川峡”与“川陕”

宋史文献中的“川峡”与“川陕”颇多见，然一字之差，含义相差甚远。“川峡”为西川路与峡西路（简称峡路）之合称，“川陕”为四川与陕西之合称。人们一般对峡路较为陌生，它创立于开宝六年（973，一说开宝四年971），到咸平四年（1001）四川改划四路，西川路和峡路的建制便都不存在了。所以，峡路实际只存在了不足三十年。峡路的建制没有了，但用“川峡”指代四川的说法仍然长久存在，后人不知有峡路，往往把“川峡”误为“川陕”。

请看此例，《宋史》卷二七七《韩国华传》载：“[太宗时]改兵部员外郎、屯田郎中、京东转运使，徒陕西路。旧制，川陕官奉缗悉支铁钱，资用多乏，国华奏增其数。”（钱币学界有人引录此一记载和下引记载，证明陕西在宋太宗时已行用铁钱）对于此事，李焘却是这样记述的：“[至道三年冬十月]峡路转运使韩国华到阙，又言：川、峡州县幕职官等所请月俸铜钱一文止支铁钱二文，望增加铁钱分数。帝令支铜钱一文易给铁钱五文。”（《长编》卷四二，另《宋会要辑稿》职官五七之二四所载略同）《长编》又于咸平五年七月癸亥条注文中引《韩国华传》云：“国华为峡路转运使。旧制，川峡官奏悉支铁钱，资用多乏。国华奏增其数，至今便之。”（卷五二）将《宋史·韩国华传》的记载与李焘

《长编》的记述做比较。显然，《宋史》是把"峡路"讹为"陕西"、"川峡"误为"川陕"了，而且，这是撰史者的错误，不是誊录刊刻的错误。当然，这样下结论或许有人还会持疑，因为史书上记述分歧者颇多，不应轻易地用一处记载否定另一处记载。为了凿实此事，我们不妨再引录二则记载。宋仁宗时，尹洙为韩国华写墓志铭，其中讲："至道二年，以屯田郎中充京东转运使，移峡路转运使。真宗听政，迁都官郎中还朝。"（《河南先生集》卷一六）这可证韩国华在任京东转运使后，即任峡路转运使而不是陕西路转运使。富弼为韩国华撰神道碑，其中说："出为京东转运使，即拜峡路转运使。峡为险远。一路官俸薄，不可责以廉，公奏益之，至今峡中官德公不已。"（《金石萃编》卷一三五）碑文一连用了三次"峡"字，可谓"峡"不是"陕"之最好证明。又尹洙、富弼都是韩国华之子韩琦的好友，对韩国华的事迹不大会搞错，其记述应是可信的。所以，上引《宋史》的记述错误是无可置疑的。

《宋史》还有一处将"川峡"误为"川陕"的记载，见本书卷二九三《张泳传》："[太宗时，知益州。] 会诏川、陕诸州参用铜、铁钱，每铜钱一当铁钱十……"查元代人费著《钱币谱》记此事谓："淳化五年（按张泳于此年任知益州，见《长编》卷三六），诏两川以铜、铁钱兼行，铜钱一当铁钱十，民颇便之。"（《蜀中广记》卷六七引）又《宋史》卷一八〇《食货志》也载："[淳化五年] 令川峡仍以铜钱一当铁钱十。"而李心传则记："淳化间，仍令两川铜、铁钱兼用。"（《建炎以来系年要录》卷一六九）三处记载或讲两川，或讲川峡，都未涉及陕西，可知《张泳传》的"川陕"也为"川峡"之误。

除上引外，将"川峡"误为"川陕"的例子还有不少，如：《建炎以来朝野杂记》甲集卷一六《川陕铸钱》，从头到尾没有一个字言及陕西事，讲的全是四川事。所以，小标题应改为《川峡铸钱》才名副其实。咸平三年，西京左藏库使杨允恭上书言“川峡铁钱之弊”，讲的明明都是四川的事，但《群书考索》后集卷六一《财用·铁钱》却也把“川峡”误为“川陕”。《宋史·杨允恭传》可为佐证。《宋会要辑稿》刑法三之二载：“大中祥符六年二月一日，诏川陕四路赃钱、赏罚钱以小铁钱十当一。”四川在咸平四年已分为四路，连同陕西路无论如何也不会还是四路。引文中“川陕”为“川峡”之误无疑。

应当指出，宋代文献中常常把“川峡”误为“川陕”，是同“峡”字在北宋时期同“陕”字相通有直接关系。“陕”与“陜”字形很难区分，两个“人”字和两个“入”字造成人们常将两字混同。北宋丁度《韵略》卷五将“陜”列入“洽”韵，释曰：“陜……亦作峡、狭。”（其主编的《集韵》所载略同）南宋毛晃、毛居正《增修礼部韵略》卷三：“陕：地名……从阜从夹……从二入作陜误，今正。”卷五：“陜：隘也，亦作狭、陿、峡，从阜从夹，与关陕字不同。”可知宋人已常将二字混同，所以字书中特加区分。既然“峡路”可以写成“陜路”，“陜”“陕”又极易相混，那由此造成错误就难以避免。今标点本《宋史》卷八八《地理志》“峡州”下有注文：“‘峡’字旧从‘硖’，今从‘山’。”“硖”与“山”不对应，与“山”对应的是“阜”，我怀疑原注文是“‘峡’字旧从‘阜’，今从‘山’”。后人读不懂，就擅自改“阜”为“硖”。

其实，从宋人撰文习惯看，北宋时期是很少把“川”与“陕”连在一起的，因为当时四川与陕西的特殊关系尚未建立。但南宋时期则不然，由于宋、金对峙的格局，四川与陕西作为对峙的一翼，密不可分地连在一起了，自张浚谋自川陕进击恢复中原后，人们对川陕的议论增多。“川陕”也就成为较常用的固定搭配辞了。所以，凡是古籍中记述北宋史事而使用了“川陕”一词的，或许都应谨慎对待。

（原载《文史》第43辑）

五、宋代指代尚书省、三司的“省”

宋代文献中，常以“省”指代尚书省、三司，进而构成许多新词。

以“省”代指尚书省，前代已有之。唐代尚书省所规定的税物价格称“省估”，如《旧唐书·裴垍传》：“为相，奏请天下留州送使物，一切令依省估。”胡三省注《通鉴》，于唐宪宗元和三年九月丙申条注曰：“省估者，都省所立价也。”宋代有“省价”，意同“省估”。吴泳《鹤林集》卷22《奏宽民五事状》，言及科买银以“省价”计之云云。宋代以省代指尚书省较流行的官方用语是“省地”“省民”“省额”等。省地意指直接载入版图的土地，省民指直接载入版籍的人民，即不包括羁縻状态的少数民族居住区及其人民。例如，李焘《长编》载，元丰二年宋神宗下诏，诫川南蛮乞弟不许其“再犯省地”（卷二九六）。前此熙宁十年诏令广源州蛮李乾德“送还所掠省地人口”。赵汝适《诸蕃志·海南》述：“其去省地远，不供赋役者名生黎；耕作省地者名熟黎。”李心传记绍兴年间武冈军猺人杨再兴“还省地及民田共六千余亩”（《要录》卷一五四），等等。这里需做说明，北宋元丰改制前，尚书省名存实亡，实掌版籍者为三司，但就“省地”“省民”的词义而言，其“省”应仍是代指尚书部省的。与“省地”等相类，“省额”也指载入尚书省名籍。如寺院中有所谓入“省额”者，《云间志·寺观》载，观音慈报禅院“崇宁二年请省额”，即指此寺于崇宁二年被批准登记，注于尚书祠部之册。此外，“省额坊场”（《宋会要辑稿》食货一八之一九）、贡茶“省额”（李心传《要录》卷一四七细文）、商税“省额”（同书卷一七一等），其“省额”均指尚书省户部所立之额。

北宋元丰改官制以前，三司职掌不但包括旧日尚书省户部、工部的全部事务，还包括旧日尚书省刑部、兵部、礼部的部分事务，因而有所谓“三司即尚书省”的说法（《长编》卷86录宰相王旦语）。所以，“省”也往往用来代指三司。如三司使被称为“省主”，三司副使被称为“省副”，三司判官被称为“省判”等（林駉《古今源流至论》后集卷二《三司》，另《范文正公集》卷九《与省主叶内翰书》称三司使叶清臣为省主）。朱定国《续归田录》述，宋神宗时，有人发明用连灶法制酒，因省柴，称“烧省法”。不想不久三司便遭火灾，于是人们便以此为先谶。此事也说明“省”为三司之代称。元丰改制后，三司为尚书户部所取代，加上户郎本来即尚书省一部，故“省”便广泛地用来代指户部，于是，便难以区分“省”究竟是原本代指尚书省还是代指户部了。

由用省代指三司、户部，便派生出系省、省计、省限、省税、省庄、省库、省样、省陌等词语。其中系省指财赋调用权归中央而不归地方，省计指三司或户郎的财计，省限指三司或户部规定的纳税期限，省税指缴纳给三司或户部的赋税，省庄指直接隶属三司或户部的田庄，省库指各州的储存系省财赋的军资库，省样指三司或户部规定时样式（如钱币有省样，见《长编》卷二七七、二八三；衡器有省样，见《长编》卷二九〇、《中国古代度量衡图集》第226图等）。另省陌指三司所定钱陌数，此前已见专文（《文史》第14辑）。

宋代度量衡制均由三司、户部及所属机构颁定，故凡官定度量衡单位名称多冠以“省”。宋代民间所用度量衡单位多与官方颁定者名同实异，故有“省”与非省之别。如宋人赵与岩《宾退录》卷8载：“省尺者，三司布帛尺也。”方回《古今考（续）》卷19载：“淮尺礼书十寸尺也，浙尺八寸尺也，亦曰省尺。”“江东人用淮尺，浙西人、杭州用省尺、浙尺。”宋人黄榦讲汉阳军有三样斛，其中“文思院斛，此官省斛也”（《黄文肃公集》卷8《复吴胜之湖北运判》）与省陌、足陌类似，量制中也有省斗、省斛与足斗、足斛的区别（参见《淳祐玉峰志》卷中、《四明开庆续志》卷7等）。官方规定收税要用省斗、省斛（《宋会要辑稿·食货》68之12、《庆元条法事类》卷36《仓库令》等）。关于衡制中省与非省的差异，北宋华镇讲“潭州方茶每一大斤，权以省秤，得九斤之重”（《云溪居士集》卷26《申明茶事札子》），杨辉《法算取用本末》卷下更明言“足秤八斤，即是十斤省秤”。

宋代文献中与“省”联系的词语颇多，这在中国历史文献中具有特殊性，正确地理解其含义，对于古籍的整理与研究具有一定意义。

（原载《古籍整理与研究》第7期）

六、值得重视的关于宋代会子的一则记载

近见到《至大金陵志》卷七《田赋志》的如下一则记载，感到值得重视，谨录于此：

故老言：所见［会子］其法三变矣。初见会子十六界，上画宝瓶，盖其始贯当见钱百文。钱且难得，欲重之，行十七界，贯当钱柒拾柒文，谓之官省钱。后又减至柒拾贰文、柒拾文，以至伍拾贰文，则为十八界大小会子矣。十八界上画银定，其文曰贰伯文者为小会子，壹贯当钱伍拾贰文；曰壹贯文者为大会子，壹贯当钱贰伯陆拾文，壹当五也。最后行十九界关子，上画火珠，贯当大会子叁贯，类若此而不

可详。

应当指出，此段所述明言为“故老”所言，故不一定精确。“故老”言第十六界、第十八界会子和关子（文中称为“十九界”，不正确，或为民间俗称）上的主要图案，分别为“宝瓶”“银定”“火珠”。此所言第十六界、第十八界会子图案与时人吕午所言情况有矛盾，吕氏谓：“当时十七界曰瓶楮，十八界曰芝楮，取绘物名。”（《左史谏草》附《监簿家传》）宋时各界会子图案似各不相同，第十六、十七相邻两界图案更不应相同，笔者怀疑为“故老”把两界会子的图案记混了。而关于第十八界，一记为灵芝，一记为银定，“芝楮”一词见于《宋史全文》卷三三，也似应以吕午所记为是，或者因灵芝与银锭图形相近致误。尽管“故老”所言颇有差错，但所言各界会子、关子上均有一标志性图案是可信的。此书成书之时距宋亡仅三十余年，所以“故老”之言应有一定参考价值。“故老”叙述了宋朝第十六界至第十八界会子的发行情况，所述与正史及宋末人记述大体相合。又“故老”言关子图案为“火珠”，亦为他书所未及，故值得重视。所以，此处所载虽非信史，却仍不可轻弃。

（原载《中国史研究》2003 年第 2 期）

七、“交子”释义

关于宋代纸币交子名称本身的释义，日本老一代学者加藤繁讲：“看来，交子、会子、关子，本来都是大略相同的词汇，交、会和关有会合、对照的意思，交子、会子、关子，不外是指对照的凭证就是对照后证明无误的证据文件。”（《中国经济史考证》第二卷《交子、会子、关子的语意》，商务印书馆 1963 年版，吴杰译）中国著名钱币学者彭信威先生则讲：“交子这一名称，大概是四川的方言，特别是‘子’字代表方言的成分。晚唐咸通年间，西川称刻印的书为印子，以别于抄本，也带方言的味道。‘交’是交合的意思，指合券取钱。后来的会子和关子的意思也差不多，相交、相会、相关是一脉相通的字眼。”（《中国货币史》第五章《两宋的货币》三《纸币的产生》，上海人民出版社 1965 年版）二位先生或释“交”为“对照”，或释“交”为“交合”，都似令人感到牵强。至于讲“子”有方言味道，似更欠说服力，因为“会子”“关子”并非流行于四川，而也称“子”，且宋代尚有“旁子”“头子”“标子”等，也不是只流行于四川，所以与其说“子”是方言，不如说是土语更接近实际。

笔者以为，交子的“交”的意思就是“交纳”，“交子”就是交纳了钱的凭证。现代人往往不用“交纳”而用“缴纳”，但宋人一般是用“交纳”的。以下仅略举数例：

> 太宗淳化五年三月诏：药蜜库今后诸州交纳到药蜜……（《宋会要辑稿》食货五二之一三）

［嘉定十一年十二月癸卯李安行奏］……有科拨司农寺交纳者，亦许兑拨应副江上军粮。（《玉牒初草》卷一）“交”有时意为交纳，有时为交给，意思较为接近。例如，宋初儒士胡旦给太宗上的《平燕议》中讲到：“以茶盐香药之价十分减二……以刍粟钱帛之价十分增二，纳货以出券者诣本场以交货……”（《宋史》卷四三二《儒林传》）又《宋会要辑稿》食货六三之一七七载：天圣六年九月，大理寺请求：“令放债主立便交拨桑土与业主佃莳，其（业主）所取钱斛，候丰熟日交还……”同书六一之一〇二载

熙宁八年九月二十三日诏中言及“知州交职事与次官”。类似例子颇多，不便枚举。

宋代也时常讲“交割”“交接”，其中“交”的意思也是交给。《宋会要辑稿》食货五六之一五录吴充言中有“新旧界交割，只依旧用三司印给交头，遇有交过官物，赴别库眼收贮，即更将所交收库眼门牌、库经对行收落。已上库经、门牌、交头如有差错，只令监官当面勘会改正”。这里讲官员办交接，要填写事先印好的“交头”，“交头”就是交接凭证。

北宋时期还有一种有价证券——交引，它又叫交钞，产生时间较交子早。据《宋史·食货志·茶》：“[太宗] 雍熙后，用兵切于馈晌，多令商人入当粮塞下，酌地之远近而为其直，取市价而厚增之，授以要券，谓之交引。”又《群书考索》后集卷五六《茶盐》记：“太祖乾德二年，诸州民有茶，附折税外，官悉市之，许民于京师输金银钱帛，官给券，就榷货务以茶偿之。后西北用兵，又募商人入中粟麦竹木，于边郡给文券，谓之交引。”可知交引也是缴纳粮草钱帛金银的证明。交引产生时间既早于交子，交子之得名或受交引的影响，交引称“引”表示官方证明，交子初为民办，不宜有类似称呼，于是称“子”……当然这仅是推测。

又前述加藤繁、彭信威二先生都认为“交子”“会子”“关子”和“交”“会”“关”的语义基本相同，都是对照或交合的意思，这种讲法也似勉强。笔者前已撰文指出，关子是由关牒转化而来的，其中的“关”与“关白”的“关”相同，都是通知的意思，不宜释为对照或交合。以上笔者又说明，交子的“交”为交纳。笔者且认为，会子的“会”为结算的意思。在我国，“会”很早就有计算的意思。《周礼·天官·小宰》：“听出入以要会。”郑注：“月计曰要，岁计曰会。”后来流行的“会计”一语也是“总合算之”的意思。所以，会子本意应是“结算凭证”的意思。

（原载《中国钱币》1996 年第 1 期）

八、释陌子钱

叶适《水心别集》卷一六《后总》有如下一段话：

> ［嘉定九年，温州］诸营寨厢禁土军等共二十四指挥，共管二千七百二十二人，合请春冬衣赐钱计七万八千四百九十九贯七百二十六文省，钱会中半，除折会子一半陌子钱七千六百四十六贯一百丹九文省外，实总支钱七万八百五十三贯六百一十（八）［七］文省，展计五万四千五百五十七贯二百九十文足（按：引文据中华书局1962年点校本，此本在“钱会中半”后未点断，而误断于“会子一半”后，现予纠正）。

引文中有“陌子钱”，未见前人做过诠释，它对于读懂引文又是必需的。而引文实际又是研究南宋货币的重要史料。笔者拟从分析本文入手，说明“陌子钱”的含义。

中华本点校者将原文“八”校改为“七”，这说明他已注意到：陌子钱七千六百四十六贯一百丹九文省，是钱会中半的衣赐钱七万八千四百九十九贯七百二十六文省与实总支钱七万八百五十三贯六百一十七文之差。这是解开“陌子钱”之谜的关键。而从下文实总支钱数省陌到足陌的换算，我们可以断定，实总支的省陌钱数实际讲的是铜钱数，因为只有铜钱才能进行省陌与铜钱间的换算。由此我们可以推断：陌子钱就是由钱会中半的钱数折算为以单一铜钱计量时的亏减数，由于钱会中半的钱数中，有一半原本就是以铜数计的，所以，陌子钱实际就是占总钱数一半的会子折算为铜钱的亏减数。在引文中，陌子钱七千六百四十六贯一百丹九文省就是三万九千二百四十九贯八百六十三文省会子折算为铜钱的亏减数。

由此我们可进一步推算出：嘉定九年在温州每贯会子折计为铜钱省陌时的亏减数为一百九十四文余，以足陌计则为一百五十文。用时人的术语表述，当时当地的会价为每贯会子折铜钱六百二十文足。这与时人对此时期江浙地区会价的记述是吻合的。

九、“省陌”辨误

“省陌”，目前一般都释为缺少钱数的钱陌，即认为不足百文或不足某定数的钱陌统属省陌。如彭信威《中国货币史》（1965年修改版）说：“宋代通行短陌制度，称为省陌，名为一千文的，实际上只付七百七十文或七百七十文以下。”日本加藤繁《中国经济史考证》中说：“所谓六十陌，是以钱六十文当一百文计算，是所谓省陌的一种。”（1963年商务印书馆中译本第二卷第238页注）新版《辞海》“省陌”条说：“省陌：亦称‘省钱’。以不足短陌定数之铰，作短陌使用。”其实这些理解是大有问题的。

首先，释“省陌”之“省”为减省是不确的，“省陌”之称，始出现于五代，宋人王应麟《困学纪闻》卷一三记：“唐末以八十为陌，［五代］汉隐帝时，王章又减三钱，始有省陌之名。”那么，“省陌”因何而得名呢？对此，《资治通鉴》的记载值得注意，见此书卷二八九后汉纪四：

［汉隐帝乾祐三年，三司使王］章聚敛刻急。旧制，田税每斛更输二升，谓之“雀鼠耗”，章始令更输二斗，谓之“省耗”，旧钱出入皆以八十为陌，章始令入者八十，出者七十

七，谓之“省陌”……（《通考·田赋》沿袭此说）

文中“省耗”“省陌”对言，“省陌”之“省”既释为“减省”，则“省耗”之“省”一般说也当释为“减省”，但显然不能这样释。然而我们若把“省”统释为“朝省”，那么，“省耗”“省陌”即都可讲通。且五代、两宋冠以“省”字的词颇多，如“省庄”“省限”“省仓”“省价”，等等，其中“省”都代表朝廷或具体指三司、户部。据此，“省陌”应释为“朝廷所定的钱陌”，这较释为缺少钱数的钱陌更切合原文之意。“省陌”又称“省钱”，洪迈《客斋三笔》卷四《省钱百陌》：

用钱为币，本皆足陌……［唐］天祐中，以兵乱窘乏，始令以八十五为百。后唐天成，又减其五。汉乾祐中，王章为三司使，复减三……太平兴国二年，始诏民间缗钱，定以七十七为百。自是以来，天下承用，公私出纳皆然，故名“省钱”。

可见“省钱”之得名，也是因其为朝廷所定之钱陌，可证“省陌”之“省”意为“朝省”不误。

其次，认为“省陌”指“名为一千文的，实际上只付七百七十文或七百七十文以下”，或“以钱六十文当一百文计算，是所谓省陌的一种”，或“以不足短陌定数之钱，作短陌使用”即是省陌。这些认识都不把“省陌”看作是一个定数，这是与史实不符的。查五代两宋史籍，凡是讲“省陌”，都是以七十七文为陌，把少于或多于七十七文的钱陌称为省陌的情况一次也没有。以下不妨略举数例：

用钱之法，自五代以来，以七十七为百，谓之省陌。（欧

阳修《归田录》卷二）

今则凡官司出入，悉用七十七陌，谓之省陌者是已。（高晦叟《珍席放谈》卷上）

《笔谈》曰：汉隐帝时三司使王章每出官钱以七十七为陌，为之省陌。（高承《事物纪原，卷十）

以上各条作者有北宋人，也有南宋人，对“省陌”系指以七十七文为陌这一点，却完全一致。可见“省陌”乃是一定数，即仅指以七十七文为百之钱陌。《历代名臣奏议》二七三载南宋袁燮议论称提会子的奏疏，言及朝廷规定用一贯会子必须兑换得一贯省陌铜钱，“兑不以省陌者，必罚无赦”。如果“省陌”不是定量，那么此处朝廷的规定就毫无意义。这也可证明，绝不是不足某一定数的钱陌通通都是“省陌”。“省陌”在五代和两宋，仅仅是指官定的包含七十七文的钱陌。

（原载《文史》第 14 辑）

十、“慎乃”小考

宋代广西有一著名金矿，名称各书记载有异。《元丰九域志》卷九《广南西路·邕州》作“慎乃”，《宋会要辑稿》食货三三之七、三四之一五同。中华书局点校本《续资治通鉴长编》（以下简作《长编》）二四九、二五六、二八一、三一二及《宋史》卷一八五《食货志·坑冶》、万有文库本《通考》卷一八《征榷·坑冶》均作“填乃”。而《宋史》卷九〇《地理志·邕州》、《永乐大典》卷八五〇七引《建武志》却作“镇乃”。究竟孰为正，似难确定。然诸书校记中少见说明，尤其《宋史》一书二样，不出校，似有缺憾。

《长编》卷二四九载，熙宁七年春正月乙丑，“广西经略司言，邕州右江溪峒田州、填乃等峒产金，可置场冶，乞就差知邕州宣化县邓辟监金场。从之”。此为此矿大规模开发之始。又据引文可知，此矿在右江流域，距田州（今广西田阳、田东间）不远。《元丰九域志》谓在邕州“西北四百里”，与《长编》所述相合。同年九月，邓辟因“岁课得金为钱十万缗”提前晋级，“后五年，又得金为钱十五万缗，迁太常博士”，于是，增派“使臣二人为监押”，“增防守兵三百人”。（并《长编》卷二五六）此矿初由广西经抚司经营，从中提取部分利润资助“经抚蛮夷”，中间宋廷一度转交本路提刑司，因经抚司反对而复旧。（《宋会要辑稿》食货三四之一五）元丰四年五月，经抚司奏：“昨被旨赐钱六万五千贯……自后用钱兴置邕州填乃等洞金坑，每年采买金三千两上供。昨因军兴后人民贫乏，回易利息全少，金坑所出亦细微……”请求增加本钱，“诏止罢岁贡金”。（《长编》卷三一二）这说明元丰四年以前若干年中，此矿每年上供朝廷黄金三千两，这一数量在当时是很高的。当时全宋黄金年产量在一万两上下，即此矿所产已为全宋产量四分之一左右。引文同时说明，此矿已呈走下坡路趋势。此后此矿再未见记载，南宋《舆地纪胜》等也不载此矿，或此矿开采已入低潮。

十一、关于“点检医药饮食”的一点补充

点检医药饮食，是宋代的一种官职名称。或因其不重要，龚延明先生《宋代官制辞典》（中华书局 1997 年第 4 版）未列专条。

《中国历史大辞典·宋史分册》（上海辞书出版社 1984 年版第 340 页）却有专条，谓："点检医药饮食官名，或称提点医药饭食、点检医药饮（'饮'疑为'饭'之讹）食、提点医药饮食。南宋三衙长官、都统制、招讨使、招抚处置使等属官，分督医人，主管军队药食，而不预谋画。"作者为徐光烈先生。徐先生上述文字可谓字字有据。查《至顺镇江志》卷一七载："点检医药饮食，古无是官。宋南渡后三衙皆置之，江上诸屯亦然。京口驻兵最多，又添差一员。大抵分督医师任诸军药食之责，无预谋画。"与上引徐先生文字相合。《宋史》卷一六六《职官志》记三衙属官中，也载有"点检医药饭食"。又《至顺镇江志·官制表》记本地驻军都统制属官中有提点医药饮食。而南宋洪迈《夷坚志支癸》卷二《滑世昌》记医官滑世昌曾任鄂州都统司"医药饭食官"。招讨等使幕官中有点检医药饮食，这可从《宋会要辑稿·职官》中得到佐证（如此书四二之六七"招抚使"项），恕不一一引录。王曾瑜先生《尽忠报国·岳飞新传》（河北人民出版社 2001 年版第 195 页）据《金佗续编》述岳飞任招讨使时，幕僚中也有点检医药饭食二员。这些都可证实徐先生所言非虚。

但近从宋人范成大所撰《吴郡志》卷一九《水利下》中看到的一则记载，却使笔者发现徐先生及《至顺镇江志》对点检医药饮食的诠释中的某些疑点。记载称：北宋政和六年，平江水灾。御笔委任"赵霖充两浙提举常平，前去本路措置兴修积水……就平江置局，所奏辟官，不拘常制……干当公事文武官各四员，准备差遣检踏官共四员……并辟置监辖造堰闸官、俵散钱粮巡视催促检覆工料官、点检医药饮食官等员"（宋郑虎臣《吴都文粹》卷六赵霖《三十六浦利害》后说明文字同此）。如所述无误，则据此可知：1. 北宋时已有点检医药饮食官（按《宋史》卷一六六《职官志》记三衙属官中，有"点检医药饭食"，并未说明创设时间，疑也包括北宋。《长编》卷四九九记北宋经略司属官有"照管医药饭食”)。2. 主管兴修水利的官员属下也有此官职，即可能设此官职的范围比前引要更广。又据此，上引徐先生及《镇江志》文字都应略做补充修正。当然，眼下尚为孤证，尚有待其他记载的凿实，估录以待方家指教。

徐先生的辞条没有说到点检医药饮食官的官阶高低。记载中可以查见如下一些人担任过此官：从义郎胡某（魏了翁《鹤山集》卷八〇《从义郎胡君墓志铭》、修武郎李宗周（《系年要录》卷一七三绍兴二十六年秋九月丁巳）、承节郎张遂安（《宋会要辑稿》兵二〇之一二开禧三年六月十日）、右文林郎李若川（郑刚中《北山集》卷一三《西征道里记》）、右承直郎安世用（张嵲《紫微集》卷一三《安世用系点检医药饭食昨因金人侵犯数内立功人与循右承直郎制》）、右修职郎周洽（《宋会要辑稿》兵一九之七），从上列人的本官阶可以看出，担任此差遣官的有文臣，也有武臣，但文臣居多（尽管多是在军事部门中效力）。担任此官者官阶都比较低，文臣多是选人，武臣多是小使臣。所以，在同一机构的属官中，其排名一般都在“干办公事”之后，而在级别最低的“准备差使”之前。又宋代官员有“亲民”不“亲民”之区分，南宋后期《吏部条法·差注门》明确规定，其为“不系亲民差遣”。本书《差辟门》录《尚书侍郎右选通用申明》载，宝祐五年规定，三衙医药饭食官，正任属堂阙，添差者则可由本司长官辟奏。可知官虽不大，任用权却控制得相当严。

（原载《中国史研究》2003 年第 1 期）

十二、鬻与鬻

中华书局点校本《宋史》卷一八五《食货志·矾》有如下一则文字：

> 建隆中，诏："商人私贩幽州矾，官司严捕没入之。"继定私贩河东幽州矾一两以上、私鬻矾三斤及私盗官矾至十斤者，弃市。开宝三年，增私贩至十斤、私鬻及盗满五十斤者死，余论罪有差。太平兴国初，以岁鬻不充，乃诏私贩化外矾一两以上，及私鬻至十斤，并如律论决，再犯者悉配流，还复犯者死。淳化元年，有司言："慈矾滞积，小民多于山谷僻奥之地私鬻侵利……"诏同犯私茶罪赏。

其中三次言及"私贩""私鬻"定不同的罪，笔者读后颇感疑惑，因为"贩""鬻"义近，宋廷如此规定很易造成混乱。转念一想，或许"私贩"指商人贩子私自贩运，"私鬻"特指生产者镬户私自出卖，这样勉强可通，但终存疑问。又最后讲小民在山谷僻奥处鬻（卖）矾，也令人费解：违法私卖只要避开有关官吏即可，何必要躲到山谷僻奥处呢？山谷僻奥处人烟稀少，私矾如何卖得掉？后查《文献通考》等书，方知并非如此。《通考》卷一五《征榷》载有一段与上引《宋史》很相近的文字：

> 建隆三年，诏禁商人私贩幽州矾，官司严捕没入之。其后定令私贩河东幽州矾一两以上、私煮矾三斤及盗官矾至十斤者，弃市。开宝三年二月，增私贩至十斤、私煮及盗满五

十斤者死，余论罪有差。太平兴国初，以岁鬻不充，有司请严禁法，诏私贩化外矾一两以上及私煮至十斤，并如律论决。而再犯者悉配流远，复犯者死。淳化元年，有司言："慈州官矾滞积，盖小民多就山谷僻奥处私煮以侵其利……"诏同犯私茶论罪。

将上引《宋史》与《通考》文字进行比较，显然大同小异，由于《通考》成书早于《宋史》，则《宋史》上引文字或源于《通考》，或与《通考》同源。二煮相比，除"岁鬻"以外，《宋史》中四处"鬻"《通考》中均作"煮"。改"鬻"为"煮"，意思一下子就顺了：私贩、私煮自然罪有重轻，小民到山谷僻奥处去煮矾比到山谷僻奥处卖矾也要合情理得多。当然，我们不能轻信孤证。关于此事，李焘《续资治通鉴长编》也有记载：

［开宝三年二月］先是，禁商人私贩幽州矾，犯者没入之（原注：建隆三年诏）。其后定令，私贩河东及幽州矾一两以上、私煮矾三斤及盗官矾至十斤者，弃市。甲申，始命增私贩至十斤、私煮及盗满五十斤者死，余论罪有差。（卷一一）

［太平兴国二年十二月］有司言矾官岁鬻矾不充旧贯，请严其禁。癸酉，诏："私贩化外矾至三斤、私煮及盗至十斤者，并弃市。余悉决杖配流。已论决而再犯，虽所犯不如律，亦决杖配流，还复犯者死。"（卷一八）

显然，《长编》中与《宋史》三个"鬻"相对应的字也作"煮"（《长编》失载淳化元年事）。又《宋史》卷四《太宗纪》载："［太平兴国二年十二月］癸酉，诏定晋州矾法，私煮及私贩易者罪有差。"《宋会要辑稿·食货》三四之一开宝三年二月条载"私煎者旧条三斤处死"。也都可证上引文中"鬻"为"煮"之讹。

通过以上分析，可以确定上引《宋史》中的数个“鬻”字均为“煮”之讹，此二字字形并不相近，为什么会屡次致误呢？于是笔者想到“煮”的另一写法，或称煮的一个古体或异体字，即“鬻”字。它在《宋史》卷一八一至一八三《食货志·盐》中屡次出现，多达33次。故笔者推想，上引《宋史》卷一八五《食货志·矾》中的几个“鬻”字原本可能是“鬻”字，翻刻时形近讹为“鬻”。那么，该卷中是否还有“鬻”“鬻”之讹？笔者以为，很可能有。如点校本第4533页有：“……皆设官鬻造入官市。”（其中“市”当释为买，从下读，不赘）《通考》卷一五《征榷》即作“……各置官典领，有镬户煮造入官。市……”从文义上看，“煮造”显优于“鬻造”。又下文第3534页“天圣以来……无为军亦置务鬻矾，后听民自鬻，官置场售之……”查《长编》卷一〇二天圣二年八月“丁巳，废无为军煎矾，听民自煎，官收市之”。从文义看，“鬻”如改“煮”，民煎煮制造，官方销售，也更合情理。当然，上述二例要校改原文，尚证据不足，但至少说明现本中的“鬻”字有可能是错的。至于《宋史》以外，是否其他史籍中还存在“鬻”“鬻”之讹，笔者暂未发现。但由于“鬻”“鬻”字形很是接近，笔者认为有必要提醒史学研究者和古文献整理者注意，避免类似的失误出现。

后　记

我曾接受一种劝告，因此决定六十五周岁时停止学术活动。那种劝告是很有说服力的：你还想得到什么？你还能得到什么？不用说，我的人生已被定格，要想改变几乎是没有什么可能性的。但是，我的决定没能成为现实。有几件该了未了的事拖了我的后腿。在办了退休手续后的一段时间中，我目睹了不少同龄人的典型事例，思想发生了转变。退休前，我在六七年时间中讲授“宋学”课。我不像有些学者那样狂热地吹捧宋学、抬高理学（不用说，宋学、理学的核心是对专制的维护），但对宋学的精华也是颇为欣赏的。在我看来，宋学的精华就是对低俗的鄙视，就是对单纯追求个人荣华富贵者的鄙视与排斥。我想，无论何时何代，无论中国外国，有一点或许是永恒的：活着只为自己是渺小的，活着能为他人多做些事是高尚的。我看到有人退休后每天去扫马路，就很敬佩。但又想到，为他人、为社会做好事，不一定都去扫马路。正在这时，有了机会：学校同意为我的学术著作出版提供资助。刚得到这一机会时我也颇有犹豫，那就是我的精力是否能支撑我完成此事。这时，周立志鼓励了我，并且自告奋勇地投入了帮我做整理的工作中，可以说，没有他的支持和实际的帮助，就没有本册书。由于我对宋代历史文献的研究是在许多年间断续进行的，现在汇集这些成果，发现以往自己所做的研究成果中，包含了某些失误和缺陷。此次整理的大量工作，就是纠正这些失误和缺陷。但是，由于体力、精力的不支，我估计这件事未必能做得很到位。尽管如此，本书所汇集的，确是我在许多年中努力研究宋代历史文献的成果，它们包含了我的诚实劳动和心血，我相信，从事相关研究的学者一定会或多或少从中得到启发。我现在怀着与那些退休后每天去扫马路的人相同的心情，把这本书献给这个社会，献给我的同行们。

最后，感谢河北大学及宋史研究中心的领导对出版本书的支持，感谢河北大学出版社的领导和编辑的支持，特别是感谢王红梅编辑为本书付出的辛勤劳动。